陕西省教育厅专项科研计划项目（12JK0898）；陕西省社会发展科技攻关项目（2015SF290）联合赞助

高大模板支架的承载能力及安全应用性能研究

胡长明　郭　艳　著

中国建筑工业出版社

图书在版编目（CIP）数据

高大模板支架的承载能力及安全应用性能研究/胡长明，郭艳著．—北京：中国建筑工业出版社，2017.3（2021.9重印）
ISBN 978-7-112-20479-3

Ⅰ.①高… Ⅱ.①胡… ②郭… Ⅲ.①模板-承载能力-研究 Ⅳ.①TU755.2

中国版本图书馆 CIP 数据核字（2017）第 037077 号

本书对造成高大模板支撑体系坍塌的原因进行了简单的总结，对各种形式满堂架及悬挑架的计算模型及方法研究现状、荷载研究现状、模板与支架协同工作研究现状、整架有限元分析和试验研究现状等方面进行了概述，并在此基础上提出了本书的主要研究内容和技术思路，展望了高大模板支撑体系的发展方向。研究了不同构造因素对高大模板支撑体系稳定承载力的影响，基于有限元数值模拟分析，从扫地杆搭设高度、立杆伸出顶层水平杆长度、架体搭设高度、剪刀撑搭设情况、纵横间距大小、步距大小、搭设跨数 7 个不同的构造方面出发，分析了各构造因素对高大模板支撑体系稳定承载力的影响，并给出了高大模板支撑体系搭设过程中各构造因素的建议做法。

本书重点突出、图文并茂，既可作为广大模板从业人员用书，亦可作为模板支架研究者参考用书。

责任编辑：王华月　岳建光
责任设计：李志立
责任校对：焦　乐　张　颖

高大模板支架的承载能力及安全应用性能研究
胡长明　郭　艳　著
*
中国建筑工业出版社出版、发行（北京海淀三里河路 9 号）
各地新华书店、建筑书店经销
霸州市顺浩图文科技发展有限公司制版
北京建筑工业印刷厂印刷
*
开本：787×1092 毫米　1/16　印张：14½　字数：359 千字
2017 年 1 月第一版　　2021 年 9 月第二次印刷
定价：**49.00** 元
ISBN 978-7-112-20479-3
（29976）

前　　言

建筑业作为我国国民经济的支柱产业，推动着国民经济的增长和社会全面发展，城市人口的增多使得高层建筑以及大跨度多功能建筑物受到更多的青睐。模板支撑体系作为建筑施工期的临时支撑结构，在安全生产中起到重要的作用，但由于材料、管理、技术以及施工人员素质等与建筑发展不同步，模板支撑体系安全性参差不齐，导致坍塌事故频繁发生，对经济和社会发展造成了不利影响。因此，对各种形式模板支撑架的受力机理及安全应用性能进行研究具有重要的意义，本课题组成员一直致力于模板支撑架的研究工作，希望能为建筑业的健康、安全、快速发展贡献力量。

本书的研究得到了陕西省教育厅专项科研计划项目“插口式脚手架节点特性及单元承载能力的研究”（编号 12JK0898）和陕西省社会发展科技攻关项目“高大模板支架预警监测及其安全控制技术研究”（编号 2015SF290）的资助。在“高大模板支架空间结构体系失稳机理及其安全性控制理论研究”项目的基础上继续深入研究高大模板支撑体系。以整架试验为研究对象，通过对其竖向承载力进行破坏性试验，研究了不同构造因素对架体承载力的影响；通过大型有限元计算软件 ANSYS 对上述试验进行数值模拟验算；对直角扣件进行节点试验，采用对数非线性模型进行回归分析，确定了拧紧力矩与节点初始抗扭刚度之间的关系；结合实际施工情况，采用静态应变测试系统对施工过程中的高大模板支撑体系内部杆件的应力应变进行了现场监测，掌握其内在变化规律，进而对模板支撑体系的安全施工进行有效控制。

本书对造成高大模板支撑体系坍塌的原因进行了简单的总结，对各种形式满堂架及悬挑架的计算模型及方法研究现状、荷载研究现状、模板与支架协同工作研究现状、整架有限元分析和试验研究现状等方面进行了概述，并在此基础上提出了本书的主要研究内容和技术思路，展望了高大模板支撑体系的发展方向。

研究了不同构造因素对高大模板支撑体系稳定承载力的影响，基于有限元数值模拟分析，从扫地杆搭设高度、立杆伸出顶层水平杆长度、架体搭设高度、剪刀撑搭设情况、纵横间距大小、步距大小、搭设跨数 7 个不同的构造方面出发，分析了各构造因素对高大模板支撑体系稳定承载力的影响，并给出了高大模板支撑体系搭设过程中各构造因素的建议做法。

破坏性试验中，在架体加载至破坏且卸载的整个过程中测量了架体内部杆件（立杆、水平杆、剪刀撑）的应变大小及应变变化趋势，记录架体杆件的变形情况，分析了其失稳模态。对试验架体进行了数值分析，且将数值分析结果与试验结果进行了对比，更为直观地反映出高大模板支撑体系中不同杆件及不同构造措施对架体整体稳定承载力的影响程度。

现场应用研究中，对不同工况下满堂架及悬挑支架的应用性能进行了监测，以 95% 的保证率对施工期间施工荷载标准值进行反演，确定了对施工荷载进行选取时，施工期人员及设备荷载标准值取 1.0kN/m^2，混凝土浇筑时产生的冲击及振捣荷载标准值建议取 2.0kN/m^2。通过施工期预警监测，掌握了整个施工期模板支架内部构件的力学响应，增强了施工从业人员的安全预警意识，为工程的顺利施工提供了技术保障。

本书内容是胡长明教授、郭艳、付燎原、汪杰等人学位论文；陕西省教育厅专项科研计划项目“插口式脚手架节点特性及单元承载能力的研究”（编号 12JK0898）科技报告以及陕西省社会发展科技攻关项目“高大模板支架预警监测及其安全控制技术研究”（编号 2015SF290）科技报告的系统总结。

本书作者感谢其研究生对本书所述内容做出的重要贡献，如参与本课题的研究成员郭艳、付燎原、汪杰、赵云波等。本书由胡长明教授执笔撰写，现场实测部分由付燎原、汪杰、郭艳共同完成，郭艳、赵云波、宋乾坤参与了本书资料的整理工作，在此表示衷心的感谢！

目　　录

第1章 绪 论

随着我国经济的快速发展，建筑业作为我国国民经济的支柱产业，为推动国民经济的增长和社会全面发展发挥了重要的作用。经济蓬勃发展，城市人口越来越多，高层建筑以及大跨度多功能建筑物越来越受青睐。模板支撑体系作为建筑业施工中的重要环节，显得越来越重要。但由于管理、技术以及施工人员素质与建筑业发展的不平衡，模板支撑系统质量参差不齐，导致模板支撑系统坍塌事故频繁发生。因模板支撑系统坍塌造成的工程安全事故已成为近年来建筑业的一大顽疾。我国施工行业伤亡事故统计分析表明，模板支撑体系坍塌事故占到工程事故的16%。在建筑业中，只要涉及安全事故检查，模板工程施工安全肯定位列其中。因此，做好模板支撑系统的安全管理，确保施工安全，对提高工程安全水平、预防重大事故发生具有十分重要的意义。每一次事故的发生，每一个生命的不幸，都警示我们建筑行业的研究人员，要找出原因，解决问题，为建筑业的健康、安全、快速发展贡献力量。

在实际工程建设过程中，作为临时承重结构的模板支撑体系起着非常重要的作用，搭设质量合格的模板支撑体系不仅能够使工程能顺利完工，而且还对工程质量起着至关重要的作用，但施工过程中，由于模板支撑体系是临时承重结构，使得很多施工人员在对其进行搭设过程中出现少搭、漏搭、采用磨损较为严重的材料（如已经严重锈蚀的钢管）进行搭设，或者由其他工种工人进行搭设等现象，从而造成了模板支撑体系搭设的不合格，这种不合格的模板支撑体系所支撑的混凝土结构在施工时是非常危险的。

《建筑施工扣件式钢管脚手架安全技术规范》中并没有明确地对高大模板支撑体系进行定义，但对比2001版和2011版的《建筑施工扣件式钢管脚手架安全技术规范》可发现部分对高大模板支撑体系的描述有所不同。在2001版的规范6.8.2中规定：高于4m的模板支架，其两边与中间每隔四排立杆从顶层开始向下每隔2步设置一道水平剪刀撑；在2011版的规范，则对脚手架及支撑架进行了区分，并就满堂搭设的支撑架在6.9.3条中做出了规定：在竖向剪刀撑顶部交点平面应设置连续的水平剪刀撑。当支撑高度超过8m，或施工总荷载大于15kN/m^2，或集中线荷载大于20kN/m的支撑架，扫地杆的设置层应设置水平剪刀撑。水平剪刀撑至架体底平面距离与水平剪刀撑间距不宜超过8m。如果以《建设工程高大模板支撑系统施工安全监督管理导则》中对高大模板支撑体系的定义来看，2011版的《建筑施工扣件式钢管脚手架安全技术规范》实质上是认可导则中对高大模板支撑体系的定义的，也正因如此才会通过增加水平剪刀撑的搭设来加强对构造的要求。

《危险性较大的分部分项工程安全管理办法》建质［2009］87号中危险性较大的分部分项工程范围中则指出混凝土模板支撑工程搭设高度5m及以上；搭设跨度10m及以上；施工总荷载10kN/m^{2}及以上；集中线荷载15kN/m及以上；高度大于支撑水平投影宽度且相对独立无联系构件的混凝土模板支撑工程。且在超过一定规模的危险性较大的分部分项工程范围中指出混凝土模板支撑工程搭设高度8m及以上；搭设跨度18m及以上；施工总荷载 15kN/m² 及以上；集中线荷载 20kN/m 及以上。可见，虽然没有明确的规范定义高大模板工程，但对其危险性的认识及预判在不断进步。

近年来模板支撑体系安全事故仍居高不下，住房和城乡建设部通报的 2015 年全国共发生房屋市政工程生产安全事故 442 起、死亡 554 人，比 2014 年同期事故起数减少 80 起、死亡人数减少 94 人，同比分别下降 15.33%和 14.51%。2015 年，全国共发生房屋市政工程生产安全较大事故 22 起、死亡 85 人，比去年同期事故起数减少 7 起、死亡人数减少 20 人，同比分别下降 24.14%和 19.05%，未发生重大及以上事故，具体数据见表 1-1。

2014 年及 2015 年房屋市政工程安全事故汇总　　表 1-1

	1月	1～2月	1～3月	1～4月	1～5月	1～6月	1～7月	1～8月	1～9月	1～10月	1～11月	1～12月
14 年事故起数	25	36	91	138	193	243	295	355	407	452	490	522
15 年事故起数	26	30	67	111	172	206	248	292	344	384	424	442
14 年事故死亡人数	31	44	102	160	231	287	347	422	481	538	588	648
15 年事故死亡人数	28	39	85	144	215	258	318	371	431	478	532	554
14 年较大事故起数	1	2	2	4	8	9	12	16	16	18	22	29
15 年较大事故起数	0	1	3	7	7	10	13	16	16	17	21	22
14 年较大事故死亡人数	5	8	8	14	29	32	41	53	53	62	74	105
15 年较大事故死亡人数	0	8	14	29	29	40	55	65	65	69	82	85

2015 年，房屋市政工程生产安全事故按照类型划分，高处坠落事故 235 起，占总数的 53.17%；物体打击事故 66 起，占总数的 14.93%；坍塌事故 59 起，占总数的 13.35%；起重伤害事故 32 起，占总数的 7.24%；机械伤害、触电、车辆伤害、中毒和窒息等其他事故 50 起，占总数的 11.31%（图 1-1）。

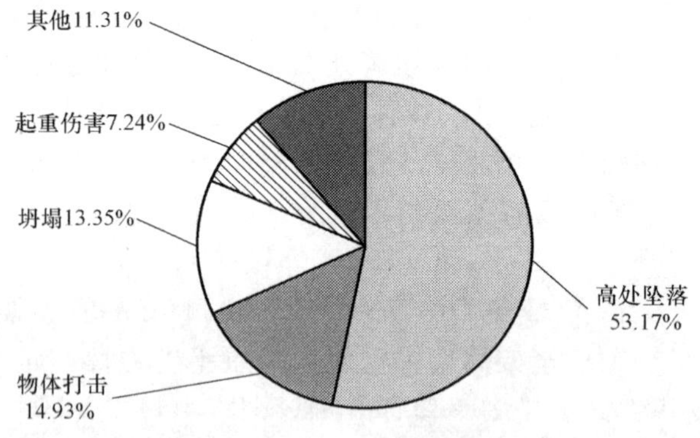

图 1-1　2015 年事故类型情况

2015 年，共发生 22 起较大事故，其中土方坍塌事故 8 起，死亡 25 人，分别占较大事故总数的 36.36%和 29.41%；模板支撑体系坍塌事故 6 起，死亡 32 人，分别占较大事故总数的 27.27%和 37.65%；起重机械伤害事故 4 起，死亡 15 人，分别占较大事故总数的 18.18%和 17.65%；钢结构坍塌事故 1 起，死亡 4 人，分别占较大事故总数的 4.55%和 4.71%；外脚手架坍塌事故 1 起，死亡 3 人，分别占较大事故总数的 4.55%和 3.53%；

气体中毒事故1起，死亡3人，分别占较大事故总数的4.55%和3.53%；吊篮坠落事故1起，死亡3人，分别占较大事故总数的4.55%和3.53%（图1-2）。

通过对2014年和2015年建筑施工安全生产事故的统计分析不难看出：虽然我国建筑业技术水平有了整体提升，但是由于模板支撑体系倒塌所造成的工程事故率依然很高。

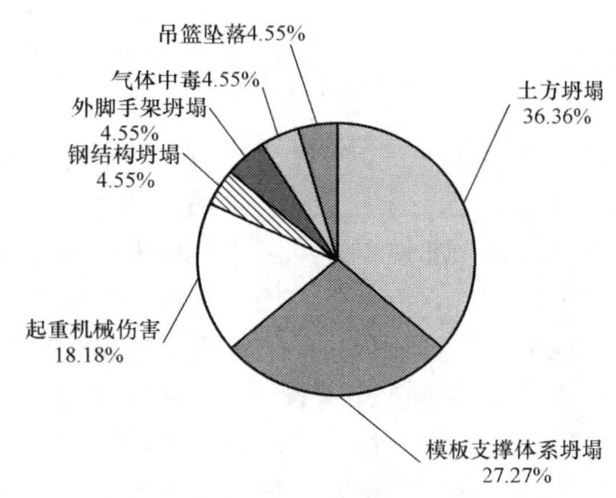

图1-2 2015年较大事故类型情况

为减少在施工过程中因模板支撑体系坍塌而造成的损失，越来越多的工地在进行较为重要的结构施工时不再单一地只考虑使用扣件式钢管模板支撑架，转而采用其他形式的新型模板支撑体系，如插销式模板支撑架、插口式模板支撑架、安德固脚手架等。由于现阶段对于承插式、插口式钢管模板支撑架的研究并不深入，对其空间工作机理的研究也较少，而实际工程中却已开始应用，因此为保证插口式模板支撑架在施工过程中的安全性，对其进行相关性能的研究就变得非常重要。

1.1 当前国内外模板支撑体系应用概况

模板支撑体系主要是由扣件式脚手架、碗扣式脚手架、门式脚手架等搭设而成的，可反复装拆使用的临时工程结构。就系统构成而言，高支模工程和一般模板工程一样，主要有面板、木檩条、支架三部分。就力学分析而言，各种模板面板、木檩条的受力及变形特征相差不大；而支架部分由于构造的差异，力学特征差异则比较明显。在国内，目前建筑业所使用的高支模支架体系主要由以下几种：

(1) 扣件式钢管模板支架：主要是利用ϕ48mm×3.5mm钢管和与之配套的扣件组合而成，具有构造灵活、方便使用等优点，在我国建筑业中占有绝对的比重。

(2) 门式钢管支架：日本、新加坡、美国等太平洋沿岸国家普遍使用；我国台湾、香港等地区也普遍使用；近年来在内地也有使用，尤其是在装饰工程中。

(3) 碗扣式钢管架：由于其连接简单可靠，是“建筑业十项新技术”中推广的一种新型支架体系；但由于使用成本、构造灵活性等因素，在一般房屋建设中使用不太广泛。

在上述三种模板支架中，目前和今后相当长一段时间内，扣件式钢管模板支架仍将是建筑业混凝土结构施工的最主要支架形式，近年来国内所发生的结构工程安全事故及质量事故也都出在这种模板支架上。因此本书主要针对扣件式模板支撑体系进行分析。

近年来，高大模板支撑体系稳定性能的研究取得了长足的进步，且在研究的过程中，其定义也发生着相应的变化。20世纪90年代《广东省建筑工程高大支撑模板规定》中指出高支撑模板系统（即“高支模”）是指高度大于或等于4.5m的模板及其支撑系统，而后在《建设工程高大模板支撑系统施工安全监督管理导则》中则对高大模板支撑体系做出了新的诠释。导则中指出高大模板支撑体系是指建设工程施工现场混凝土构件模板支撑高度超过 8m，或搭设跨度超过 18m，或施工总荷载大于 15kN/m²，或集中线荷载大于 20kN/m 的模板支撑系统。

1.2 扣件式模板支撑体系

我国在 20 世纪 60 年代初开始应用扣件式模板支撑体系，由于这种支撑体系具有装拆灵活、搬运方便、通用性强、价格便宜等特点，所以在我国应用十分广泛，其使用量在 70％以上，是当前使用量最多的一种模板支撑体系。但是，扣件式模板支撑体系的最大弱点是安全性较差，施工工效低，材料消耗量大。且目前全国范围内生产的钢管及扣件存在不合格现象，这就使得扣件式模板支撑体系在工程应用中存在安全隐患。

1. 扣件式模板支架搭设过程中的错误做法

在使用材料上，目前使用的模板均采用胶合板，支架形式为扣件式钢管支架，材料进场时，很多忽视了对钢管和扣件的材质进行详细的验收。

在架体搭设的过程上，立杆接头大部分在同一个水平面上，立杆间距很大程度上不符合规范要求，个别立杆接长存在拉接现象，立杆顶端支托未设置水平拉杆，且可调拉杆普遍超长，从而造成支撑架承载力不足；对扫地杆的重要性缺乏正确的认识，认为只要立杆根部不移动就可以了；水平杆的连接多为一个方向水平杆扣接在立杆上，另一个方向的水平杆则扣接在先搭设的水平杆上，简单地将纵横向水平杆搭设起来，不能形成有效的承载力框架体系，没有考虑直角扣件拧紧力矩对于架体承载力的影响，且施工过程中扣件拧紧程度普遍不够，有约 50％的扣件扭矩未达到规范规定的最低值；对于超高部分的模板支架，甚至有未设置水平、竖向剪刀撑的现象。

在施工顺序上，混凝土的浇筑一般为先浇墙柱等竖向构件，再浇梁板等水平构件，浇筑水平构件（梁板等）时，墙柱混凝土已达到一定的强度，但支撑体系并没有与竖向构件进行有效的拉接。

在管理制度及程序上，只重视对模板的平整度、轴线及截面尺寸的管理，而对支架搭设的管理及验收上明显不够重视。

2.《建筑施工扣件式钢管脚手架安全技术规范》（JGJ 130—2011）对于扣件式支撑架的搭设构造要求

（1）立杆构造要求

1）每根立杆底部宜设置底座或垫板。

2）支撑架底部必须设置纵横向扫地杆，纵向扫地杆应采用直角扣件固定在距立杆底端不大于 200mm 处。横向扫地杆应采用直角扣件固定在紧靠纵向扫地杆下方的立杆上。

3）支撑架立杆基础不在同一高度上时，必须将高处的纵向扫地杆向低处延长两跨与立杆固定，高低差不应大于 1m。靠边坡上方的立杆轴线到边坡的距离不应小于 500mm。

4）满堂支撑架立杆接长除顶层顶步外，其余各层各步接头必须采用对接扣件连接。

5）立杆伸出顶层水平杆中心线至支撑点的长度不应超过 0.5m，且满堂支撑架的搭设高度不得高于 30m。

6）支撑架立杆的对接、搭接应符合下列规定：

① 当立杆采用对接接长时，立杆的对接扣件应交错布置，两根相邻立杆的接头不应

设置在同步内，同步内两个相隔的立杆接头在高度方向错开的距离不宜小于500mm；各接头中心到主节点的距离不宜大于步距的1/3。

② 当立杆采用搭接接长时，搭接长度不应小于1m，并应采用不少于2个旋转扣件固定。端部扣件盖板边缘至杆端的距离不应小于100mm。

(2) 纵横向水平杆的构造应符合下列规定：

1) 纵向水平杆应设置在立杆内侧，单根杆长度不应小于3跨。

2) 纵向水平杆接长应采用对接扣件连接或搭接，并应符合下列规定：

① 两根相邻纵向水平杆的接头不应设置在同步或同跨内；不同步或不同跨两个相邻接头在水平方向错开的距离不应小于500mm；各接头中心至最近主节点的距离不应大于纵距的1/3。

② 搭接长度不应小于1m，应等间距设置3个旋转扣件固定；端部扣件盖板边缘至搭接纵向水平杆杆端的距离不应小于100mm。

3) 当使用冲压钢脚手板、木脚手板、竹串片脚手板时，纵向水平杆应作为横向水平杆的支座，用直角扣件固定在立杆上；当使用竹笆脚手板时，纵向水平杆应采用直角扣件固定在横向水平杆上，并应等间距设置，间距不应大于400mm。

4) 作业层上非主节点处的横向水平杆，宜根据支撑脚手板的需要等间距设置，最大间距不应大于纵距的1/2。

1.3 碗扣式模板支撑体系应用现状

碗扣式脚手架系统是一种世界上使用最广泛、最成功的标准脚手架。碗扣式脚手架因其独特的自锁定功能让它在施工中更快速、安全、经济，同时也成为业界安全脚手架的典范。目前我国大量使用的是WDJ碗扣型多功能脚手架，该脚手架独创了带齿碗扣接头，不仅拼拆迅速，而且结构简单，受力稳定可靠，完全避免了螺栓作业，不易丢失零散扣件，并配备较完善的系列配件，功能多、使用安全、方便和经济。

其适用范围：

(1) 碗扣式脚手架目前在公路、铁路施工部门有一定使用量，通过推广，在房屋和市政施工部门逐渐替换30%左右的扣件式钢管脚手架，改变以往采用单一扣件式钢管脚手架的局面；

(2) 适用于直接搭设的高度为50m以下的外脚手架，也适用于分段悬挑以及爬升脚手架的搭设的基本架体，兼作里脚手架；

(3) 适用于房屋建筑、市政、桥梁混凝土水平构架的模板承重支架；

(4) 适用于钢结构施工现场拼装的承重胎架。

随着时代的发展和社会的进步，碗扣式脚手架已成为当今我国建筑工程施工领域应用最为广泛的一种脚手架，以其大量的优点获得了非常广泛的使用量。目前，碗扣式脚手架正迅速地得到推广，在建筑工程施工中发挥着越来越重要的作用。

性能研究方面，TayakornChandrangsu[1]对四个施工现场的碗扣式模板支撑架的构件垂直度、荷载偏心率及节点刚度等进行了测量与试验，指出上述因素在工程应用中大致符合对数正态分布，最后提出在理论分析中可以用三折线模型模拟碗扣式节点的弯矩-转角关系。

1.4 插口式模板支撑体系应用现状

插口式钢管模板支撑架是一种新型模板支撑体系，该种类型钢管支架规格固定，立杆纵、横间距为横杆的长度，步距为立杆上固定插盘之间距离的整数倍，其力学性能与传统使用的模板支撑架形式相近，具有施工速度快、安装拆卸方便等优点，在近年来得到越来越广泛的应用，但如今建筑呈现超高、大跨且结构形式复杂多样之势，在工程实践中由于其应用时间较短，以及施工现场条件的限制，当上部需要承受较大荷载、工期紧且对支撑架稳定性以及承载力要求较高的混凝土工程施工时，插口式钢管支架有时不能够满足实际工程的需要，并且国内外对其力学性能的研究较少，使用中可借鉴目前国内外对扣件式、碗扣式及插销式钢管模板支撑架的研究成果，但应具体应用具体分析，不可直接套用。为保证施工过程中模板支撑体系的安全性，国内外研究人员针对常用施工期模板支撑体系的稳定性、施工期荷载、模板支撑体系杆件的力学性能及安全性能评估等方面进行了研究。

姜旭[2-3]等介绍了一种新型插盘式模板支撑架，该模板支撑架实现了立横杆轴心传力、连接性能好、承载力高、适用性能强等优点。通过数值分析及试验研究结果表明立横杆半刚性连接弹簧刚度对结构承载力和刚度影响较小，可将立横杆连接节点视为铰接；对该种新型插盘式模板支撑架进行了改进，解决了模板支撑架拆卸速度慢、对搭设精度要求高的缺点，使得支架系统搭设简单快捷安全性高，并对其承载性能进行了详尽的分析。

黄强[4]通过对插销式模板支撑架的实际应用及插销、焊耳、焊缝及节点半刚性连接等进行了研究，结果表明插销在模板支撑架正常工作中会自锁，因而不会自动向上滑出，插销不会因模板支撑架受水平侧向力作用而向上滑出，其连接性能较好；插销式模板支撑架在正常工作状态下V形耳及U形耳焊接处应力集中区的预缺陷是稳定的不会发生扩展，极少发生焊缝拉裂破坏现象；提出节点的连接刚度 K 可以取较低值，通过分析认为取 $K=20\text{kN}\cdot\text{m/rad}$ 是安全合理的。

黄浩[5]进行了两种规格插销式平面架在四种楔紧度工况下的水平力加载试验及两组基本受力单元体受力性能试验，对节点特性及单元架受力性能进行研究。他指出插销式模板支撑架在正常使用中，杆件以受轴力为主，弯矩很小，一般情况下不超过 0.2kN・m，所以对结构性能产生影响的节点半刚性连接刚度是节点的初始连接刚度，但是节点初始切线刚度都很小，不到 10kN・m/rad，因此在用于理论分析时将这类节点偏于安全的视为理想铰接节点；试验所得单杆极限承载力低于钢结构规范计算值 20%以上，认为承载力降低主要是由于节点半刚性以及初始缺陷引起的。

1.5 悬挑脚手架应用现状

1.5.1 悬挑脚手架定义

悬挑模板支撑体系是在型钢悬挑脚手架和高大模板支撑体系的基础上发展起来的。型钢悬挑脚手架是指依据建筑施工需要从建筑结构上向外搭设悬挑的型钢，并在型钢上搭设承受荷载的扣件和钢管等组成的脚手架；高大模板支撑体系是指施工现场混凝土构件模板支撑高度超过 8m，或搭设跨度超过 18m，或施工总荷载大于 15kN/m^2，或集中线荷载大于 20kN/m^{2}的模板支撑系统；悬挑支撑体系是在悬挑型钢上搭设的高大模板支撑体系。对于型钢悬挑脚手架的稳定性计算以及满堂支撑架的稳定性计算，在《建筑施工扣件式钢管脚手架安全技术规范》(JGJ 130—2011) 中进行了详细的说明与规范，但对于悬挑模板支撑体系，尚未有相关规范，而工程中对于悬挑模板支撑体系的应用比较普遍，因此对于悬挑模板支撑体系的研究迫在眉睫。

悬挑模板支撑体系有两种搭设方式，一种是在型钢梁上直接搭设悬挑支撑体系，另一种是本研究创新性提出的在原有型钢悬挑脚手架的基础上，将钢管进行斜拉以增大悬挑长度的悬挑支撑体系。相对来说，第二种方法既减少了工作量，又节省了材料和工期。笔者对于此种新型架体构造方法进行了现场实测并进行了有限元模拟，验证了此种架体的可行性。同时对于悬挑模板支撑体系，本身型钢悬挑脚手架涉及的型钢悬挑梁不均匀沉降问题，高大模板支撑体系的研究涉及的稳定性问题都很复杂，在同一模型中研究这两种体系的组合就更加复杂，因此悬挑模板支撑体系的稳定性的问题是一个值得研究的课题。本书对一些工程中悬挑支撑体系的应用进行了分析讨论，为悬挑模板支撑体系的研究奠定了实践基础。

1.5.2 悬挑支撑体系高度和悬挑跨度的研究现状

规范对悬挑支撑体系的高度并未进行明确规定，但《建筑施工扣件式钢管脚手架安全技术规范》(JGJ 130—2011) 第 6.10.1 条指出一次悬挑脚手架高度不宜超过 20m。陈培润[6]等对于悬挑脚手架一次悬挑高度进行了探讨，指出建筑结构外悬挑脚手架一次悬挑高度不但要考虑自身的刚度、强度和稳定性要求，还要考虑悬挑钢梁的支承结构强度和刚度条件。其通过一个具体案例，依据正常使用条件下的安全计算方法，证明了悬挑脚手架一次悬挑高度主要受外框架梁刚度和强度限制。

规范对悬挑支撑体系的跨度也未作明确规定，但工程实际中常涉及较大跨度悬挑支撑体系的应用。董璠等[7]介绍了在工程中进行悬挑的最大跨度为 12m，其采用的方案是逐层悬挑，以达到所需要的悬挑跨度。最后他指出，大跨度悬挑脚手架不能凭经验搭设，要根据具体工程的特点和条件，建立力学模型准确求解，选用合适的结构构件，进行设计，同时还要保证体系各个节点的牢固性，做到万无一失。

1.5.3 悬挑模板支撑系统规范的现状

《建筑施工扣件式钢管脚手架安全技术规范》(JGJ 130—2011) 中介绍了有关型钢悬挑脚手架的内容，给出了当采用型钢悬挑梁作为脚手架的支承结构时，应进行的设计计算有：1) 型钢悬挑梁的抗弯强度、整体稳定性和挠度；2) 型钢悬挑梁锚固件及其锚固连接的强度；3) 型钢悬挑梁下建筑结构的承载能力验算等。

《建筑施工模板安全技术规范》(JGJ 162—2008) 对模板及其支架的设计规定：1) 连接扣件和钢管立杆底座应符合现行国家标准《钢管脚手架扣件》(GB 15831—2006) 的规定；2) 承重的支架柱，其荷载应直接作用于立杆的轴线上，严禁承受偏心荷载，并应按单立杆轴心受压计算；钢管的初始弯曲率不得大于 1/1000，其壁厚应按实际检查结果计算；3）当露天支架立柱为群柱架时，高宽比不应大于5；当高宽比大于5时，必须加设抛撑或缆风绳，保证宽度方向的稳定。

《建筑施工临时支撑结构技术规范》（JGJ 300—2013）规定：1）悬挑支撑结构的悬挑长度不宜超过4.8m；2）悬挑支撑结构的杆件布置应满足 $B \geqslant B_t$，$L \geqslant 2B_t$，其中 B 为结构内架体长度；B_t 为悬挑部分长度；L 为悬挑支撑结构的宽度；3）落地部分架体应满足框架式或桁架式支撑结构的构造要求；4）平衡段除应满足框架式或桁架式支撑结构的构造要求外，还应增设剪刀撑或斜杆，使沿悬挑方向的每排杆件形成桁架。平衡段的顶层与底层应设置水平剪刀撑或满布水平斜杆；5）悬挑部分架体应沿悬挑方向的每排杆件形成桁架。悬挑部分顶层应设置水平剪刀撑或满布水平斜杆；6）水平桁架的立腹杆应使下部支撑结构的杆连续；7）单层水平桁架的高度应保证其斜腹杆倾角宜为40°～60°；8）水平桁架的斜腹杆布置宜使下面支撑结构立杆受力均匀一致；9）悬挑支撑结构禁止使用扣件传力。

以上相关规范，只有《建筑施工临时支撑结构技术规范》（JGJ 300—2013）对悬挑支撑结构给予了相对详细的规定，但是对于工程中很多情况，例如悬挑长度不宜超过4.8m这一要求，无法满足，同时未提及钢丝绳的重要作用。因此本文进行了相关架体的有限元数值模拟分析。

杜荣军[8-13]着眼于脚手架的特点和安全，分别从规范脚手架结构的安全保障要求、构配件和节点的性能、架体的传载措施、荷载计算、安全承载能力验算和基本构架试验等6个方面，详细阐述了合理规范脚手架设计的必要性，因此悬挑模板支撑体系也需要科学规范的设计。

1.6 近年来模板支撑体系安全事故及分析

1.6.1 近年来国内重大模板坍塌事故

近年来国内重大模板坍塌事故见表1-2。

近年来我国重大模板坍塌事故汇总 **表1-2**

事故时间	项目名称	事故原因	死亡人数	受伤人数
2005年9月5日	北京“西西工程”	模板支撑体系整体坍塌	8	21
2007年2月12日	广西医科大学在建图书馆	屋面模板支撑坍塌	7	7
2008年3月13日	法门寺山门工程	模板中间坍塌，无剪刀撑	4	5
2009年5月12日	河南省某工程二期核心工业区	脚手架拆除过程不当	21	9
2009年8月18日	重庆铜梁在建水泥厂	脚手架坍塌	7	7
2010年1月3日	云南新机场引桥路工程	脚手架整体倒塌	7	34
2010年1月12日	安徽芜湖产业园	混凝土浇筑过程中出现坍塌	8	7
2010年3月14日	贵阳国际会展中心	模板支撑体系局部垮塌	7	19
2011年7月31日	黑龙江鹤岗	脚手架倒塌	1	12
2011年9月10日	陕西西安大厦	未挂电动葫芦，脚手架坍塌	10	2

续表

事故时间	项 目 名 称	事 故 原 因	死亡人数	受伤人数
2011年9月26日	湖南衡阳市某在建工地	高支模体系发生坍塌	1	9
2011年10月8日	大连旅顺口区	模板支撑体系失稳	13	4
2011年11月19日	安徽巢湖市散兵镇某工地	模板支架坍塌	5	4
2011年11月22日	汕尾市区汕尾大道中段综合楼工程	高支模坍塌	6	7
2011年12月20日	山西襄汾某工地	模板支撑架坍塌	2	5
2012年5月31日	成都图书馆	脚手架拆除时发生倒塌	0	3
2012年6月8日	云南威信工地	脚手架垮塌	7	1
2012年6月30日	重庆市江北区污水处理厂办公楼	外架倾斜垮塌	1	6
2012年7月3日	深圳一在建工地	电梯井脚手架坍塌	1	4
2012年7月10日	北京某处某制作的雕塑	雕塑脚手架坍塌	3	6
2012年8月7日	北京密云	双排脚手架坍塌	0	4
2012年10月7日	福州市银河湾工地	脚手架倒塌	2	4
2012年10月9日	西安西郊一作业工地	操作平台垮塌	5	0
2012年11月22日	山西省临汾市黑龙关煤业在建煤仓	脚手架突然坍塌	1	4
2013年9月11日	广州花都一厂房	外脚手架坍塌	2	5

1.6.2 事故原因分析

通过对近年来模板支架有关事故的分析，大致可以把事故原因总结为材料原因、设计原因、施工原因、监管原因等。

(1) 材料原因

在目前工程中，用于搭设模板支架的钢管，名义上型号为ϕ48mm×3.5mm，但是实际工程中，钢管的壁厚仅为3.0～3.2mm，而在施工方案的计算中，仍然按照壁厚3.5mm来计算，这样承载力计算结果就会偏大，增加了施工过程的不安全因素；一些钢管经长年使用产生变形和弯曲，锈蚀严重，局部变薄，加大了初始偏心的影响，这些因素都使钢管的承载力大大降低，留下了安全隐患。另外，扣件的合格率低，文献中规定：直角扣件与旋转扣件的抗滑移承载力为8kN，对接扣件抗滑移承载力为3.2kN，而现场调查发现，很少有工地能完全达到此标准，材料经多次周转使用存在磨损严重，而且维护保养不到位，致使模板支架的承载力明显降低。

(2) 设计原因

许多施工现场项目部技术人员对模板支架的设计不严格，对支撑系统的刚度和稳定性验算不正确，部分单位忽视模板支架的设计工作，凭以往工作经验设计搭设，不按规范设计连墙件、剪刀撑等安全性构件，对规范规定的技术要求认识观念不足，所使用的计算简图与现场搭设情况差距较大，计算理论也没有形成统一标准，缺乏严格的推导依据。现场的薄弱环节也很少被发现，方案的针对性及可操作性差，没有严格的检查标准。

(3) 施工原因

在技术人员设计合理的前提下，必须严格控制搭设质量才能保证使用过程的安全。而由于部分工作人员对工人进行交底时，没有做详细安排，在一些专业技术较差施工人员的影响下，模板支架的搭设质量很难得到保障。如搭设数据不符合技术规程和设计方案，扣件拧紧力矩较低，不按要求搭设剪刀撑，私自减少搭设杆件，支架基础不平整，局部立杆底部悬空，造成脚手架整体稳定性不足；在搭设完成后，支架局部堆放建筑材料，放置施工设备等，造成杆件的局部失稳，在稍后的混凝土施工中容易引起支架的整体坍塌。

（4）监管原因

部分施工现场的项目技术监管人员对模板支撑体系的认识不足，专业素养不高，现场的监管人员更换频繁，技术交底和安全培训不足，对现场搭设质量未经严格检查，致使未及时发现现场不安全部位，造成模板支架的整体承载力降低。

1.7　模板支撑体系的发展趋势

随着现代化加快，城市建设也获得了前所未有的发展机遇。为了满足建筑的多功能性和造型美观，各种超常规的混凝土结构建设日益增多。超常规混凝土结构通常面积大、空间跨度大、自重大。在施工中，作为高大模板支架不同于普通的外脚手架，它们搭设跨度大，搭设高度高，而且当上部混凝土结构自身强度尚未形成时，支撑架同时还要承担混凝土结构施工时的各种荷载：结构自身的荷载、浇筑混凝土时产生的振动荷载、基础的不均匀沉降荷载等。

在超常规的混凝土结构施工过程中，高支模需具备足够的整体稳定性和承载能力，这就突出了扣件式高大模板支架的节点半刚性和整体承载力研究的重要性，该研究可以减少扣件式高大模板在支架施工中的安全隐患，提高新建工程的质量，使重大工程能够顺利建设，减少重大安全事故。通过对高支模整架性能的研究，可以考虑不同形式架体的混合使用，充分发挥不同类型脚手架的优势，做到既能满足承载力要求又能使施工方便快捷。因此，该课题对于脚手架性能的研究具有十分重要的现实意义，也势必会产生良好的社会效益和可观的经济效益。

目前使用的脚手架结构多为钢管支架，经过反复使用后构件变形及磨损严重。未来脚手架结构势必向着轻质高强结构、标准化、装配化和多功能方向发展；脚手板也将发展为薄壁型钢、铝合金制品等取代传统的木、竹制品；在搭设工艺上也将更加的精细，改善粗放的施工方式，确保支模架不会因为搭设问题造成工程事故。

随着现代化建设的发展，高层建筑、桥梁的建设数量与日俱增，尤其在公共建筑中，常会遇到结构跨度及层高较大的梁板结构，其支撑系统承受的荷载也越来越大。随着模板支架整体高度的增加，支架的稳定性问题单靠传统的计算方法难以保证，目前国内外因此而导致模板系统倒塌工程事故屡见不鲜，而且一旦事故发生将导致群死群伤的严重后果。但目前国家有关的技术规范尚未正式颁布，只能根据现行的国家标准《建筑结构可靠度设计统一标准》GB 50068 和《混凝土结构工程施工质量验收规范（2010 年版）》GB 50204 的规定，并参考有关的施工作业方法对扣件式高大模板支架进行施工设计。因此，有必要开展新型的诸如插口式脚手架的稳定承载力研究。

第2章　高大模板支撑体系稳定承载力计算理论

近年来模板支撑体系引起的安全事故时有发生，除搭设因素引起的架体整体失稳外，大部分事故表现为结构的局部屈曲失稳，且失稳位置多发生于架体中的立杆，这就说明模板支架的承载力很大程度上取决于立杆。在现浇混凝土梁板结构施工过程中，立杆作为主要的承重构件承受并传递上部新浇混凝土自重及施工活荷载，因此在架体设计时需考虑压杆稳定问题。压杆稳定问题的研究，从18世纪欧拉提出著名的轴压杆临界力计算公式以来，已有两百多年了，但认识到欧拉公式只适用于材料的弹性工作范围却是近年来研究的成果。在欧拉公式中，除弹性模量外，立杆承载力的控制因素主要取决于立杆的长细比而未考虑残余应力及截面形状，因此对于存在残余应力的压杆应根据残余应力、截面形状和失稳时绕截面形心轴进行分析，即将压杆按照偏压计算更符合实际。

由参考文献［14］知模板支撑体系中的立杆可视为框架结构中的柱体，即可视为细长杆件。而细长杆件在轴向力作用下中部会产生弯矩，其稳定承载能力远远低于材料的屈服强度。该承载力受杆件长细比的影响，且欧拉公式只在长细比位于一定范围时适用，这就需要对受压杆件计算长度的选取及立杆端部约束条件有明确的认识。本章除对欧拉公式中立杆计算长度的选取做了详细介绍、给出不同端部约束条件下立杆计算长度系数外，还重点讨论了初始缺陷对轴心受压杆件的影响，并通过编制程序给出了基于有侧移框架柱理论的计算长度修正系数法。扣件式模板支撑体系在搭设的过程中存在初始缺陷、受力过程中存在荷载偏心、直角扣件又具有半刚性，因此，提出广义初始缺陷综合描述以上各因素，且本研究建议在数值模拟计算中采用假想水平力法考虑架体的广义初始缺陷。本书在研究过程中通过对比真架试验结果与数值模拟计算给出了假想水平力的取值为架体极限承载力的1.2%～2.5%[15]，理论计算中假定假想水平力作用在支撑架上端节点水平方向上，并且参与所有的荷载组合。在高支模的设计过程中极易因为设计计算不当而引起坍塌事故造成人员伤亡和经济损失，所以应对高支模设计过程中的荷载及荷载组合进行详细的讨论。

2.1　压杆稳定理论

长度很短的受压杆件，在外压力荷载的作用下，将在内部产生压应力，当该压应力达到材料屈服极限时，杆件将出现塑性变形。而当压应力达到材料的强度极限时，杆件将发生断裂，通常称这类破坏为强度破坏。

当杆件变得足够细长时，在轴向压力作用下的变形及破坏则变为另一种情形。压力逐渐增加但小于某一极限值时，杆件将一直保持直线形状的平衡状态，在这种平衡状态下，即使杆件受到微小的侧向外力作用而发生弯曲变形，当该侧向力撤除后，杆件仍能恢复原来的直线形状——这种平衡状态是稳定的。但当轴向压力超过该极限值，在微小的侧向力作用下发生的挠曲变形将不能恢复，杆件将由原有的直线平衡状态转变为曲线形状的平衡状态，原有的直线形状的平衡将变为不稳定。这时若轴向压力稍有增加，杆件的侧向变形将无限制地发展而导致杆件破坏。通常将这种破坏称之为丧失稳定，简称失稳。

在讨论模板支架整体结构的计算之前，首先应注意它与建筑结构体系的差别，以便正确运用已有的结构理论。传统的建筑结构（钢、木、钢筋混凝土结构等）构件的断面形状、尺寸以及节点构造都是依照力学计算设计而成；而模板支架结构主要构件的断面形状、尺寸、构造及力学特性都是已经定型了的。因而在做结构基本假设时，应尽量与之保持一致。

模板支架的承载力在很大程度上取决于立杆，因而要服从“压杆稳定”的规律，相应的结构计算必须考虑杆端的约束条件。因此对模板支架整体结构的计算首要考虑的是“节点”问题；其次是结构与周边的约束条件（如连墙杆的支撑条件，立杆与地面的约束条件等）。在目前相关文献对“节点”问题的讨论中，主要可分为两种观点：一种视杆件连接点为“铰”；另一种视之为“刚接”。与整体结构计算相联系的还有一个“几何不变性”的问题，也就是所假设的基本条件是整个结构应该是几何不变的，因而整体结构的计算是一个综合性的问题，每一种理论应当具有综合性考虑的结果，保持以上诸因素的一致和完整性。当然检验理论正确与否的唯一标准是实践，因而所采用的计算理论应当与已有的实践经验以及试验结果相一致。

对于一个完整的结构计算理论应包括结构计算的模型和结构简图并给出相应的计算方法，使用者可依据所提出的简图及计算方法进行运算方可达到要求。如采用计算机进行计算也应提供相应的结构计算基本条件以及初始参数与最终结果之间的关系式。提供的计算实例应当能说明主要参数对所得结果的影响，或与基础理论的一致性，并能指导现场施工及模板支架的方案设计。

2.2 轴心压杆极限承载力欧拉公式

细长杆件在轴向力作用下，其承载能力远远低于材料的屈服强度。通过试验研究欧拉发现细长杆件受压时，由于杆件中部产生“凸出”，此变形的结果使轴向力在杆件中产生弯矩。随着凸出变形的加大，弯矩进一步加大最终导致完全丧失承载能力，这就是有名的“压杆稳定”问题。图 2-1 为一两端铰接的中心受压杆。设两端作用的轴心压力为 P_{cr}，杆件中心产生的变形为 y。此时杆件中心处的弯矩为：

$$M(x)=P_{cr}y \tag{2-1}$$

杆件在弯矩作用下产生弯曲变形。如图 2-2 所示，受弯杆件的一侧产生压缩变形，而另一侧产生拉伸变形，使杆件产生弯曲。造成的曲率为 $1/\rho$（ρ 为曲率半径），曲率与弯矩之间的关系为：

$$\frac{1}{\rho}=\frac{-M}{EI} \tag{2-2}$$

根据材料力学中的受弯构件的计算公式可知，变形曲线的曲率变化为挠度曲线的二次导数。即：

$$y''=\frac{1}{\rho}$$

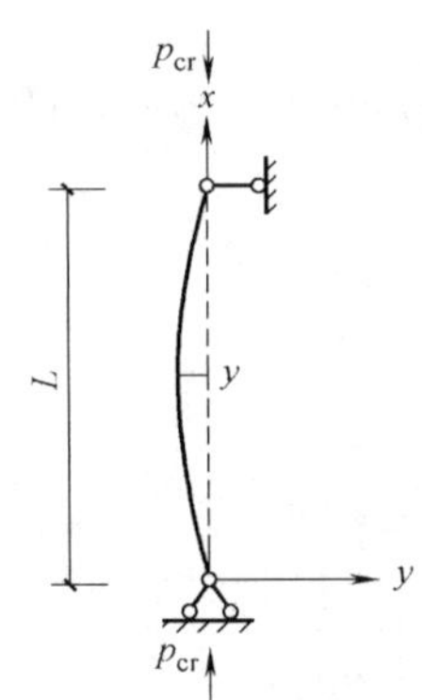

图 2-1　中心受压杆的力学模型图

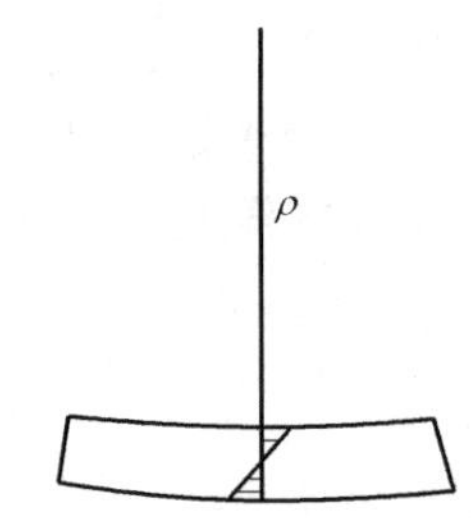

图 2-2　受弯构件弯曲变形曲率

将其代入式（2-1），式（2-2），可得杆件挠曲线的微分方程：

$$EIy''=-M(x)=-P_{cr}y \tag{2-3}$$

令

$$k^2=P_{cr}y/EI \tag{2-4}$$

则挠度曲线可化为二阶常系数线性微分方程：

$$y''+k^2y=0 \tag{2-5}$$

其通解为：

$$y=A\sin kx+B\cos kx \tag{2-6}$$

代入边界条件：$x=0$ 时，$y=0$；$x=L$ 时，$y=0$；

得出两端铰接时的挠度曲线方程：

$$y=A\sin kx \tag{2-7}$$

适合该边界条件的正弦函数特征值（最小值）为：$kl=\pi$

代入式（2-4）得：

$$\sqrt{\frac{P_{cr}}{EI}}\times L=\pi$$

解得极限荷载值：

$$P_{cr}=\frac{\pi^2EI}{L^2} \tag{2-8}$$

将惯性矩转化为截面积与惯性半径平方之积 $I=Fi^2$，

将式（2-8）转化为：

$$P_{cr}=\frac{\pi^2EF}{(L/i)^2} \tag{2-9}$$

令：长细比 $\lambda=L/i$，极限承载力 $\sigma_{cr}=P_{cr}/F$；

得欧拉公式的极限应力公式：

$$\sigma_{cr}=\frac{\pi^2E}{\lambda^2} \tag{2-10}$$

其力学概念为中心受压杆破坏时的极限应力与材料弹性模量与 π^2 之积成正比，而与杆件的长细比的平方成反比。

通过欧拉公式的推导过程，可以得知以下几点。

（1）极限荷载挠度曲线为正弦曲线时，按两端铰接无位移的边界条件相应求得极限荷载值。

（2）中心受压杆件应力与应变并不成正比。

（3）欧拉公式是通过正弦函数的特征值而求得极限荷载，但并不能解出挠度曲线。因为该正弦曲线的振幅值 A 不能确定。

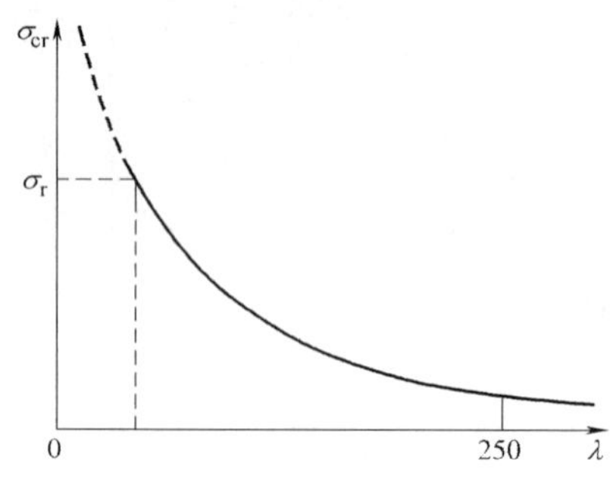

图 2-3　欧拉公式适用段图

（4）极限荷载的发生是突然的，而并非变形连续化积累的渐近过程（这一点也为试验所证实）。

（5）欧拉公式的应用是有范围的，只适用于长细比不太低又不太高的中间一段。图 2-3 所示为极限应力与长细比的关系曲线。根据欧拉公式绘制的曲线可以看出当长细比趋近于 0 时其极限应力可达无穷大，因而是不可用的。也就是按极限应力求得的值小于或等于屈服极限的范围不能应用，此时称为短柱阶段。

当长细比超出某一值时，理论上虽能求出其极限荷载，但实际上，由于杆件制作的微小误差、中心作用力的微小倾斜和偏心等影响，理论结果与实际结果将有很大偏离。因而当长细比大于某一范围，欧拉公式不能适用。

2.3　压杆端部固定条件与计算长度理论

当两端固定方法不同时，则边界条件不同。虽然挠度曲线仍为正弦曲线。按照相应的边界条件代入 λ（除支撑点位移为零外，要增加转角为零的条件），则正弦曲线的半波周长将会改变。与之相应的极限荷载公式中的 L 值相应变化，这就是中心受压杆的计算长度问题。由于欧拉公式是以两端铰接求出的，因而将非两端铰接时其相应的长度称之为“计算长度 L_0”，则有 $L_0=\mu L$，称 μ 为计算长度系数。图 2-4 列出了六种挠度曲线的状况和相应的计算长度值。

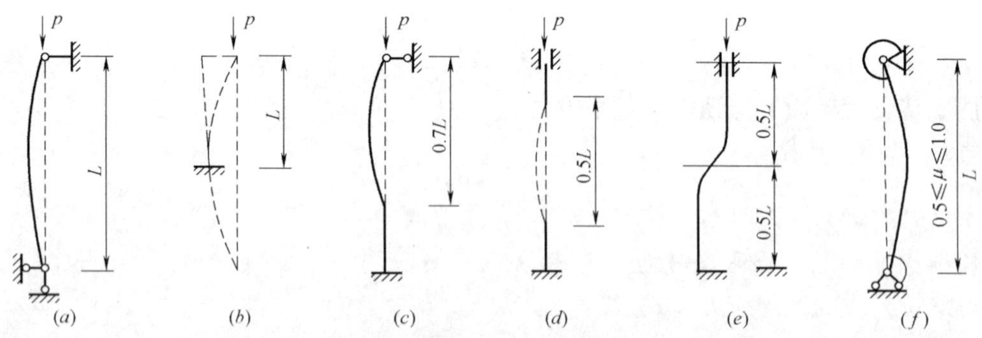

图 2-4　六种挠度曲线的状况和相应的计算长度值

（a）两端铰；（b）一端固定一端悬臂；（c）一端固定一端铰接；（d）两端固定；（e）两端固定可横向位移；（f）两端弹性固定

根据六种不同的端点条件得到计算长度系数为：

第一种：两端铰接，$\mu=1$；

第二种：一端固定，一端悬臂，$\mu=2.0$；

第三种：一端铰接一端固定，$\mu=0.7$；

第四种：两端固定，$\mu=0.5$；

第五种：一端固定，一端悬臂抗扭，$\mu=0.5$；

第六种：两端铰接但弹性抗扭，$0.5<\mu<1.0$；

从以上结果可以看出，中心受压杆虽然可按两支撑点之间的长度计算，但仍要看两支撑点对端部约束的条件才能确定其计算长度。因而极限荷载计算中的长细比与端部约束条件有关。作为模板支架立杆的计算，应当注意的有两个问题：

（1）计算长度的计算只有上述六种模式，其中第五种模式在相关文献的模板支架计算中未提及，在模板支架计算模式中可不考虑。

（2）对于模板支架立杆的计算，水平杆和立杆的连接属于半刚接，端部约束几乎难以完全符合上述六种模式。其中最难解决的是上支撑点沿纵向自由滑移的条件。在一般情况下与建筑物的拉接点都有阻碍其自由滑移的因素，因而试验结果一般所得极限承载力偏大。

2.4　初始几何缺陷对轴心受压构件的影响

高大模板支撑体系的杆件由于多次使用本身存在不同程度的初始几何缺陷，如立杆有初弯曲，截面的几何形状和尺寸都可能稍有偏差，荷载的作用点也可能偏离立杆的轴线，它们对杆件的稳定性都有一定影响，其中以初弯曲和初偏心对杆件的影响最具有代表性，下面仅对它们的影响作弹性分析。

2.4.1　初弯矩对轴心受压构件的影响

图 2-5（a～e）中用实线表示的图形是几种经实测得到的立杆的初弯曲的形状，说明实际的初弯曲形状是多种多样的，图中虚线是正弦曲线的一个半波，是理想化了的一种最简单的弯曲形状。为了考察它们对轴心受压杆件的影响，可以用傅立叶级数表示初弯曲的幅值。

在图 2-5（f）中杆件任一点的初弯曲的幅值为：

$$y_0=v_1\sin\frac{\pi x}{l}+v_2\sin\frac{2\pi x}{l}+\cdots+v_{n-1}\sin\frac{n-1\pi x}{l}+v_n\sin\frac{n\pi x}{l}+\cdots=\sum_{i=1}^{\infty}v_i\sin\frac{i\pi x}{l} \tag{2-11}$$

在未加载之前，杆件任一点的曲率为$-y_0''$，在轴心压力 P 的作用下杆件总的挠度为 y，曲率为$-y''$，见图 2-5（g），截面上的内力矩 $M_i=-EI(y''-y_0'')$，外力矩 $M_e=Py$，平衡方程是

$$EIy''+Py=EIy_0'' \tag{2-12}$$

令 $k^2=\dfrac{P}{EI}$并以式（2-11）代入上式，则：

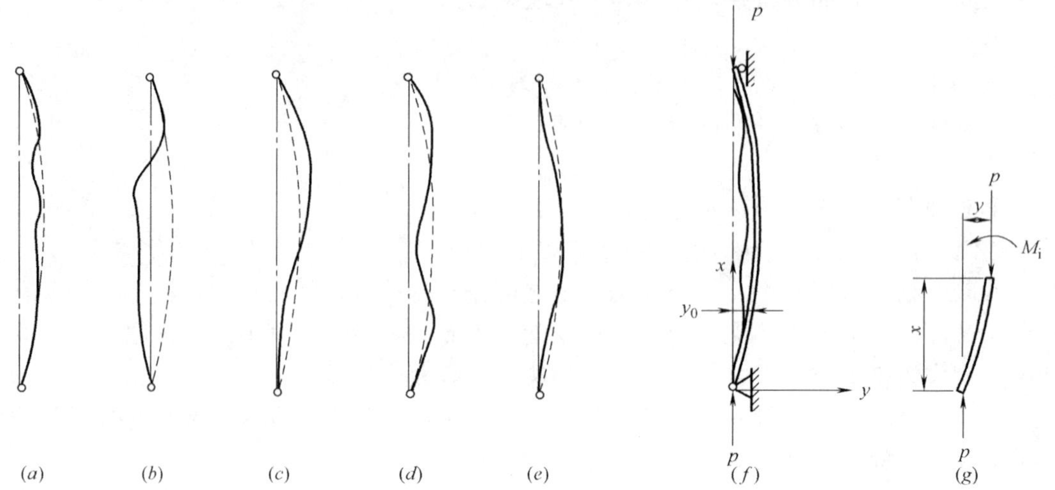

图 2-5　有初弯曲的轴心受压构件

$$y''+k^2y=-\left(\frac{\pi}{l}\right)^2\sum_{i=1}^{\infty}i^2v_i\sin\frac{i\pi x}{l} \tag{2-13}$$

这是一个非齐次线性微分方程，其通解和余解之和，特解可写作：

$$y_p=\sum_{i=1}^{\infty}C_i\sin\frac{i\pi y}{l} \tag{2-14}$$

将式（2-14）代入式（2-13）后可得：

$$\sum_{i=1}^{\infty}\left[C_i\left(k^2-\frac{i^2\pi^2}{l^2}\right)+\frac{i^2\pi^2v_i}{l^2}\right]\sin\frac{i\pi x}{l}=0 \tag{2-15}$$

但是 $\sin\frac{i\pi x}{l}\neq0$，所以只有 $C_i=-\frac{\pi^2}{l^2}\frac{i^2v_i}{k^2-i^2\pi^2/l^2}$，以此代入式（2-14），则：

$$y_p=-\frac{\pi^2}{l^2}\sum_{i=1}^{\infty}\frac{i^2v_i}{k^2-i^2\pi^2/l^2}\sin\frac{i\pi x}{l} \tag{2-16}$$

由 $y''+k^2=0$ 可得到余解为 $y_c=A\sin kx+B\cos kx$，通解为：

$$y=A\sin kx+B\cos kx-\frac{\pi^2}{l^2}\sum_{i=1}^{\infty}\frac{i^2v_i}{k^2-i^2\pi^2/l^2}\sin\frac{i\pi x}{l} \tag{2-17}$$

由边界条件 $y(0)=0$ 和 $y(1)=0$ 得到 $B=0$ 和 $A\sin kl=0$。由于有初弯曲时 $P<P_e$，故 $\sin kl\neq0$，这样一来只有 $A=0$，$y=y_p$，上面的特解成了式（2-13）的全解。因 $k^2=P/EI$，$P_E=\pi^2EI/l^2$，i 改用符号 n，全解可写作：

$$y=\frac{v_1}{1-P/P_E}\sin\frac{\pi x}{l}+\frac{v_2}{1-P/(4P_E)}\sin\frac{2\pi x}{l}+\cdots+\frac{v_n}{1-P/(n^2P_E)}\sin\frac{n\pi x}{l}+\cdots \tag{2-18}$$

比较式（2-11）和式（2-18）可知，对于有初弯曲的杆件，在荷载 P 的作用下，杆件的弹性曲线相当于在原有初弯曲的各对应部分乘以放大系数 $1/(1-P/(n^2P_E))$，但是可以发现在式（2-18）中第一项的放大系数为 $1/(1-P/P_E)$，它始终大于其他各项的放大系数，特别是当 P 接近于 P_E时，它们之间的差别尤为突出，完全可以忽略其他各项对杆件的影响，这样可将式（2-18）近似地取为：

$$y=\frac{v_0}{1-P/P_E}\sin\frac{\pi x}{l} \tag{2-19}$$

所以杆件的初弯曲可以用如图 2-5（$a\sim e$）中虚线表示的正弦曲线的半波曲线代替，即：

$$y_0=v_0\sin\frac{\pi x}{l} \tag{2-20}$$

式中 v_0 为杆件中点初弯曲的幅值。在 P 作用下，杆件的最大挠度 $y_{max}=\frac{v_0}{1-P/P_E}$，最大弯矩 $M_{max}=Py_{max}=\frac{Pv_0}{1-P/P_E}$。这里把 $A_m=\frac{1}{1-P/P_E}$称为弯矩放大系数，可以看作是初弯曲对轴心受压杆件的影响。任一截面的一阶弯矩为 $Pv_0\sin(\pi x/l)$，二阶弯矩 $p_y=A_mPv_0\sin(\pi x/l)$，二者之间的差别称为杆件本身的二阶效应，简称 P-δ 效应，此处 δ 即为 v_0。

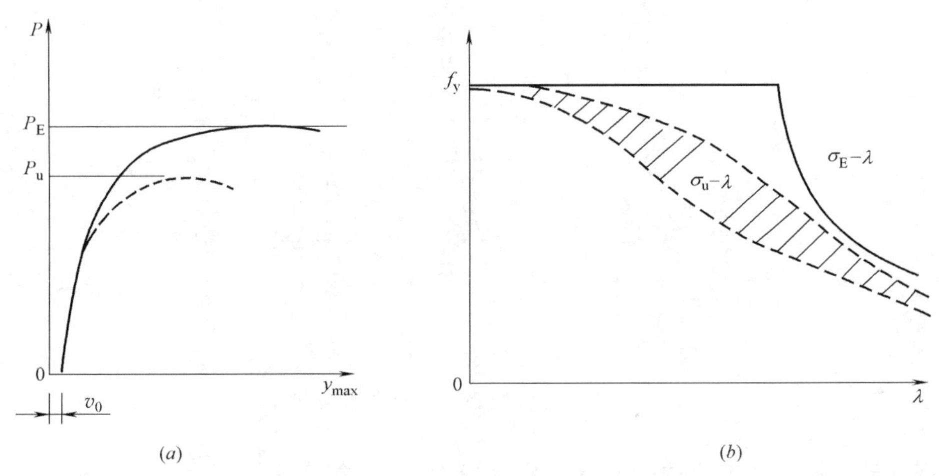

图 2-6　初弯曲轴心受压杆件的荷载-挠度曲线和极限应力曲线

图 2-6（a）是有初弯曲的轴心受压杆件的荷载-挠度曲线，实线表示杆件完全是弹性的，以 $P=P_E$ 时的水平线为渐近线，当 P 达到轴心受压杆件的屈曲荷载时，最大挠度趋向于无限大，与 v_0 无关，说明处于这种状态的杆件已经丧失了抗弯能力，达到了稳定的临界状态。可以根据这种临界状态的概念，预先给轴心受压杆件一微小的初弯曲 y_0，用这种方法来求解其屈曲荷载 P_E，其条件是 $y_{max}=\infty$或 $1-P/P_E=0$。对于有限值弯曲的轴心受压杆件，当截面承受的弯矩较大时就开始屈服而进入弹塑性状态，如图 2-6（a）中虚线所示荷载-挠度曲线。有初弯曲的轴心受压杆件实际上属于极值点失稳问题，其极限荷载为 P_u，极限应力为 $\sigma_u=P_u/A$，它与杆件截面的形式、长细比 λ、弯曲方向和钢材的屈服强度 f_y有关。极限应力曲线 $\sigma_u-\lambda$ 与欧拉曲线 $\sigma_E-\lambda$ 的比较见图 2-6（b），图中用虚线勾画出了具有相同的初弯曲对不同截面轴心受压杆件极限应力曲线的变化范围。

2.4.2　初偏心对轴心受压构件的影响

荷载作用于构件的端部时，上端和下端的初始偏心可能并不完全相同，如图 2-7（a）所示，但这种差别不大，可以按照图 2-7（b）所示等偏心的构件作弹性分析。

图 2-7（c）的平衡方程是：

$$EIy''+P(y+e)=0 \tag{2-21}$$

令 $k^2=P/EI$ 代入上式得到：

$$y''+k^2y=-k^2e \tag{2-22}$$

上式的特解为 $y_p=-e$，余解为 $y=A\sin kx+B\cos kx$。

故全解为：

$$y=A\sin kx+B\cos kx-e \tag{2-23}$$

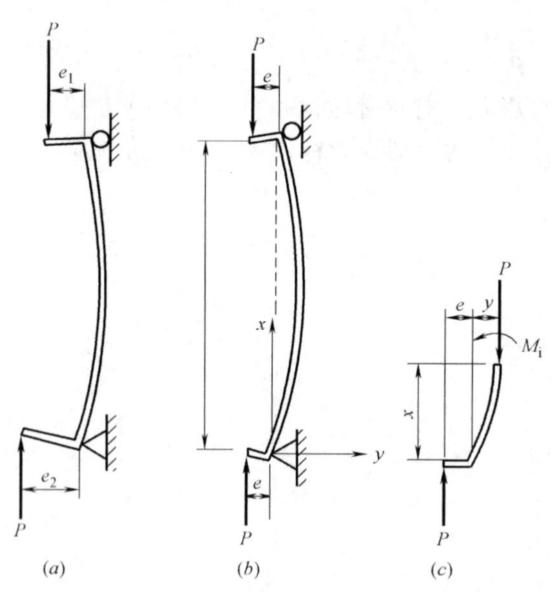

图 2-7　有初偏心的轴心受压构件

由构件的边界条件 $y(0)=0$ 和 $y(l)=0$ 得到 $B=e$ 和 $A=\dfrac{1-\cos kl}{\sin kl}e$，这样：

$$y=\left(\frac{1-\cos kl}{\sin kl}\sin kx+\cos kx-1\right)e \tag{2-24}$$

构件的最大挠度为：

$$y\left(\frac{l}{2}\right)=y_{\max}=\left(\sec\frac{kl}{2}-1\right)e$$

最大弯矩为：

$$M_{\max}=P(y_{\max}+e)=P_e\sec\frac{kl}{2}$$

利用三角函数的级数表达式，当 $kl/2<\pi/2$ 时，或 $P<P_E$ 时，

$$\sec\frac{kl}{2}=1+\frac{1}{2}(kl/2)^2+\frac{5}{24}(kl/2)^4+\cdots=1+1.234P/P_E+1.268(P/P_E)^2+\cdots$$

$$\approx\frac{1+0.234P/P_E}{1-P/P_E}$$

因此 $M_{\max}=\dfrac{1+0.234P/P_E}{1-P/P_E}P$，可把 $A_m=\dfrac{1+0.234P/P_E}{1-P/P_E}$看作是弯矩放大系数，也就是初偏心对弹性轴心受压构件的影响。

图 2-8 是有初偏心的轴心受压构件的荷载—挠度曲线，它以 $P=P_E$ 的水平线为其渐近线，实际上由于存在弯矩作用，构件会有部分屈服，因此荷载—挠度曲线呈现如虚线所示的极值点失稳现象，其极限荷载为 P_u。由于初弯曲和初偏心对受压构件的影响都导致出现极值点失稳现象，都使构件的承载力有所降低，两种影响在本质上并无区别，因此在研究实际构件的承载力时，常常把它们的影响一并考虑。由于其影响具有偶然性，有时只取其中一项作为计算实际的轴心受压构件的依据。

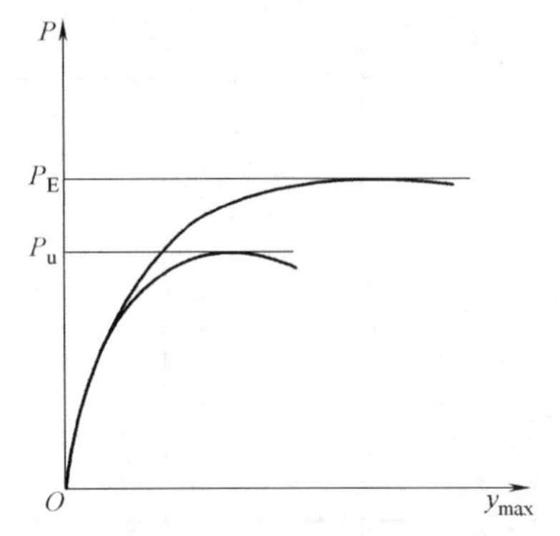

图 2-8　初偏心受压构件的荷载-挠度曲线

2.5　基于有侧移框架柱理论的计算长度系数修正法

采用扣件式钢管、碗扣式钢管或者插销式钢管搭设的模板支架，应当归于钢结构范畴，在设计计算、制作加工和施工应用过程中应遵守国家标准《钢结构设计规范》(GB 50017—2003)、《冷弯薄壁型钢结构技术规范》(GB 50018—2002) 以及《钢结构工程施工质量验收规范》(GB 50205—2001)。通过扣件连接性能试验可以看出，水平杆和立杆的连接属于半刚接，可以得到这样的结论：对于非刚接的框架，柱的计算长度系数不能套用《钢结构设计规范》(GB 50017—2003) 中给出框架柱的计算长度系数附录 D 中表 D-1 和表 D-2。虽然扣件式钢管模板支架通过设置剪刀撑确保构架整体性和稳定性的要求，但在垂直荷载作用下，其节点仍可发生位移，根据文献 [16]，可将其视为“有侧移多层多跨框架”进行分析。

2.5.1　基本假定

(1) 所研究的模板支架中的 AB 立杆与其相连的两根立杆 AG 和 BH 同时屈曲 (图 2-9)。

(2) 架体屈曲时同一层的各水平杆两端的转角大小相等，方向也相同。

(3) 屈曲时节点处产生的水平杆端不平衡力矩按节点处立杆的线刚度正比例地分配给立杆端使之平衡。

(4) 不计屈曲时立杆中轴压力的变化。

(5) 不计水平杆中轴心力的影响。

2.5.2　计算长度系数的确定

先建立与节点 A 有关的梁端与柱端力矩：

$$M_{AC}=6(EI_{b1}/l_{b1})\theta_A;M_{AD}=6(EI_{b2}/l_{b2})\theta_A$$

$$M_{AB}=(EI_{c2}/l_{c2})[C\theta_A+S\theta_B-(C+S)\rho_2];$$

$$M_{AG}=(EI_{c1}/l_{c1})[C\theta_A+S\theta_B-(C+S)\rho_1]$$

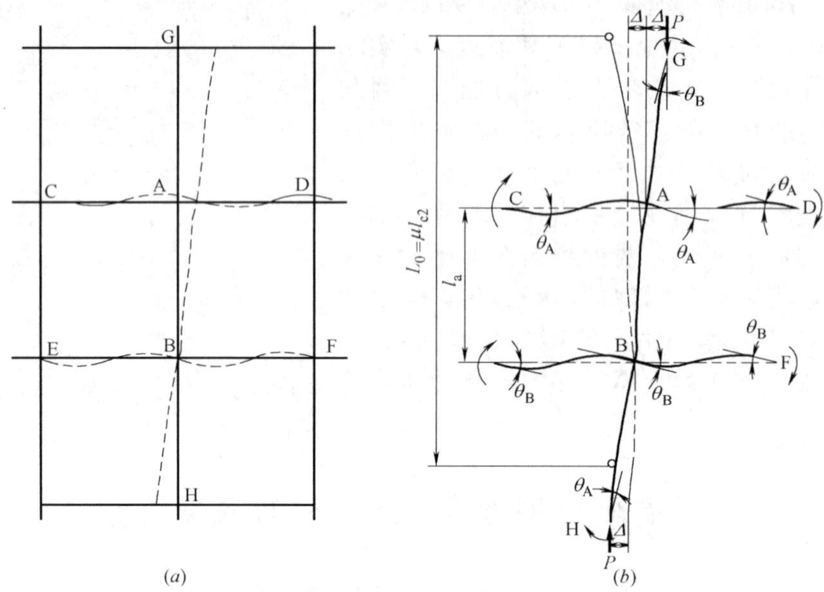

图 2-9　有侧移刚架柱计算简图

其中，$C=\dfrac{kl\sin kl-(kl)^2\cos kl}{2-2\cos kl-kl\sin kl}$，$S=\dfrac{(kl)^2-kl\sin kl}{2-2\cos kl-kl\sin kl}$，$C$ 和 S 均称为抗弯刚度系数；

如 $\rho_1=\rho_2$，则 $$M_{AG}=M_{AB}\frac{I_{c1}/l_{c1}}{I_{c2}/l_{c2}}$$

再建立节点 A 的平衡条件，$M_{AB}+M_{AG}+M_{AC}+M_{AD}=0$，将 M_{AG}代入后可得

$$M_{AB}+\frac{M_{AC}+M_{AD}}{I_{c1}/l_{c1}+I_{c2}/l_{c2}}\times\frac{I_{c2}}{l_{c2}}=0$$

从而可得：

$$C\theta_A+S\theta_B-(C+S)\rho+\frac{6(I_{b1}/l_{b1}+I_{b2}/l_{b2})}{I_{c1}/l_{c1}+I_{c2}/l_{c2}}\theta_A=0 \tag{2-25}$$

引进连接于 AB 柱上端的梁的线刚度之和与柱的线刚度之和的比值 $K_1=\dfrac{\sum\limits_{A} I_b/l_b}{\sum\limits_{A} I_c/l_c}$，上式可写作：

$$(C+6K_1)\theta_A+S\theta_B-(C+S)\rho=0 \tag{2-26}$$

同理，可建立节点 B 的力矩平衡方程，并引进与 AB 柱下端的约束有关的线刚度比值 $K_2=\dfrac{\sum\limits_{B} I_b/l_b}{\sum\limits_{B} I_c/l_c}$ 即可得到：

$$S\theta_A+(C+6K_2)\theta_B-(C+S)\rho=0 \tag{2-27}$$

再建立柱本身的平衡方程，$M_{AB}+M_{BA}+P\Delta=0$，而 $\Delta=\rho l_{c2}$，$P=k^2EI_{c2}$，故 $P\Delta=(EI_{c2}/l_{c2})(kl_{c2})^2\rho$，又 $M_{BA}=(EI_{c2}/l_{c2})[S\theta_A+C\theta_B-(C+S)\rho]$，这样此平衡方程可写作：

$$(C+S)(\theta_A+\theta_B)-[2(C+S)-(kl_{c2})^2]\rho=0 \tag{2-28}$$

将式（2-26）和式（2-27）相加后得到：

$$(C+S)(\theta_A+\theta_B)-2(C+S)\rho=-6(K_1\theta_A+K_2\theta_B) \tag{2-29}$$

以式（2-29）中的（$(C+S)(\theta_A+\theta_B)$）代入式（2-28）后得到：

$$-6K_1\theta_A-6K_2\theta_B+(kl_{c2})^2\rho=0 \tag{2-30}$$

由式（2-26）、式（2-27）和式（2-30）的线形方程组可得到有侧移刚架柱的屈曲方程为：

$$\begin{vmatrix} (C+6K_1) & S & -(C+S) \\ S & (C+6K_2) & -(C+S) \\ -6K_1 & -6K_2 & (kl_{c2})^2 \end{vmatrix}=0 \tag{2-31}$$

以 C 和 S 的三角函数代入，并用 $\mu=\pi/kl_{c2}$ 表示，经整理后得到屈曲方程为：

$$[36K_1K_2-(\pi/\mu)^2]\tan(\pi/\mu)+6(K_1+K_2)\pi/\mu=0 \tag{2-32}$$

上式属于超越方程，为了计算上的方便，可以采用文献［14］给出的有侧移多层多跨刚架柱的计算长度系数 μ，见式（2-33）：

$$\mu=\sqrt{\frac{7.5K_1K_2+4(K_1+K_2)+1.52}{7.5K_1K_2+K_1+K_2}} \tag{2-33}$$

2.5.3　考虑节点半刚性的计算长度系数修正法

高大模板扣件式支撑体系中，水平杆与立杆的连接，既非铰接亦非刚接，而是如图 2-10 所示具有弹簧常数为 r 的半刚性连接，双曲率杆端的转角为 $\theta_D=\theta_A$，$M_{DA}=M_{AD}$，$M_{AD}=\frac{6EI_{b2}}{l_{b2}}\left[4\left(\theta_A-\frac{M_{AD}}{r}\right)+2\left(\theta_D-\frac{M_{DA}}{r}\right)\right]$，可得：

$$M_{AD}=\frac{6EI_{b2}}{l_{b2}}\left[\frac{1}{1+\frac{6EI_{b2}}{l_{b2}r}}\right]\theta_A \tag{2-34}$$

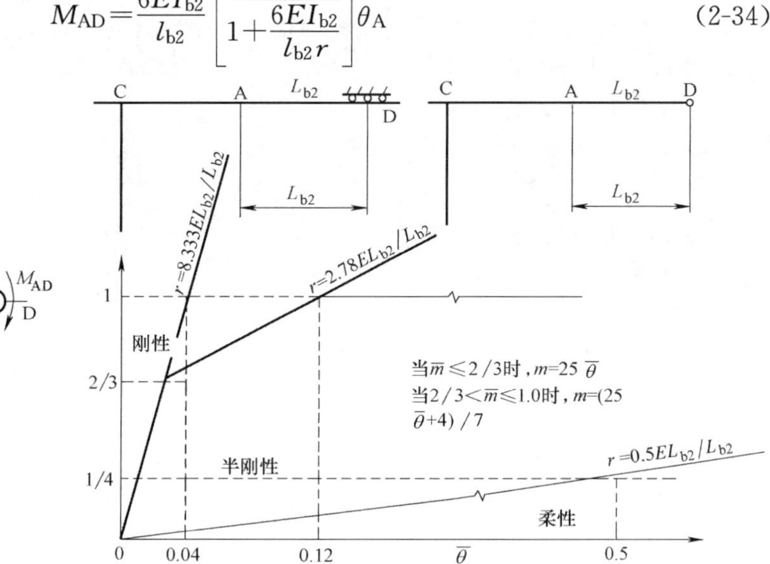

图 2-10　有侧移高支模水平杆与立杆的连接简图

故知水平杆线刚度的修正系数：

$$\alpha=\frac{1}{1+\dfrac{6EI_{b2}}{l_{b2}r}} \tag{2-35}$$

当步距 h=0.6m，纵距 l=0.6m，弹簧常数 r 从 30～120kN·m/rad 之间变化时，可以作出计算长度系数 μ 随 r 的变化图，如图 2-11 所示。

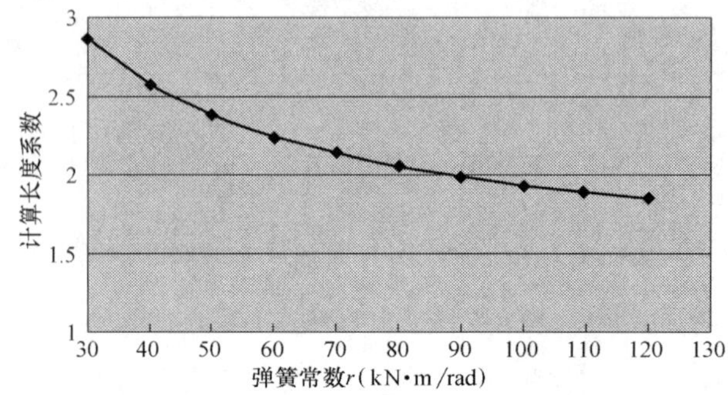

图 2-11　计算长度系数 μ 随 r 的变化图

从图 2-11 可以看出，随着 r 的增大，计算长度系数值变小，由于半刚性模板支架在荷载作用下将会改变架体的内力并在侧向荷载作用下将会产生很大侧移，因此增加架体的 P-Δ 效应从而降低承载力。

因此，可得到修正后的计算长度系数公式为：

$$\mu=\sqrt{\frac{1.5\times\alpha k_1\times\alpha k_2+4\times(\alpha k_1+\alpha k_2)+1.52}{1.5\times\alpha k_1\times\alpha k_2+\alpha k_1+\alpha k_2}} \tag{2-36}$$

2.5.4　程序编制及计算长度系数 μ 的确定

根据施工现场调研情况，初步确定纵距 l_a 从 0.6～1.5m 之间变化，步距 h 从 0.6～1.8m 变化，弹簧刚度系数 r 从 30～120kN·m/rad 变化，编制程序如下：

```
#include <math.h>
#include <stdio.h>
main()
{
  float h,la,k,c;
  int i,j;
  int m, r  ;
  for(i=6;i<=18;i++)
  {
    h=float(i)/10;
    for(j=6;j<=15;j++)
    {
      la=float(j)/10;
      for(m=3;m<=12;m++)
```

```
        {
          r=m*10;
          k=h*r/(la*r+150.6);
    c=sqrt((7.5*k*k+8*k+1.52)/(7.5*k*k+2*k));
    printf("h=%f,la=%f,r=%d,c=%f\n",h,la,r,c);
        }
      }
    }
}
```

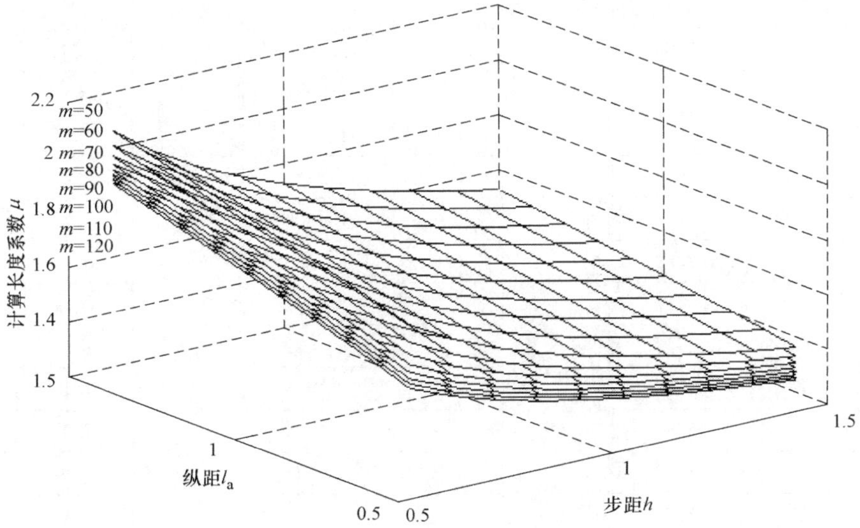

图 2-12　计算长度系数与半刚性修正系数、纵横距、步距的关系曲面

根据节点半刚性试验结果，取 r=85.96kN·m/rad，得到计算长度系数见表 2-1。

计算长度系数 μ 值　　　　**表 2-1**

步距 h (m)	纵距 l_a (m)	计算长度系数 μ	步距 h (m)	纵距 l_a (m)	计算长度系数 μ	步距 h (m)	纵距 l_a (m)	计算长度系数 μ
1.0	0.6	1.5963	1.1	0.6	1.5521	1.2	0.6	1.5142
	0.7	1.6204		0.7	1.5747		0.7	1.5355
	0.8	1.6442		0.8	1.5970		0.8	1.5565
	0.9	1.6677		0.9	1.6189		0.9	1.5771
	1.0	1.6907		1.0	1.6406		1.0	1.5975
	1.1	1.7135		1.1	1.6620		1.1	1.6177
	1.2	1.7359		1.2	1.6830		1.2	1.6376
	1.3	1.7581		1.3	1.7038		1.3	1.6572
	1.4	1.7800		1.4	1.7244		1.4	1.6766
	1.5	1.8015		1.5	1.7447		1.5	1.6957

续表

步距 h (m)	纵距 l_a (m)	计算长度系数 μ	步距 h (m)	纵距 l_a (m)	计算长度系数 μ	步距 h (m)	纵距 l_a (m)	计算长度系数 μ
1.3	0.6	1.4813	1.4	0.6	1.4525	1.5	0.6	1.4271
	0.7	1.5014		0.7	1.4716		0.7	1.4452
	0.8	1.5213		0.8	1.4904		0.8	1.4631
	0.9	1.5408		0.9	1.5090		0.9	1.4808
	1.0	1.5601		1.0	1.5273		1.0	1.4983
	1.1	1.5792		1.1	1.5454		1.1	1.5155
	1.2	1.5980		1.2	1.5633		1.2	1.5325
	1.3	1.6166		1.3	1.5810		1.3	1.5494
	1.4	1.6350		1.4	1.5984		1.4	1.5660
	1.5	1.6531		1.5	1.6157		1.5	1.5825
1.6	0.6	1.4044	1.7	0.6	1.3841	1.8	0.6	1.3657
	0.7	1.4217		0.7	1.4006		0.7	1.3816
	0.8	1.4388		0.8	1.4170		0.8	1.3973
	0.9	1.4557		0.9	1.4331		0.9	1.4127
	1.0	1.4723		1.0	1.4491		1.0	1.4280
	1.1	1.4888		1.1	1.4648		1.1	1.4431
	1.2	1.5051		1.2	1.4804		1.2	1.4581
	1.3	1.5212		1.3	1.4958		1.3	1.4729
	1.4	1.5371		1.4	1.5111		1.4	1.4876
	1.5	1.5529		1.5	1.5262		1.5	1.5020

2.6 高大模板支撑体系假想水平力的设计法

二阶效应是指结构变形对力的效应，如水平位移对竖向力的效应（P-Δ 效应），杆件挠度对轴力作用的效应（P-δ 效应）。结构变形将引起结构附加内力，而附加内力又导致进一步附加变形，如此往复。从 2.4 节的分析可知，二阶效应对高大模板支撑体系空间结构的稳定是不利的，它对立杆和水平杆都有影响，特别是对高度大、侧向刚度不大的模板支架，影响更明显。实际的高大模板支撑体系空间结构或压弯构件不可能是理想挺直的，或多或少会存在一定的初弯曲，而且荷载或多或少也会存在一定的初偏心，这种结构或构件的初弯曲和荷载的初偏心（称为结构整体或构件的初始几何缺陷）对轴心受压构件和压弯构件的极限承载力会有影响。

对二阶分析和设计方法及高等分析有不同的定义，一些二阶分析只考虑 P-Δ 效应，而二阶 P-Δ-δ 分析则同时考虑由框架侧移和构件弓弯效应引起的 P-Δ 和 P-δ 效应。这一方法能够捕捉结构的几何和材料特性，并允许构件和框架的初始缺陷，这样就能够准确预测弯矩和轴力，P-Δ-δ 方法要求结构在变形后的阶段保持平衡，并且限制在结构的第一个塑性铰的承载力之前，这在钢结构的非抗震设计中广泛应用。因此，高大模板支撑体系空间结构若能够定量确定初始缺陷，严格用二阶分析方法设计，无需计算稳定性。

2.6.1　钢结构三种设计分析方法

（1）构件的计算长度设计法（方法Ⅰ）

传统的刚架设计方法就是将刚架所承受的各种荷载先分类，按照一阶弹性分析方法，即一般结构力学的计算方法确定内力，经过必要的组合得到诸构件的最不利内力。确定了框架柱的轴心压力和弯矩后，把柱单独地进行设计。

在设计过程中，虽然计算内力时都采用一阶分析，但是在验算柱平面内的稳定性时，其计算长度系数 μ 和等效弯矩系数 β_{mx} 都是在考虑竖载侧移效应的基础上确定的，并且 β_{mx} 不仅用于侧移弯矩，也用于无侧移弯矩。

规范规定强度计算公式：

$$\frac{P}{A_n}+\frac{M_x}{\gamma_x W_{nx}}x\leqslant f \tag{2-37}$$

式中：

A_n——净截面面积；

W_{nx}——对 x 轴的净截面模量；

γ_x——截面塑性发展系数；

P——构件的轴心压力；

M_x——构件的最大弯矩。

弯矩作用平面内的稳定性计算公式：

$$\sigma_1=\frac{P}{\phi_x A}+\frac{\beta_{mx}M_x}{\gamma_x W_{1x}(1-0.8\frac{P}{P'_{EX}})}\leqslant f \tag{2-38}$$

式中：$P'_{EX}=\frac{\pi^2 EA}{1.1\lambda_x{}^2}$；

ϕ_x—弯矩作用平面内的轴心受压构件稳定系数，由 $\lambda_x=\mu h/i_x$ 查表得；

μ——计算长度系数；

W_{1x}——受压纤维的毛截面模量；

β_{mx}——等效弯矩系数。

（2）规范规定的二阶设计分析方法（方法Ⅱ）

对于 $\frac{\sum N\cdot\Delta u}{\sum H\cdot h}>0.1$ 的框架结构宜采用二阶弹性分析，此时应在每层柱顶附加考虑假想水平力：$H_{ni}=\frac{\alpha_y Q_i}{250}\sqrt{0.2+\frac{1}{n_s}}$，其中 Q_i 为总重力荷载设计值，α_y 取 1；n_s 为楼层数，$\sum N$ 为设计楼层的轴心压力设计值之和，这里取钢材的抗压强度标准值：$\sigma=215\text{N/mm}^2$；Δu 取值按规范附录；h 为楼层高度。这条规定实际上是通过一个假想水平力来考虑结构初始缺陷的影响。

框架柱采用方法Ⅱ进行设计时，要按下式进行强度和平面内稳定性计算：

$$\sigma_2=\frac{P}{A_n}+\frac{1}{\gamma_x W_{1x}}\leqslant f \tag{2-39}$$

$$\sigma_3=\frac{P}{\phi_x A}+\frac{\beta_{mx}M_x}{\gamma_x W_{1x}\left(1-0.8\frac{P}{P'_{EX}}\right)}\leqslant f \tag{2-40}$$

式中：$P'_{EX}=\frac{\pi^2 EA}{1.1\lambda_x{}^2}$，$\lambda_x=\frac{\mu h}{i_x}$，$\mu=1.0$，$\phi_x$ 由 γ_x表查得；P 则近似取一阶分析结果；

$$\beta_{mx}=0.65+0.35\frac{M_2}{M_1}\geqslant 0.4 \tag{2-41}$$

（3）既考虑局部构件的 P-δ 效应又考虑框架整体 P-Δ 效应的二阶分析法（方法Ⅲ）

此方法用式 $A_{1i}=\frac{1}{1-P_i/P_{cri}}\geqslant 1.0$ 考虑局部构件的 P-δ 效应。式中 $P_{cri}=\frac{\pi^2 EI}{(\mu h)^2}$，$\mu=1$，$\beta_{mx}=0.65+0.35\frac{M_2}{M_1}\geqslant 0.4$。用式 $A_{2i}=\frac{1}{1-\frac{\sum P\times\Delta\mu}{\sum H\times h}}\geqslant 1.0$ 考虑整体的 P-Δ 效应，算法与方法Ⅱ相同。

当采用方法Ⅲ进行二阶分析时，杆端弯矩 M 可以用以下公式近似计算：

$$M_2=A_{1i}\times M_{1b}+A_{2i}\times M_{1s}$$

对框架柱可按以下两式验算稳定性：

当$\frac{P}{\phi_x Af}\geqslant 0.2$时，
$$\sigma_4=\frac{P}{\phi_x A}+\frac{0.9M_x}{\gamma_x W_x}\leqslant f \tag{2-42}$$

当$\frac{P}{\phi_x Af}<0.2$时，
$$\sigma_4=\frac{P}{1.8\phi_x A}+\frac{M_x}{\gamma_x W_x}\leqslant f \tag{2-43}$$

美国钢结构规范 AISC LRFD99 中的二阶分析法与方法Ⅲ相似，只在系数的选取方面有些不同之处。

2.6.2 高大模板支撑体系假想水平力的取值

文献［17］利用综合考虑框架结构整体几何缺陷和构件几何缺陷的平面子结构模型，分析了两种几何缺陷对框架柱一阶弹性弯矩的影响，得出了如下结论：

（1）在钢框架结构弹性分析中，框架柱的结构整体几何缺陷 Δ_0 对弯矩的影响可以等效为作用于柱顶的假想水平力 $H_i=0.001P$。

（2）在弱支撑钢框架结构弹性分析中，钢框架柱的构件几何缺陷 δ_0 对弯矩的影响可以等效为作用于柱顶的假想水平力 $H_i=0.0015P$。

（3）在钢框架的计算分析中，正确施加构件几何缺陷的方向非常重要，建议首先对钢框架进行一阶弹性分析，求出钢框架的一阶弹性变形，然后按照一阶弹性变形的方向施加构件几何缺陷 δ_0 的方向。

通过上面初始几何缺陷对结构承载力的影响可以得出，钢结构中的二阶效应即 P-Δ 和 P-δ 效应对结构承载力的影响较小，如 P-Δ 效应可以等效为作用于柱顶的假想水平力 $H_i=0.001P$；P-δ 效应对弯矩的影响可以等效为作用于柱顶的假想水平力 $H_i=0.0015P$，其假想水平力的大小都不超过竖向力的1%。扣件式钢管模板支架的节点形式为两根直杆由直角扣件连接，其弯曲刚度要比钢结构中的螺栓连接和焊接小得多，故初始缺陷对扣件式钢管模板支架的影响较钢结构要大。

再从两者的结构类型及重要性等级考虑：钢结构一般为永久性结构，而模板支架为临时结构，重要程度要比永久性结构低，故在现场施工过程中，模板支架的重要性常常被忽略，如在施工过程中的“扣件拧紧力矩不达标”、“缺少剪刀撑、水平杆、扫地杆”及“结构的初始倾斜、立杆的初始弯曲过大”等等不按照施工方案施工的例子比比皆是，从而导致了模板坍塌事故屡有发生。

在高大模板支撑体系中，将钢管和扣件的实际质量、杆件的初始缺陷（如钢管的初始弯曲、锈蚀及端面偏差等）、搭设质量（如搭设的纵、横向不垂直等）和水平杆与立杆连接节点的扣件拧紧程度等称为高支模的广义初始缺陷，这些初始缺陷直接影响模板支架的极限承载力，因此，必须考虑模板支架的广义初始缺陷。由于高支模架体的初始缺陷种类很多，加之又很难确定，为了更好地方便工程设计和施工人员计算，采用假想水平力来代替架体广义初始缺陷对高支模架体稳定承载力的影响。

为研究不同假想水平力即初始缺陷对支架承载力的影响，分别建立假想水平力分别取1.0%、1.2%、1.5%、2.0%、2.5%的极限荷载的三维有限元模型，并与试验结果相对比，不同假想水平力的计算结果见表 2-2。

各工况施加不同假想水平力的承载力汇总表　　　　表 2-2

工况	试验值 P(kN)	施加不同水平力条件下的极限承载力计算值(kN)									
		1%P_u		1.2%P_u		1.5%P_u		2.0%P_u		2.5%P_u	
		$P_{u(1.0)}$	$P_{u(1.0)}/P$	$P_{u(1.2)}$	$P_{u(1.2)}/P$	$P_{u(1.5)}$	$P_{u(1.5)}/P$	$P_{u(2.0)}$	$P_{u(2.0)}/P$	$P_{u(2.5)}$	$P_{u(2.5)}/P$
1	31.25	45.92	1.47	39.54	1.27	33.17	1.06	40.90	1.31	35.10	1.12
2	37.50	50.26	1.34	50.23	1.34	47.65	1.27	42.42	1.13	38.50	1.03
3	72.50	75.39	1.04	75.39	1.04	75.39	1.04	72.93	1.01	65.87	0.91
4	82.50	86.63	1.05	83.58	1.01	79.53	0.96	66.34	0.80	66.34	0.80
5	85.00	87.87	1.03	85.58	1.01	81.43	0.96	76.59	0.90	70.57	0.83

由表 2-2 可得：

1）随着水平力的增大，除工况 1、2 外（工况 1、2 剪刀撑设置不全面），支架的稳定承载力不断降低，且下降趋势较明显，说明初始缺陷对支架的稳定承载力的影响较大，在支架搭设过程中应严格按照规范要求进行。

2）在剪刀撑设置不全的情况下，初始缺陷对支架的稳定承载力的影响更大，如工况1：在施加 1.0%的极限荷载的情况下，承载力计算值是试验值的 1.47 倍；而在剪刀撑完全设置的情况下，即按照规范搭设的情况下，初始缺陷对支架的稳定承载力的影响较小，如工况 5：在施加 1.0%的极限荷载的情况下，承载力计算值仅是试验值的 1.03 倍。因此，为尽可能地减小初始缺陷对支架的稳定承载力的影响，应严格按照规范要求进行剪刀撑的搭设。

3）除工况 1、2 外，1.2%极限承载力作为水平力施加于水平杆和立杆的连接点时，支架的计算承载力与试验承载力最接近，如工况 3 的承载力计算值是试验值的 1.04 倍，工况 4 为 1.01，工况 5 为 1.01，可将计算值与试验值的偏差控制在 5%以内。说明以1.2%极限承载力作为水平力施加于水平杆和立杆的连接点作为整架的缺陷是合理的。1.2%水平力下计算值与试验值比较如图 2-13 所示。

总之，通过对不同工况的高支模体系建立三维有限元模型，将计算结果与试验结果对

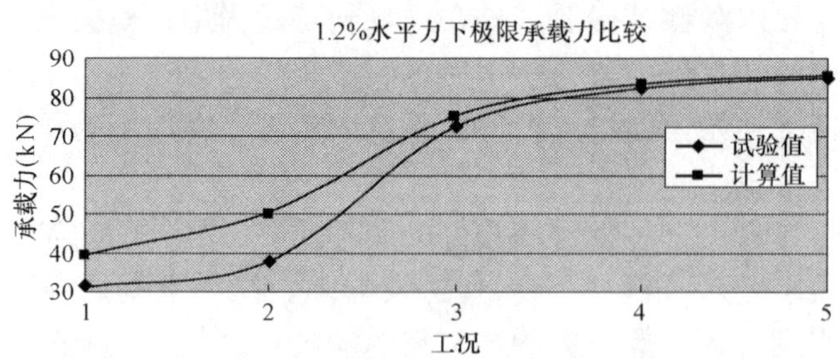

图 2-13 在节点处施加 1.2%水平力的不同工况下的稳定承载力比较

比分析，可以得出，在计算广义初始缺陷对架体稳定承载力的影响时，可采取在各纵、横向水平力施加假想水平力来模拟广义初始缺陷，当假想水平力取为 1.2%～2.5%的极限承载力时，有限元计算结果与试验基本符合，故建议在进行模板支架的设计时，可依据各分项施工队的技术和管理水平和材料质量以及现场设置剪刀撑的情况，取极限承载力的 1.2%～2.5%作为架体的假想水平力，并且作用在支撑上端节点水平方向，进行高支模架体强度和稳定性的验算，且假想水平力参与所有的荷载组合。

2.6.3 高大模板支撑体系立杆的稳定计算

对单层模板支架，立杆的稳定性应按下列公式计算：

不组合风荷载时：

$$\frac{N_{\mathrm{ut}}}{\varphi A K_{\mathrm{H}}} \leqslant f \tag{2-44}$$

组合风荷载时：

$$\frac{N_{\mathrm{ut}}}{\varphi A K_{\mathrm{H}}} + \frac{M_{\mathrm{w}}}{W} \leqslant f \tag{2-45}$$

值得注意的是，在不考虑风荷载时，N_{ut}的计算应充分考虑到假想水平力的影响。令假想水平力为 F，其作用形式如图 2-14 所示。采用诱发荷载法确定由假想水平力引起的诱发荷载 P_1、P_2、P_3。

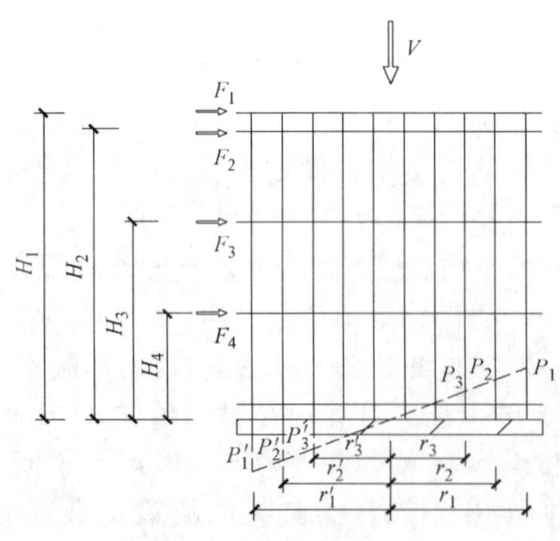

图 2-14 结构计算简图

由图 2-14 可得如下关系式：

$$\begin{aligned} M &= F_1H_1 + F_2H_2 + F_3H_3 + F_4H_4 \\ &= r_1P_1 + r_2P_2 + r_3P_3 + r_1'P_1' + r_2'P_2' + r_3'P_3' \end{aligned} \tag{2-46}$$

$$\frac{P_1}{r_1} = \frac{P_2}{r_2} = \frac{P_3}{r_3} = \frac{P_1'}{r_1'} = \frac{P_2'}{r_2'} = \frac{P_3'}{r_3'} \tag{2-47}$$

由上述两式可推导出诱发荷载 P_1、P_2、P_3的表达式为：

$$P_1 = \frac{r_1}{\sum r^2}M; P_2 = \frac{r_2}{\sum r^2}M; P_3 = \frac{r_3}{\sum r^2}M$$

按荷载组合对 N_{ut} 进行计算（荷载效应组合参考 2.7.2），计算过程中引入诱发荷载并选取最大值作为立杆稳定性计算过程中的轴力设计值。

考虑风荷载时，风荷载引起的立杆弯矩设计值：

$$M_w = r_Q M_{wk} \tag{2-48}$$

风荷载引起的 M_{wk} 选取式（2-49）、式（2-50）中的较大值。

从整架出发，风荷载引起的立杆弯矩标准值为：

$$W_{HK} = \frac{w_k l_a h H}{2(n_b + 1)} \tag{2-49}$$

从局部架体出发，风荷载引起的，立杆弯矩标准值为：

$$W_{JK} = \frac{w_k l_a h^2}{10} \tag{2-50}$$

风荷载引起的立杆轴力标准值 N_{wk}（考虑风荷载时 N_{wk} 需参与 N_{ut} 的计算）。

无剪刀撑支撑结构：

$$N_{wk} = \frac{3 w_k l_a H^2}{4B} \tag{2-51}$$

有剪刀撑支撑结构：

$$N_{wk} = \frac{n_{wx} w_k l_a H^2}{2B} \tag{2-52}$$

式中：N_{ut}——计算立杆段的轴向力设计值（N）；

φ——轴心受压立杆的稳定系数，取值参考 2.6.4 节规定；

λ——长细比，$\lambda = \frac{l_0}{i}$；

l_0——立杆计算长度（mm）；

l_a——立杆纵向间距（mm）；

n_b——支撑结构立杆横向跨数；

n_{wx}——竖向剪刀撑面的纵向间隔跨数；

i——截面回转半径（mm）；

A——立杆的截面面积（mm^2）；

B——支撑结构横向宽度（mm）；

K_H——高度调整系数；

M_w——计算立杆段由风荷载设计值产生的弯矩（N·mm）；

M_{wk}——计算立杆段由风荷载标准值产生的弯矩（N·mm）；

W——截面模量（mm^3）；

f——钢材的抗压强度设计值（N/mm^2）。

2.6.4 稳定系数 φ 的研究分析

（1）确定综合缺陷 ε_0 的数学模式

根据第二章中所述试验，实测钢管直径和壁厚，取钢管规格为 ϕ48mm×3.21mm，得到其相关截面特性见表 2-3。

选用支架钢管截面特性 **表 2-3**

类别	规格(mm)	理论重量(N/m)	截面积 A $(\times 10^2)mm^2$	惯性矩 I $(\times 10^4 mm^4)$	截面模量 W $(\times 10^3 mm^3)$	回转半径 i (mm)
冷弯薄壁型钢钢管	ϕ48×3.21	35.5	4.50	11.36	4.732	15.89

得到 $i/\rho=1.51$，取建筑施工或桥梁施工中常用的 ϕ48×3.5 钢管和 ϕ51×3.0 钢管的截面参数 i/ρ 分别为 1.52 和 1.5，考虑到普遍适应性，该处取 $i/\rho=1.5$；

由截面核心距 $\rho=W/A$ 计算得到 $i/\rho=1.43$，由钢结构基础可知相对初弯曲 $\varepsilon_0=\frac{\nu_0}{(W/A)}=\frac{\nu_0}{\rho}$，由此可推导得综合缺陷：$\varepsilon_0=(e_0+\nu_0)/\rho$，由钢结构稳定原理可知：

$$\varepsilon_0=(e_0+\nu_0)/\rho=0.05+\frac{\lambda i}{n\rho} \tag{2-53}$$

式中：$\nu_0=l/n$

取 Q235 钢，则：

$$\lambda=\pi\sqrt{\frac{E}{f_y}}\lambda_n=\pi\sqrt{\frac{206000}{235}}\lambda_n=76\lambda_n \tag{2-54}$$

分别取初始弯曲 $\nu_0=l/500$、$l/400$、$l/350$、$l/300$、$l/250$，得到了综合缺陷 ε_0（Q235）的各项系数见表 2-4；按照《冷弯薄壁型钢结构技术规范》（GB 50018—2002）的原则，假设综合缺陷 ε_0 的数学模式如下所示：

$$\varepsilon_0=\begin{cases} a\lambda_n & (0\leqslant\lambda_n\leqslant 0.5) \\ 0.05+b\lambda_n & (0.5<\lambda_n\leqslant 1.0) \\ 0.05+c\lambda_n^2 & (\lambda_n>1.0) \end{cases} \tag{2-55}$$

其中：λ_n——构件的正则化长细比。

综合缺陷 ε_0 各项系数 **表 2-4**

ν_0	$l/500$			$l/400$			$l/350$			$l/300$			$l/250$		
系数	a	b	c	a	b	c	a	b	c	a	b	c	a	b	c
	0.33	0.23	0.23	0.39	0.29	0.29	0.43	0.33	0.33	0.48	0.38	0.38	0.56	0.46	0.46

注：a、b、c 为综合缺陷 ε_0 的数学模式中相应系数。

（2）各规范极限承载力比较

在工况 4 中，按照两端铰接的轴心受压构件计算，则计算长度系数 μ 取 1.0，计算长度取步距 1148mm，钢管 ϕ48×3.21 的回转半径 $i=15.89$mm，则构件长细比：

$$\lambda=l/i=1148/15.89\approx 72$$

根据 Perry 公式：

$$\varphi=[1+(1+\varepsilon_0)/\lambda_n^2]/(2-\sqrt{[1+(1+\varepsilon_0)/\lambda_n^2]^2/4-1/\lambda_n^2}) \tag{2-56}$$

算得各种 ν_0 取值的稳定系数 φ 值，利用 GB 50018 规范关于轴心受压构件稳定计算的公式计算得到稳定承载力 P[19-20]：

$$\frac{P}{\varphi A}\leqslant f \tag{2-57}$$

式中：A——构件的有效截面面积；

f——钢材抗压强度设计值。

在规范 GB 50018 中查 λ 对应的 φ 值；在欧洲规范 EN1993 中，将冷成型钢管界面类型归为 c 类，取 $\alpha=0.49$；则根据 λ 取 72 对应的不同初弯曲下的稳定系数 φ 得到各种情况下的轴心受压构件稳定承载力 P 见表 2-5，得到 φ 曲线如图 2-15 所示。

各种规范不同初弯曲对应的杆件稳定承载力对比　　表 2-5

ν_0	$l/500$	$l/400$	$l/350$	$l/300$	$l/250$
P_1(kN)	92.6	87.9	85.2	83.07	78.65
P_2(kN)	113.6	113.6	113.6	113.6	113.6
P_3(kN)	84.95	84.95	84.95	84.95	84.95

其中：P_1—计算所得的杆件稳定承载力；P_2—依照规范 GB 50018 计算所得稳定承载力；P_3—依照欧洲规范 EN1993 计算所得稳定承载力。

(3) 确定稳定系数 φ 值

由上述研究分析可得，当取 $V_0=l/300$ 时，杆件的计算稳定承载力最接近试验值（$P=82.5$kN），但考虑到在实际建筑施工过程中，临时支架的搭设质量达不到试验室精度，且实际工程中钢管经反复使用后，杆件的初弯曲肯定比试验室搭设情况大，故取 $V_0=l/250$ 作为临时支架结构的初弯曲，承载力较规范 GB 50018 所得值降低 30.7%。

对 Q235 钢取值得到综合缺陷公式：

$$\varepsilon_0=\begin{cases}0.66\lambda_n & (0\leqslant\lambda_n\leqslant0.5)\\ 0.05+0.56\lambda_n & (0.5<\lambda_n\leqslant1.0)\\ 0.05+0.56\lambda_n^2 & (\lambda_n>1.0)\end{cases}$$

根据 Perry 公式算得稳定系数 φ，图 2-15 是建议稳定系数 φ 曲线和规范 GB 50018 的 φ 曲线及欧洲规范的 c 类 φ 曲线（欧洲规范将冷成型钢管归纳为 c 类）的比较。

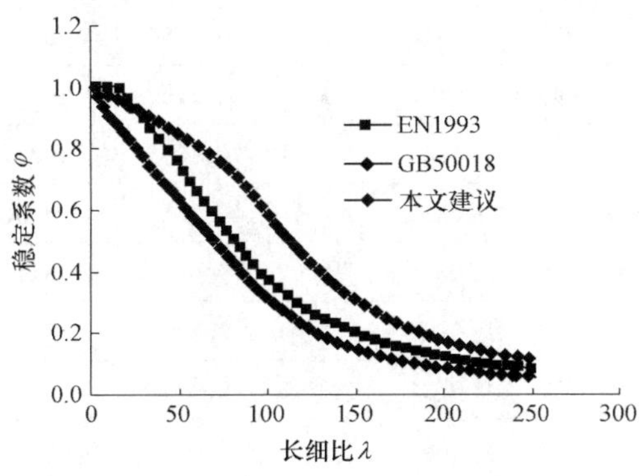

图 2-15　建议稳定系数 φ 与规范 GB 50018 及欧洲 EN1993 规范曲线比较

从上图可以看出建议曲线与欧洲规范的稳定系数比较接近，而规范 GB 50018 的稳定系数则明显高于这两条曲线，经比较此处建议值与规范 GB 50018 值的相对差异发现：随着长细比增大，缺陷影响越大，最大值可达到 103%。其与此处建议曲线的相对差异列于表 2-6，建议稳定系数 φ 见表 2-7。

建议稳定系数 φ 与规范 GB 50018 相对差异　　表 2-6

λ	1～20	25～40	65～75	76～136	137～250
相对差异	1%～12%	12%～26%	49%～58%	59%～100%	100～103%

扣件式钢管支架钢管稳定系数 φ（Q235）　　表 2-7

λ	0	1	2	3	4	5	6	7	8	9
0	1	0.9914	0.9829	0.9746	0.9664	0.9583	0.9503	0.9424	0.9345	0.9267
10	0.9190	0.9114	0.9038	0.8963	0.8888	0.8813	0.8739	0.8665	0.8592	0.8518
20	0.8445	0.8372	0.8299	0.8227	0.8154	0.8081	0.8009	0.7936	0.7864	0.7792
30	0.7719	0.7647	0.7574	0.7502	0.7429	0.7357	0.7284	0.7212	0.7139	0.7074
40	0.7009	0.6943	0.6878	0.6812	0.6746	0.6680	0.6614	0.6548	0.6481	0.6415
50	0.6348	0.6281	0.6215	0.6148	0.6081	0.6015	0.5948	0.5882	0.5816	0.5750
60	0.5684	0.5618	0.5552	0.5487	0.5422	0.5358	0.5293	0.5229	0.5166	0.5103
70	0.5040	0.4977	0.4916	0.4854	0.4793	0.4733	0.4673	0.4597	0.4518	0.4442
80	0.4366	0.4292	0.4219	0.4147	0.4077	0.4008	0.3940	0.3874	0.3809	0.3745
90	0.3683	0.3621	0.3561	0.3502	0.3445	0.3388	0.3333	0.3279	0.3225	0.3173
100	0.3122	0.3072	0.3024	0.2976	0.2929	0.2883	0.2838	0.2794	0.2750	0.2708
110	0.2667	0.2626	0.2586	0.2547	0.2509	0.2472	0.2435	0.2399	0.2364	0.2330
120	0.2296	0.2263	0.2231	0.2199	0.2168	0.2137	0.2107	0.2078	0.2049	0.2021
130	0.1993	0.1966	0.1939	0.1913	0.1888	0.1862	0.1838	0.1813	0.1790	0.1766
140	0.1744	0.1721	0.1699	0.1677	0.1656	0.1635	0.1615	0.1595	0.1575	0.1555
150	0.1536	0.1518	0.1499	0.1481	0.1463	0.1446	0.1429	0.1412	0.1395	0.1379
160	0.1363	0.1347	0.1331	0.1316	0.1301	0.1286	0.1272	0.1258	0.1244	0.1230
170	0.1216	0.1203	0.1190	0.1177	0.1164	0.1152	0.1139	0.1127	0.1115	0.1103
180	0.1092	0.1080	0.1069	0.1058	0.1047	0.1036	0.1026	0.1015	0.1005	0.0995
190	0.0985	0.0975	0.0965	0.0956	0.0947	0.0937	0.0928	0.0919	0.0910	0.0902
200	0.0893	0.0884	0.0876	0.0868	0.0860	0.0852	0.0844	0.0836	0.0828	0.0820
210	0.0813	0.0806	0.0798	0.0791	0.0784	0.0777	0.0770	0.0763	0.0756	0.0750
220	0.0743	0.0737	0.0730	0.0724	0.0718	0.0712	0.0705	0.0699	0.0694	0.0688
230	0.0682	0.0676	0.0671	0.0665	0.0659	0.0654	0.0649	0.0643	0.0638	0.0633
240	0.0628	0.0623	0.0618	0.0613	0.0608	0.0603	0.0598	0.0594	0.0589	0.0584
250	0.0580									

2.7 作用于高支模体系上的荷载及其荷载组合研究

随着我国建筑业的发展，高支模在施工中的应用越来越普遍，但由于高支模的设计计算有它的特殊性。设计计算不当可能导致高支模坍塌事故，造成人员伤亡和重大经济损失，这方面的教训已为数不少，所以，高支模设计是施工安全技术管理中的重点。但是如何在设计中进行合理的荷载组合，工程界尚没形成定论，为此参照有关规范和实际工程经验对荷载及其荷载组合作出详细的讨论。

2.7.1　荷载分类

作用于模板支架的荷载可分为永久荷载（恒荷载）、可变荷载（活荷载）和假想水平力荷载。永久荷载包括模板支架结构自重和构配件自重；可变荷载包括施工荷载和风荷载。

（1）永久荷载

1）模板及支撑自重标准值：应按模板及其支撑设计图纸确定。（支撑架自重取 3.8kg/m，可输入计算软件，由程序自动考虑。构配件自重，按实际施工经验，取 0.5kN/m^2。）

2）新浇钢筋混凝土构件自重的标准值：普通混凝土可取 24kN/m^3，对于其他混凝土可根据实际的重度确定；钢筋应根据设计图纸确定。一般房屋建筑楼板为 1.1kN/m^3、梁为 1.5kN/m^3。当采用型钢混凝土结构时，型钢重量应根据实际情况确定。

（2）可变荷载

1）施工人员及设备荷载标准值：一般取均布荷载，房屋建筑为 1.0kN/m^2，高架桥梁 1.5kN/m^2；对有大型浇筑设备如上料平台、混凝土输送泵等按实际情况计算。

2）振捣混凝土时产生的垂直荷载标准值：取 2.0kN/m^2。

3）假想水平力荷载：根据实际施工技术和管理水平，一般可取 2.5%的垂直永久荷载标准值，并且作用在支撑上端水平方向，参与所有荷载组合。

4）安全荷载标准值：考虑施工中的振动和冲击，不均匀荷载等未预见因素产生的水平荷载，一般取垂直永久荷载标准值的 2.5%，并且作用在支撑上端、水平方向。

2.7.2　荷载效应组合

（1）荷载效应组合

设计支撑架时，应根据使用过程中可能出现的荷载取其最不利组合进行计算，荷载效应组合宜按表 2-8 采用。

（2）支撑架按极限状态设计的表达式

支撑架是临时性设施，规范规定取结构重要性系数 $\gamma_0=0.9$，永久荷载分项系数 $\gamma_G=1.2$，可变荷载分项系数 $\gamma_Q=1.4$。支撑架按极限状态设计的一般表达式。

荷载效应组合　　**表 2-8**

计算项目	荷载效应组合
纵向、横向水平杆强度与变形	永久荷载(不包括支架自重)+施工均布活荷载
立杆稳定	①永久荷载(包括支架自重)+施工均布活荷载+假想水平力(当量竖向力)
	②永久荷载+0.85(施工活荷载+风荷载)+假想水平力(当量竖向力)

1）无风荷载组合时

$$0.9(1.2C_{G}G_{K}+1.4C_{1}Q_{1K}+1.4\sum_{i=2}^{n}C_{Qi}Q_{iK})\leqslant R \tag{2-58}$$

式中：Q_{1K}——施工荷载标准值；

Q_{iK}——其他可变荷载标准值；

C_{1}——施工荷载的荷载效应系数；

C_{Qi}——其他可变荷载的效应系数；

R——支撑架杆配件抗力值。

当无其他可变荷载 Q_{iK} 作用时，上式变为

$$0.9(1.2C_{G}G_{K}+1.4C_{1}Q_{1K})\leqslant R \tag{2-59}$$

2）有风荷载组合时

$$0.9[1.2C_{G}G_{K}+0.85(1.4C_{1}Q_{1K}+1.4\sum_{i=2}^{n}C_{Qi}Q_{iK}+C_{W}W_{K})]\leqslant R \tag{2-60}$$

式中：W_{K}——风荷载标准值；

C_{W}——风荷载的荷载效应系数。

当无其他可变荷载 Q_{iK} 作用时，式（2-60）变为：

$$0.9(1.2C_{G}G_{K}+0.85(1.4C_{1}Q_{1K}+C_{W}W_{K}))\leqslant R \tag{2-61}$$

（3）风荷载效应组合说明

鉴于在一般的立杆稳定性计算中，底层立杆的轴向力最大，起控制作用。而且梁自重对支撑架体系在风荷载作用下的抗倾覆能力是有利的，所以当基本风压为 0.35kN/m^2 时，风荷载产生的附加应力小于设计强度的 5%，故可以忽略风力。但是当支撑架较高时，受风面积较大，还未浇筑箱梁混凝土时，应考虑支撑侧模后引起的集中风载的影响。应当注意立杆是否会出现拉力，导致支架整体倾覆。这种情况应给予验算。

2.8 本章小结

（1）本章主要从理论分析入手，对欧拉公式进行了推导，分析了欧拉公式的适用范围，及其仅能通过正弦函数的特征值而求得极限荷载，不能解出挠度曲线。

（2）基于有侧移的框架柱理论，结合通过试验所获得的直角扣件节点抗扭刚度，通过 MATLAB 编程计算得出了计算长度系数 μ 的取值。

（3）提出采用假想水平力的方法对高大模板支撑体系进行设计。通过数值模拟分析得到假想水平力可依据各分项施工队的技术、管理水平、材料质量以及现场设置剪刀撑的情况，来取极限承载力的 1.2%～2.5%，并且作用在支撑上端水平方向，假想水平力参与所有的荷载组合。

（4）利用 Perry 公式对立杆稳定性计算过程中的稳定系数进行了推导，并将推导结果同 GB 50018 及欧洲规范（EN1993）中的稳定系数进行了对比。对比结果表明推导值与欧洲规范中的值较为接近，与 GB 50018 中的规定值相差较大。

（5）对施工期间，模板支撑体系上部可能出现的荷载进行了分析，给出了建议取值，并提出了在荷载组合过程中考虑假想水平荷载参与组合时的计算公式。

第3章　构造因素对高大模板支撑体系稳定承载力的影响

构造杆件虽不作为承力构件，但其在高大模板支撑体系中的作用至关重要。它在很大程度上提高了架体整体稳定性，使架体能够更加充分地发挥强度优势，提高整架的稳定承载力。对于高大模板支撑体系而言，其主要的构造因素主要包括7方面的内容：扫地杆搭设的必要性及搭设高度的规范性，立杆伸出顶层水平杆长度的规定，模板支撑体系整架搭设高度的规定，剪刀撑搭设的必要性及规范性（对于剪刀撑要求应分成对水平剪刀撑的要求及对竖向剪刀撑的要求），模板支撑体系搭设步距的要求，模板支撑体系纵横间距的要求以及模板支撑体系搭设跨数的要求。

本章采用有限元数值模拟的方法，着重对上述7方面的构造因素进行分析，致力于确定各项缺陷因素对高大模板支撑体系稳定承载力的影响情况，为高大模板支撑体系实际的设计及搭设过程提供理论支持。

3.1　数值模拟基本过程

采用大型通用有限元软件ANSYS分析高支模架体中构造因素对稳定承载力的影响。在分析中采用PIPE20单元作为分析对象。PIPE20单元（图3-1）是具有拉压、弯曲和扭转性能的单轴单元。单元的每个节点有6个自由度：沿节点坐标 x，y，z 方向的位移和绕节点坐标 x，y，z 轴转动。单元具有塑性、蠕变、膨胀特性。

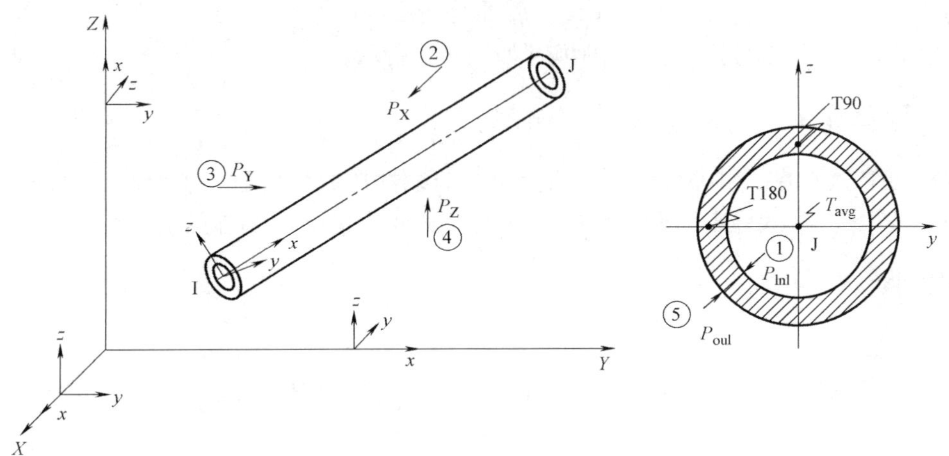

图3-1　PIPE20单元几何特性

PIPE20单元的数据输入，PIPE20单元的形状、节点位置、坐标系见图3-1“PIPE20几何特性”。单元所需输入的数据包括两个节点、管外径、壁厚、optional stress factor和各项同性材料特性。

ANSYS 有限元软件基本建模过程是采取由下到上的顺序，节点—线—面—体。单元的属性参考 PIPE20 单元的性质进行设置，分析的主要步骤是，首先采用子空间迭代法进行静力分析，然后对模态进行扩展，得到整个架体的屈曲荷载，提取出变形图。然后按照大变形理论进行非线性屈曲分析，得到屈曲荷载和变形图。最后整理数据将二者得到的结果和试验所得结果进行对比分析，然后以表格、曲线的形式整理出来。

3.2 扫地杆的设置对高支模稳定承载力的影响

在高大模板支撑体系的现场搭设过程中，施工人员为操作方便，不设置扫地杆的情况时有发生，这种做法虽然方便操作，但对支模架结构的承载能力非常不利，是不安全的做法。为了研究扫地杆对高支模稳定承载力的影响，通过现场调查，取扫地杆离地面不同的高度，建立三维有限元模型，分析扫地杆离地面不同高度情况下的支模架稳定承载力。

3.2.1 模型的选取与建立

采用 ANSYS 大型有限元分析软件，选取 PIPE20 单元，输入圆管直径和壁厚，在材料性质中输入单元弹性模量和泊松比，以及单元的屈服强度。输入屈服强度是其中的关键，因为当材料达到屈服强度时，杆件屈服，即可得出整架在此屈服强度下的屈服荷载。

分析模型的高支模总高 22.7m，纵、横距取为 1.2m，跨数均为 9 跨，故纵横向长度均为 10.8m。步距 1.5m，取 15 跨，立杆伸出顶层水平杆长度 a 值取为 0.2m，扫地杆离地面高度分别取为 0.1、0.2、0.3、0.4、0.5、0.6、0.7、0.8、0.9、1.0、1.1、1.2、1.3、1.4、1.5 等，为模拟工程的实际情况、在立面上、每隔三跨布置斜向剪刀撑。为增加结构的抗侧刚度、每隔两跨还布置了横向剪刀撑。为使结构具有良好的整体性、剪刀撑呈对角交叉、贯通纵横向。结构四角处也布置剪刀撑、作为局部加强，选取扫地杆离地面不同高度的 15 个工况进行线性和非线性屈曲分析。

扫地杆距地面高度为 0.1m 时的模型如图 3-2 所示。

3.2.2 计算分析

对不同工况下的模型进行线性屈曲分析和非线性屈曲分析后，支架屈曲时的变形见图 3-3 所示，将高支模的稳定承载力随扫地杆的设置变化情况，汇总见图 3-4 所示。

3.2.3 小结

以上研究表明：

（1）高支模结构体系考虑二阶效应比不考虑二阶效应更为合理，表明该计算方法是可行的。

（2）可以看出，扫地杆的设置对整个架体的稳定承载力起重要作用，若不设置扫地杆或扫地杆设置过高、将大大削弱支架的承载能力，故扫地杆的设置应引起工程人员的足够重视。

（3）兼顾架体安全和施工操作的方面，建议扫地杆离地面高度不得超过 0.4m，若因特殊情况需要超过 0.4m 的，需要用有限元软件辅助计算。

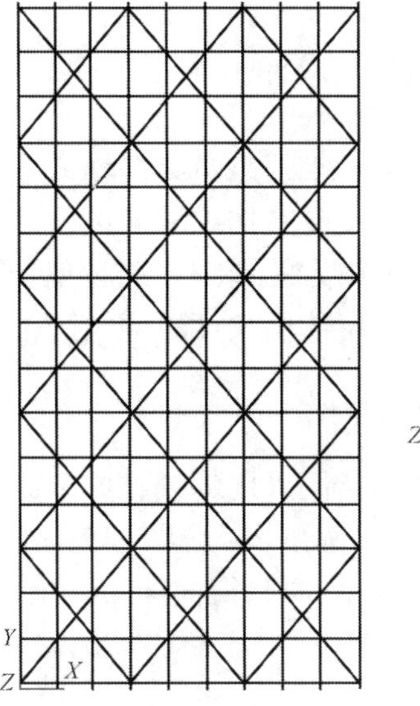

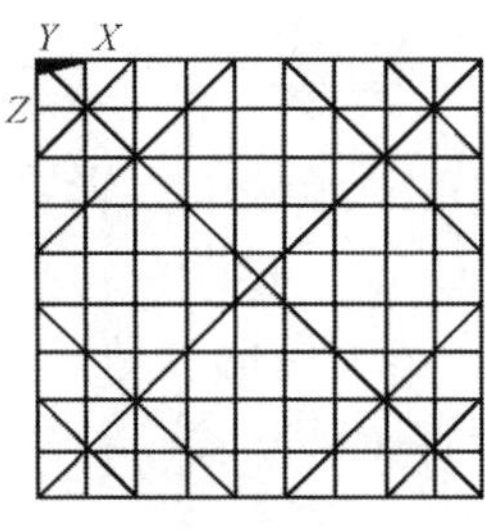

图 3-2　扫地杆距地面高度为 0.1m 时的模板支架立面、平面图

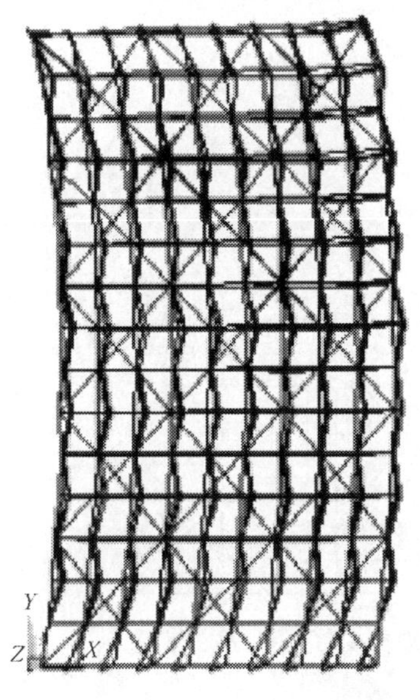

图 3-3　模板支架屈曲变形图

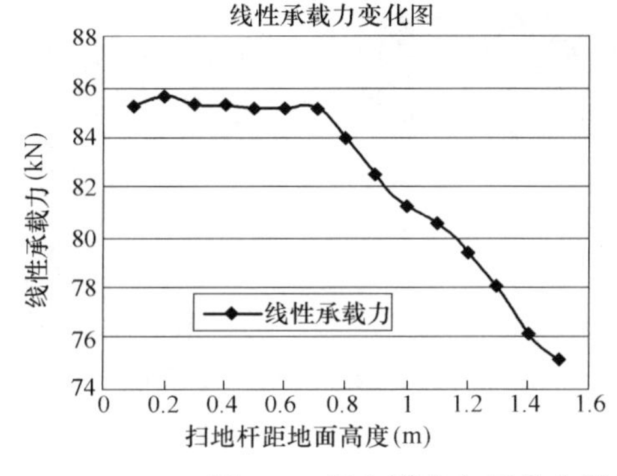

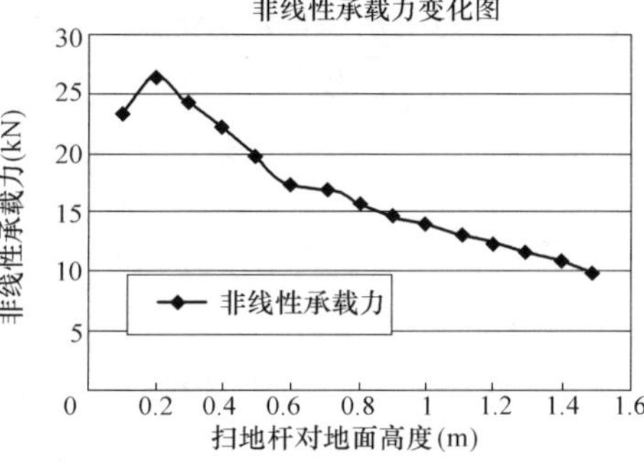

图 3-4　高支模稳定承载力随扫地杆离地面不同高度的变化图

3.3 立杆伸出顶层水平杆长度对高支模稳定承载力的影响

在高大模板支撑体系的现场搭设过程中，施工人员为操作方便，对顶端伸出长度不加严格控制，这种做法虽然方便操作，但对高支模结构的承载能力非常不利，是不安全的做法。为了研究顶端伸出长度对高支模稳定承载力的影响，通过现场调查，取顶端伸出长度的不同取值，建立三维有限元模型，分析顶端伸出长度不同情况下的高支模稳定承载力。

3.3.1 模型的选取与建立

在分析顶端伸出长度对承载能力影响的时候采用的模型如下：

纵距 1.2m、横距 1.2m、步距为 1.5m、高度方向设置 15 个步距、纵横方向各 9 跨、扫地杆距离地面 0.2m。剪刀撑的设置为：在纵向和横向满布，由于高度远超过了 4m，依据《建筑施工扣件式钢管脚手架安全技术规范》(JGJ 130—2011) 从顶端每隔两个步距设置一道水平剪刀撑。

剪刀撑的具体设置和布局如图 3-5 所示。

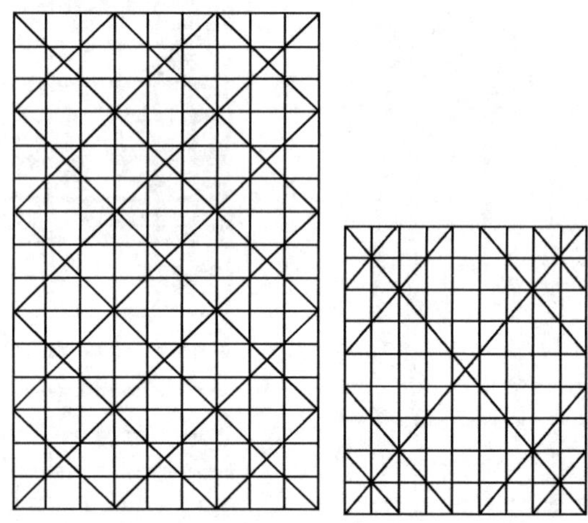

图 3-5 模型的纵横向和水平方向剪刀撑的布置

3.3.2 计算分析

选取 15 个不同的工况进行有限元分析，计算立杆伸出顶层水平杆长度 a 值从 0.1～1.5m 变化。对每一种工况分别进行了线性和非线性的对比，模型的基本变形和屈曲失稳模态如图 3-6 所示，具体的分析结果如图 3-7 所示。

3.3.3 小结

经计算可知：

(1) 随着立杆伸出顶层水平杆长度 a 值的增大，高支模稳定承载力反而减小，当 $a>0.2$m 时整架承载力减小幅度较大，建议 a 值不宜大于 0.2m；

(2) 对高支模线性和非线性的屈曲承载力相差很大，所以在实际设计中要充分考虑构

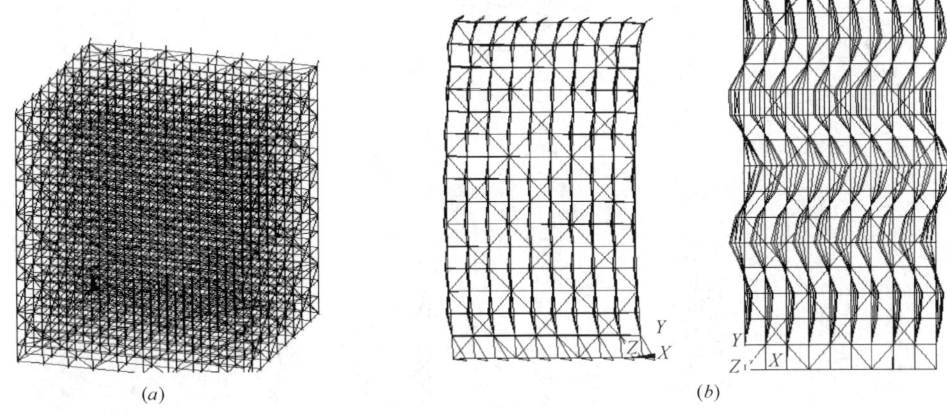

图 3-6　模型和基本屈曲变形模态
(a) 模型图；(b) 屈曲模态图

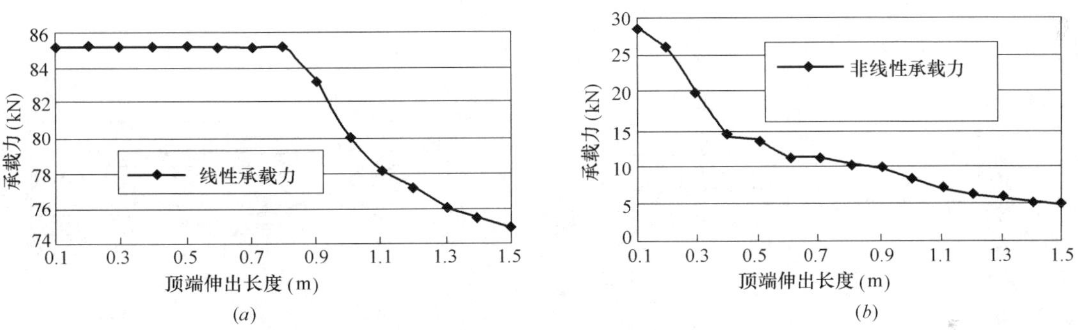

图 3-7　高支模稳定承载力随顶端伸出长度不同的变化图
(a) 线性承载力随 a 值变化图；(b) 非线性承载力随 a 值变化图

件几何非线性和材料非线性以及初始缺陷对整架承载力的影响。

3.4　搭设高度对高支模稳定承载力的影响

在具体的现场施工中，不同的模板支架搭设高度对于整架的稳定承载力有不同的影响，为了研究不同搭设高度对高支模稳定承载力的影响，通过现场调查，选取不同高度的模板支架，建立三维有限元模型，分析不同搭设高度情况下的高支模稳定承载力。

3.4.1　模型的选取与建立

在计算高度对承载力的影响的时候，考虑到不同步距和纵、横跨以及剪刀撑对承载力的影响，选择的模型是纵横跨各都成比例，纵、横距都为 1m，步距也为 1m，长度方向设置 9 个横距，宽度方向设置 3 个纵距，剪刀撑的布置见基本模型。

3.4.2　计算分析

对模型分别进行线性和非线性屈曲分析得到不同的屈曲荷载，两者之间的对比如图

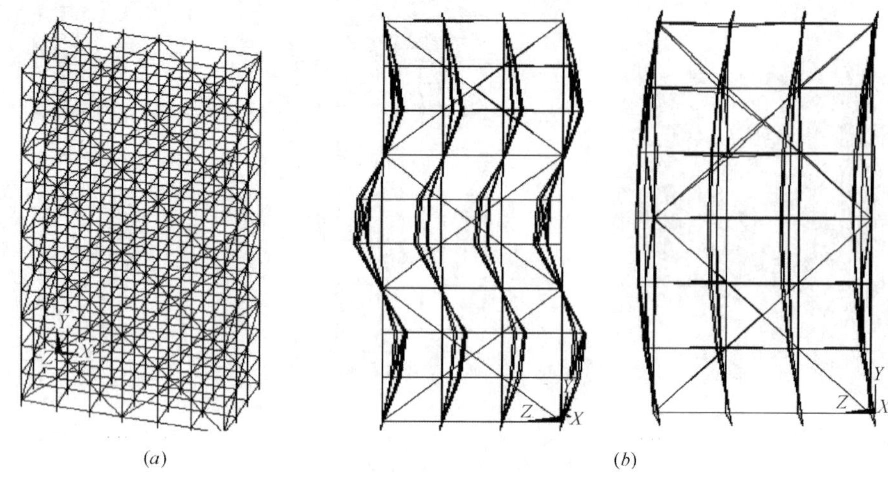

(a) (b)

图 3-8 计算模型及其屈曲变形模态
(a) 模型图；(b) 屈曲模态图

3-9 所示。

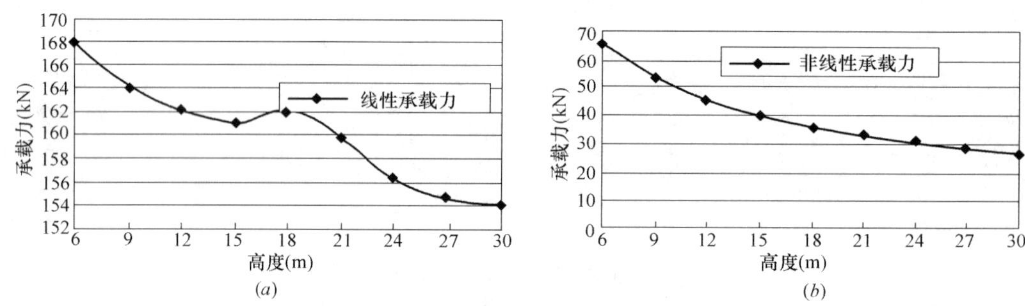

(a) (b)

图 3-9 高支模稳定承载力随不同高度的变化图
(a) 线性承载力随高度变化图；(b) 非线性承载力随高度变化图

3.4.3 小结

通过计算得到以下结论：

(1) 建议在计算高支模体系高度大于 6m 时，要考虑高度调整系数的影响；

(2) 在考虑初始缺陷的条件下，高支模架体的稳定承载力随着架体的增高而减小。

3.5 剪刀撑的设置对高支模稳定承载力的影响

在高大模板支撑体系的现场搭设过程中，施工人员为操作方便，不设置剪刀撑的情况时有发生，这种做法虽然方便操作，但对支模架结构的承载能力非常不利，是不安全的做法。为了研究剪刀撑对高支模稳定承载力的影响，通过现场调查，设置不同的剪刀撑构造情况，建立三维有限元模型，分析设置不同的剪刀撑形式时支模架稳定承载力的变化。

3.5.1　水平剪刀撑的设置对高支模稳定承载力的影响

（1）有限元模型的选取与建立

本书仅对水平剪刀撑的影响进行分析，所以依据《扣件式钢管脚手架安全技术规范》（JGJ 130—2011）以及杜荣军[13]对纵向剪刀撑的要求，并考虑施工现场的实际情况。本试验模型基本数据如下：高15步、纵横向各9跨、纵横距1.2m×1.2m、步距1.5m、底部和顶部伸出0.2m、四周满布竖向剪刀撑。

水平剪刀撑及竖向剪刀撑的设置如图3-10所示。

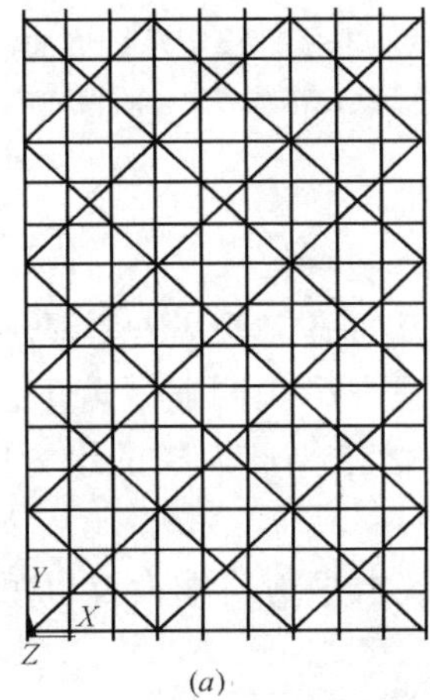

(a)

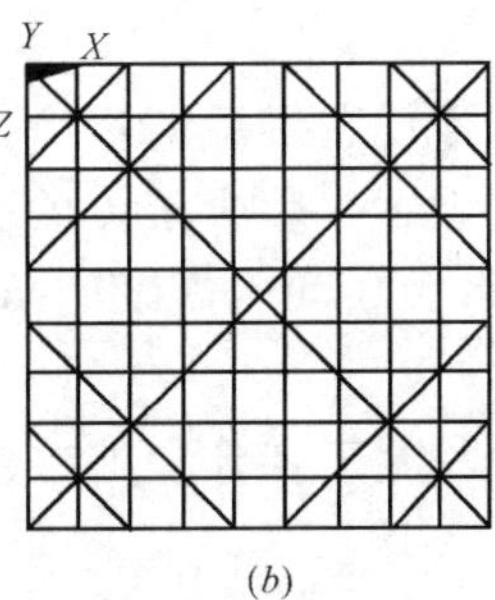

(b)

图3-10　水平剪刀撑与竖向剪刀撑的布置

(a) 水平剪刀撑布置；(b) 竖向剪刀撑布置

（2）计算分析

对不同工况下的模型进行线性屈曲分析和非线性屈曲分析后，支架屈曲时的变形如图3-11所示，将高支模的稳定承载力随剪刀撑的设置变化情况汇总如图3-12所示。

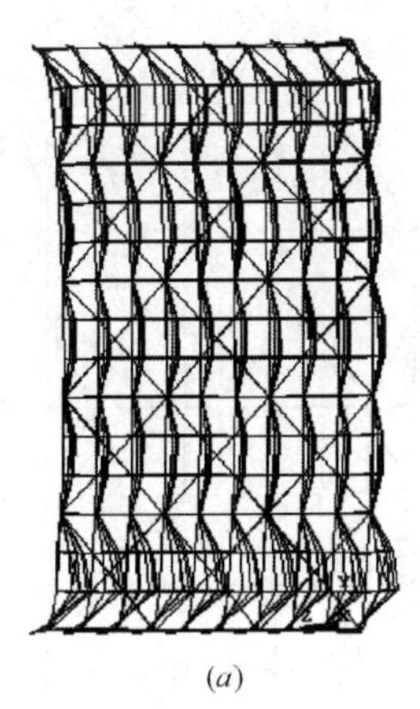
(a)

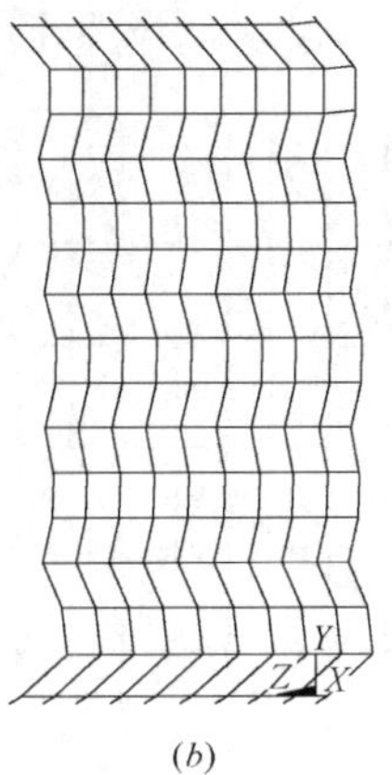

(b)

(c)

图3-11　模板支架屈曲变形图

(a) 整架失稳模态；(b) XY平面失稳模态；(c) ZY平面失稳模态

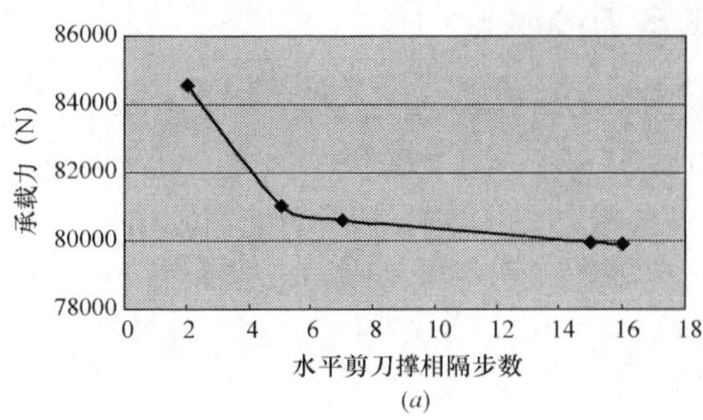

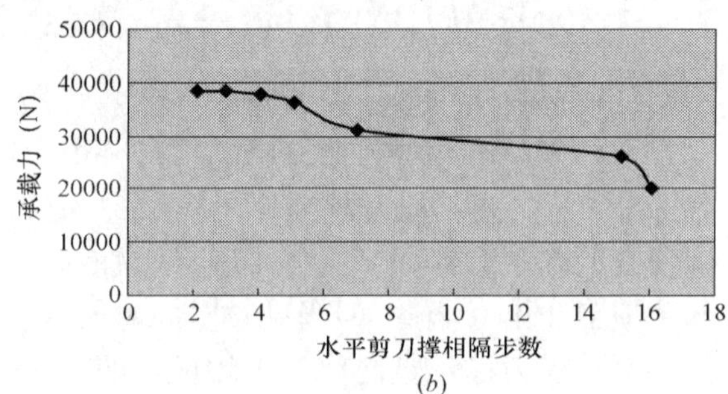

图 3-12　不同水平剪刀撑设置线性和非线性稳定承载力曲线

（*a*）线性承载力变化曲线；（*b*）非线性承载力变化曲线

（3）小结

经计算可知：

1）随着水平剪刀撑设置密度的降低，高支模的稳定承载力明显降低。

2）水平剪刀撑的设置对整个架体的稳定承载力影响明显，若不设置水平剪刀撑或水平剪刀撑设置过少、将大大削弱支架的承载力，故水平剪刀撑的设置应引起工程人员的足够重视。

3）兼顾架体安全和施工操作上的方便，建议水平剪刀撑设置以每 3 步设置一道为宜，且不得超过 6m。

3.5.2　竖直剪刀撑的设置对高支模稳定承载力的影响

（1）有限元模型的选取与建立

本书仅对竖直剪刀撑的影响进行分析，所以依据《扣件式钢管脚手架安全技术规范》(JGJ 130—2011) 以及杜荣军[20]对纵向剪刀撑的要求，并考虑施工现场的实际情况、本试验模型基本数据如下：高 6 步、横向设 9 跨、纵向设 18 跨、纵横距 1.2m×1.2m、步距 1.5m、底部和顶部伸出 0.2m、每隔 3 步设置水平剪刀撑。

横向剪刀撑和竖向剪刀撑的设置如图 3-13 所示。

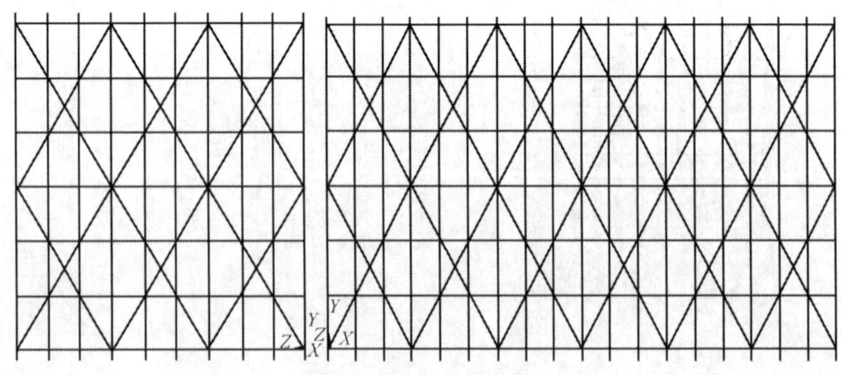

图 3-13　模板支架立面图

(2) 计算分析

对不同工况下的模型进行线性屈曲分析和非线性屈曲分析后，支架屈曲时的变形，如图3-14所示，将高支模的稳定承载力随竖向剪刀撑相隔排放的设置变化情况，汇总如图3-15所示。

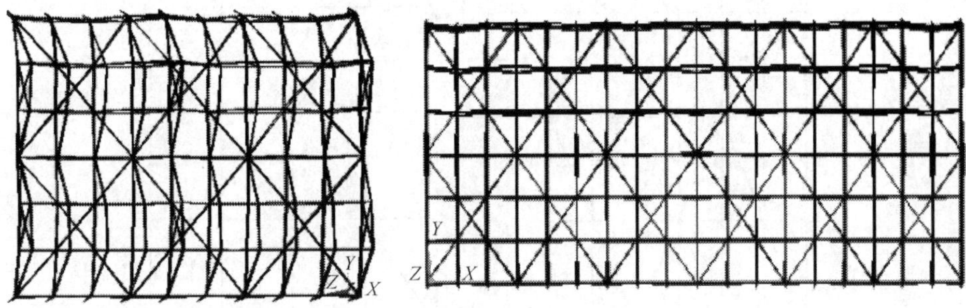

图3-14 模板支架屈曲变形图

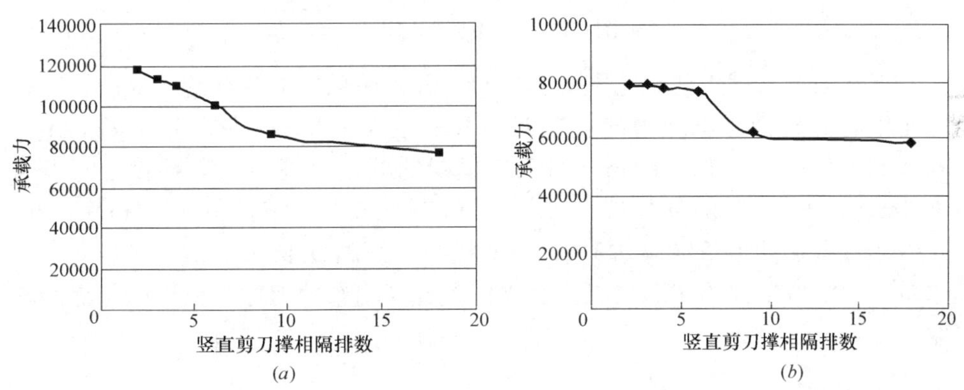

图3-15 不同竖向剪刀撑设置线性和非线性稳定承载力曲线

(a) 线性承载力变化曲线；(b) 非线性承载力变化曲线

(3) 小结

经计算可知：

1) 随着竖向剪刀撑设置密度的降低、高大模板支撑体系的稳定承载力呈下降趋势。

2) 竖向剪刀撑的设置对整个架体的稳定承载力影响明显，若不设置竖向剪刀撑或竖向剪刀撑设置过少、将大大削弱支架的承载力，故竖向剪刀撑的设置应引起工程人员的足够重视。

3) 兼顾架体安全和施工操作上的方便，建议竖向剪刀撑设置以每3步设置一道为宜。

3.6 纵横间距对高支模稳定承载力的影响

在建筑模板支架工程施工中、通常立杆间距为0.6～1.2m之间、而立杆步距在1.2～1.6m之间，为了研究纵横距的不同设置对稳定承载能力的影响，通过现场调查，建立三维有限元模型，立杆取不同的纵横距、计算支架的承载能力、分析纵横距的不同设置对稳定承载能力的影响，分析过程如下。

3.6.1 模型的选取与建立

纵距为0.6m、横距为1.2m的模板支架的立面图如图3-16所示。

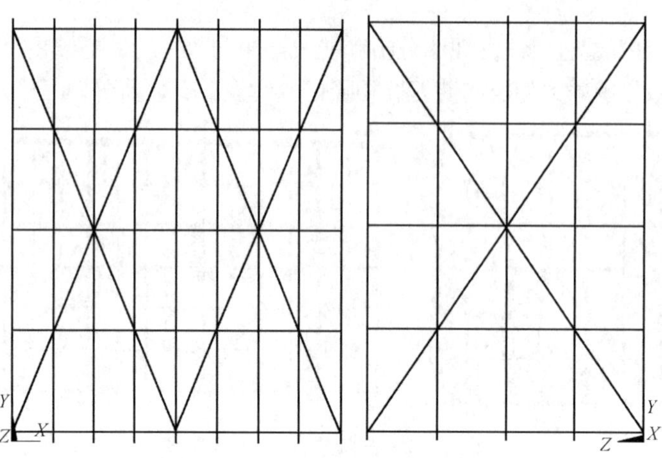

图 3-16　模板支架立面图

所建模板支架纵、横距变化范围为 0.6～1.2m，跨数纵向为 8 跨，横向为 4 跨。在研究纵距的变化对支架稳定承载力的影响时，取横距为 1.2m，纵距分别取 0.6m、0.7m、0.8m、0.9m、1.0m、1.1m、1.2m；在研究横距的变化对支架稳定承载力的影响时，取纵距为 0.6m，横距分别取为 0.6m、0.7m、0.8m、0.9m、1.0m、1.1m、1.2m。步距 1.5m、4 跨、最上端伸出长度取 0.1m、扫地杆距地面高度取 0.15m、支架高 6.25m、属高支模体系。为模拟工程的实际情况，在立面上四周均布剪刀撑，在纵向每隔四跨布置斜向剪刀撑。

3.6.2　计算分析

对不同工况下的模型进行非线性屈曲分析后，支架非线性屈曲时的变形如图 3-17 所示，将高支模的稳定承载力随纵横距的设置变化情况，汇总如图 3-18 和图 3-19 所示。

支架屈曲时的变形图如图 3-17 所示。

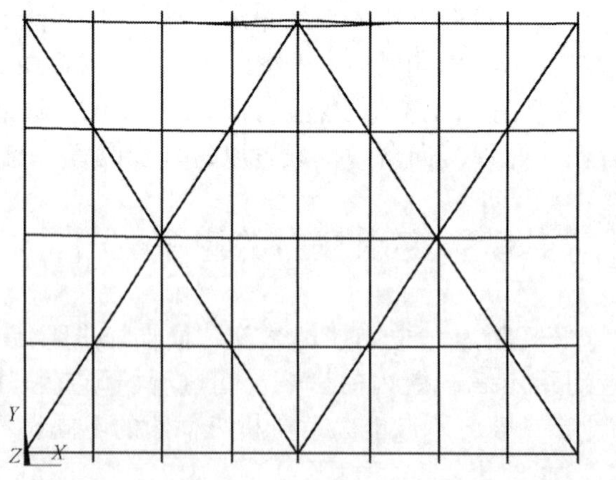

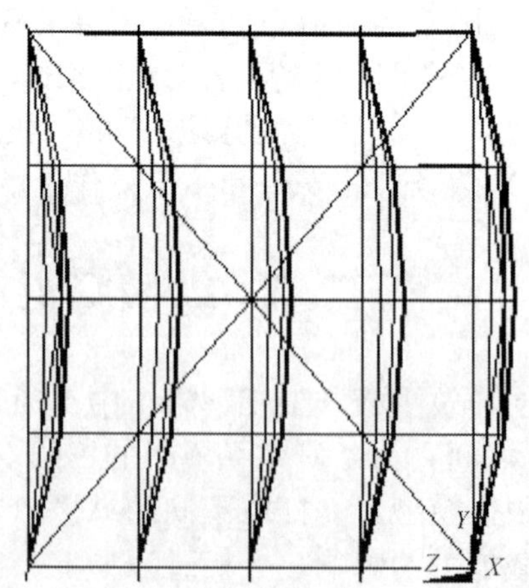

图 3-17　模板支架屈曲变形图

(1) 立杆纵距变化对支架稳定承载力的影响如图 3-18 所示。

（2）立杆横距变化对支架稳定承载力的影响如图 3-19 所示。

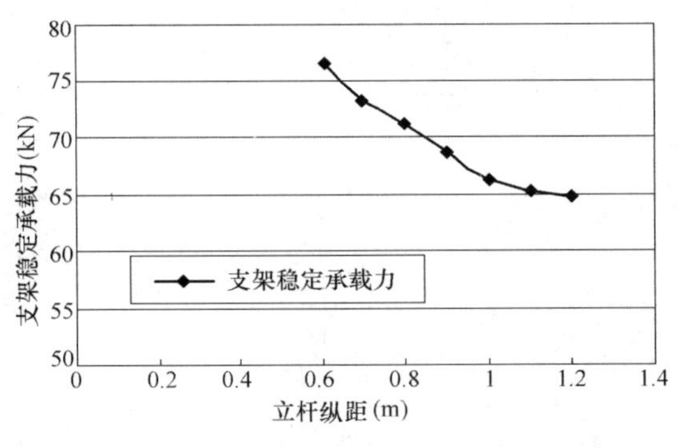

图 3-18　纵距变化时模板支架承载力变化图

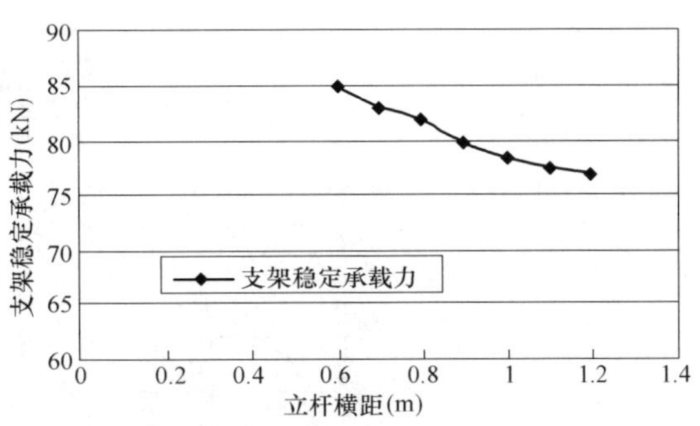

图 3-19　横距变化时模板支架承载力变化图

3.6.3　小结

经计算可知：随着纵横距的增大、高支模的稳定承载力明显下降。纵距变大时承载力的下降比横距变大时承载力的下降更为明显，故在设计时应严格控制纵距的变化。

3.7　搭设步距对高支模稳定承载力的影响

在高大模板支撑体系的现场搭设过程中，施工人员为减少工作量和材料的使用量，搭设步距有时会比较大，这种做法虽然方便了施工，但对支模架结构的承载能力非常不利，是不安全的做法。为了研究搭设步距的设置对高支模稳定承载力的影响，通过现场调查，取不同的搭设步距，建立三维有限元模型，分析搭设步距设置不同时的支模架稳定承载力。

3.7.1　模型的选取与建立

所建模板支架纵、横距均为 1m，跨数纵、横向均为 5 跨。步距分别取 0.8m、0.9m、1.0m、1.1m、1.2m、1.3m、1.4m、1.5m、1.6m、1.7m、1.8m，顶端伸出长度取 0.2m，扫地杆距地面高度取 0.2m，支架高度均控制在 9～10m 之间、属高支模体系。为模拟工程的实际情况、在立面四周均布剪刀撑。

纵横距均为 1m、步距为 0.9m 的模板支架的立面图和平面图如图 3-20 所示。

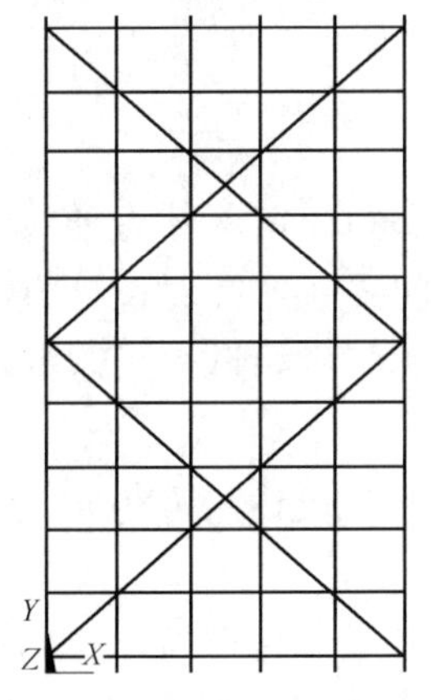

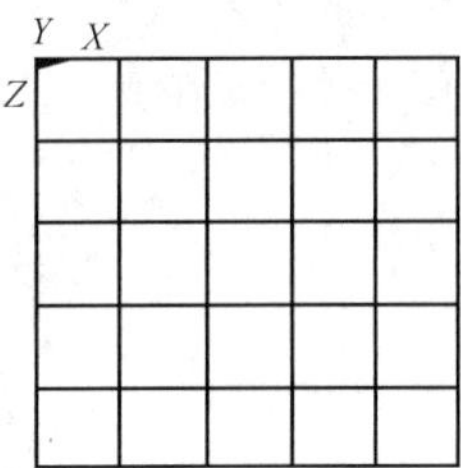

图 3-20　纵横距均为 1m、步距为 0.9m 的模板支架立面、平面图

3.7.2　计算分析

对不同工况下的模型进行线性屈曲分析和非线性屈曲分析后，支架屈曲时的变形如图 3-21 所示，将高支模的稳定承载力随步距的设置变化情况，汇总如图 3-22 所示。

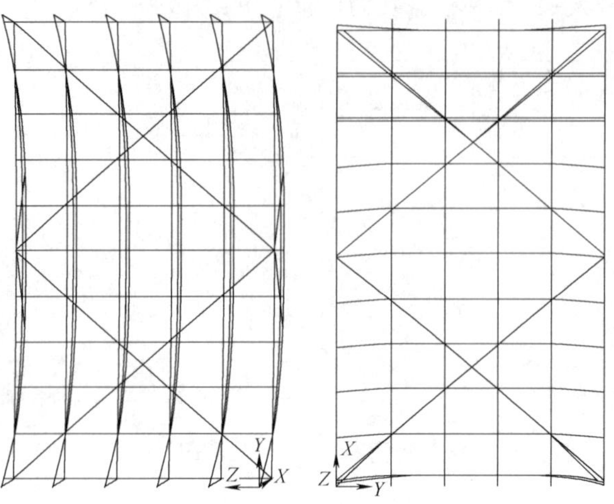

图 3-21　模板支架屈曲变形图

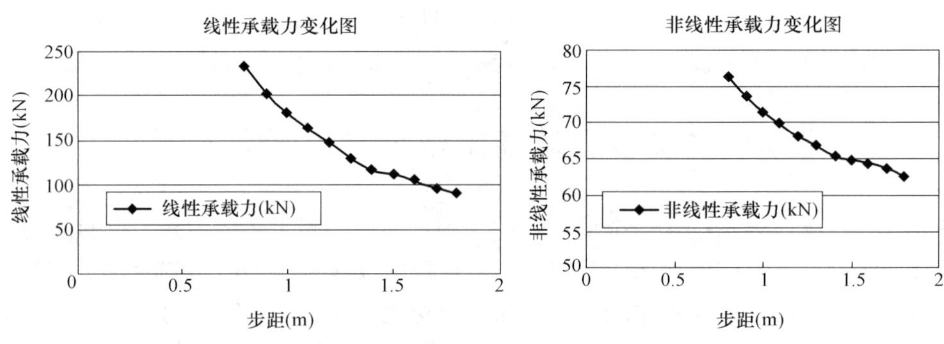

图 3-22　步距设置不同高支模稳定承载力的变化图

3.7.3　小结

经计算可知：高支模的稳定承载力随着步距的增加而减小，且稳定承载力随步距的增加减小的速率较快，因此要注意在对设计方案进行调整的过程中不得因搭设的方便而随意改变架体搭设的步距，若对步距进行了改变需重新对架体的立杆稳定性进行验算。

3.8　搭设跨数对高支模稳定承载力的影响

为了明确纵横向跨数的设置对高支模稳定承载力的影响，根据有限元相关理论，基于SAP2000有限元分析软件建立不同的有限元模型。通过线性屈曲分析和非线性屈曲分析，将有关结论介绍如下。

3.8.1　模型的选取与建立

在建模的过程中充分利用了SAP2000强大的建模功能，分析了施工过程中的实际情况，采用PIPE单元，根据试验得出的结论定义材料和截面的有关参数，其中包括材料密度、重度、弹性模量、泊松比、热膨胀系数、剪切模量、抗压强度、屈服强度等。设计数据属性采用Chinese2002标准。并根据相关规范的规定在模型四周布满剪刀撑，具体形式根据模型尺寸和跨数而定。

为方便建模，所建模型纵、横距以及步距均为1m。研究纵跨数变化的影响时，固定横跨数为4跨，纵跨分别设置为4，5，6，7，8，9跨。在研究横跨数变化的影响时，固定纵跨为9跨，横跨分别为4，5，6，7，8，9跨。扫地杆高度为0.15m，顶端竖杆生出长度为0.15m。水平杆与竖杆交叉节点按半刚性考虑，剪刀撑节点按铰接考虑。考虑实际情况，可认为模板支架系统顶端限制x，y方向位移，底端限制x，y，z方向位移。

3.8.2 计算分析

本模型变形后的基本形状与试验结果一致，如图3-23所示。

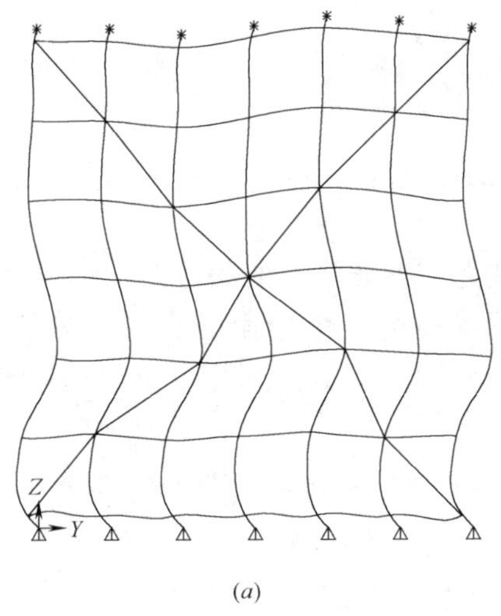

(*a*)

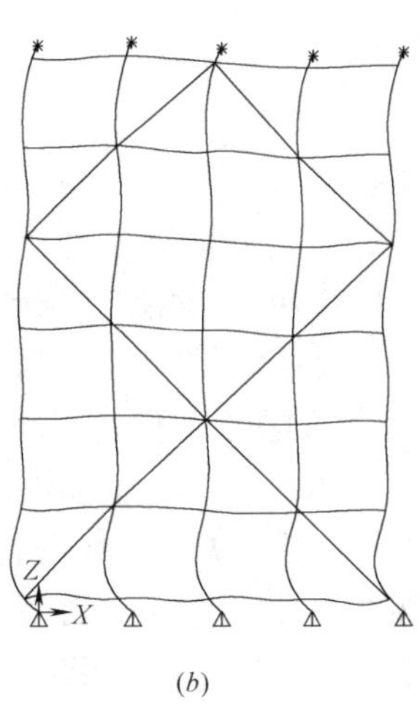

(*b*)

图3-23 模型变形后的基本形状

(*a*)纵向变形；(*b*)横向变形

实际工程中的构件不可避免的存在“初始缺陷”，故计算过程中考虑初始缺陷，代之以假想水平力，计算结果如图3-24所示。

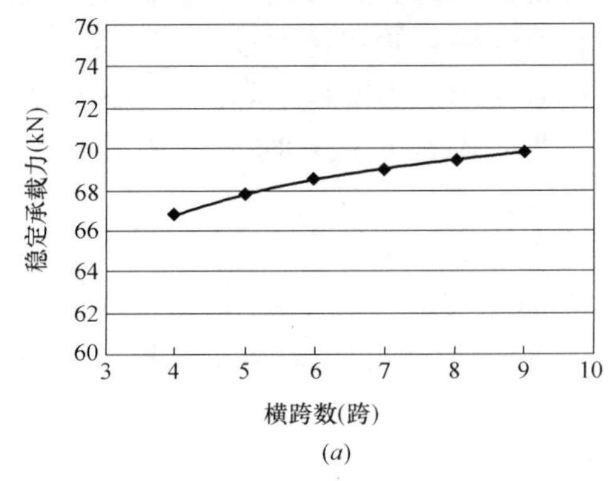

(*a*)

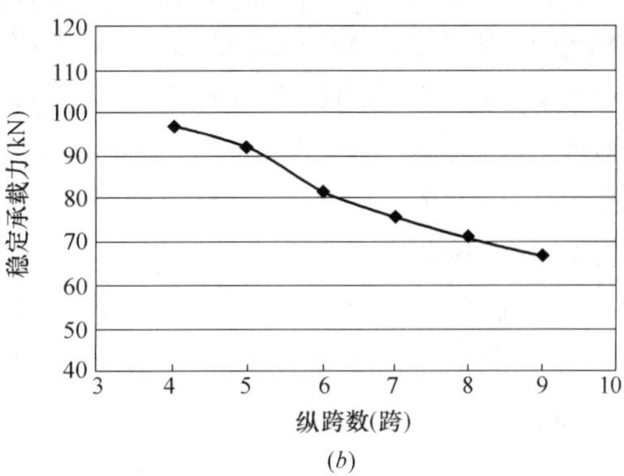

(*b*)

图3-24 改变跨数时极限承载力的变化趋势

(*a*)横跨跨数变化对稳定承载力的影响；(*b*)纵跨跨数变化对稳定承载力的影响

3.8.3 小结

(1) 整个架体屈曲前后变形对照可知，高支模屈曲后的变形大致呈“S”形，这与试验得到的结果一致，因此考虑初始缺陷和假想水平力是正确的。用有限元理论模拟其屈曲模态是科学的。这表明所建模型与实际情况相符，计算结果可信。

(2) 按照事先指定的计算方案得出的计算结果不难发现：在横跨数一定时（其他情况不变），增加纵跨数会导致承载力大幅下降，当纵跨数一定时（其他情况不变），增加横跨数不会给承载力造成大的影响，但可以小幅提高架体的极限承载力。这是因为在横跨数不变时，增加纵跨数会使架体长宽比例变大，整体抗倾覆能力下降。当纵跨数一定时，增加横跨数虽然能提高整体抗倾覆能力，但是此时决定架体整体承载力的因素是架体沿纵向失稳时的极限承载力，所以在这种情况下，架体的整体承载力不会得到较大提高。

3.9 本章小结

本章主要针对 7 种不同的构造因素对高大模板支撑体系稳定承载力的影响进行了数值模拟分析，对上述分析结果进行总结可知：

(1) 扫地杆对高大模板支撑体系的稳定承载力有着非常重要的作用，在高大模板支撑体系中不得忽略扫地杆的设置，且扫地杆的设置高度（距地面的高度）建议不要超过 0.4m，若受条件限制，扫地杆搭设高度超出 0.4m 时，需利用有限单元法进行辅助计算，以此来判断架体的搭设是否能够满足使用要求。

(2) 立杆伸出顶层水平杆长度的增加，会导致高大模板支撑体系稳定承载力的降低。采用非线性屈曲分析计算出的高大模板支撑体系稳定承载力结果显示，立杆伸出顶层水平杆长度大于 0.2m 时，架体稳定承载力下降的速率加快，因此以 0.2m 为划分界限，建议立杆伸出顶层水平杆长度不宜超出 0.2m。

(3) 水平剪刀撑对高大模板支撑体系稳定承载力影响较为突出，当不设置水平剪刀撑或水平剪刀撑设置密度过小，将会大大削弱高大模板支撑体系的稳定承载力，因此本研究建议水平剪刀撑设置以每 3 步设置一道为宜，且不得超过 6m。

(4) 竖向剪刀撑同样对高大模板支撑体系的稳定承载力有较大影响，兼顾整架安全和施工操作上的方便，本研究建议竖向剪刀撑设置以每 4 跨设置一道为宜。

(5) 随着纵横距的增大，高大模板支撑体系的稳定承载力明显下降。当纵距变大时整架承载力的下降比横距变大时承载力下降的更为明显，故在设计时应严格控制纵距的变化。

(6) 高大模板支撑体系的稳定承载力随着步距的增加而减小。

(7) 对高大模板支撑体系而言，在横跨数一定时（其他情况不变），增加纵跨数会导致承载力大幅下降，但当纵跨数一定时（其他情况不变），增加横跨数不会给承载力造成大的影响，且可以小幅提高架体的极限承载力。

第 4 章　扣件节点半刚性对高大模板支撑体系稳定承载力的影响

对于高大模板支撑体系，当立杆与水平杆交接处采用扣件进行连接时，其连接节点实质上是处于一种半刚性的状态。这种半刚性连接状态有别于传统的铰接状态及刚接状态。若简单的将其视为铰接或视为刚接对高大模板支撑体系进行计算，将不会得到高大模板支撑体系的稳定承载力值，而且可能造成计算值与实际值之间存在较大的差距。一旦采用了错误的稳定承载力值，则必然导致搭设方案中存在较大的危险性，最终导致高大模板支撑体系在施工过程中极易发生整体失稳的现象。

国内许多学者也都认识到了节点半刚性对高大模板支撑体系整体稳定性存在较大的影响，并纷纷投身到对半刚性节点的抗扭刚度的研究中。本章在节点试验的基础上，对试验数据进行非线性回归分析。确定了对直角扣件分别施加 20N·m、30N·m、40N·m、50N·m、60N·m 的拧紧力矩时，节点对应的抗扭刚度；推导了杆端在不同的受力状态下，其与节点位移之间的关系；通过有限元软件分析了节点半刚性对整架稳定承载力的影响。

4.1　扣件节点半刚性特点

钢框架结构应用广泛，传统的钢框架结构的分析和设计一般假定梁与柱的连接是全刚性的，或是理想的铰接。梁与柱的连接是全刚性意味着相邻杆件的斜率是完全连续的，同时重力弯矩全部（或大部分）从梁传到柱；而理想的铰接则意味着梁的特性如简支杆件，它不会传递重力弯矩给柱。这两种假设虽然能简化计算，但实际中使用的全部连接所具有的刚度，均处于二者之间，将这种连接称为半刚性连接钢框架。当工作荷载作用下连接产生的变形可以忽略时，采用理想化的刚性框架不会引起显著的误差；同样，当连接的抗弯能力可忽略时，采用铰接模型通常也是合理的。但当连接的刚度处于这两种极端情况之间时，就应采用能明确计入连接柔性影响的更为实际的分析方法。

由于框架设计必然涉及连接设计，美国钢结构学会（AISC，1986，1989）已作出规定[18]，允许在钢框架设计中明确的考虑连接特性。半刚性连接框架对结构效应的影响，不仅体现在梁柱的弯矩分配上，而且还会增加框架的侧移。

一般来说，钢框架的延性是很大的，连接曲线显示出明显的应变硬化。角变形可增到相当大的转角，且不会有脆性破坏的迹象。事实上，某些连接当梁端与柱翼缘间发生接触时显示出刚度突然增加，但这种情况只在转动很大，且远远超出结构理论破坏荷载后才可能发生。只要连接加工制作中无严重缺陷，延性特征几乎都能得到保证。连接的延性是极重要的量，它与结构极限承载力有关，对按抗震设计的结构尤为重要。半刚性连接的典型弯矩—转角特性如图 4-1 所示。

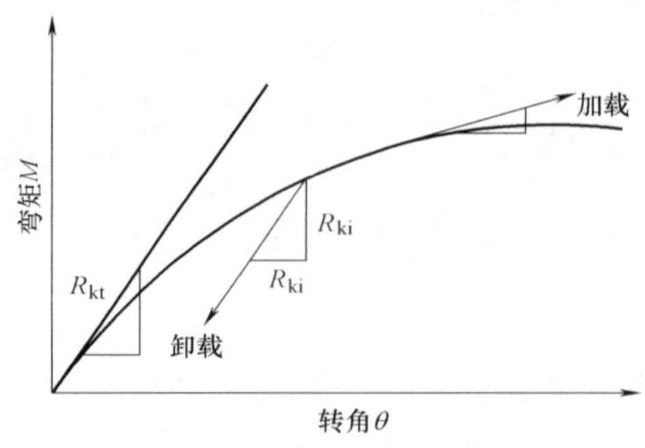

图 4-1 半刚性连接的典型弯矩-转角特性

4.2 扣件连接处节点性能分析

4.2.1 节点试验方案设计

(1) 试验目的：测定扣件式模板支架节点的扭转刚度。

(2) 试验仪器：力矩扳手、位移传感器、米尺等。

(3) 试验内容：试验模型如图 4-2 所示，一端施加荷载，另一端用位移传感器。经过变换，得到弯矩 M 与 θ 转角的关系。为了考虑扣件螺栓拧紧力矩对支架承载力的影响，直角扣件的螺栓拧紧力矩 T 分别为 20N · m、30 N · m、40 N · m、50 N · m、60 N · m 的 5 组试验条件下，确定 M—θ 关系，通过换算得到扣件扭转刚度。

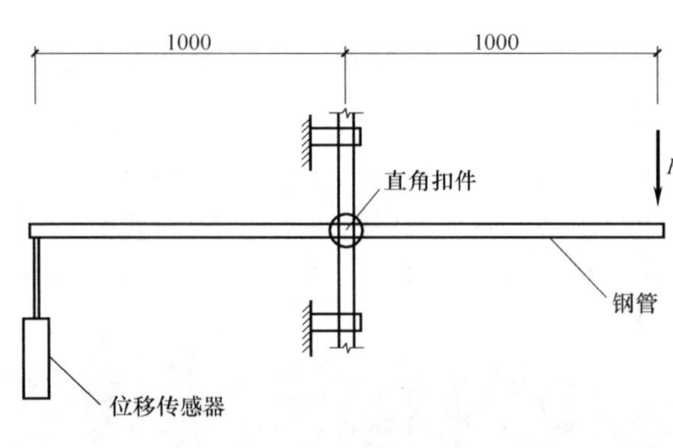

图 4-2 节点试验模型图

每组试验做 8 个直角扣件，取其平均值建立 M—θ 关系模型。采用数据统计方法，选择对数模型拟合 M-θ 关系，得出扣件联接钢结构体系节点半刚性的二参数对数非线性模型。

(4) 采用分级加载：每级加载 0.1kN，一直加到 1kN。

模板支架的扣件连接与普通框架连接一样，其弯矩—转角关系表现出明显的非线性关系。由于初始轴向应力的存在，刚度并非在所有荷载情形下保持常数，轴应力对结构刚度的影响通过几何刚度来体现。

为研究直角扣件的半刚性连接性能，进行直角扣件抗弯刚度试验。为真实反映扣件受力的实际情况，试件均为随机抽取，在试验中使用的新直角扣件，实际自重 10.0～10.9N 不等。

如图 4-2 所示，ϕ48mm×3.5mm（实际测量为 ϕ48mm×3.21mm）的钢管与两端固定联接直角扣件联接，在一端加荷载，在另一端用电子位移计测量位移。经过变换，得到弯矩 M 与转角 θ 的关系。考虑到扣件螺栓拧紧力矩对 M 与 θ 关系的影响，直角扣件的螺栓拧紧力矩 T 分别为：20N · m，30N · m，40N · m，50N · m，60N · m 的条件下做了八组试验，确定 M 与 θ 关系。

4.2.2　M 与 θ 关系[23]

（1）20N·m 条件下的 M 与 θ 关系

如图 4-3 所示，得到 20N·m 条件下 R_k 的值。

R_k＝64.7785kN·m/rad

（2）30N·m 条件下的 M 与 θ 关系

如图 4-4 所示，得到 30N·m 条件下 R_k 的值。

R_k＝75.7514 kN·m/rad

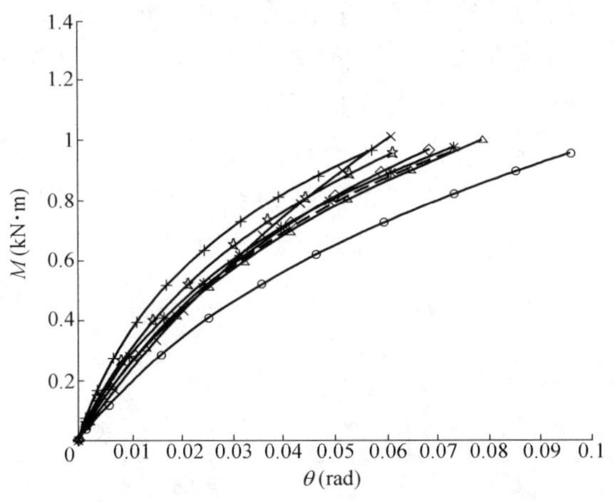

图 4-3　20N·m 条件下的 M 与 θ 关系

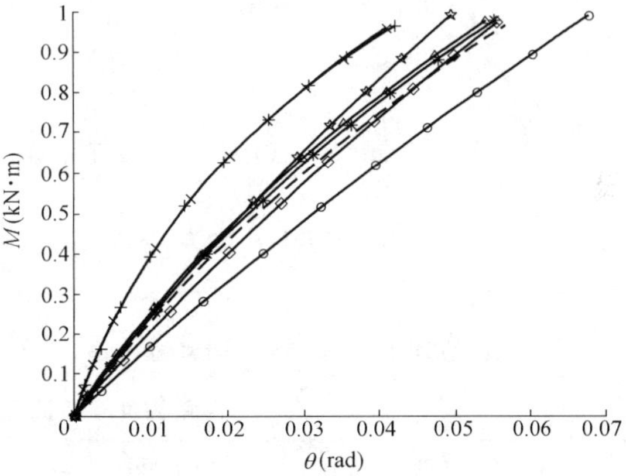

图 4-4　30N·m 条件下的 M 与 θ 关系

（3）40N·m 条件下的 M 与 θ 关系

如图 4-5 所示，得到 40N·m 条件下 R_k 的值。

R_k＝85.9608 kN·m/rad

（4）50N·m 条件下的 M 与 θ 关系

如图 4-6 所示，得到 50N·m 条件下 R_k 的值。

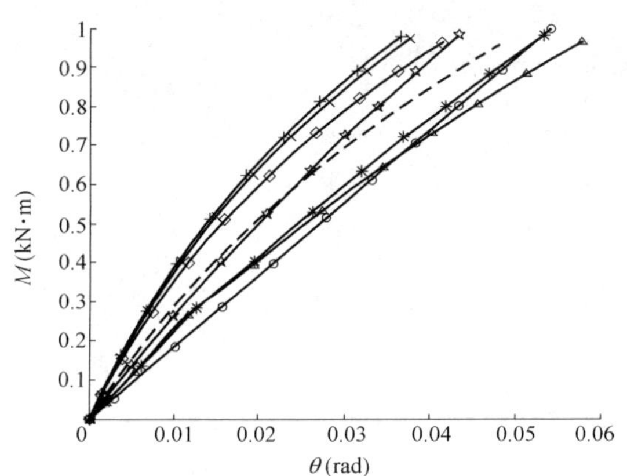

图 4-5　40N·m 条件下的 M 与 θ 关系

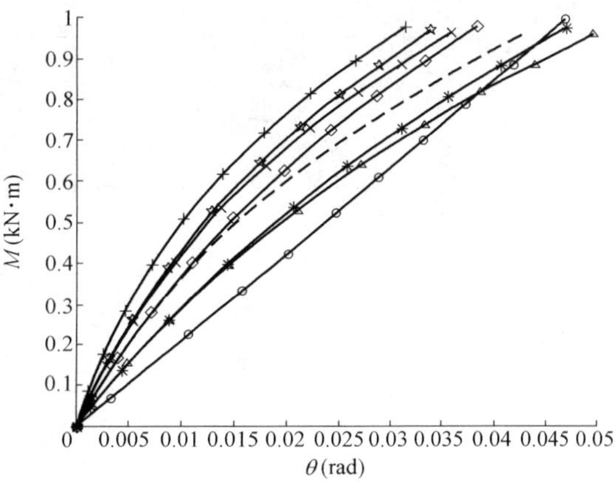

图 4-6　50N·m 条件下的 M 与 θ 关系

$R_k = 92.6057$ kN·m/rad

(5) 60N·m 条件下的 M 与 θ 关系

如图 4-7 所示，得到 60N·m 条件下 R_k 的值。

$R_k = 118.180$kN·m/rad

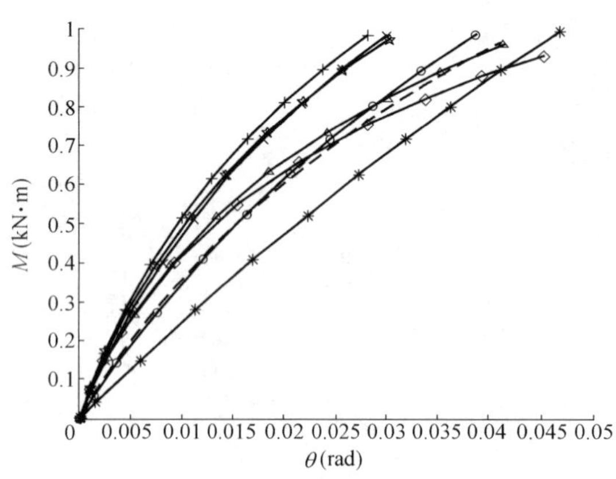

图 4-7　60N·m 条件下的 M 与 θ 关系

综合八组数据，在 20N·m，30N·m，40N·m，50N·m，60N·m 的条件下做了八组试验，用非线性回归，运用二参数对数非线性模型 $M(\theta) = n\ln(1 + \theta R_k/n)$ 确定 M 与 θ 关系，其中：n 是曲线拟合形状参数；R_k 是初始扭转刚度，用 MATLAB 语言将螺栓拧紧力矩为 40N·m 时的试验数据进行回归得到：

$n=2.15$，$R_k=85.9608$ kN·m/rad

可以得到扣件联接钢结构体系节点半刚性的二参数对数非线性模型为：

$$M(\theta) = 2.15\ln\left(1 + \frac{85.96\theta}{2.15}\right) \quad (4\text{-}1)$$

得到的直角扣件在不同扭矩下的抗扭转刚度见表 4-1。

直角扣件在不同扭矩下的初始扭转刚度　　**表 4-1**

螺栓拧紧力矩 T	初始扭转刚度 R_k	螺栓拧紧力矩 T	初始扭转刚度 R_k
20	64.7785	50	92.6057
30	75.755	60	118.1803
40	85.9608		

不同螺栓拧紧力矩下的初始扭转刚度的变化情况如图 4-8 所示。

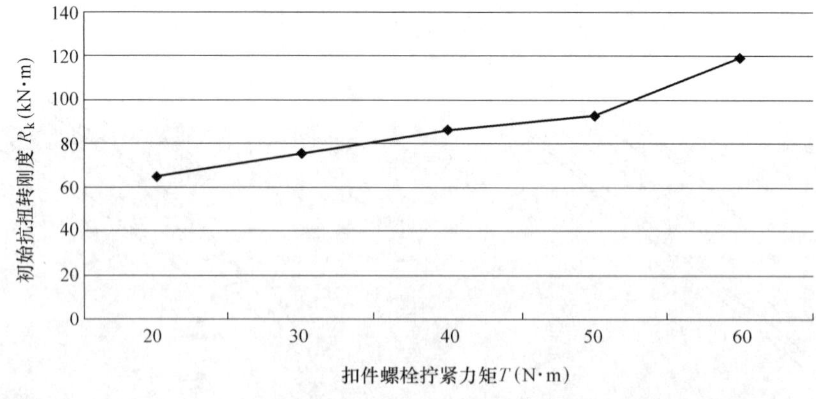

图 4-8　不同螺栓拧紧力矩下的初始扭转刚度的变化情况

用二参数线性模型 $R_k = aT + b$，对 $R_k - T$ 关系进行线性回归（图 4-7），得到高大模板支架直角扣件的初始扭转刚度公式（4-2），a、b 参数的值，$a = 1.237$　$b=37.98$。

$$R_k = 1.237T + 37.98 \tag{4-2}$$

R_k——高大模板支架直角扣件初始扭转刚度；

T——高大模板支架直角扣件螺栓拧紧力矩。

公式（4-2）适用范围：$T \in [10, 60]$；该公式计算的最大初始刚度 112.2kN·m/rad。

4.2.3　框架柱半刚接计算长度系数与直角扣件螺栓拧紧力矩关系公式

把试验得到的二参数线性模型 $R_k = 1.237T + 37.98$，带入半刚性连接有侧移刚架柱计算长度系数的表达式，得到高大模板框架柱有侧移刚架柱计算长度系数与直角扣件螺栓拧紧力矩 T 的关系公式：

$$\mu = \sqrt{\frac{7.5\frac{\sum i_{Ap}}{\sum i_{Aq}}\frac{\sum i_{Bp}}{\sum i_{Bq}}\left(\frac{1}{1+6\frac{EI}{l(1.237T+37.98)}}\right)+4\left(\frac{\sum i_{Ap}}{\sum i_{Aq}}+\frac{\sum i_{Bp}}{\sum i_{Bq}}\right)\frac{1}{1+6\frac{EI}{l(1.237T+37.98)}}+1.52}{7.5\left(\frac{\sum i_{Ap}}{\sum i_{Aq}}\frac{\sum i_{Bp}}{\sum i_{Bq}}\right)\left(\frac{1}{1+6\frac{EI}{l(1.237T+37.98)}}\right)+\left(\frac{\sum i_{Ap}}{\sum i_{Aq}}+\frac{\sum i_{Bp}}{\sum i_{Bq}}\right)\frac{1}{1+6\frac{EI}{l(1.237T+37.98)}}}} \tag{4-3}$$

p 为与节点 A（B）相连的梁的另一端：q 为与节点 A（B）相连的柱的另一端，如图 4-9 所示。

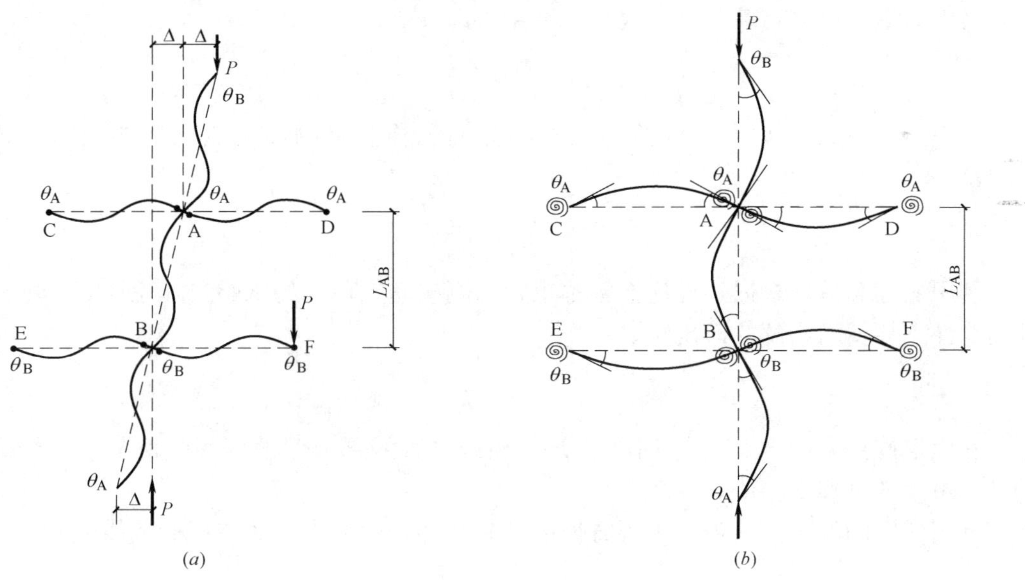

图 4-9　柱失稳的计算单元

（a）有侧移失稳计算单元；（b）无侧移失稳计算单元

把二参数线性模型 $R_k = 1.237T + 37.98$，带入半刚性无侧移刚架柱计算长度系数的表达式，得到高大模板框架柱有侧移刚架柱计算长度系数与直角扣件螺栓拧紧力矩 T 的关系公式（4-4）：

$$\mu=\frac{0.64\frac{\sum i_{Ap}}{\sum i_{Aq}}\frac{\sum i_{Bp}}{\sum i_{Bq}}\left(\frac{1}{1+2\frac{EI}{l(1.237T+37.98)}}\right)+1.4\left(\frac{\sum i_{Ap}}{\sum i_{Aq}}+\frac{\sum i_{Bp}}{\sum i_{Bq}}\right)\frac{1}{1+2\frac{EI}{l(1.237T+37.98)}}+3}{1.28\left(\frac{\sum i_{Ap}}{\sum i_{Aq}}\frac{\sum i_{Bp}}{\sum i_{Bq}}\right)\left(\frac{1}{1+2\frac{EI}{l(1.237T+37.98)}}\right)+2\left(\frac{\sum i_{Ap}}{\sum i_{Aq}}+\frac{\sum i_{Bp}}{\sum i_{Bq}}\right)\frac{1}{1+2\frac{EI}{l(1.237T+37.98)}}+3} \tag{4-4}$$

注：1. 有无侧移钢架计算长度公式可计算高大模板支架中的中间柱，不能用于角柱和边柱。

2. 有无侧移钢架计算长度公式不可以计算扫地杆向下和顶杆向上伸出立杆的计算长度。

4.2.4 刚度修正系数

（1）刚度修正系数的确定方法

采用试验与理论计算相对比的方法。理论计算模型的基本单元与试验模型完全相同，仅节点刚度为理想的刚接，采用 $SAP2000$ 有限元分析基本单元在侧向水平荷载 P 的作用下的侧向位移值。

由于支架的临界荷载与其横向刚度成正比关系，即：

$$\frac{P_{k1}}{P_{k2}}\propto\frac{EI_1}{EI_2}$$

式中，P_{k1}、EI_1 分别为刚接支架的临界荷载与横向抗侧移刚度，P'_{k2}、EI_2 分别为半刚接支架的临界荷载与横向抗侧移刚度。

又因为横向位移与横向刚度成反比关系，即：

$$\frac{\Delta_1}{\Delta_2}\propto\frac{EI_1}{EI_2}$$

式中，Δ_1、Δ_2分别为刚性节点支架的侧向位移和半刚性节点支架的侧向位移，所以有：

$$\frac{P_{k1}}{P_{k2}}\propto\frac{\Delta_2}{\Delta_1}$$

利用上述关系，根据扣件连接基本单元与刚接基本单元的试验与理论计算，可得半刚性与刚性支架横向刚度的修正系数：

$$K=\frac{\Delta_2}{\Delta_1} \tag{4-5}$$

在确定修正系数 K 时，采用试验 P-Δ 曲线的直线部分，根据实际情况取一个确定 P 的基本单元的侧移试验值。

利用横向刚度修正系数，可很方便的得到扣件式模板支架的临界荷载值 P'_{k2}：

$$P'_{k2}=\frac{1}{K}P_{k1} \tag{4-6}$$

（2）修正系数的确定

1）单榀 1，F-Δ 拟合关系（图 4-10、图 4-11）

由式（4-2）有：$K=\frac{\Delta_2}{\Delta_1}=\frac{F_2k_2}{F_1k_1}=\frac{k_2}{k_1}$

式中：k_1——图中 F-Δ_1斜率；

k_2——图中 F-Δ_2斜率。

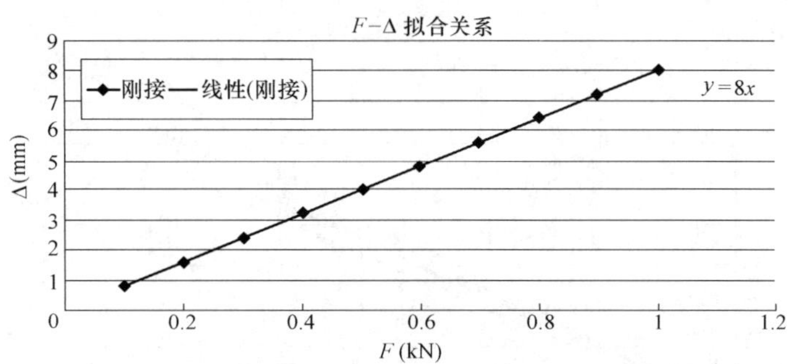

图 4-10　单榀 1，F-Δ_1 刚接拟合关系

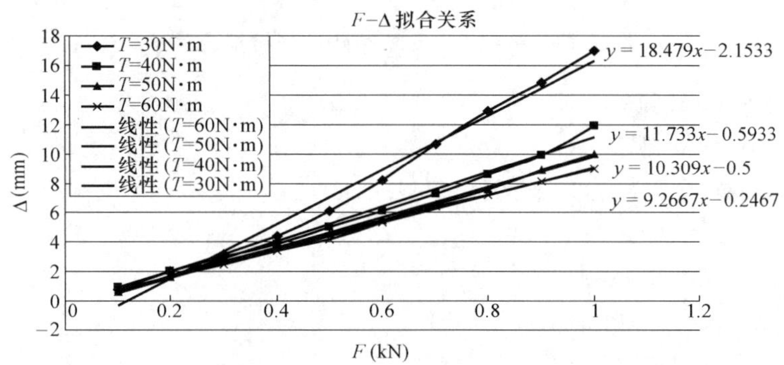

图 4-11　单榀 1，F-Δ_2 半刚性连接拟合关系

K 在不同扣件螺栓拧紧力矩下的值：

T＝30N・m，K＝2.310；

T＝40N・m，K＝1.467；

T＝50N・m，K＝1.288；

T＝60N・m，K＝1.158。

2）单榀 2　F-Δ 拟合关系（图 4-12，图 4-13）

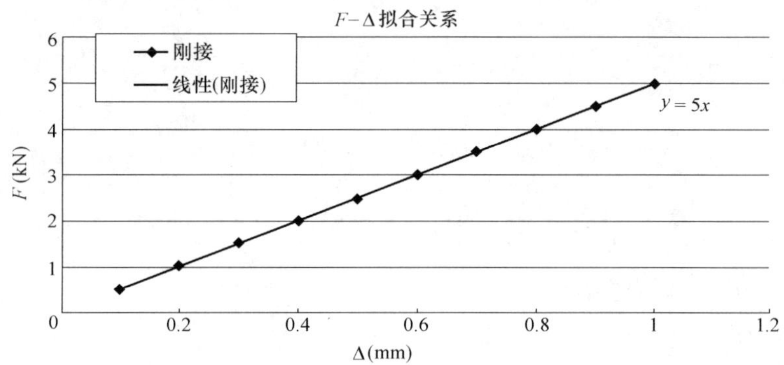

图 4-12　单榀 2，F-Δ_1 刚接拟合关系

由式（4-2）有：$K=\dfrac{\Delta_2}{\Delta_1}=\dfrac{F_2}{F_1}\dfrac{k_2}{k_1}=\dfrac{k_2}{k_1}$，

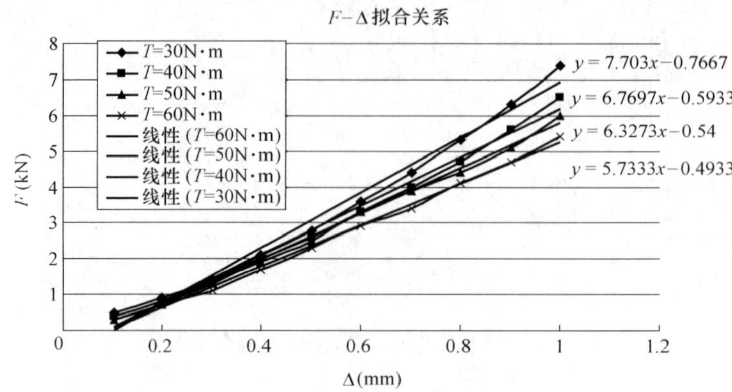

图 4-13　单榀 2，F-Δ_2 半刚性连接拟合关系

式中：k_1——图中 F-Δ_1 斜率；

k_2——图中 F-Δ_2 斜率。

K 在不同扣件螺栓拧紧力矩下的值：

T=30N·m，K=1.504；

T=40N·m，K=1.354；

T=50N·m，K=1.265；

T=60N·m，K=1.147。

3）单榀 3，F-Δ 拟合关系（图 4-14，图 4-15）

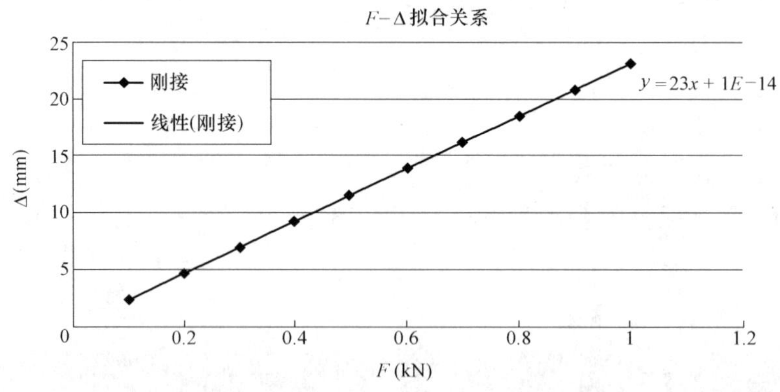

图 4-14　单榀 3，F-Δ_1 刚接拟合关系

由式（4-2）有：$K=\dfrac{\Delta_2}{\Delta_1}=\dfrac{F_2}{F_1}\dfrac{k_2}{k_1}=\dfrac{k_2}{k_1}$，

式中　k_1——图中 F-Δ_1 斜率；

k_2——图中 F-Δ_2 斜率。

K 在不同扣件螺栓拧紧力矩下的值：

T=30N·m，K=4.158；

T=40N·m，K=3.529；

T=50N·m，K=3.072；

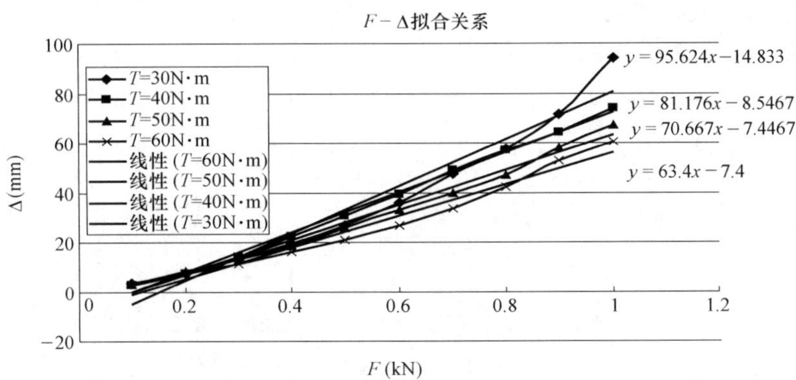

图 4-15 单榀 3，F-Δ_2半刚性连接拟合关系

T=60N·m，K=2.757。

4）单榀 4，F-Δ 拟合关系（图 4-16、图 4-17）

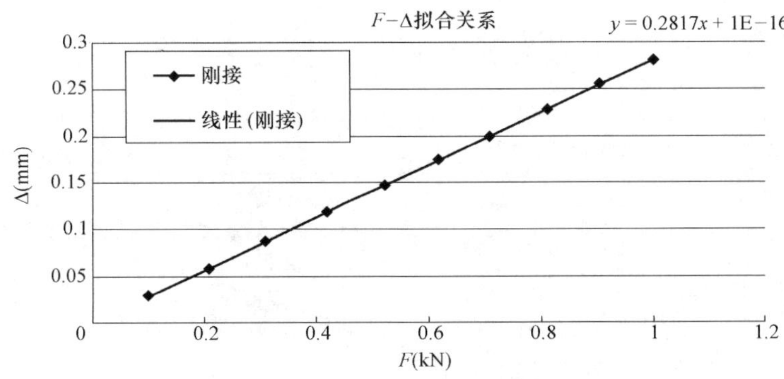

图 4-16 单榀 4，F-Δ_1刚接拟合关系

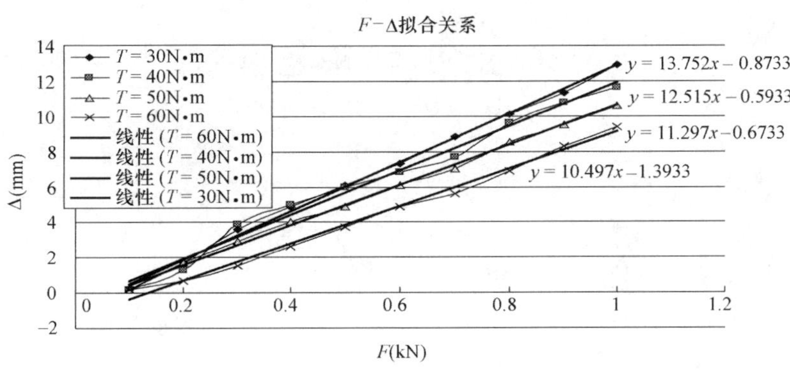

图 4-17 单榀 4，F-Δ_2半刚性连接拟合关系

由式（4-2）有：$K=\dfrac{\Delta_2}{\Delta_1}=\dfrac{F_2 k_2}{F_1 k_1}=\dfrac{k_2}{k_1}$，

式中：k_1——图中 F-Δ_1斜率；

k_2——图中 F-Δ_2斜率。

K 在不同扣件螺栓拧紧力矩下的值：

$T=30\text{N}\cdot\text{m}$，$K=47.48$；

$T=40\text{N}\cdot\text{m}$，$K=44.43$；

$T=50\text{N}\cdot\text{m}$，$K=40.10$；

$T=60\text{N}\cdot\text{m}$，$K=37.26$。

5）单榀 5，F-Δ 拟合关系（图 4-18、图 4-19）

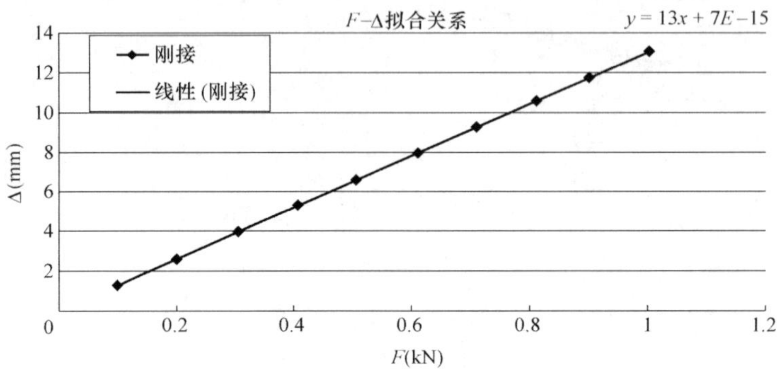

图 4-18　单榀 5，F-Δ_1 刚接拟合关系

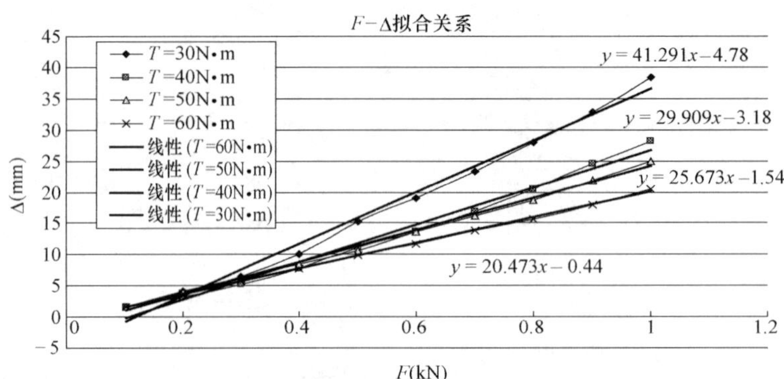

图 4-19　单榀 5，F-Δ_2 半刚性连接拟合关系

由式（4-2）有：$K=\dfrac{\Delta_2}{\Delta_1}=\dfrac{F_2}{F_1}\dfrac{k_2}{k_1}=\dfrac{k_2}{k_1}$，

式中：k_1——图中 F-Δ_1 斜率；

k_2——图中 F-Δ_2 斜率。

K 在不同扣件螺栓拧紧力矩下的值：

$T=30\text{N}\cdot\text{m}$，$K=3.176$；

$T=40\text{N}\cdot\text{m}$，$K=2.301$；

$T=50\text{N}\cdot\text{m}$，$K=1.975$；

$T=60\text{N}\cdot\text{m}$，$K=1.575$。

6）单榀 6，F-Δ 拟合关系（图 4-20、图 4-21）

由式（4-2）有：$K=\dfrac{\Delta_2}{\Delta_1}=\dfrac{F_2}{F_1}\dfrac{k_2}{k_1}=\dfrac{k_2}{k_1}$，

式中：k_1——图中 F-Δ_1 斜率；

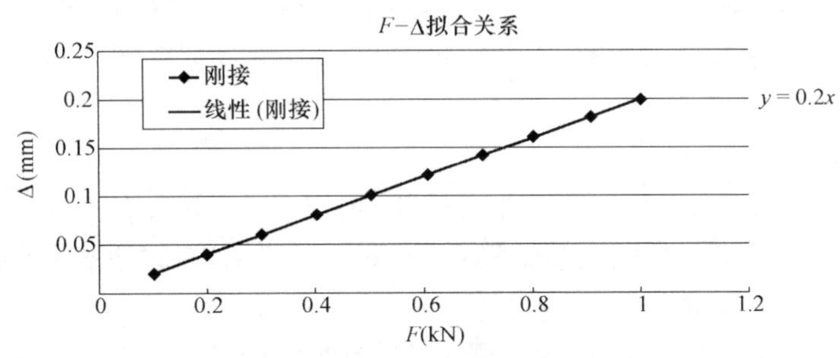

图 4-20　单榀 6，F-Δ_1刚接拟合关系

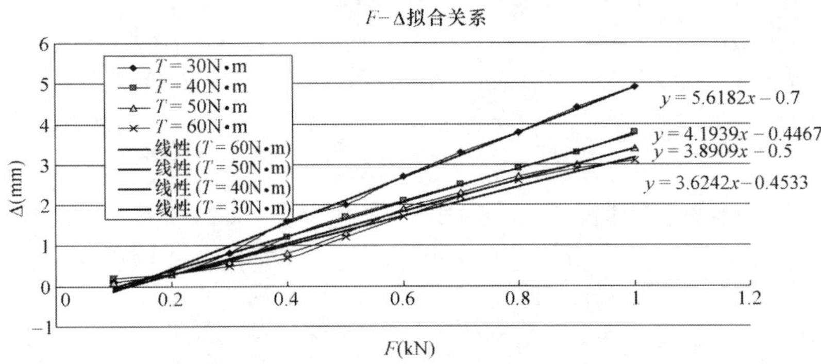

图 4-21　单榀 6，F-Δ_2半刚性连接拟合关系

k_2——图中 F-Δ_2斜率。

K 在不同扣件螺栓拧紧力矩下的值：

T=30N・m，K=28.09；

T=40N・m，K=20.97；

T=50N・m，K=19.45；

T=60N・m，K=18.12。

由试验及计算的数据可知：

（1）试验得到的侧向位移明显比用节点刚性连接理论计算值大，说明考虑节点半刚性是必要的；

（2）加剪刀撑后得到的单榀侧向位移明显比无剪刀撑的小，说明剪刀撑的作用较大，但由于旋转扣件质量等原因，试验测得加剪刀撑的单榀侧向位移值与有限元计算理论值相比，差别较大；

（3）各单榀试验中随着 T 值的增大，K 值增大，说明直角扣件半刚性扭转初始刚度随着扣件螺栓拧紧力矩的增大而增大；

（4）扣件式单榀试验半刚性理论值和试验值差别较大，在应用时要注意。

4.3　半刚性连接数值模型

半刚性连接在物理上表现为：在节点弯矩 M 作用下，节点交汇处的梁柱不再保持原有夹角，而将产生相对转角 θ_r，在数学上可以用函数表达式 $M=f(\theta_r)$ 表示。为了便于在理论分析中运用，各国学者整理以往的试验数据，建立了以下几种半刚性连接的数值模型[24-25]。

(1) 线性模型

Rathbum (1936)，Monforton 和吴 (1963)，以及 Lightfoot 和 Lemessurier (1974) 提出了单刚度的线性模型，它以连接的初始刚度 R_{ki} 来表示加载全过程的连接刚度，当弯矩超过极限值后，连接失效。

Tarpy 和 Cardinal (1981)，直线斜率为初始刚度 R_{ki} 的直线，达到一定的弯矩量值后，采用另外一条切线刚度线表示。

线性模型简单易用，可用于解决大部分半刚性连接问题的分析。

(2) 多项式模型

Fyre 和 Morris 提出用多项式来表示 M-θ_r 关系曲线，数值模型用奇次方的多项式来表达：

$$\theta_r = C_1(KM)^1 + C_2(KM)^3 + C_3(KM)^5 \tag{4-7}$$

其中 K 为与连接类型和集合尺寸有关的标准化参数，C_1，C_2，C_3 曲线拟合参数，多项式模型和实际曲线很接近，同时也比较便于运用。但是这种模型可能在数值计算中会遇到出现负刚度的问题。

(3) 样条函数模型

Jones 等 (1982) 用 B 样条函数法对连接试验数据进行曲线拟合，在拟合过程中，把 M-θ_r 试验数据分割为若干子块，每一子块跨越一个弯矩值，每一子块用三次 B 样条曲线拟合，同时保证交点处一阶，二阶导数连续。样条函数模型的优点在于和试验数据接近，且能够解决负刚度问题，不足之处在于拟合过程需要大量的原始数据。

(4) 幂函数模型

最简单的幂函数模型是二参数模型，其表达式为：$\theta_r = aM^b$，其中 a，b 为曲线拟合参数，$a>0$，$b>0$。此模型简单，但误差很大，一般不使用。

Colson 和 louvean (1983) 借鉴三参数弹塑性应力-应变模型提出了三参数的半刚性连接的数值模型：

$$\theta_r = \frac{M}{R_{ki}} \frac{1}{\left[1-\left(\frac{M}{Mu}\right)^n\right]^{\frac{1}{n}}} \tag{4-8}$$

其中 R_{ki} 为初始连接刚度，M_u 为连接的极限弯矩承载力，n 是 M-θ_r 曲线的形状系数。这种模型优点是需要的试验数据较少。

(5) 强化双线性节点模型

丁洁民和沈祖炎[26] (1992) 为了使计算模型在结构计算中用起来方便，以及对半刚性节点的影响进行定性和定量分析，提出了强化双线性节点模型，如图 4-22 所示。

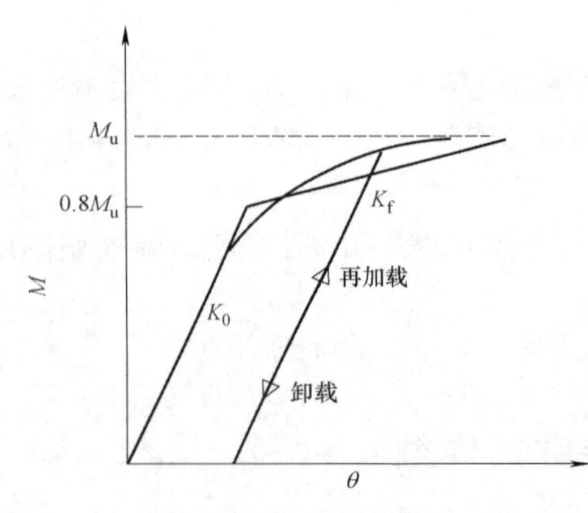

图 4-22 强化双线性模型

4.4　结构单元刚度的推导

4.4.1　杆端弯矩与节点位移的关系

对于半刚性连接的结构，在分析和设计时考虑节点的柔性，通常将半刚性连接模拟成如图4-23所示的螺旋弹簧。弹簧刚度 R_k 可按不同的节点分析模型确定。杆端的总转角（θ_A 和 θ_B）由单元自身弯曲引起的转角和转动弹簧引起的转角两部分组成。设梁两端的弹簧刚度分别为 R_{KA} 和 R_{KB}，梁两端的转角分别为 θ_A 和 θ_B。

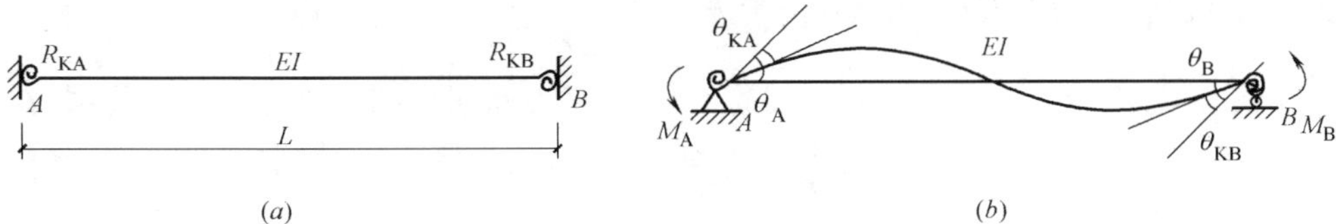

图4-23　半刚性节点模拟图

单元自身弯曲引起的梁两端的转角分别为 $\theta_A-\theta_{KA}$ 和 $\theta_B-\theta_{KB}$。根据梁单元的转角位移关系，可以得到：

$$\left.\begin{aligned}M_A&=4i(\theta_A-\theta_{KA})+2i(\theta_B-\theta_{KB})\\M_B&=4i(\theta_B-\theta_{KB})+2i(\theta_A-\theta_{KA})\end{aligned}\right\}\tag{4-9}$$

式中 θ_{KA} 和 θ_{KB} 分别为梁两端弹簧的相对转角，它们与梁端弯矩的关系为：

$$\theta_{KA}=\frac{M_A}{R_{KA}}\text{；}\theta_{KB}=\frac{M_B}{R_{KB}}\tag{4-10}$$

将式（4-10）代入式（4-9）并令：

$$a_{ii}=\frac{1}{R}\left(4+\frac{12EI}{R_{KB}L}\right)\text{；}a_{ij}=\frac{2}{R}\text{；}a_{jj}=\frac{1}{R}\left(4+\frac{12EI}{R_{KA}L}\right)$$

$$R=\frac{(R_{KA}L+4EI)(R_{KB}L+4EI)-4\,(EI)^2}{R_{KA}R_{KB}L^2}$$

则式（4-9）可简化为：

$$\left.\begin{aligned}M_A&=\frac{EI}{L}(a_{ii}\theta_A+a_{ij}\theta_B)\\M_B&=\frac{EI}{L}(a_{ij}\theta_A+a_{jj}\theta_B)\end{aligned}\right\}\tag{4-11}$$

当梁两端有竖向位移 v_A 和 v_B 时：

$$\left.\begin{aligned}M_A&=\frac{EI}{L}(a_{ii}\theta_A+a_{ij}\theta_B)+\frac{EI}{L^2}(a_{ii}+a_{ij})(v_A-v_B)\\M_B&=\frac{EI}{L}(a_{ij}\theta_A+a_{jj}\theta_B)+\frac{EI}{L^2}(a_{ii}+a_{ij})(v_A-v_B)\end{aligned}\right\}$$

4.4.2　杆端扭矩与节点位移的关系

同样地，半刚性连接梁单元的扭矩方程可写为：

$$\left.\begin{aligned} M_{\mathrm{NA}} &= \frac{GJ}{L}[(\theta_{\mathrm{A}}-\theta_{\mathrm{KA}})-(\theta_{\mathrm{B}}-\theta_{\mathrm{KB}})] \\ M_{\mathrm{NB}} &= \frac{GJ}{L}[-(\theta_{\mathrm{A}}-\theta_{\mathrm{KA}})+(\theta_{\mathrm{B}}-\theta_{\mathrm{KB}})] \end{aligned}\right\} \tag{4-12}$$

令 $a_0=\dfrac{R_{\mathrm{KA}}R_{\mathrm{KB}}L}{LR_{\mathrm{KA}}R_{\mathrm{KB}}+GJR_{\mathrm{KA}}+GJR_{\mathrm{KB}}}$，同理可得：

$$M_{\mathrm{NA}}=\frac{GJ}{L}a_0(\theta_{\mathrm{A}}-\theta_{\mathrm{B}}) \tag{4-13}$$

$$M_{\mathrm{NB}}=\frac{GJ}{L}a_0(-\theta_{\mathrm{A}}+\theta_{\mathrm{B}}) \tag{4-14}$$

4.4.3 杆端轴向力与节点位移的关系

当杆端有轴向位移 u_{A} 和 u_{B} 时，可推导出相应的杆端轴向力 N_{A} 和 N_{B} 分别为：

$$\left.\begin{aligned} N_{\mathrm{A}} &= \frac{EA}{L}(u_{\mathrm{A}}-u_{\mathrm{B}}) \\ N_{\mathrm{B}} &= -\frac{EA}{L}(u_{\mathrm{A}}-u_{\mathrm{B}}) \end{aligned}\right\} \tag{4-15}$$

4.4.4 局部坐标系下的单元刚度矩阵

根据以上分析，可得半刚性连接梁单元在局部坐标系下的单元刚度矩阵为：

$$[\widetilde{K}]_e=\begin{bmatrix} \widetilde{K}_{ii} & \widetilde{K}_{ij} \\ \widetilde{K}_{ji} & \widetilde{K}_{jj} \end{bmatrix}_{12\times 12} \tag{4-16}$$

其中：

$$\widetilde{K}_{ii}=\begin{bmatrix} EA/L & 0 & 0 & 0 & 0 & 0 \\ 0 & (a_{ii}+2a_{ij}+a_{jj})EI/L^3 & 0 & 0 & 0 & (a_{ii}+a_{ij})EI/L^2 \\ 0 & 0 & (a_{ii}+2a_{ij}+a_{jj})EI/L^3 & 0 & -(a_{ii}+a_{ij})EI/L^2 & 0 \\ 0 & 0 & 0 & a_0GJ/L & 0 & 0 \\ 0 & 0 & -(a_{ii}+a_{ij})EI/L^2 & 0 & a_{ii}EI/L & 0 \\ 0 & (a_{ii}+a_{ij})EI/L^2 & 0 & 0 & 0 & a_{ii}EI/L \end{bmatrix}$$

$$\widetilde{K}_{ij}=\begin{bmatrix} -EA/L & 0 & 0 & 0 & 0 & 0 \\ 0 & -(a_{ii}+2a_{ij}+a_{jj})EI/L^3 & 0 & 0 & 0 & (a_{ii}+a_{ij})EI/L^2 \\ 0 & 0 & -(a_{ii}+2a_{ij}+a_{jj})EI/L^3 & 0 & -(a_{ii}+a_{ij})EI/L^2 & 0 \\ 0 & 0 & 0 & -a_0GJ/L & 0 & 0 \\ 0 & 0 & (a_{ii}+a_{ij})EI/L^2 & 0 & a_{ii}EI/L & 0 \\ 0 & -(a_{ii}+a_{ij})EI/L^2 & 0 & 0 & 0 & a_{ii}EI/L \end{bmatrix}$$

$$\widetilde{K}_{ji}=\begin{bmatrix} -EA/L & 0 & 0 & 0 & 0 & 0 \\ 0 & -(a_{ii}+2a_{ij}+a_{jj})EI/L^3 & 0 & 0 & 0 & -(a_{ii}+a_{ij})EI/L^2 \\ 0 & 0 & -(a_{ii}+2a_{ij}+a_{jj})EI/L^3 & 0 & (a_{ii}+a_{ij})EI/L^2 & 0 \\ 0 & 0 & 0 & -a_0GJ/L & 0 & 0 \\ 0 & 0 & -(a_{ii}+a_{ij})EI/L^2 & 0 & a_{ii}EI/L & 0 \\ 0 & (a_{ii}+a_{ij})EI/L^2 & 0 & 0 & 0 & a_{ii}EI/L \end{bmatrix}$$

$$\widetilde{K}_{ij}=\begin{bmatrix} EA/L & 0 & 0 & 0 & 0 & 0 \\ 0 & (a_{ii}+2a_{ij}+a_{jj})EI/L^3 & 0 & 0 & 0 & -(a_{ii}+a_{ij})EI/L^2 \\ 0 & 0 & (a_{ii}+2a_{ij}+a_{jj})EI/L^3 & 0 & (a_{ii}+a_{ij})EI/L^2 & 0 \\ 0 & 0 & 0 & a_0GJ/L & 0 & 0 \\ 0 & 0 & (a_{ii}+a_{ij})EI/L^2 & 0 & a_{ii}EI/L & 0 \\ 0 & -(a_{ii}+a_{ij})EI/L^2 & 0 & 0 & 0 & a_{ii}EI/L \end{bmatrix}$$

4.4.5　半刚性连接杆件的非节点荷载处理

当半刚性梁单元受到非节点荷载作用时，在杆端旋转弹簧的影响之下，固端约束等效荷载与刚性连接时的情况不同，可采用静力等效的方法求得。如图4-24所示，在集中荷载 P 作用下，可得半刚性梁的固端力为：

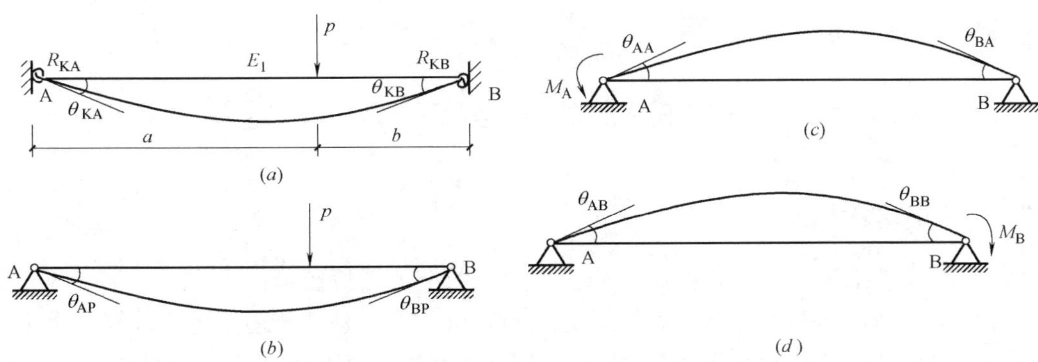

图4-24　半刚性连接梁的受力图

$$\left.\begin{aligned} M_A &= R_{KA}\theta_{KA} \\ M_B &= R_{KB}\theta_{KB} \end{aligned}\right\} \tag{4-17}$$

在图4-24（b）、（c）和（d）中，三种荷载 P, M_A，M_B 作用下简支梁的梁端转角分别为：

$$\theta_{AP}=\frac{Pab(L+b)}{6EIL}\,;\theta_{AA}=-\frac{M_AL}{3EI}\,;\theta_{AB}=-\frac{M_BL}{6EI} \tag{4-18}$$

弹簧的转角 θ_{KA} 由三种荷载引起的转角叠加后得到：

$$\theta_{KA}=\theta_{AP}+\theta_{AA}+\theta_{AB} \tag{4-19}$$

将式（4-17）、式（4-18）代入式（4-19）中，可得：

$$\frac{M_A}{R_{KA}}=\frac{Pab(L+b)}{6EIL}-\frac{M_AL}{3EI}-\frac{M_BL}{6EI} \tag{4-20}$$

$$令\left.\begin{aligned} a_A=\frac{EI}{LR_{KA}} \quad & a_B=\frac{EI}{LR_{KB}} \\ M_{FA}=\frac{Pab^2}{L^2} \quad & M_{Fb}=\frac{Pa^2b}{L^2} \end{aligned}\right\} \tag{4-21}$$

式（4-15）整理后可得：

$$\left.\begin{aligned} M_{\mathrm{A}} &= \frac{M_{\mathrm{FA}} + 6a_{\mathrm{B}}M_{\mathrm{FA}}}{(1 + 4a_{\mathrm{A}} + 4a_{\mathrm{B}} + 12a_{\mathrm{A}}a_{\mathrm{B}})} \\ M_{\mathrm{B}} &= \frac{M_{\mathrm{FB}} + 6a_{\mathrm{A}}M_{\mathrm{FB}}}{(1 + 4a_{\mathrm{A}} + 4a_{\mathrm{B}} + 12a_{\mathrm{A}}a_{\mathrm{B}})} \end{aligned}\right\} \tag{4-22}$$

式（4-22）同样也适用于在均布荷载或线性荷载作用下的半刚性连接的梁，只需要将式中的 M_{FA} 和 M_{FB} 换成两端固定梁在均布荷载或线性荷载作用下的固端弯矩即可。

对于上述模型，如将弹簧的刚度设定为无穷大，则 $R_{\mathrm{KA}} = R_{\mathrm{KB}} = \infty$，此时 $R=1$，$a_{ii}=a_{jj}=4$；$a_{ij}=a_{ji}$，式（4-11）与经典的梁单元转角位移方程完全相同。在式（4-21）中，$a_{\mathrm{A}}=a_{\mathrm{B}}\rightarrow 0$，$M_{\mathrm{A}}=M_{\mathrm{FA}}$，$M_{\mathrm{B}}=M_{\mathrm{FB}}$，此时杆件的节点为刚性连接；当 R_{KA}，R_{KB} 的值取接近于 0 的较小数值时，$R\rightarrow +\infty$，而 $a_{ii}=a_{jj}=0$；$a_{ij}=a_{ji}=0$，式（4-17）的杆件两端仅受轴向力的桁架单元的单元刚度矩阵。式（4-22）中，$a_{\mathrm{A}}=a_{\mathrm{B}}\rightarrow\infty$，$M_{\mathrm{A}}\rightarrow 0$，$M_{\mathrm{B}}\rightarrow 0$，此时节点的弯矩为零，节点连接为铰接。以上分析说明本书所建立的刚度矩阵和相应的固端约束力向量是最一般的情况。

4.5 节点半刚性对高大模板支撑体系稳定性的影响

4.5.1 基本假设

（1）高支模架为三维空间杆系结构，且立杆与上下楼板铰接；

（2）架体的最不利工况是各立杆承受相同轴压。不论是试验还是理论计算，大多数都采用各立柱顶部施加相同轴压的工况下，架体失稳时对应的轴压为该架体的稳定极限承载力；

（3）剪刀撑与杆件之间的连接全部为铰接；

（4）剪刀撑与节点的连接为铰接；

（5）水平杆与立杆的连接节点在水平杆的平面内为铰接，平面外为刚接。

4.5.2 模型建立与计算

应用有限元计算软件 SAP2000，建立与第二章所述试验工况相同的计算模型（图 4-25），进行架体稳定承载力屈曲分析，在同一工况下，考虑节点初始扭转刚度分别为：10、20、30、40、50、60、70、80、85.96、90、100、110、150、200、300（单位：kN·m/rad），研究不同初始扭转刚度对架体稳定承载力的影响。

将试验工况 4 模型考虑不同初始扭转刚度的极限承载力汇总如图 4-26 所示。

4.5.3 节点半刚性及架体二阶效应对稳定承载力的影响

为了研究节点的半刚性和二阶效应对架体稳定承载力的影响，根据文献［15］对节点半刚性的试验研究结果，选用螺栓拧紧力矩为 40N·m 时的节点的初始扭转刚度为 85.96kN·m/rad，建立三维有限元分析模型，考虑不同初始缺陷的影响，假想水平力分别取 0.5%，0.25%，0.1%的极限荷载，不同初始缺陷的计算结果列于表 4-2。

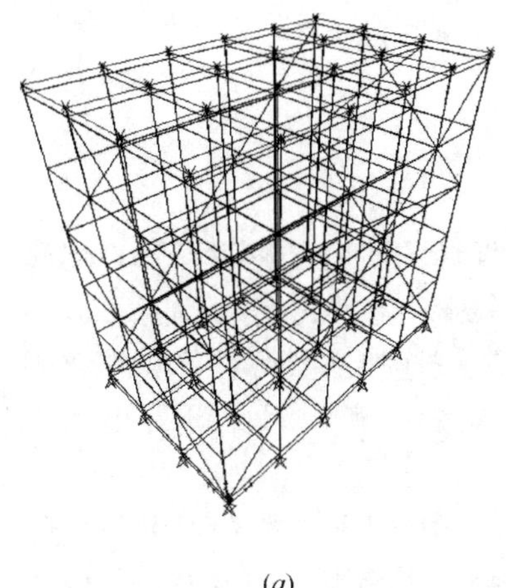

(a)

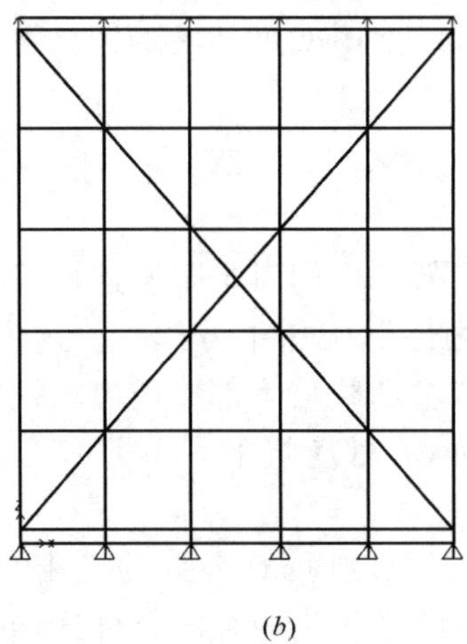

(b)

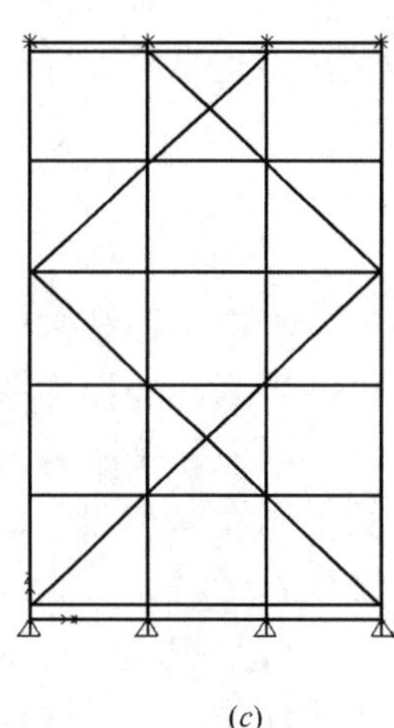

(c)

图 4-25　工况 4 模型图

(a) 三维模型图；(b) 横立面图；(c) 纵立面图

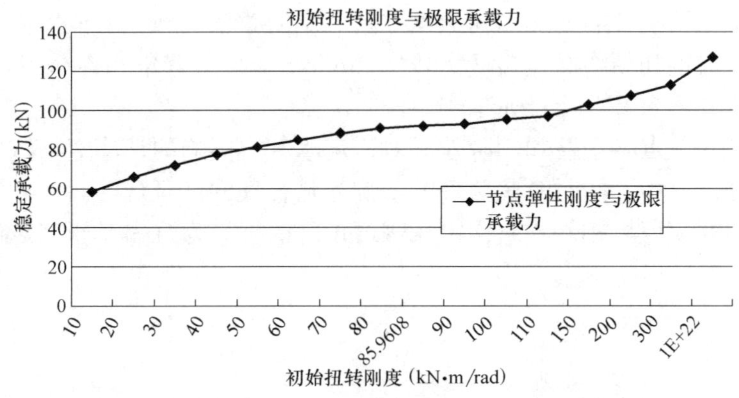

图 4-26　工况 4 不同初始扭转刚度下计算承载力对比

考虑节点的刚接、半刚接和施加不同假想水平力时架体的极限承载力（kN）　　表 4-2

工况	刚接	半刚接	$0.5\%P_u$	$0.25\%P_u$	$0.1\%P_u$	试验值
工况 1	67.008	40.579	30.572	31.322	31.323	31.25
工况 2	70.865	42.003	31.632	31.965	32.034	37.50
工况 3－1	104.402	82.187	57.839	57.859	57.865	65.00
工况 3－2	98.824	78.460	58.727	58.751	58.758	72.50
工况 4	127.275	92.082	63.753	66.246	66.254	82.50
工况 5	144.078	112.218	63.164	79.955	82.407	85.00

通过计算，从图 4-25 和表 4-2 可以得到：

（1）节点半刚性对架体稳定承载力的影响非常显著，而只考虑半刚性对稳定承载力的影响所得计算值与试验值差别较大。

（2）架体的稳定承载力随着施加假想水平力的增加而减小。

(3) 同时考虑节点半刚性和二阶效应对稳定承载力的影响，计算值与试验值接近，所以在高支模的设计计算中，同时考虑两者的影响才是合理的、可行的。

4.6 本章小结

不论是钢结构还是模板支架，人们对半刚性连接特性及设计的研究已持续多年，但真正按半刚性连接构造设计半刚性框架却十分稀少。这主要是因为连接的实际性能难以估计，因为几乎所有的连接在整个加载范围都展现出非线性。要按连接的实际性能，作精确的半刚性框架设计，设计者必须对连接的非线性特性有相当的了解，因此可得出以下结论：

(1) 扣件联接钢结构体系的节点具有很强的半刚性特征，其 M-θ 关系表现出明显的非线性关系。线性模型对于非线性较为明显的扣件连接来说会产生相当大的误差，所以我们由扣件转动刚度试验结果和拟合曲线提出了一个扣件联接钢结构体系节点半刚性的二参数对数非线性模型。

(2) 在高支模的设计计算中，要通过试验，确定 M-θ 关系，再进行设计。

(3) 研究了初始扭转刚度和不同螺栓拧紧力矩的关系，确定了该批构配件在螺栓拧紧力矩为 40N · m 时的初始扭转刚度为 86kN · m/rad。给出直角扣件节点的抗扭初始刚度的范围的建议值 60～90kN · m/rad。

(4) 同时考虑节点半刚性和二阶效应对稳定承载力影响的计算值与试验值接近，所以在高支模的设计计算中，同时考虑两者的影响才是合理的、可行的。

(5) 半刚性高大模板扣件式结构单元刚度矩阵的推导为进一步研究该体系奠定了良好的基础。

第 5 章　模板支架承载能力研究

目前国内许多专家及学者已经对模板支撑体系做了大量的研究，包括试验与数值模拟，并对受力单元架和整架进行了一系列的研究总结。赵挺生、方东平[60]等对钢筋混凝土结构施工期的短暂荷载状况进行了分析研究，指出现浇钢筋混凝土结构施工期间，新浇楼板的混凝土自重荷载和施工活荷载由模板支撑体系来承担，如对其受力性能认识不足，则在设计时有可能导致施工期工程质量事故和模板倒塌事故的发生。所以，要对支撑架的受力性能进行细致的研究与讨论。袁雪霞[61]通过直角扣件抗扭刚度试验得出直角扣件抗扭刚度具有非线性特性；通过对比扣件式支模架的线性和非线性屈曲分析认为非线性屈曲分析能考虑诸多不利因素，具有一定的安全性，在数值分析时应优先选用；考虑了不同的初始缺陷、节点半刚性及扣件拧紧力矩对架体稳定承载能力的影响，得出初始缺陷及节点半刚性对承载力影响显著并给出了调降系数 KH 以考虑对承载力的影响。

5.1　扣件式模板支架整架试验

为考察不同参数设置对整架承载力的影响在实验室进行了 5 种不同搭设方案的整架试验。本章主要介绍各种工况架体的搭设情况，包括立杆纵横间距的不同、水平杆步距的不同、有无设置剪刀撑、扫地杆的高度及立杆上伸出端的距离等。整架试验结果表明立杆是模板支撑体系的主要承重杆件，为支架失稳的控制因素，而水平杆的受力不大且在整架失稳时水平杆内力并无大的变化；设置横向剪刀撑能够极大的提高架体的横向抗侧移刚度，且在结构失稳瞬间剪刀撑的应力发生突变，说明设置剪刀撑有利于架体的整体稳定性；水平杆步距减小架体的稳定承载力有明显提高；立杆纵横距减小，架体的稳定承载力提高，但影响不大。

5.1.1　整架试验设计

（1）试验模型的选取

为了考察不同参数设置（不同纵横距、步距和剪刀撑设置情况）对整架承载力的影响，共考虑 18 种搭设方案，见表 5-1。

为了和理论分析结果进行对比，试验采用模板支架参数与理论分析时完全相同，钢管规格为 ϕ48mm × 3.5mm，用自制的钢管壁厚测试仪（图 5-1）实测钢管的规格为 ϕ48mm×3.21mm。

试验采用钢管和扣件的质量均符合国家现行相关标准。试验架严格按照《建筑施工扣件式钢管脚手架安全技术规范》（JGJ 130—2011）控制架体和杆件的初始弯曲在试验室搭设，其几何缺陷均满足相关规范的要求。

综合考虑构造因素的影响，共进行五个不同工况的试验：

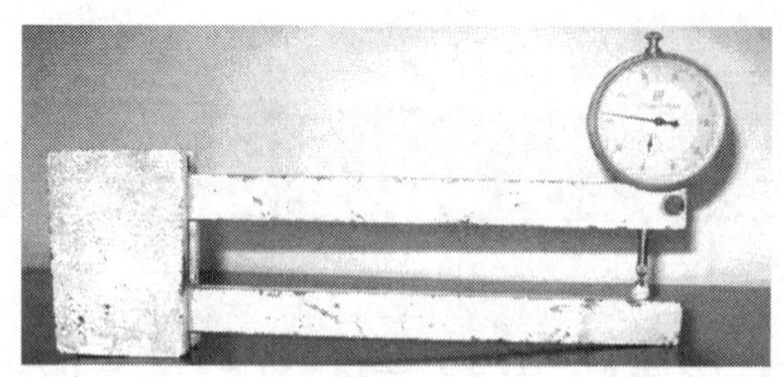

图 5-1　自制钢管壁厚测试仪

工况 1，即方案 7：无纵横向剪刀撑，纵距为 1.16m，横距为 1.20m，步距为 1.436m，支架尺寸为 5.8m×3.6 m×5.994m，扫地杆高度为 0.15m，立杆顶端伸出 0.10m。以此为基础，与其他情况相比较。

工况 2，即方案 8：在工况一的基础上加设横向剪刀撑。通过试验定量分析横向剪刀撑的对模板支撑体系稳定承载性能的贡献。

考虑不同构造因素的方案表　　表 5-1

方案	纵距	横距	步距	剪刀撑	
				纵向	横向
1	1.5	1.2	1.5	有	有
2	1.5	1.2	1.2	有	有
3	1.5	0.9	1.5	有	有
4	1.5	0.9	1.2	有	有
5	1.5	0.6	1.5	有	有
6	1.5	0.6	1.2	有	有
7	1.16	1.2	1.436	无	无
8	1.16	1.2	1.436	无	有
9	1.16	1.2	1.436	有	有
10	1.16	1.2	1.148	有	有
11	1.16	0.9	1.5	有	有
12	1.16	0.9	1.2	有	有
13	1.16	0.6	1.5	有	有
14	1.16	0.6	1.2	有	有
15	0.9	1.2	1.148	有	有
16	0.9	0.9	1.2	有	有
17	0.9	0.6	1.5	有	有
18	0.9	0.6	1.2	有	有

工况 3，即方案 9：在工况一的基础上加设纵横向剪刀撑。此模型是《扣件式钢管脚手架安全技术规范》(JGJ 130—2011) 构造所要求的，是实际工程采用的形式。

工况 4，即方案 10：在工况三的基础上将立杆步距改为 1148mm。通过试验定量分析其影响。

工况 5，即方案 15：在工况四的基础上将立杆纵距改为 900mm。定量分析横纵向间距对整架承载力的影响。

工况 1：如图 5-2 所示。

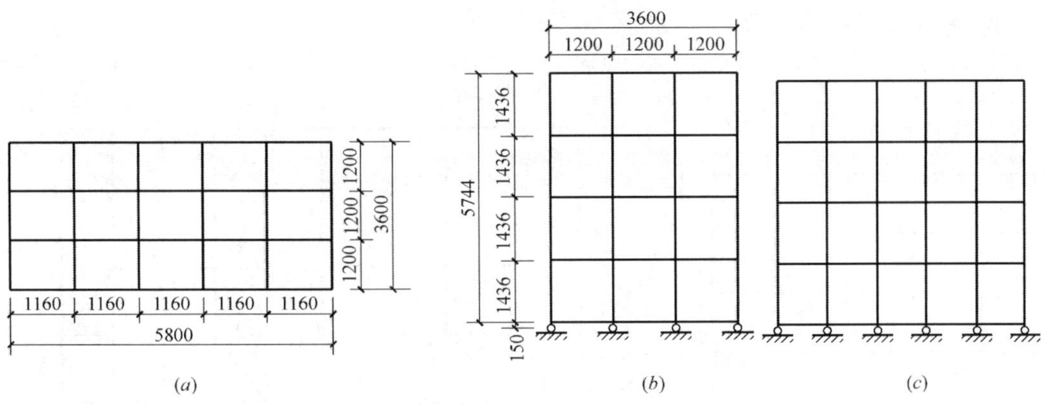

图 5-2　工况 1 模型图

(a) 模板支架平面图；(b) 模板支架东侧立面视图；(c) 模板支架北立面视图

工况 2：如图 5-3 所示。

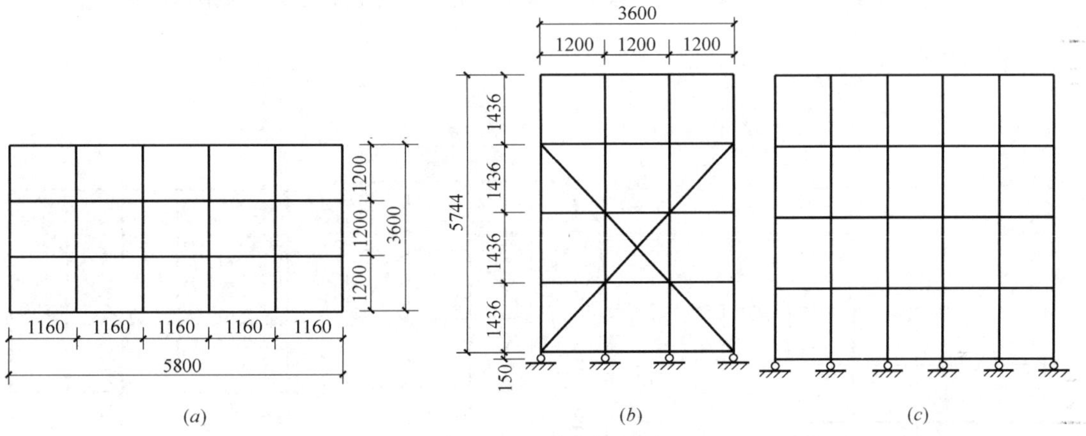

图 5-3　工况 2 模型图

(a) 模板支架平面图；(b) 模板支架西侧立面视图；(c) 模板支架北立面视图

工况 3-1：如图 5-4 所示。

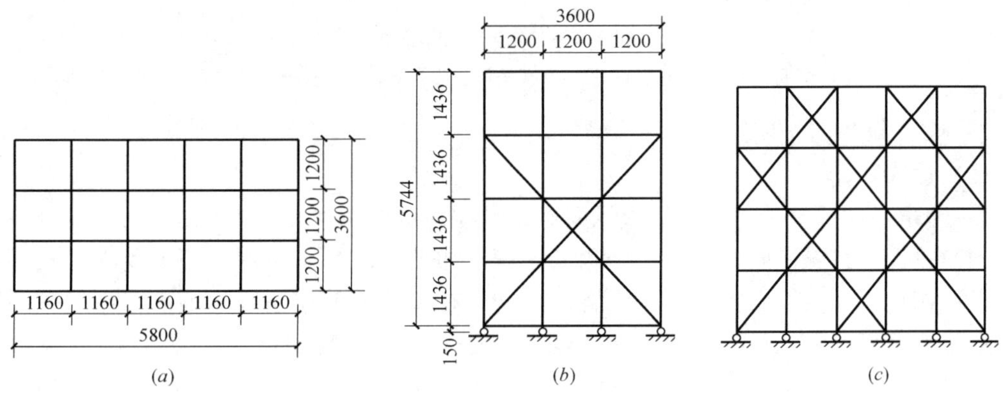

图 5-4　工况 3-1 模型图

(a) 模板支架平面图；(b) 模板支架西侧立面视图；(c) 模板支架北立面视图

工况 3-2：如图 5-5 所示。

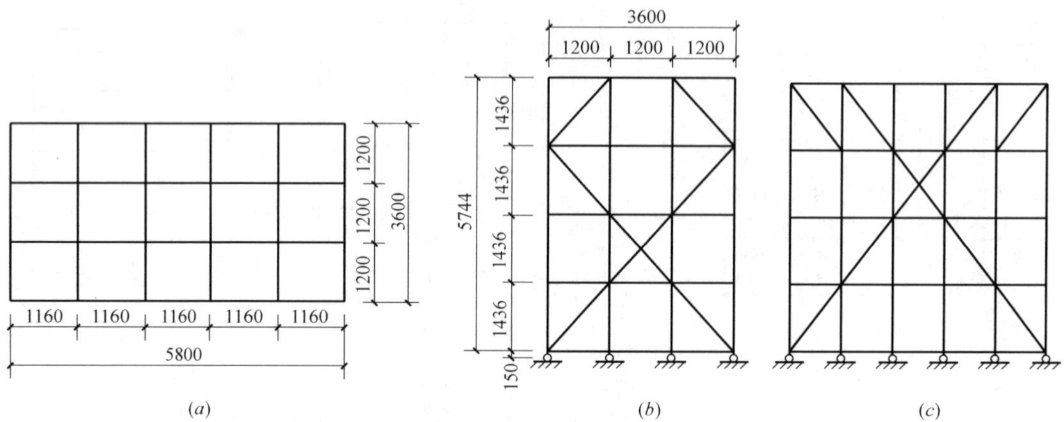

图 5-5 工况 3-2 模型图

（a）模板支架平面图；（b）模板支架西侧立面视图；（c）模板支架北立面视图

工况 4：如图 5-6 所示。

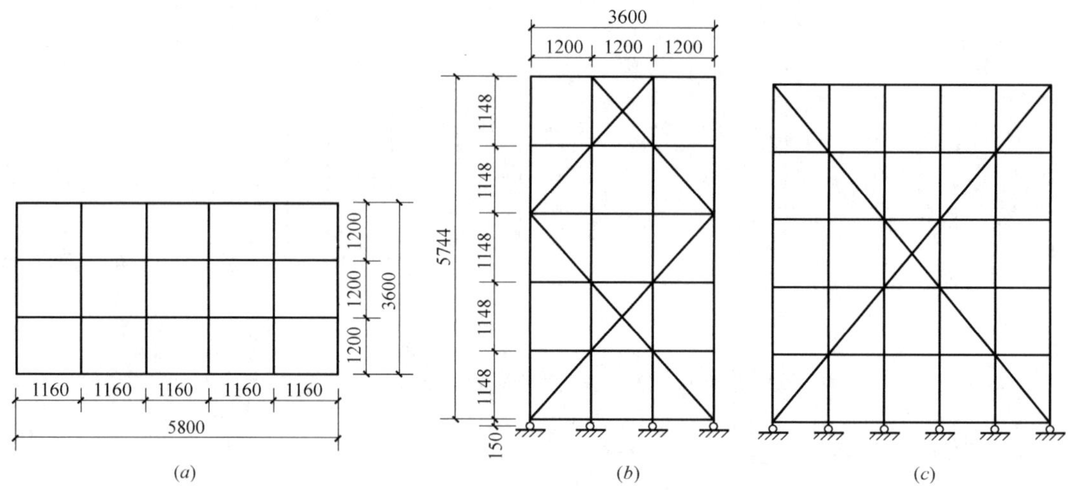

图 5-6 工况 4 模型图

（a）模板支架平面图；（b）模板支架西侧立面视图；（c）模板支架北立面视图

工况 5：如图 5-7 所示。

（2）试验内容

1）测定整架的侧移。测定模板纵向边缘沿横向的位移和横向边缘沿着纵向的位移。测点应均匀的设置在纵横向，共设 4 个测试立杆，如图 5-8（a）所示（四个角立杆）。采用重锤测量：在具有代表性立杆的顶端设置重锤架，在试验前使重锤锤到地面，标记一固定点，经变形后测量该点到重锤的距离，即为整架的侧移（注意：在测量时要防止重锤摆动）。

2）测定支架立杆的轴力。在每根立杆底部设置两片串联工作的应变片测轴力。在图 5-8（b）标示的六根立杆上设置两片串联工作的应变片，应变片位置如图 5-9 所示，并用相配套使用的静态应变仪采集数据。

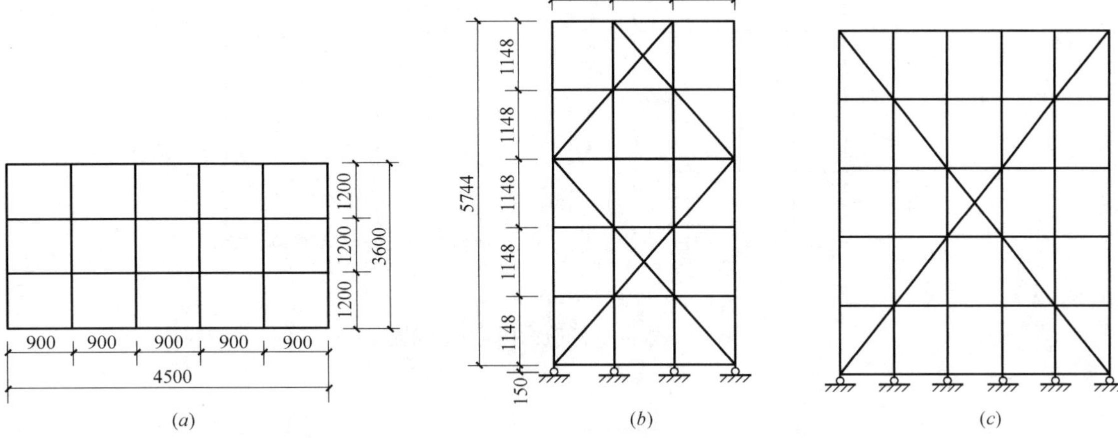

图 5-7　工况 5 模型图

(a) 模板支架平面图；(b) 模板支架西侧立面视图；(c) 模板支架北立面视图

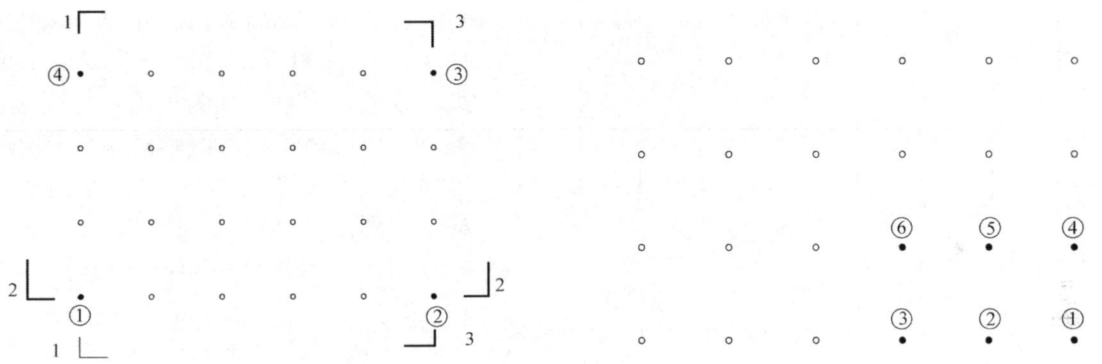

图 5-8　整架侧移及立杆轴力测点布置情况

(a) 整架的侧移测点设置；(b) 立杆的轴力测点设置

3）测定水平杆的应力。在具有代表性的纵横向水平杆的中点上设置测点，纵向设 6 个测点，横向设 4 个测点。根据实际情况测点布置如图 5-10、图 5-11［在图 5-8（a）的 1-1 和 2-2 截面］所示，同一测点在钢管（中间）圆周上的平面内和平面外两个方向上分别贴一个应变片，从而测定水平杆的弯曲应力。分析水平杆的应力对立杆的作用（包括剪力、弯矩、扭矩等）。从而根据作用力与刚度的关系可求出节点刚度在各水平杆上的分配情况，用应变片和相应的数据采集仪记录数据。

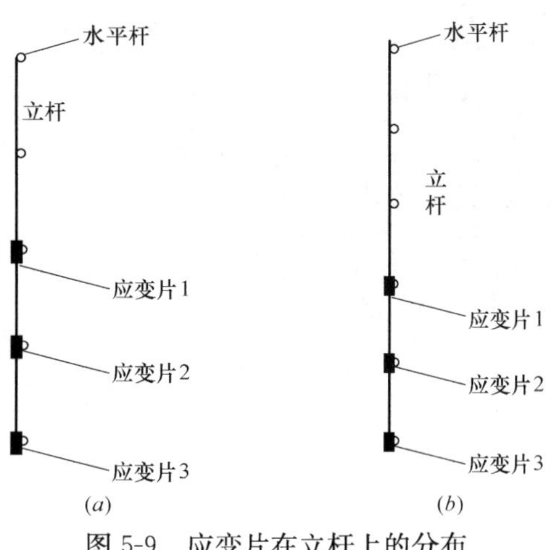

图 5-9　应变片在立杆上的分布

(a) 工况 1、2、3-1、3-2；(b) 工况 4、5

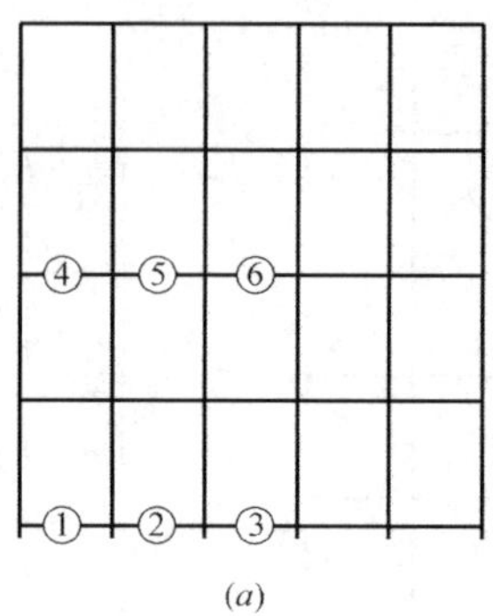

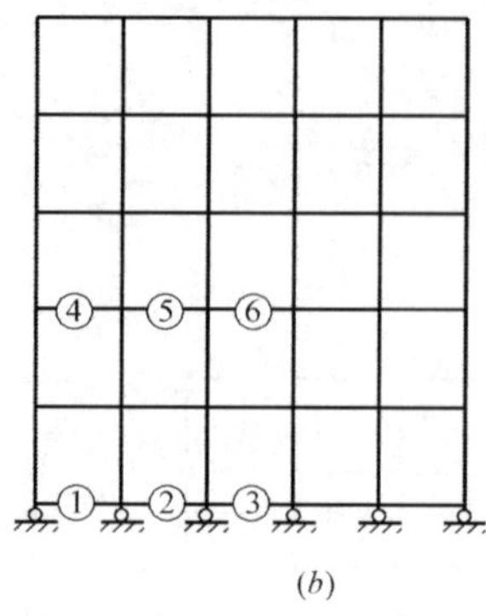

图 5-10　水平杆应力纵向测点设置

(a) 工况 1、2、3-1、3-2；(b) 工况 4、5

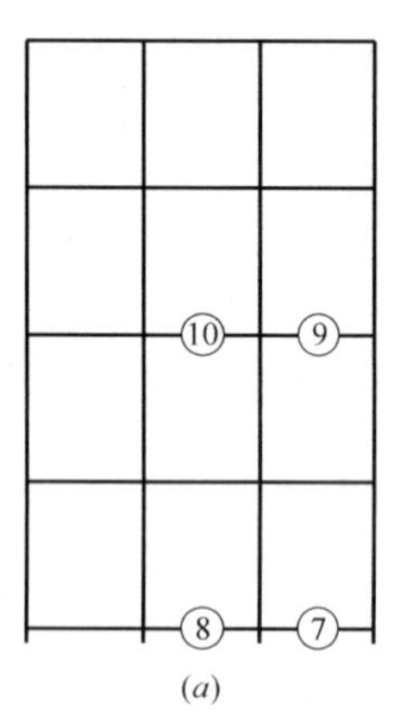

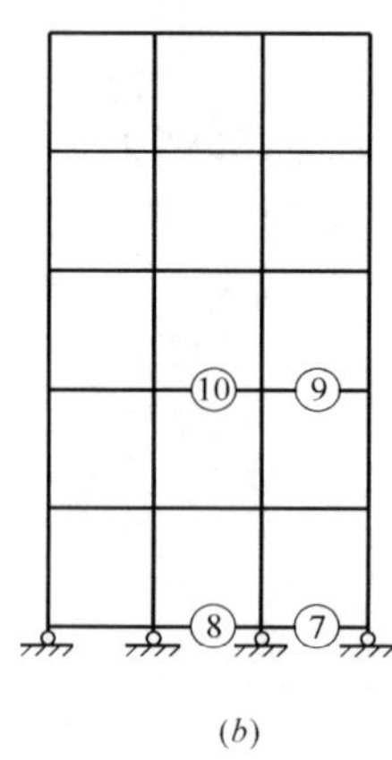

图 5-11　水平杆应力横向测点设置

(a) 工况 1、2、3-1、3-2；(b) 工况 4、5

4）测定立杆的变形情况。由于模板支架为临时支撑结构，测量结果不要求过于精确，且圆管的变形方向不确定，故采用刻度尺直接测量的方法确定立杆的变形。测量方法：用经纬仪设置控制网进行测量。在测点上贴白色胶纸，以便于观测。观测点沿立杆通长设置，从而可描绘出各级荷载下立杆的变形曲线。在模板支架中取 9 个测试立杆，如图 5-12 所示，观测点设置如图 5-13 所示。通过分析整架的变形曲线，估计其失稳模态，如图 5-14 所示。

5）测定剪刀撑的应力。在支架相邻两外立面的剪刀撑上布置测点，测点设置在两节点中点，每个测点在平面内和平面外两个方向上分别设置一个应变片（测点尽量靠近剪刀撑的交叉点），并用相应的数据采集仪记录数据。

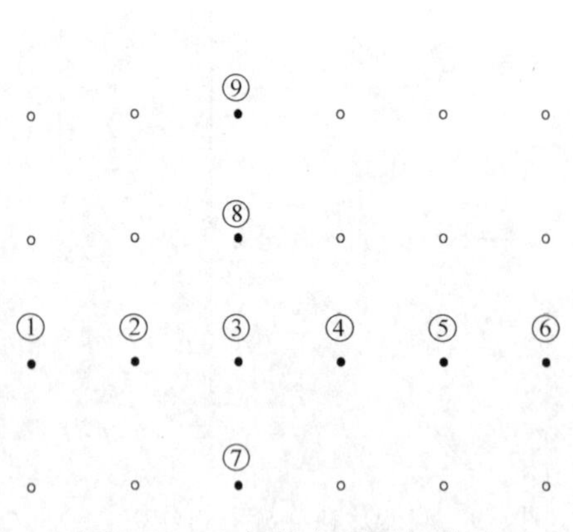

图 5-12　立杆的变形测点设置

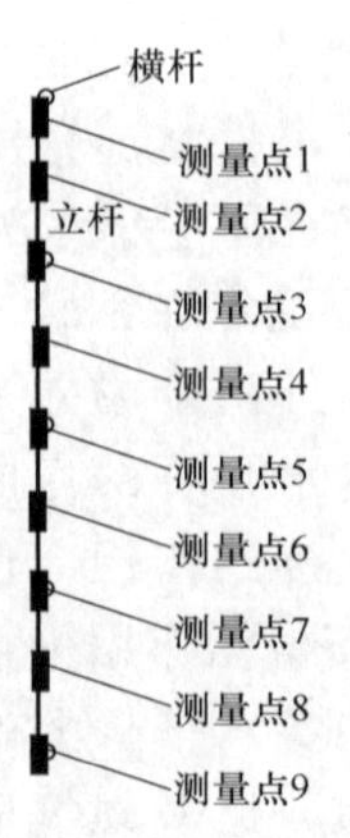

图 5-13　应变片在立杆上的分布

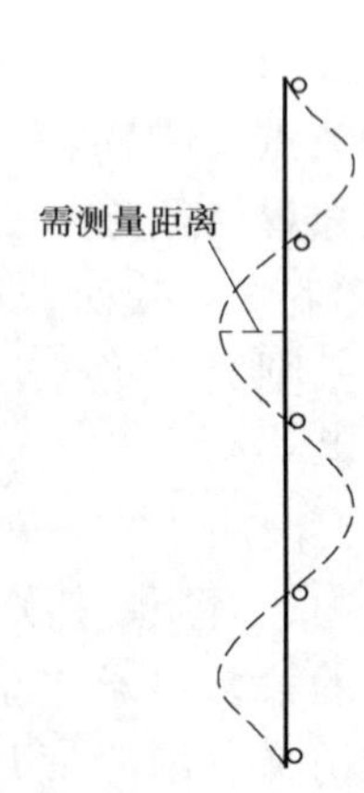

图 5-14　立杆变形图

各工况下的测点如图 5-15～图 5-18。[测点布置面在图 5-8（a）的 2-2 和 3-3 截面]

（3）加载方案

采用在支架立杆顶部施加集中荷载的方式加载，千斤顶通过拉杆、分配梁系统可均匀地把荷载传递给每根立杆，加载制度分为预载阶段和分级加荷阶段：

1）预载阶段：为了确保所有测量设备正常工作，预加载大小：每个千斤顶取 15kN；

2）加荷阶段：正式施加荷载时，应分级加载，每个千斤顶每级荷载取 60kN；每级间歇 5 分钟，在到达极限荷载的 80%即每个千斤顶加载到约 600kN 后，荷载级差调整至每个千斤顶 20kN；在结构临近破坏时，密切注意所有仪表读数的变化，并观测试验现象，直至整体结构破坏丧失承载力，停止加载。

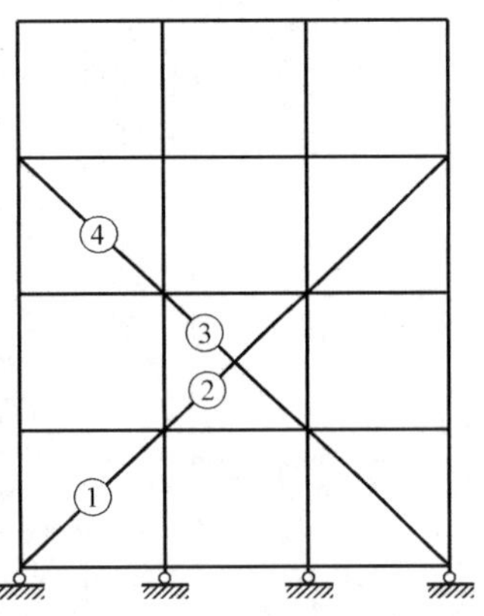

图 5-15　工况 2 剪刀撑测点布置图（3-3 截面）

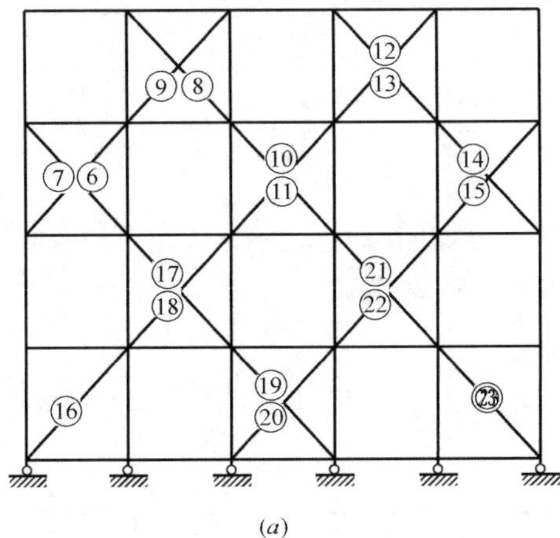

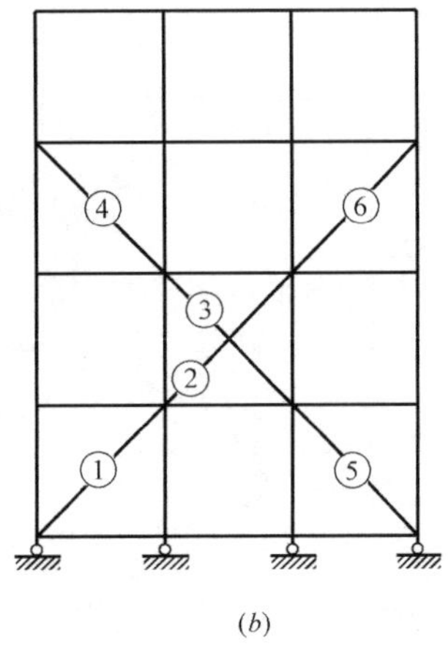

（a）　　（b）

图 5-16　工况 3-1 剪刀撑测点布置图

（a）2-2 截面；（b）3-3 截面

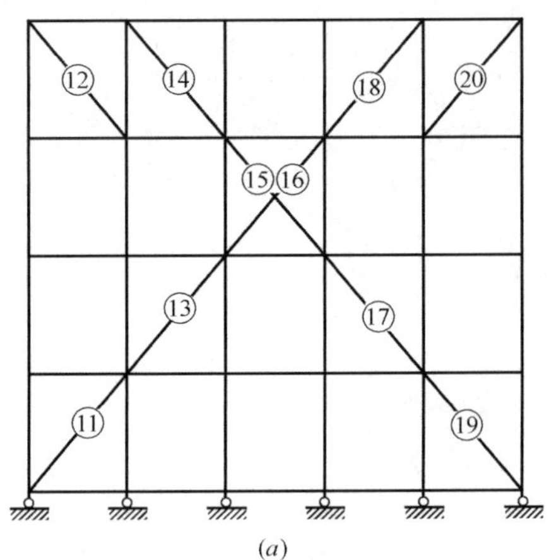

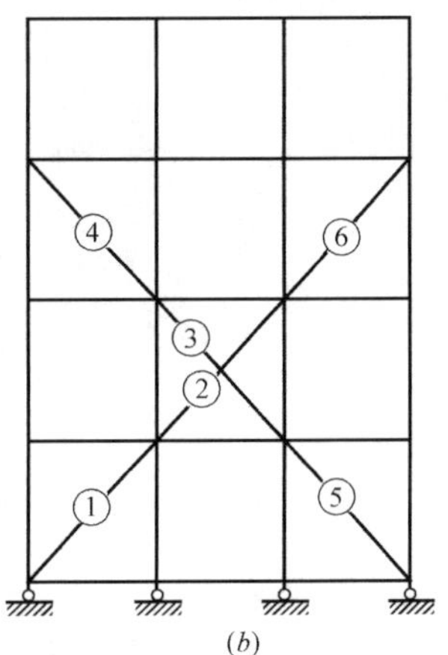

（a）　　（b）

图 5-17　工况 3-2 剪刀撑测点布置图

（a）2-2 截面；（b）3-3 截面

3）试验加载系统设计：

结合实际情况试验加载采用自平衡加载系统，支架上部的千斤顶分配梁系统如图 5-19～图 5-22 所示，各种材料及消耗量见表 5-2。

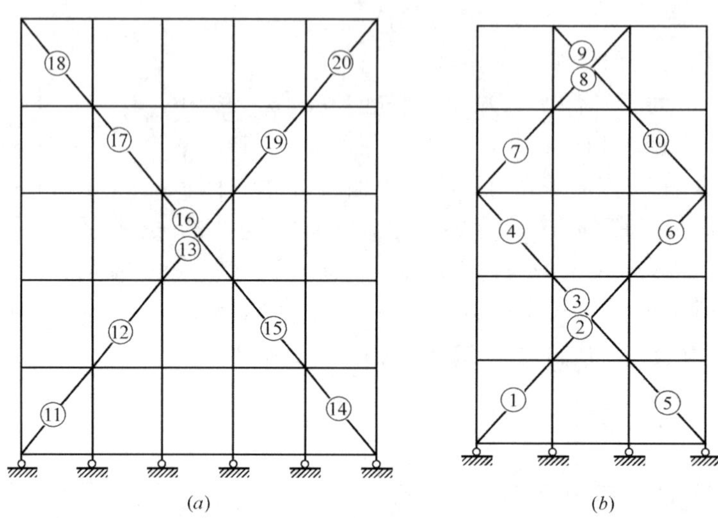

图 5-18 工况 4、工况 5 剪刀撑测点布置图
（a）2-2 截面；（b）3-3 截面

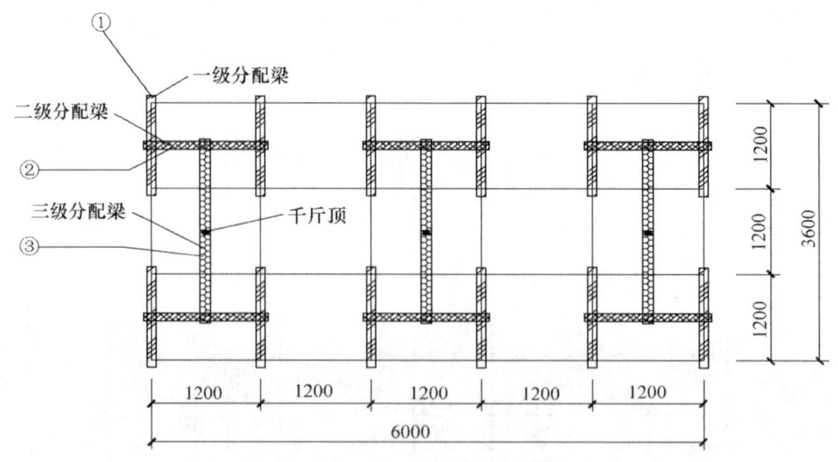

图 5-19 加载梁平面图

（4）应变片粘结方法

应变片的连接方法为在杆件的对立面分别贴一片应变片（共 2 片），然后用导线串联起来，该种方法可检测杆件在承受拉伸或压缩时的应变，其具体布置图和电路图如图 5-23所示。

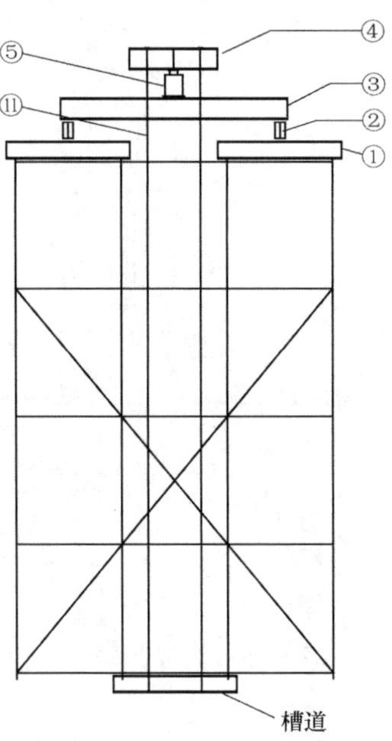

图 5-20　加载梁侧面视图

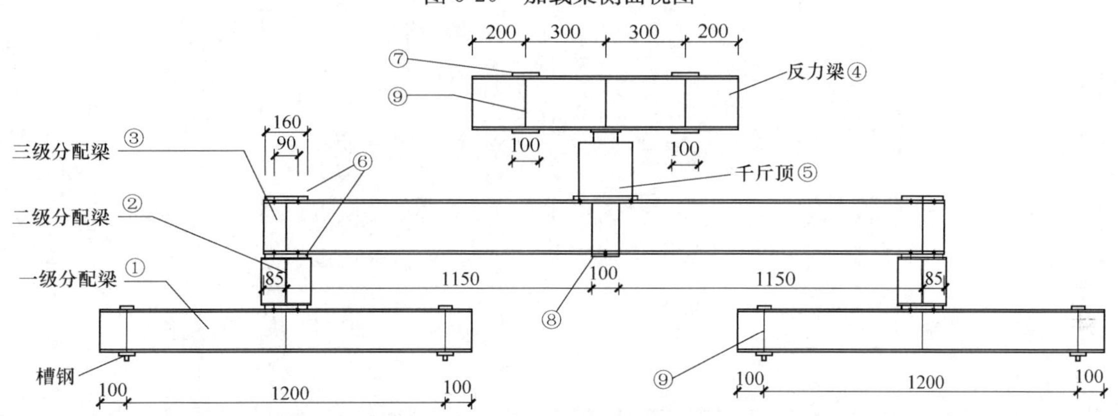

图 5-21　加载梁详图（侧立面）

加载梁各种材料及消耗量　　　　**表 5-2**

构件编号	构件类型	长度(mm)	单重(kg)	数量	总重(kg)
1	双腹板 H 型钢	1000	142.68	3	428.04
2	HW400×400×12×20	2690	427.71	3	1283.13
3	HW250×250×10×14	1415	102.4	6	614.4
4	HW175×175×8×12	1400	59.43	12	713.16
5	千斤顶 100t	—			
6	垫板 120×120×10		1.13	24	27.12
7	垫板 268×82×10	—	1.73	30	51.9
8	加劲肋 360×194×10	—	5.48	42	230.16
9	加劲肋 222×120×12	—	2.51	36	90.36
10	垫板 151×84×12	—	1.2	72	86.4
11	拉杆 ϕ50mm 圆钢	8.465	130.47	6	782.82
合计	—	—	—	—	4307

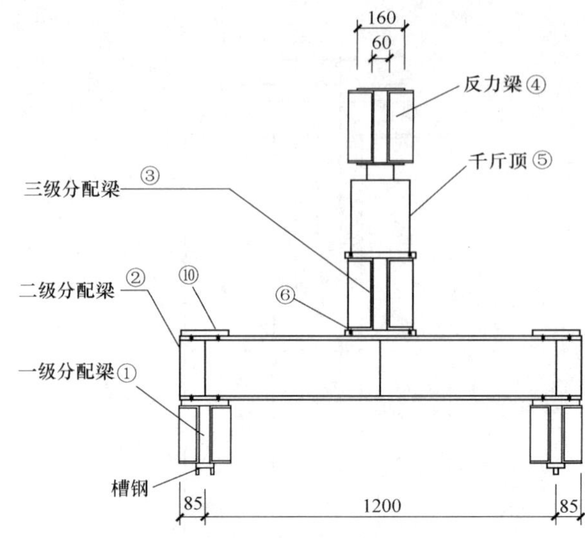

图 5-22 加载梁详图（正立面）

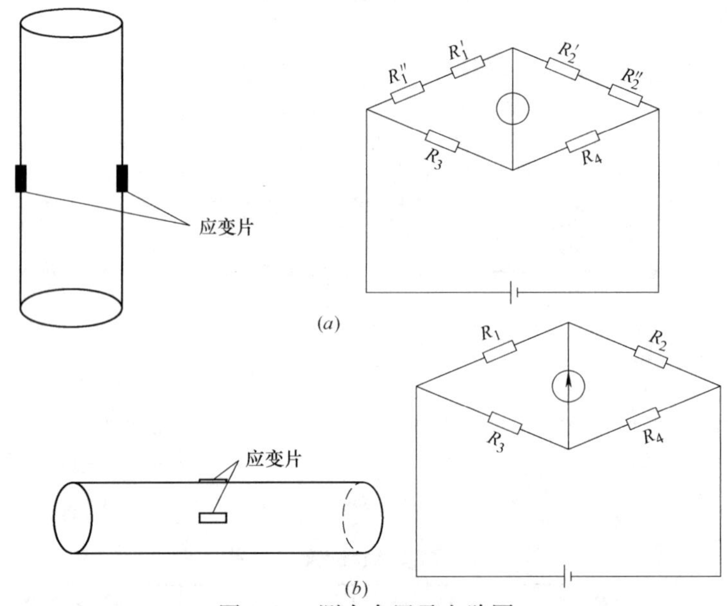

图 5-23 测点布置及电路图

(*a*) 立杆应变片布置和电路图；(*b*) 横杆及剪刀撑应变片布置和电路图

5.1.2 试验现象及结果分析

1. 工况 1（无剪刀撑）

工况 1 试验模型的特点是纵横向均不设置剪刀撑，试验失稳模式如图 5-24 所示。

在工况 1 试验中立杆 B1 在 *X* 向的变形均为半波鼓曲。其中，中点的位置变形量最大，试验值为 24.02mm，计算值为 7.51mm 和 16.02mm（加 1%水平力）；立杆 B1 在 *Y* 向发生多波鼓曲，试验与计算符合，不同的是试验测得的变形值较大，最大值为 18.69 mm，但还是要比 *X* 向的最大位移要小，整架的承载力由 *X* 向刚度控制。

工况 1 试验中测得的数据及分析：

(1) 工况 1 中测得各立杆轴力，立杆的测点布置图如图 5-8、图 5-9 (*a*)。

在工况 1 中测得的立杆①～⑥在 1～3 测点的立杆的应力，用计算公式转成立杆的轴力，如图 5-25～图 5-30 所示。

(*a*)

(*b*)

图 5-24　工况 1

(*a*) 模板支架全景；(*b*) 模板支架失稳图

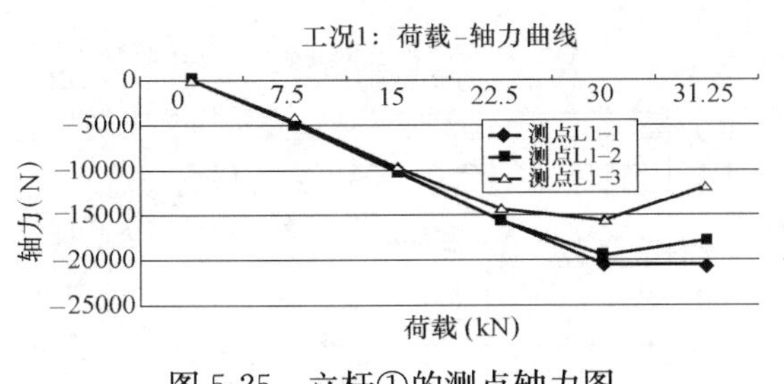

图 5-25　立杆①的测点轴力图

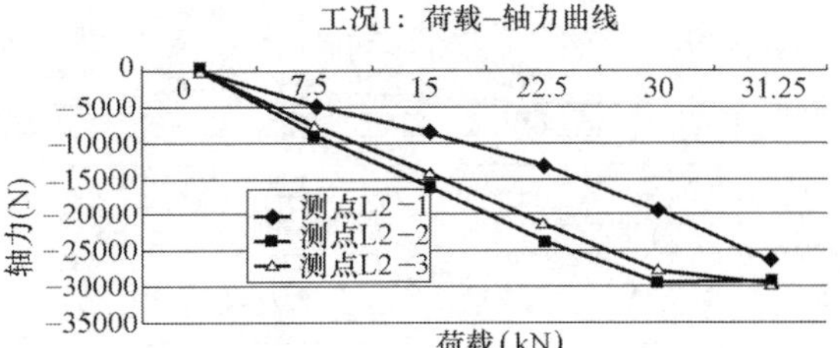

图 5-26　立杆②的测点轴力图

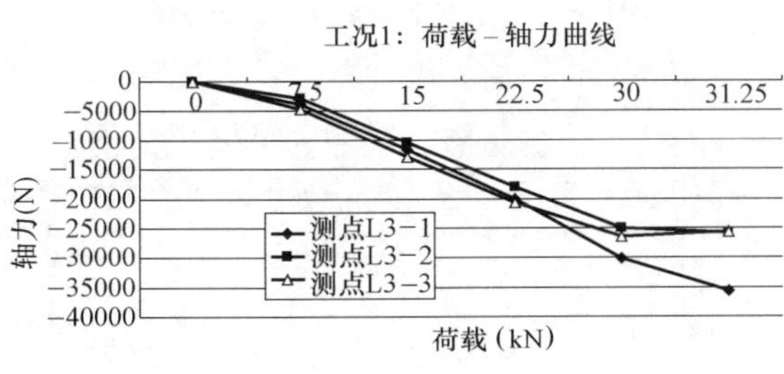

图 5-27　立杆③的测点轴力图

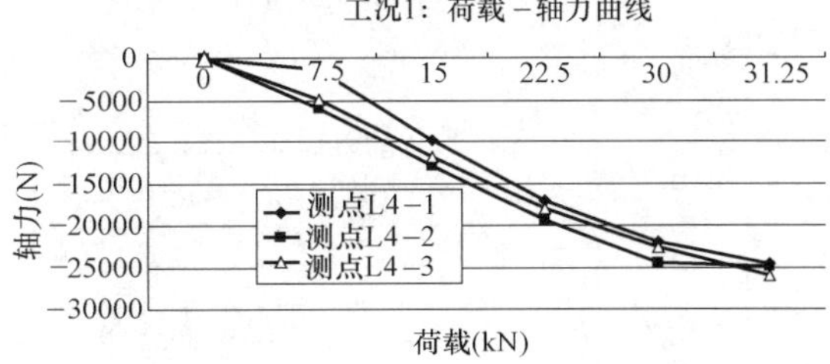

图 5-28　立杆④的测点轴力图

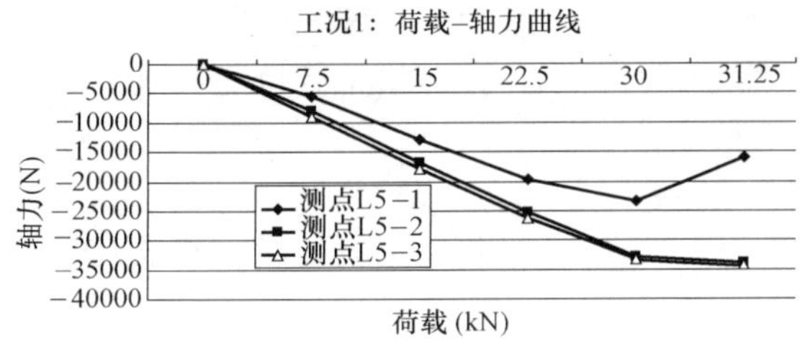

图 5-29　立杆⑤的测点轴力图

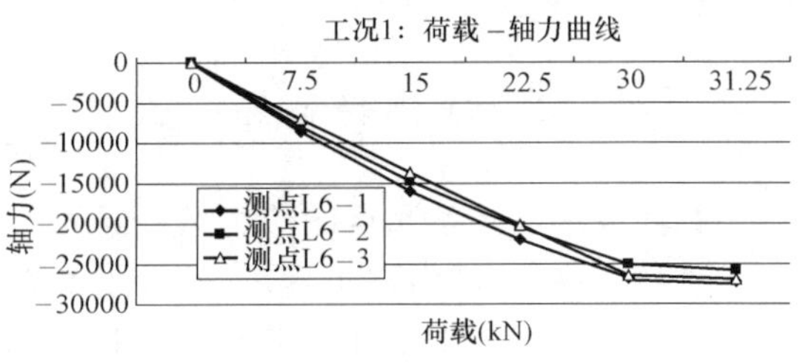

图 5-30　立杆⑥的测点轴力图

根据各立杆各测点的轴力数据，可以看到：

1）立杆的轴力在竖向上变化不大。

2）在加载的过程中，在加同一级荷载时，各杆的轴力增加也不相同，在屈曲时，立杆 L2、L5 的轴力接近 35kN，而立杆 L1 轴力为 20kN，说明整体结构屈曲时，轴力存在较大的差异，不利于整体结构的承载。

(2) 工况 1 中测得各水平杆的应力水平杆的测点布置图如图 5-10 (*a*)、图 5-11 (*a*)。

在工况 1 中测得的水平杆①～⑩在测点处的应力（1 表示水平杆侧面，2 表示水平杆上面），如图 5-31～图 5-40 所示。

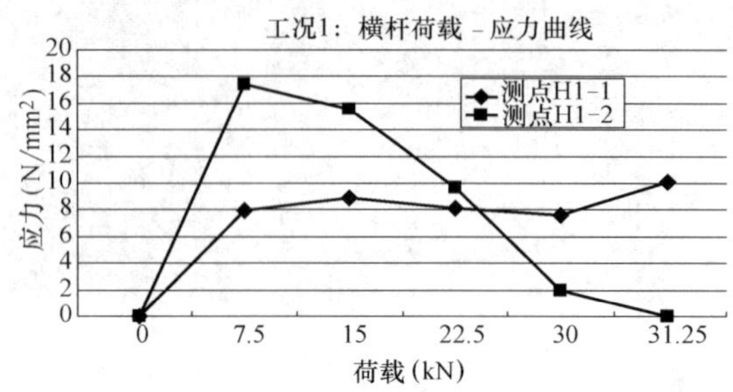

图 5-31 水平杆①的测点应力图

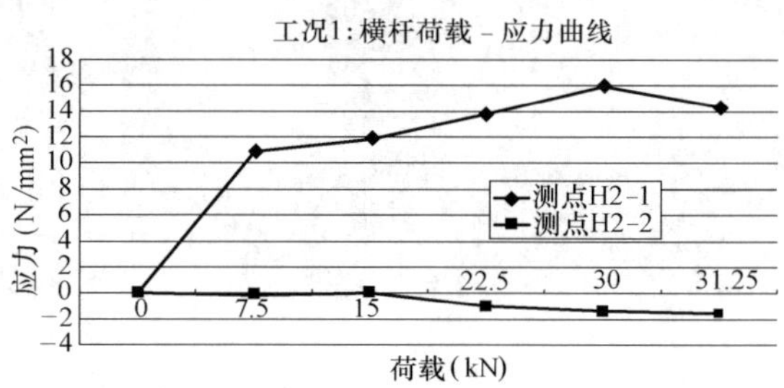

图 5-32 水平杆②的测点应力图

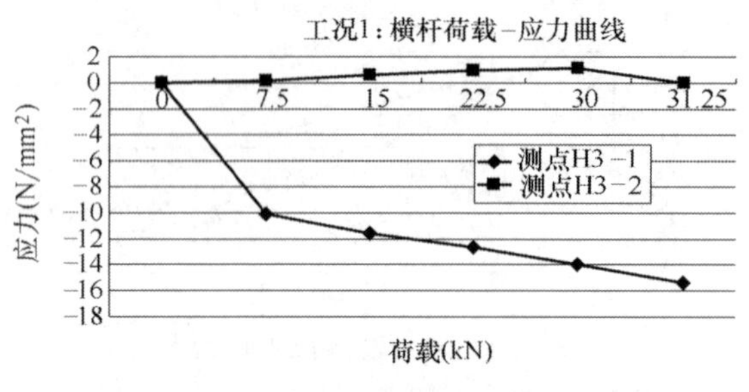

图 5-33 水平杆③的测点应力图

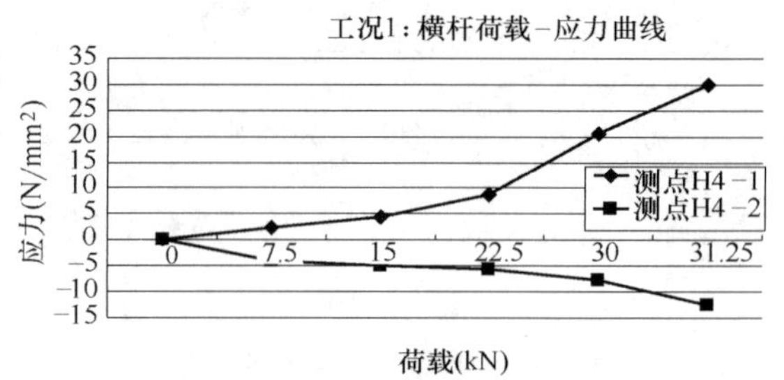

图 5-34 水平杆④的测点应力图

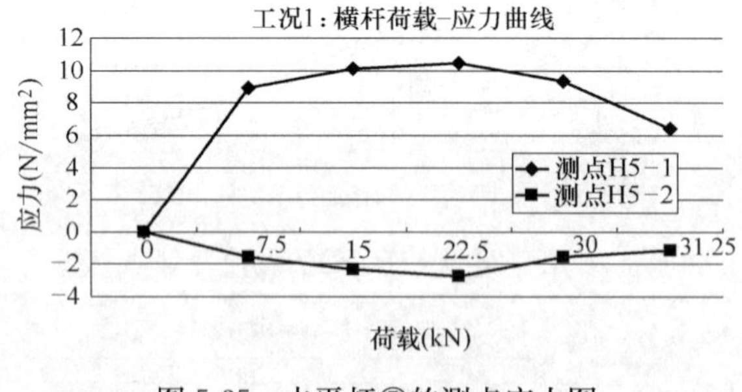

图 5-35 水平杆⑤的测点应力图

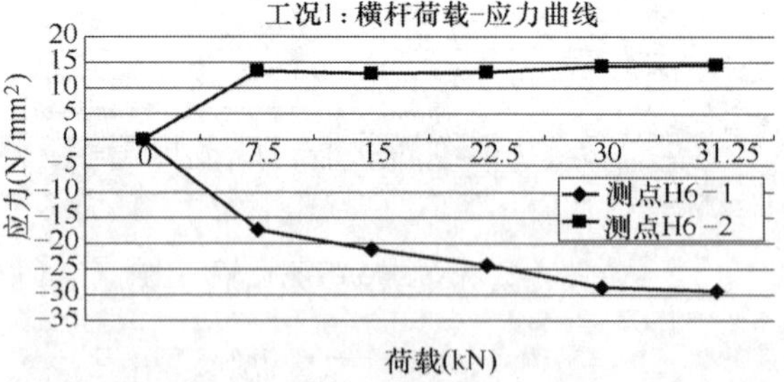

图 5-36 水平杆⑥的测点应力图

根据各水平杆各测点的应力数据，可以看到：

1）水平杆的应力在正常承受荷载过程中，应力并不大，说明在整架承载过程中，水平杆的受力不大，水平杆上的受力不是整架失稳的控制因素。

2）在整架失稳屈曲时，水平杆应力变化也不大。

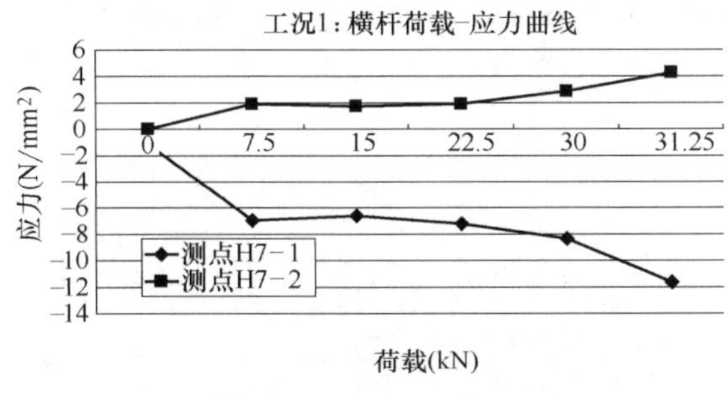

图 5-37 水平杆⑦的测点应力图

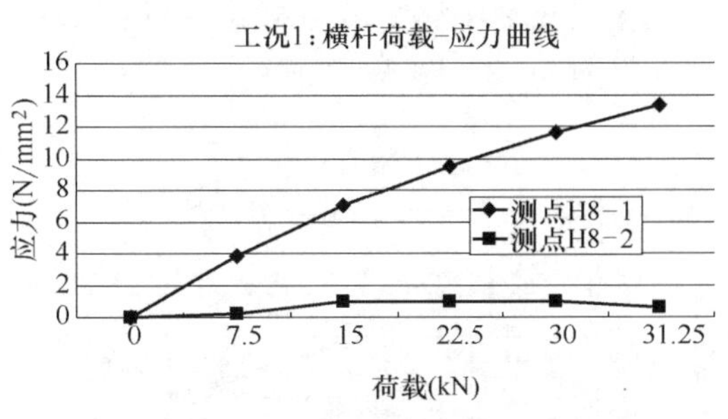

图 5-38 水平杆⑧的测点应力图

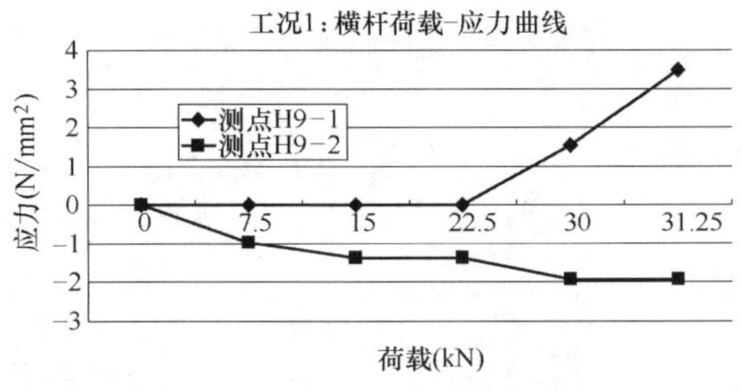

图 5-39 水平杆⑨的测点应力图

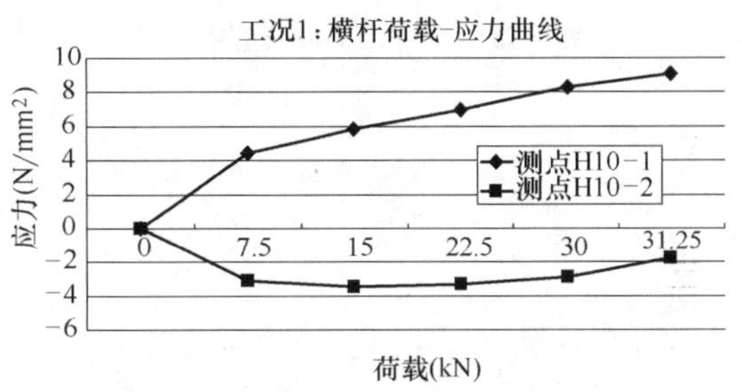

图 5-40 水平杆⑩的测点应力图

2. 工况 2（仅横向端部有剪刀撑）

工况 2 试验模型的特点是只设置横向剪刀撑，试验失稳模式如图 5-41 所示。

(*a*)

(*b*)

图 5-41 工况 2

(*a*) 模板支架全景；(*b*) 模板支架失稳图

由于设置了横向剪刀撑，架体的横向抗侧移刚度大大加强，且高于纵向抗侧移刚度，立杆出现大波鼓曲，鼓曲方向沿着刚度较小的纵向，架体的最大变形发生在立杆中点。

工况 2 试验中测得的数据及分析

(1) 工况 2 中测得各立杆轴力，立杆的测点布置图如图 5-8、图 5-9 (*a*)。

在工况 2 中测得的立杆①～⑥在 1～3 测点的立杆的应力，用计算公式转成立杆的轴力，如图 5-42～图 5-47 所示。

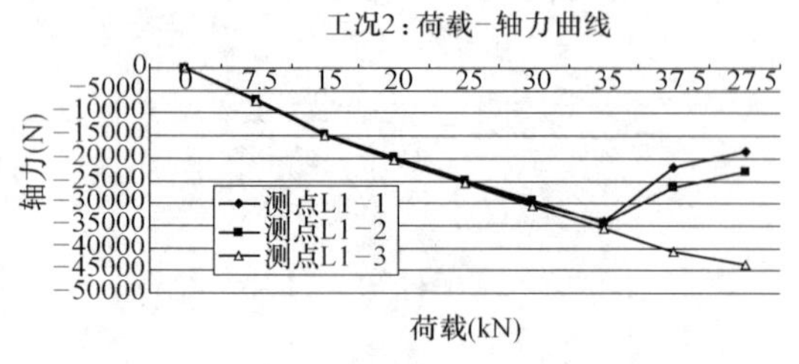

图 5-42 立杆①的测点轴力图

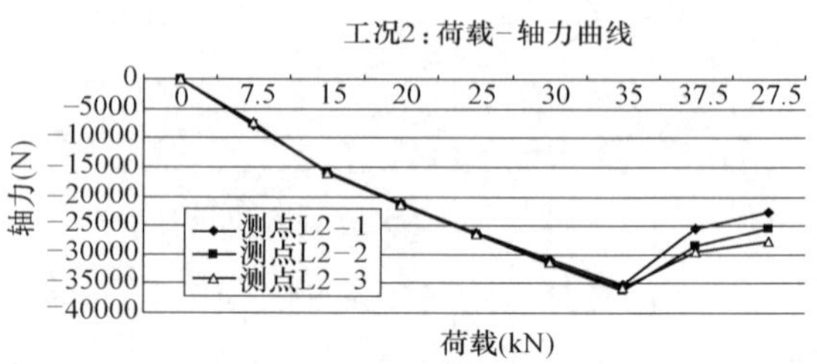

图 5-43 立杆②的测点轴力图

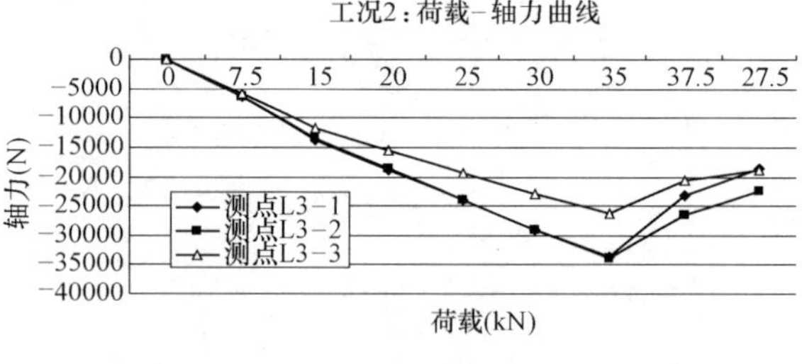

图 5-44 立杆③的测点轴力图

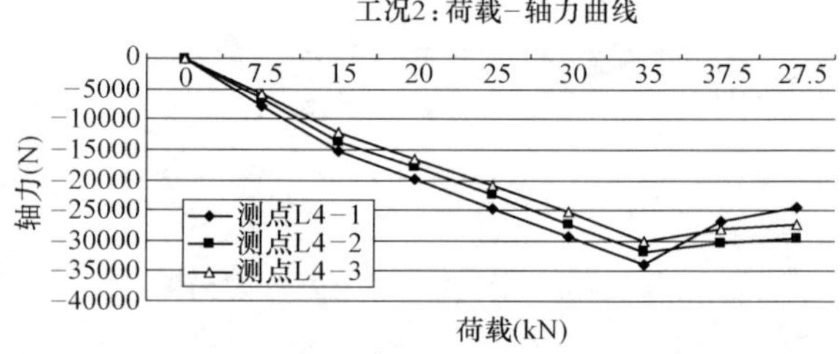

图 5-45 立杆④的测点轴力图

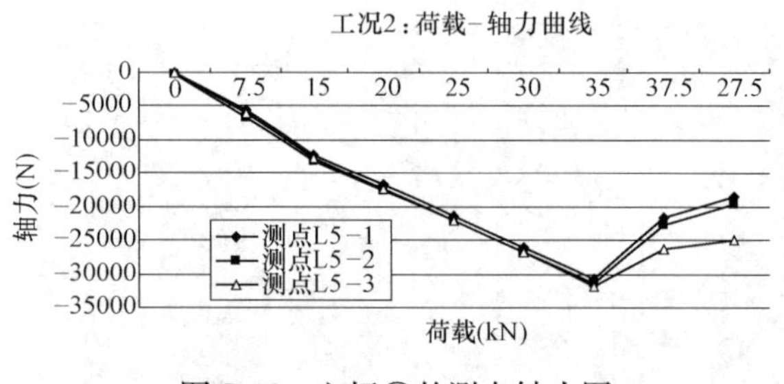

图 5-46 立杆⑤的测点轴力图

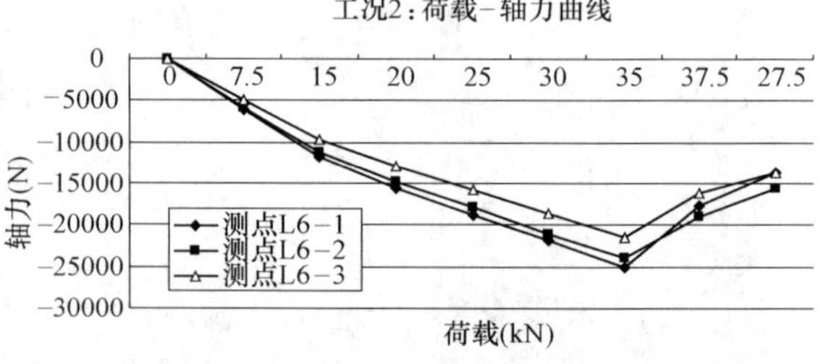

图 5-47 立杆⑥的测点轴力图

根据各立杆各测点的轴力数据，可以看到：

在加载的过程中，在加同一级荷载时，各杆的轴力增加也不相同，在屈曲时，立杆 L1 的轴力接近 45kN，而立杆 L6 轴力为 25kN，说明整体结构屈曲时，轴力存在较大的差异，不利于整体结构的承载。

其他结论同工况 1。

(2) 工况 2 中测得各水平杆的应力水平杆的测点布置图如图 5-10 (*a*)、图 5-11 (*a*) 所示。

在工况 2 中测得的水平杆①～⑩在测点处的应力（1 表示水平杆侧面，2 表示水平杆上面），如图 5-48～图 5-57 所示。

根据各水平杆各测点的应力数据，可以看到：

由于工况在支架两端设置剪刀撑，水平杆在加载中和失稳时的应力较工况 1 大，说明剪刀撑有一定的约束作用。

（3）工况 2 中测得各剪刀撑的应力，剪刀撑的测点布置图如图 5-15 所示。

在工况 2 中测得的剪刀撑①～④在测点的应力（1 表示水平杆侧面，2 表示水平杆上面），如图 5-58～图 5-61 所示。

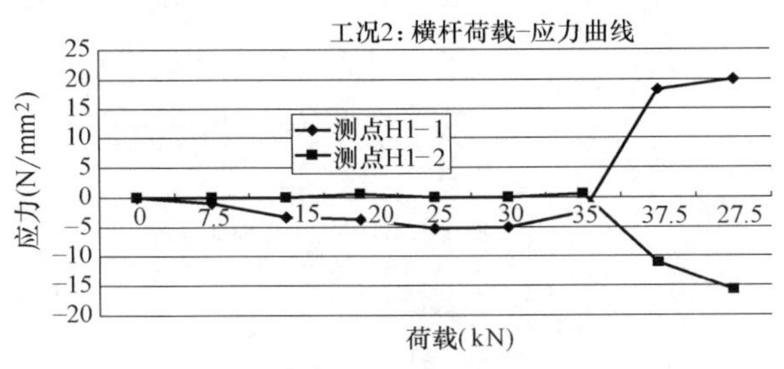

图 5-48　水平杆①的测点应力图

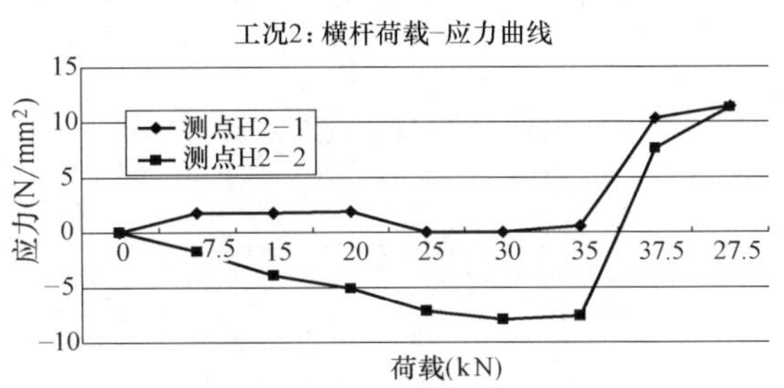

图 5-49　水平杆②的测点应力图

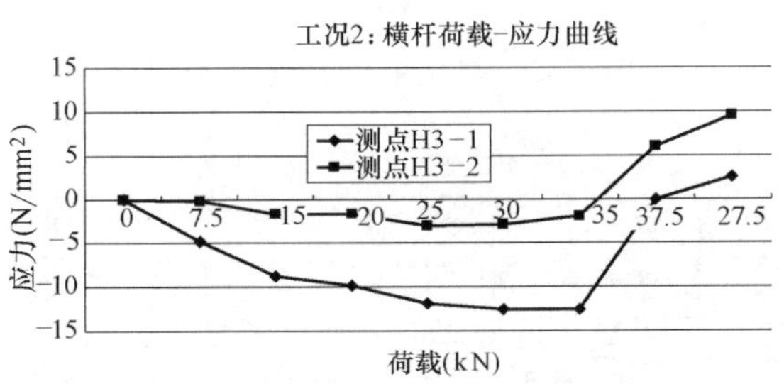

图 5-50　水平杆③的测点应力图

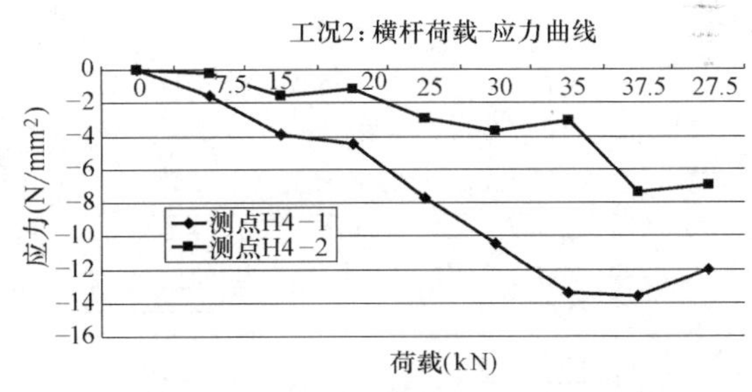

图 5-51　水平杆④的测点应力图

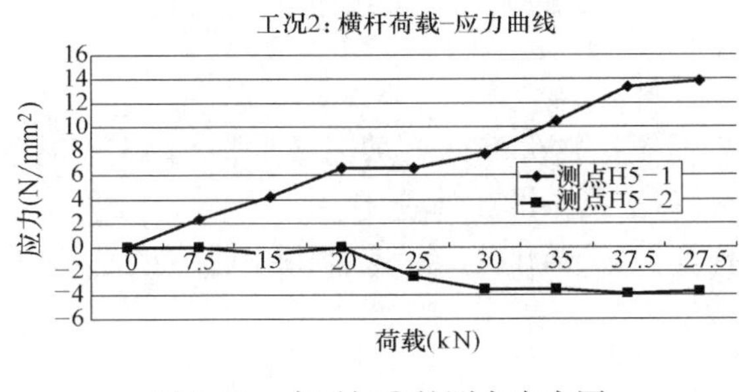

图 5-52　水平杆⑤的测点应力图

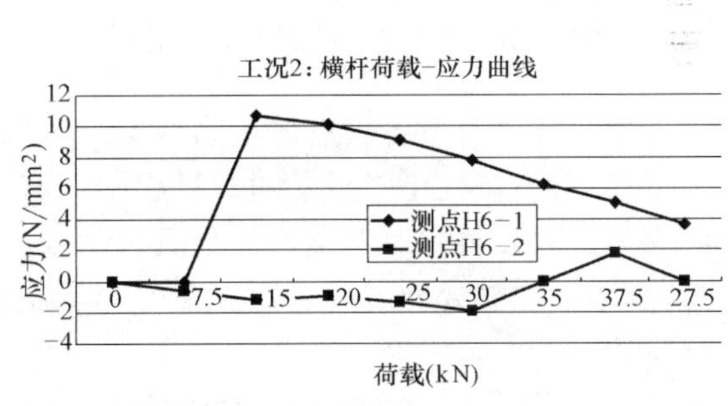

图 5-53　水平杆⑥的测点应力图

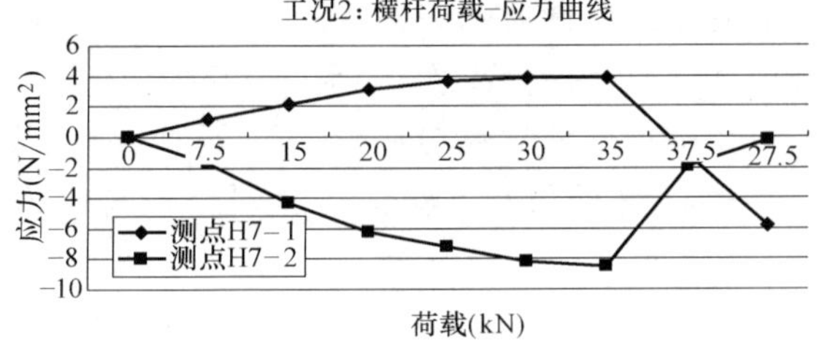

图 5-54　水平杆⑦的测点应力图

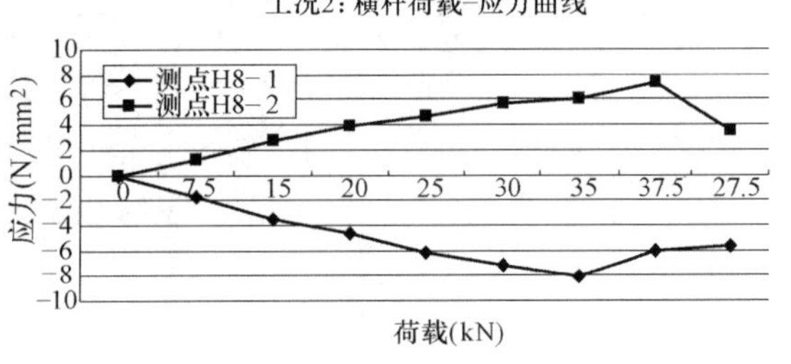

图 5-55　水平杆⑧的测点应力图

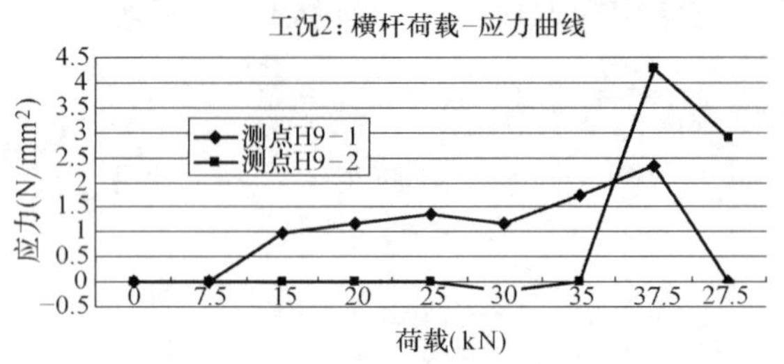

图 5-56　水平杆⑨的测点应力图

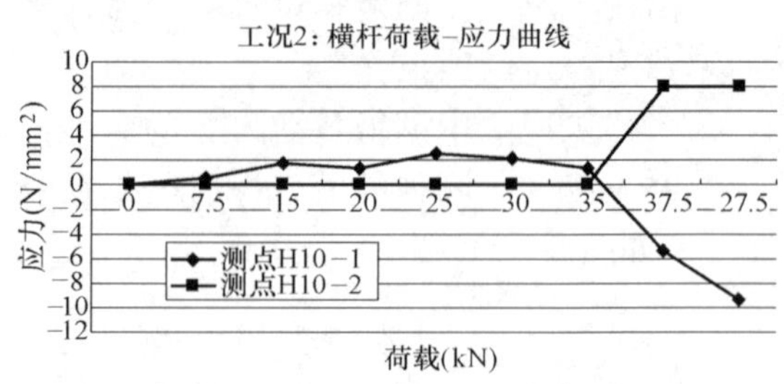

图 5-57　水平杆⑩的测点应力图

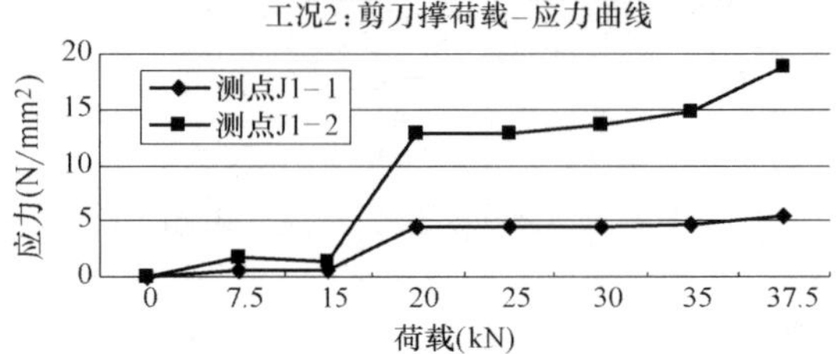

图 5-58　剪刀撑①的测点应力图

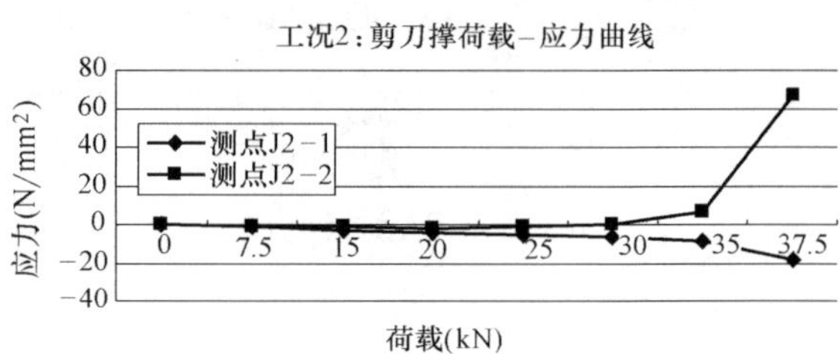

图 5-59　剪刀撑②的测点应力图

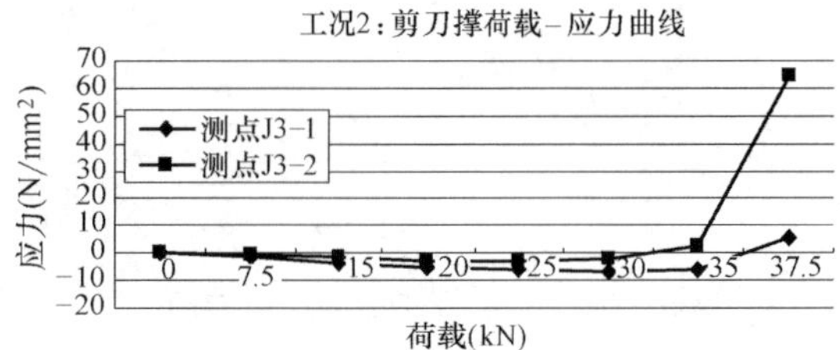

图 5-60　剪刀撑③的测点应力图

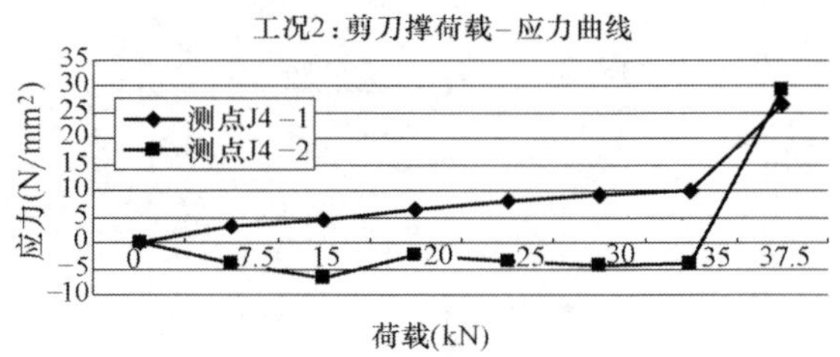

图 5-61　剪刀撑④的测点应力图

根据各剪刀撑各测点的应力数据，可以看到：

1）剪刀撑在正常承受荷载过程中，应力并不大；在失稳时，剪刀撑的应力突变，说明在失稳时，剪刀撑对结构的稳定贡献很大，有利于结构的整体稳定。

2）增加部分剪刀撑以后，整架的承载力有提高，说明在实际工程中，剪刀撑是不可缺少的。

3. 工况 3-1（对接扣件四周设置剪刀撑）

工况 3-1 试验模型的特点是四周均设置剪刀撑，按《建筑施工扣件式钢管脚手架安全技术规范》（JGJ130—2011）规范有 4 根立杆设置对接扣件，两根 4m＋2m，两根 2m＋4m，目的是研究对接扣件对整体稳定的影响。模板支架全景如图 5-62 所示。

本架体四周均设置剪刀撑，并且为了模拟现场，试验支架部分立杆设置对接接头，导致架体发生局部屈曲，屈曲立杆试验变形如图 5-63 所示。该立杆对接接头以下为 4m，以上为 2m，变形呈“S”型。除了该对接立杆屈曲外，整架几乎无侧移，经研究发现出现该种情况的原因为：

1）拆除该立杆发现对接接头处上下杆都非平面，对接后上下杆接头接触不严密，导致该处出现应力集中现象。

图 5-62　模板支架全景

图 5-63　试验变形图

2）该立杆的对接扣件损坏如图 5-64 所示。

经测量对接扣件的隔板最厚处为 9.52mm，而最薄处为 6.02mm，相差较大，导致上下杆对接面积减小，使立杆的荷载传递出现偏心，从而整根立杆的承载力下降，发生屈曲。

图 5-64　工况 3-1 对接扣件损坏图

工况 3-1 试验中测得的数据及分析：

（1）工况 3-1 中测得各立杆轴力，立杆的测点布置图如图 5-8（*b*）及图 5-9（*a*）所示。

在工况 3-1 中测得的立杆①～⑥在 1～3 测点的立杆的应力，用计算公式转换成立杆的轴力，如图 5-65～图 5-70 所示。

根据各立杆各测点的轴力数据所得结论同工况 2。

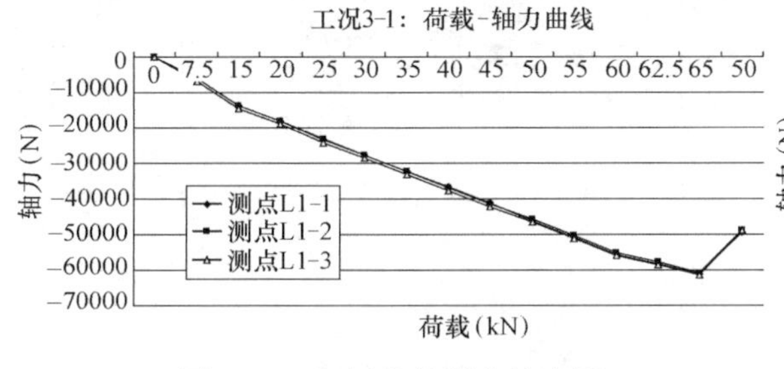

图 5-65　立杆①的测点轴力图

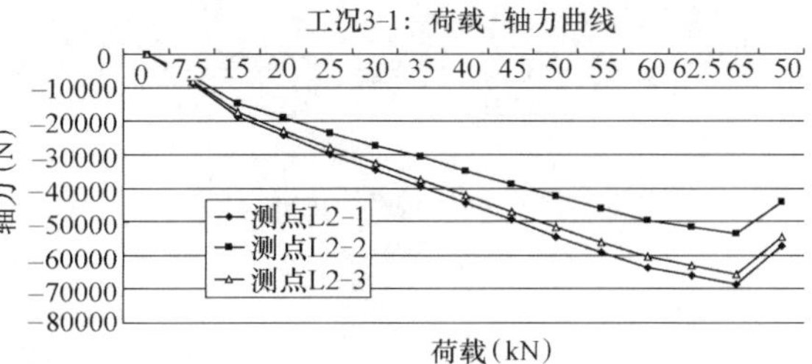

图 5-66　立杆②的测点轴力图

（2）工况 3-1 中测得各水平杆的应力，水平杆的测点布置图如图 5-10（*a*）、图 5-11（*a*）所示。

在工况 3-1 中测得的水平杆①～⑩在测点处的应力（1 表示水平杆侧面，2 表示水平

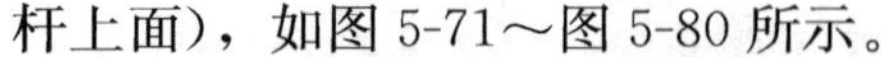

杆上面），如图 5-71～图 5-80 所示。

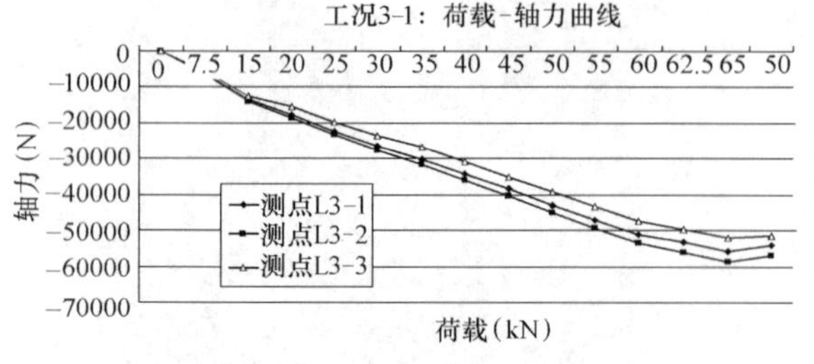

图 5-67　立杆③的测点轴力图

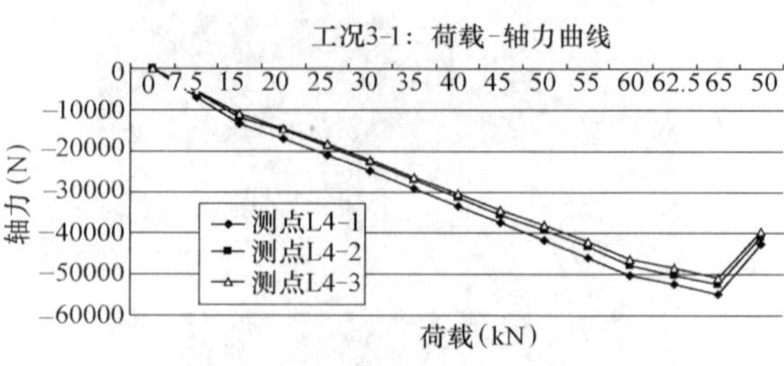

图 5-68　立杆④的测点轴力图

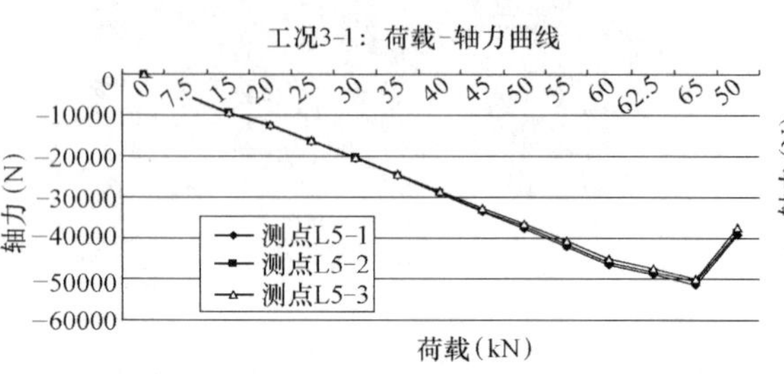

图 5-69　立杆⑤的测点轴力图

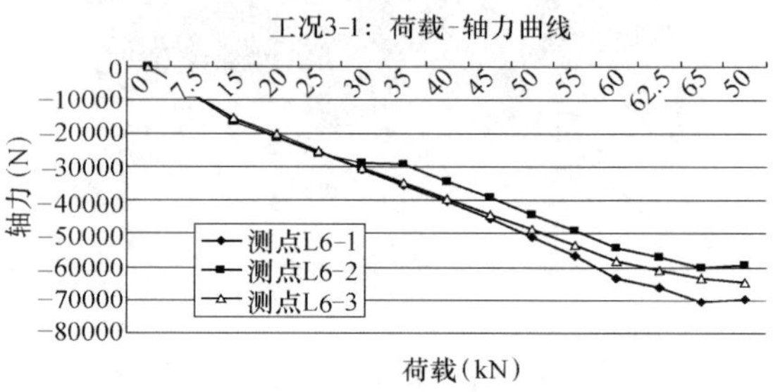

图 5-70　立杆⑥的测点轴力图

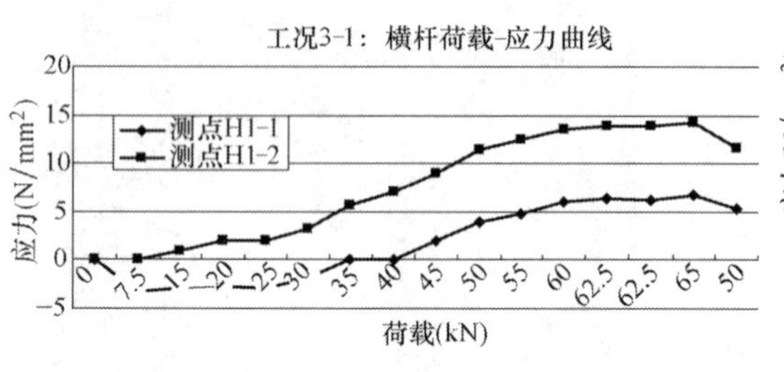

图 5-71　水平杆①的测点应力图

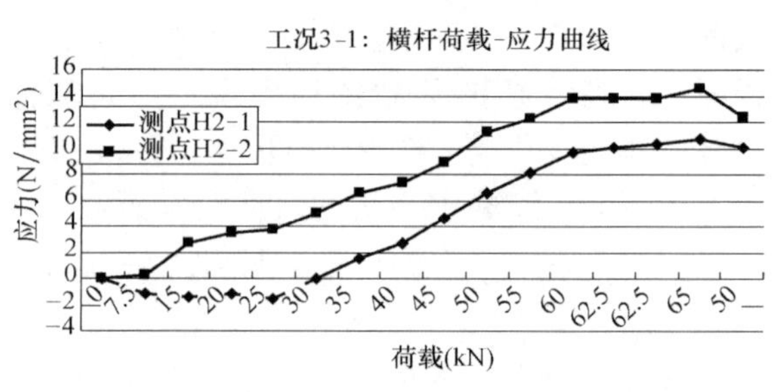

图 5-72　水平杆②的测点应力图

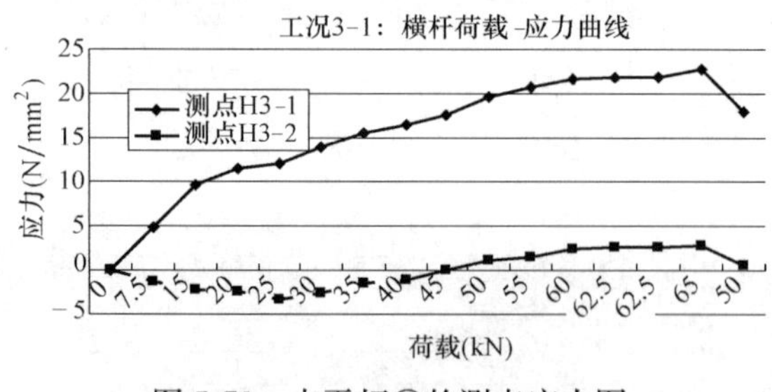

图 5-73　水平杆③的测点应力图

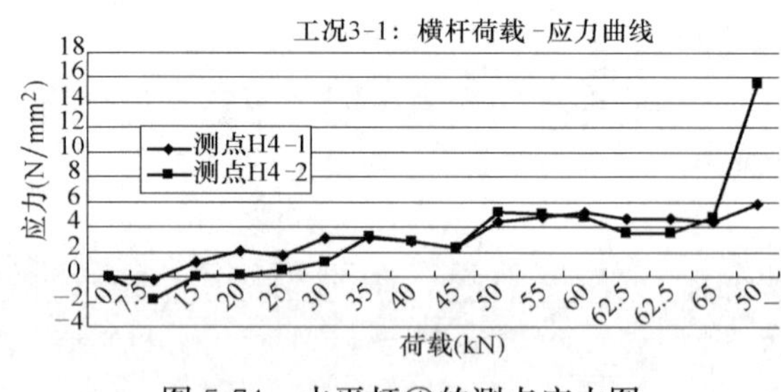

图 5-74　水平杆④的测点应力图

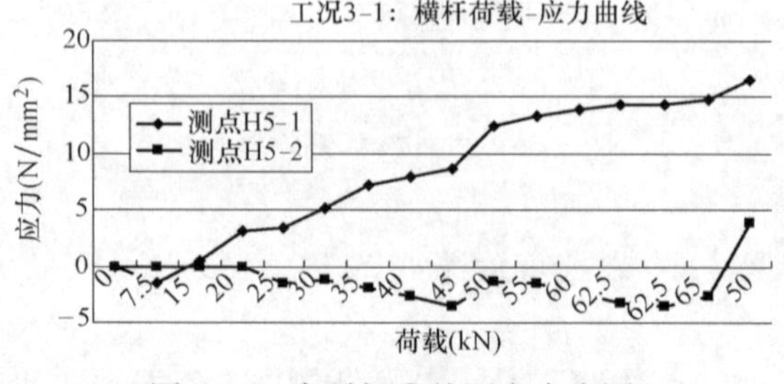

图 5-75　水平杆⑤的测点应力图

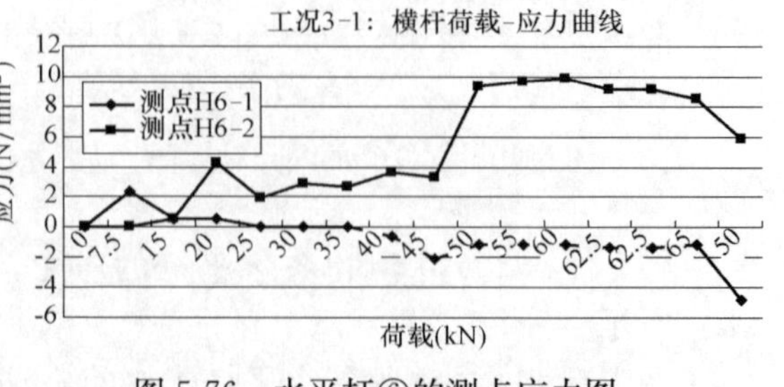

图 5-76　水平杆⑥的测点应力图

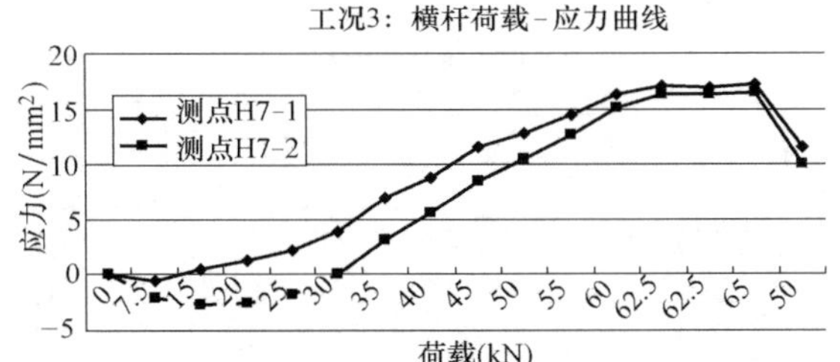

图 5-77　水平杆⑦的测点应力图

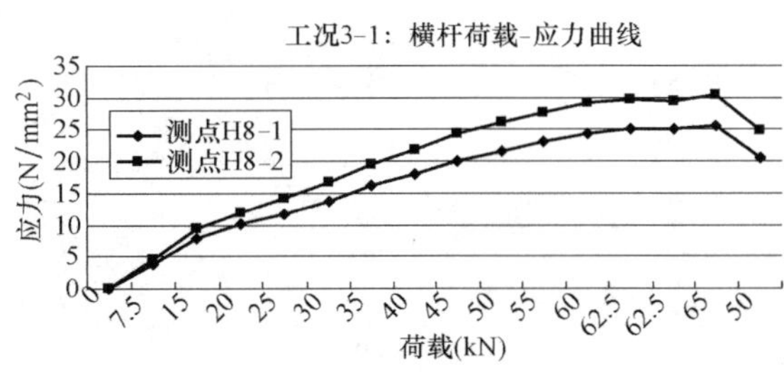

图 5-78　水平杆⑧的测点应力图

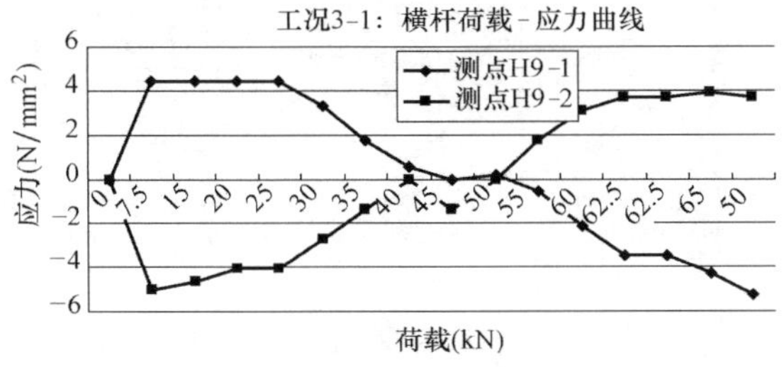

图 5-79　水平杆⑨的测点应力图

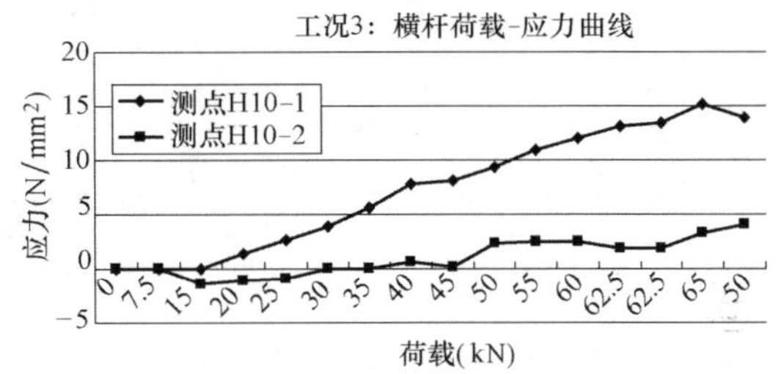

图 5-80　水平杆⑩的测点应力图

根据各水平杆各测点的应力数据所得结论同工况 2。

(3) 工况 3-1 中测得各剪刀撑的应力，剪刀撑的测点布置如图 5-16 所示。

在工况 3-1 中测得的水平杆①～④，⑥～⑩在测点的剪刀撑应力的应力（1 表示剪刀撑侧面，2 表示剪刀撑上面），如图 5-81～图 5-98 所示。

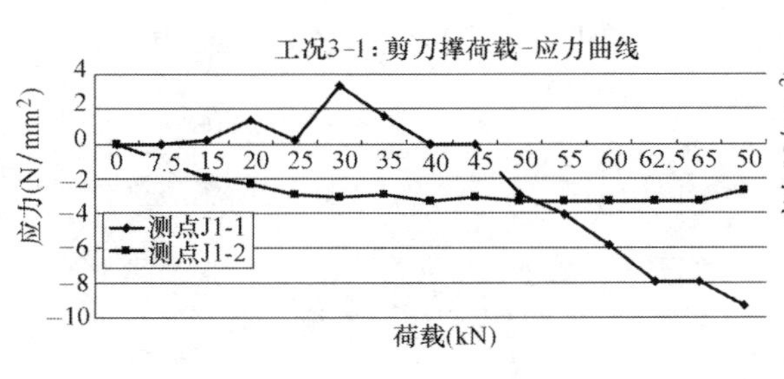

图 5-81　剪刀撑①的测点应力图

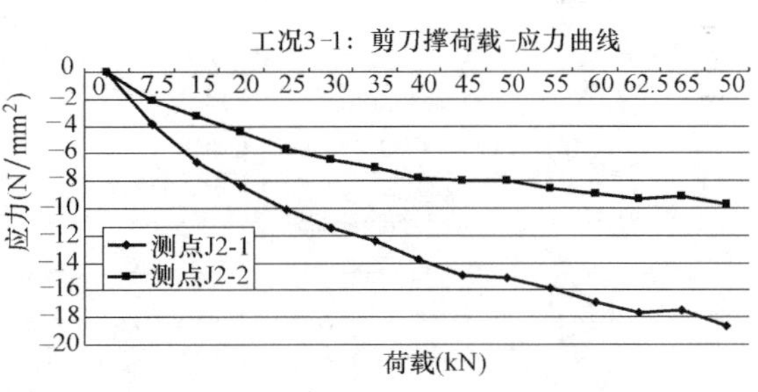

图 5-82　剪刀撑②的测点应力图

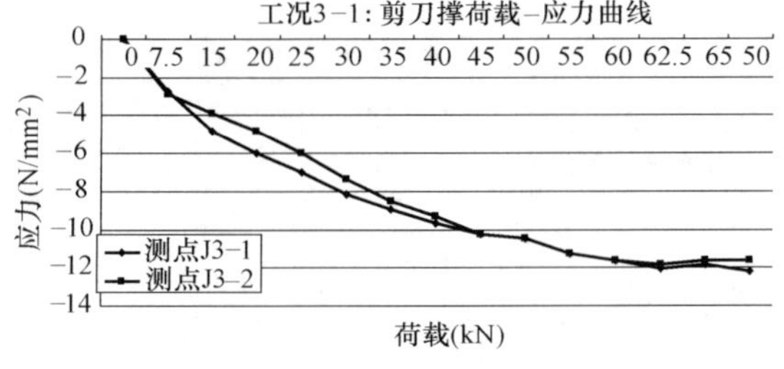

图 5-83　剪刀撑③的测点应力图

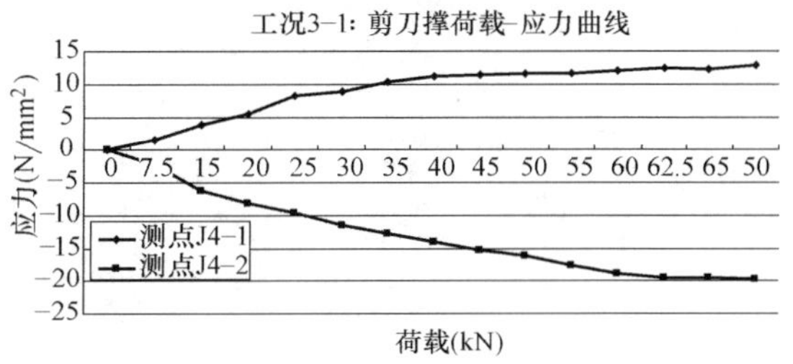

图 5-84　剪刀撑④的测点应力图

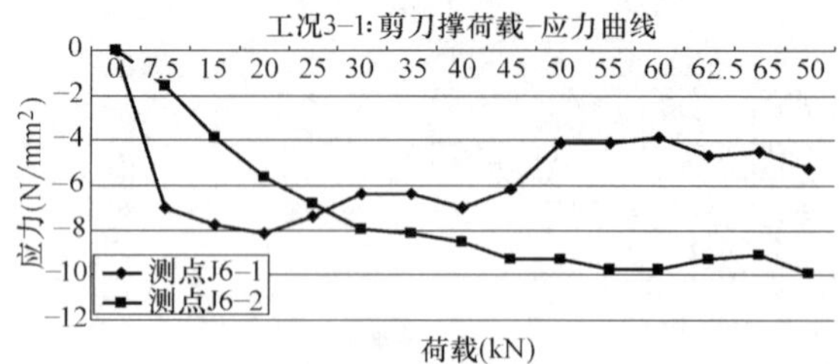

图 5-85　剪刀撑⑥的测点应力图

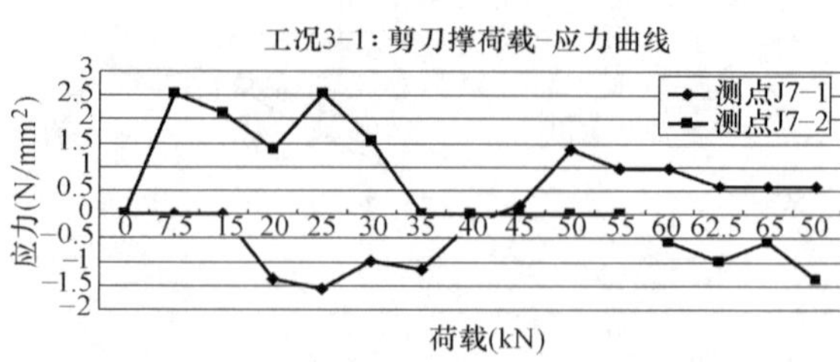

图 5-86　剪刀撑⑦的测点应力图

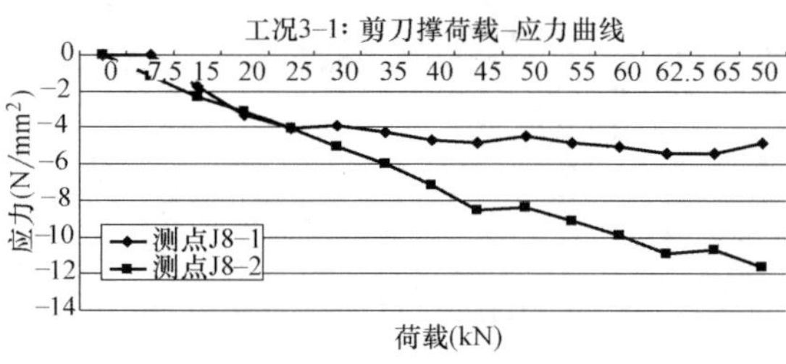

图 5-87　剪刀撑⑧的测点应力图

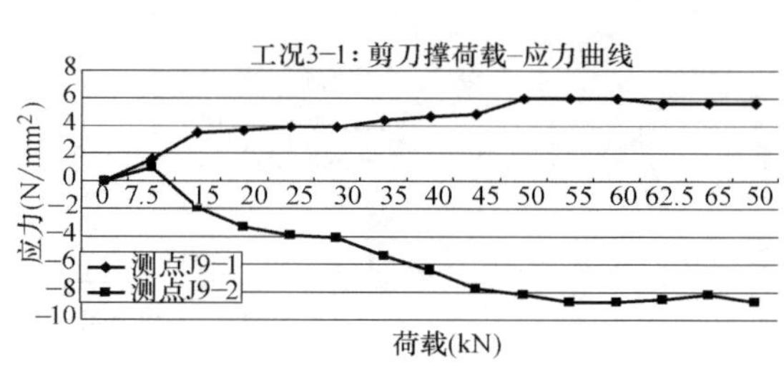

图 5-88　剪刀撑⑨的测点应力图

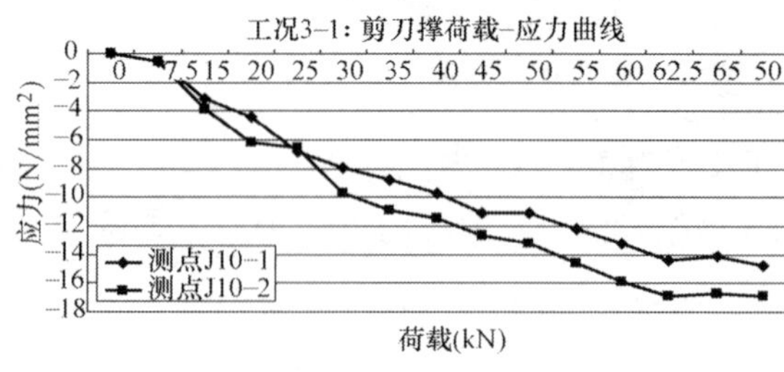

图 5-89　剪刀撑⑩的测点应力图

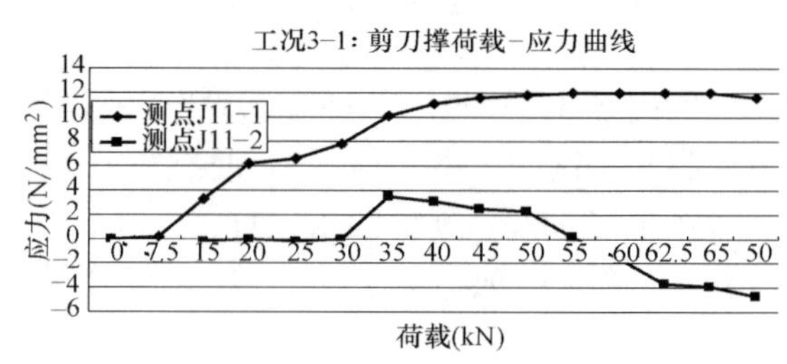

图 5-90　剪刀撑⑪的测点应力图

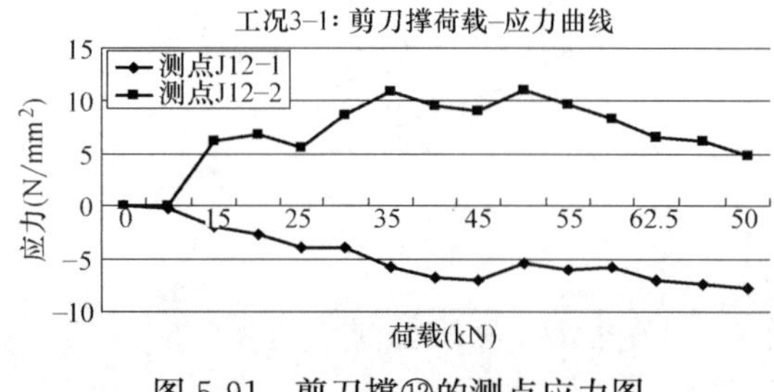

图 5-91　剪刀撑⑫的测点应力图

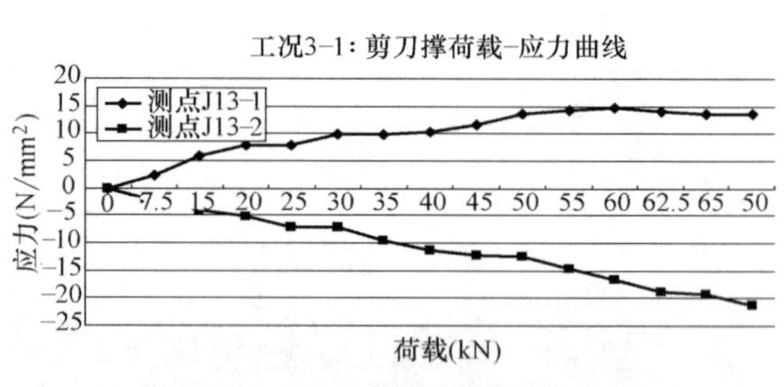

图 5-92　剪刀撑⑬的测点应力图

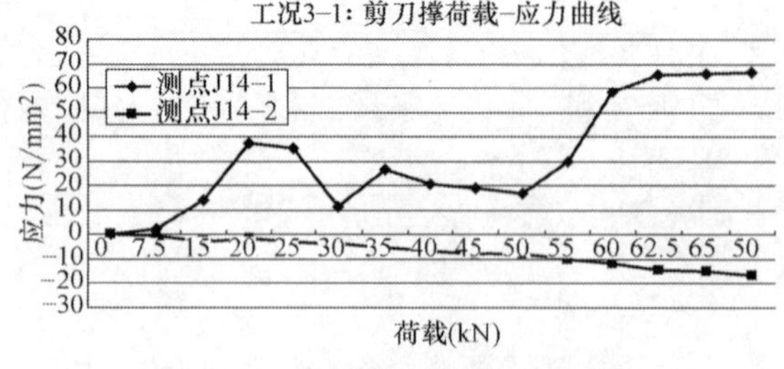

图 5-93　剪刀撑⑭的测点应力图

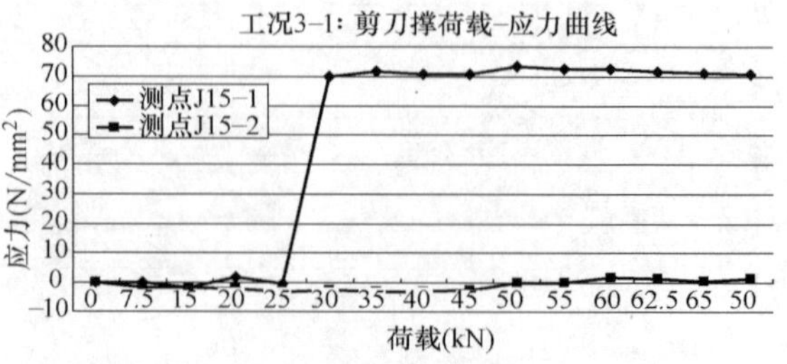

图 5-94　剪刀撑⑮的测点应力图

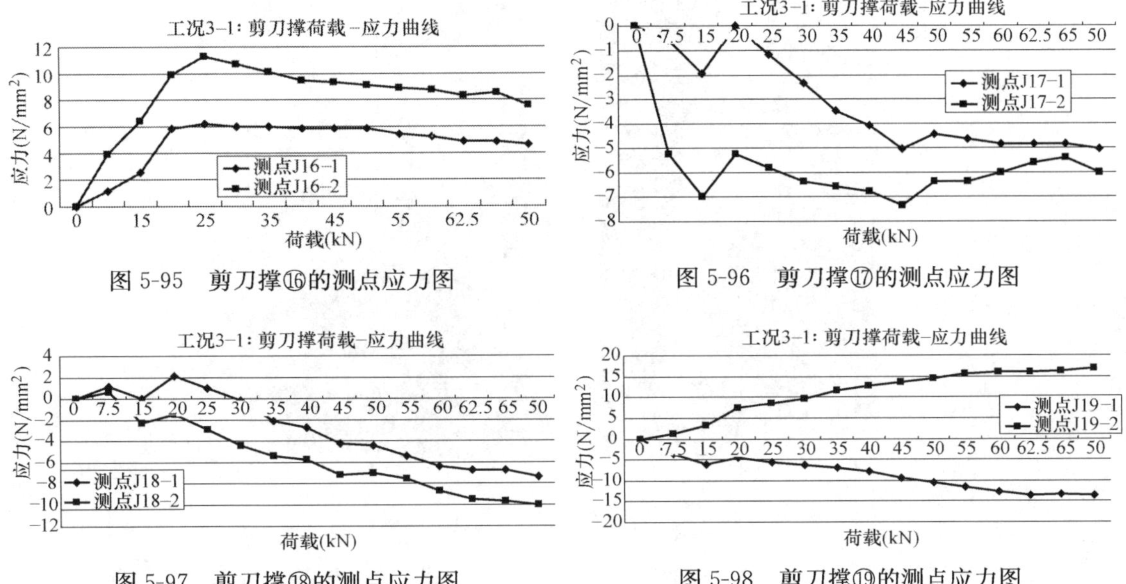

图 5-95　剪刀撑⑯的测点应力图

图 5-96　剪刀撑⑰的测点应力图

图 5-97　剪刀撑⑱的测点应力图

图 5-98　剪刀撑⑲的测点应力图

根据各剪刀撑各测点的应力数据，可以看到：

1）由于该工况为局部破坏，剪刀撑的应力在正常承受荷载过程中及破坏时，应力都不大。

2）在该工况中，由于是中间一对接扣件破坏，使该扣件所在的立杆变形，整架中的各个剪刀撑上的最终应力并不大。

3）在工况 3-1 中四周搭设剪刀撑后，整架的单杆承载力为 65kN，而工况 1 没有剪刀撑的整架的单杆承载力为 31.25kN，单杆承载力增加 1 倍以上，这说明剪刀撑在提高整架稳定承载力上的作用是很大的，搭设剪刀撑是必要的。

4. 工况 3-2（四周都有剪刀撑）

工况 3-2 试验模型的特点只是在工况 3-1 架体上用一整杆更换局部屈曲立杆，且剪刀撑按照《扣件式钢管脚手架安全技术规范》（JGJ 130—2011）设置，试验失稳模式如图 5-99所示。

(*a*)

(*b*)

图 5-99　工况 3-2　试验失稳模式

(c)

(d)

图 5-99　工况 3-2　试验失稳模式（续）

试验变形图 5-99（*c*）所示，架体大部分立杆呈“S”型屈曲，下部弯曲较上部大（如试验变形图 5-99（*d*）所示），但是沿着整架的纵向，而不是横向。

出现此种试验现象的原因主要在于架体的搭设缺陷导致纵向刚度减小：

1）纵向剪刀撑沿着钢管全长没有全部与立杆或小水平杆相连，如试验变形图 5-99（*c*）所示，导致剪刀撑对立杆在纵向变形的约束作用大大减小，架体纵向刚度减小。

2）试验在加载过程中，在架体纵向设置剪刀撑的平面内出现一直角扣件破裂现象，如试验变形图 5-100 所示，直角扣件破裂，使立杆在此处失去约束，计算长度变为原来的两倍，承载能力下降。

图 5-100　工况 3-2 直角扣件破坏图

工况 3-2 试验中测得的数据及分析

（1）工况 3-2 中测得各立杆轴力，立杆的测点布置图如图 5-8，图 5-9（*a*）所示。

在工况 3-2 中测得的立杆①～⑥在 1～3 测点的立杆的应力，用计算公式转成立杆的轴力，如图 5-101～图 5-106 所示。

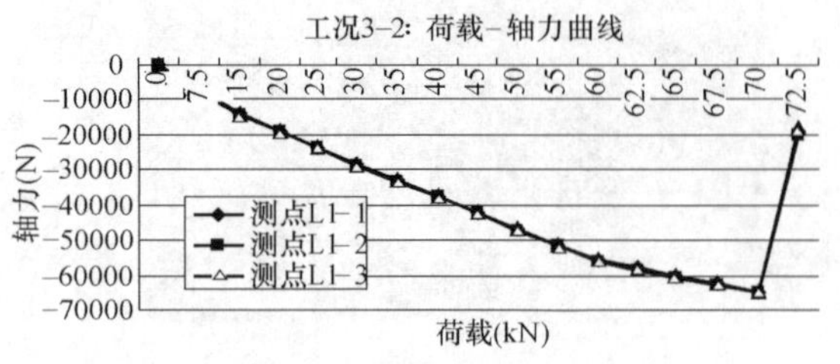

图 5-101　立杆①的测点轴力图

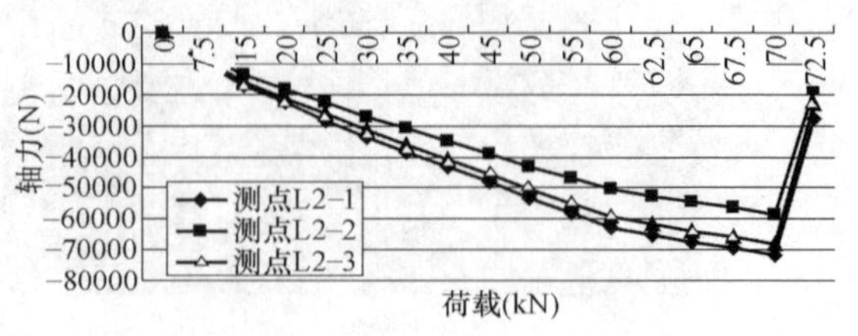

图 5-102　立杆②的测点轴力图

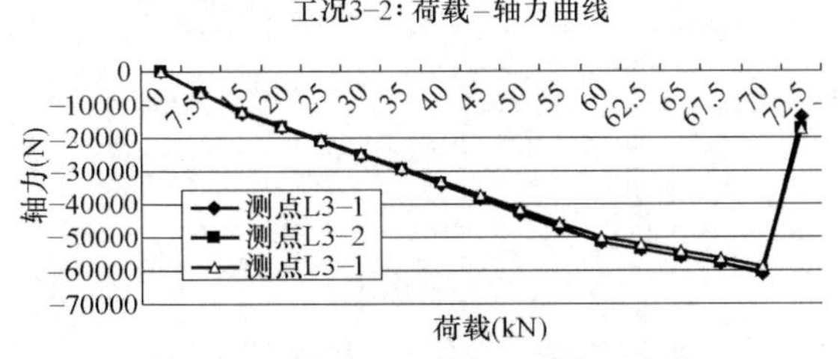

图 5-103　立杆③的测点轴力图

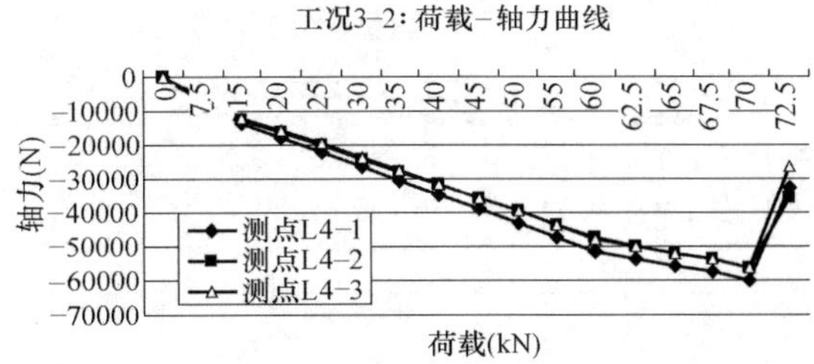

图 5-104　立杆④的测点轴力图

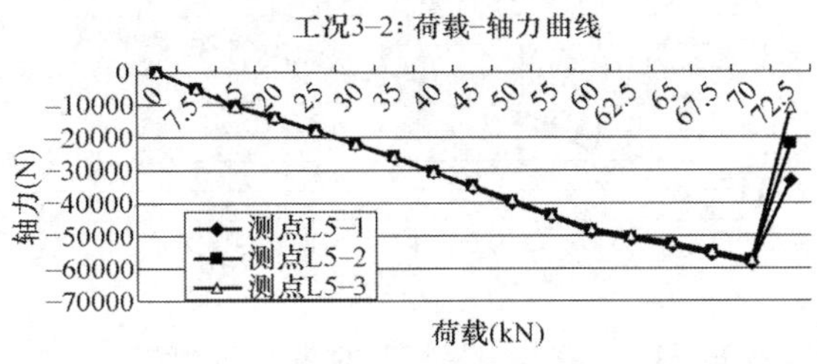

图 5-105　立杆⑤的测点轴力图

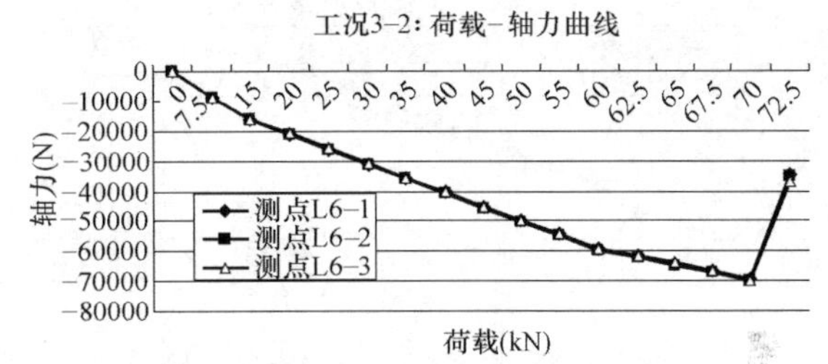

图 5-106　立杆⑥的测点轴力图

根据各立杆各测点的轴力数据，结论同工况 3-1。

(2) 工况 3-2 中测得各水平杆的应力。水平杆的测点布置图如图 5-10（*a*）、图 5-11（*a*）所示。

在工况 3-2 中测得的水平杆①～⑩在测点的水平杆的应力（1 表示水平杆侧面，2 表示水平杆上面），如图 5-107～图 5-116 所示。

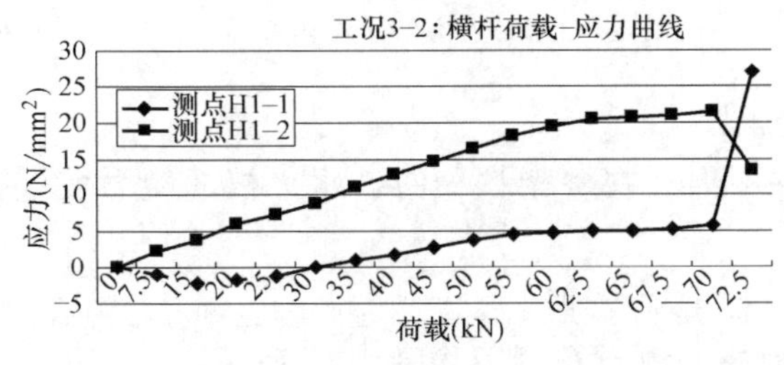

图 5-107　水平杆①的测点应力图

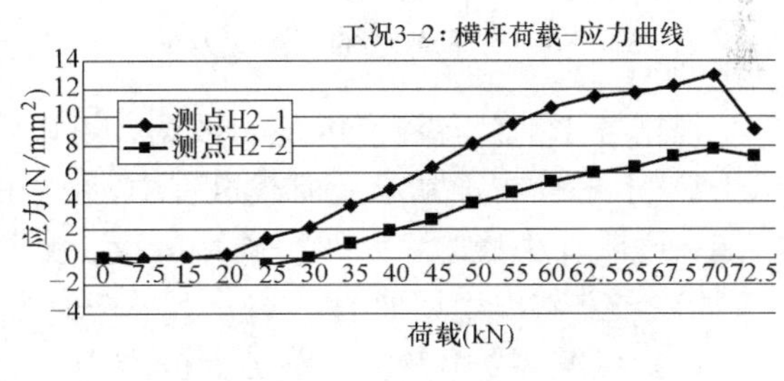

图 5-108　水平杆②的测点应力图

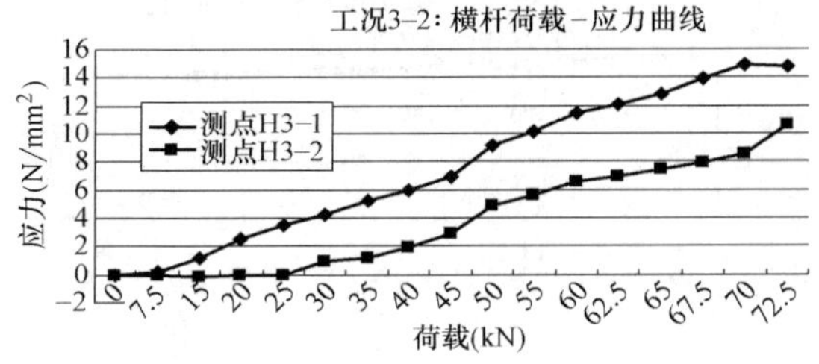

图 5-109　水平杆③的测点应力图

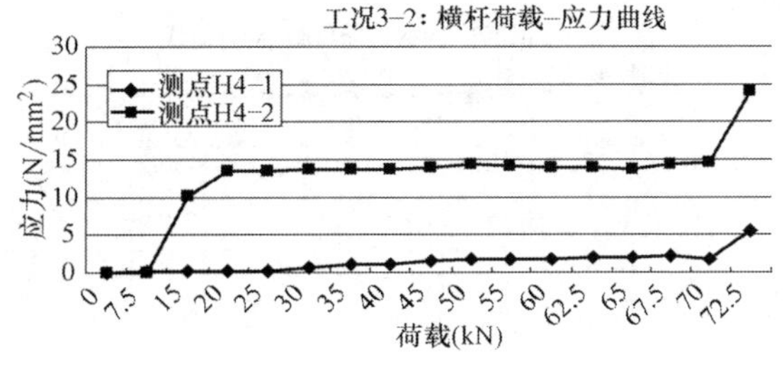

图 5-110　水平杆④的测点应力图

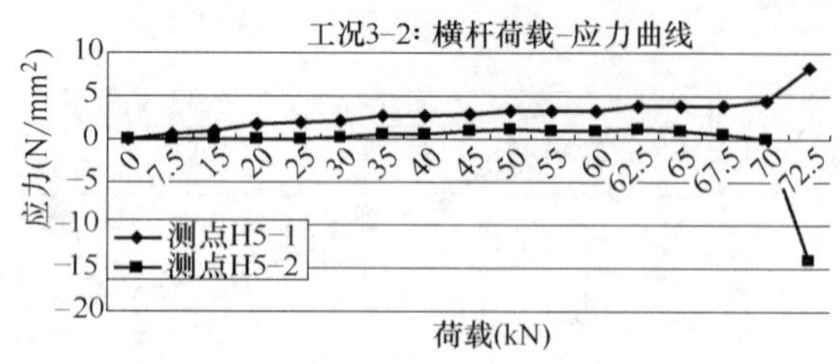

图 5-111　水平杆⑤的测点应力图

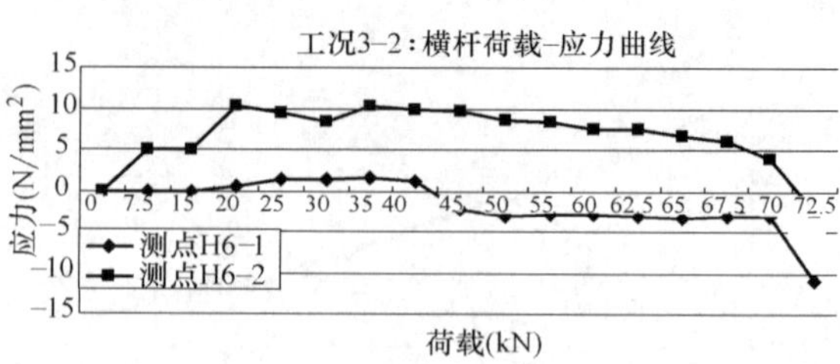

图 5-112　水平杆⑥的测点应力图

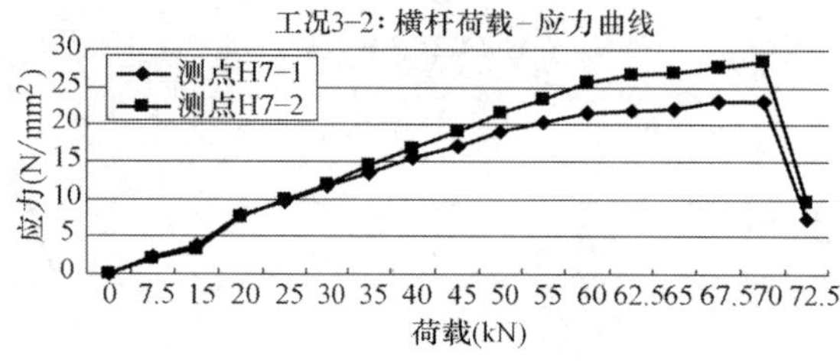

图 5-113　水平杆⑦的测点应力图

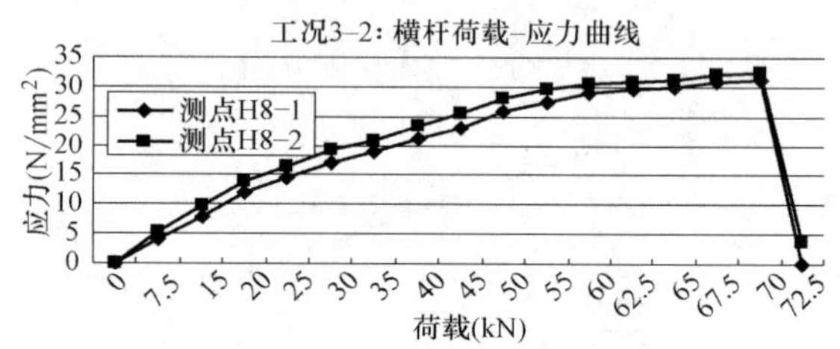

图 5-114　水平杆⑧的测点应力图

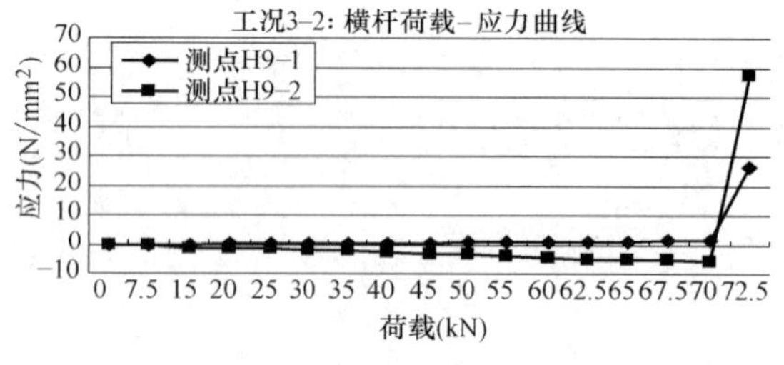

图 5-115　水平杆⑨的测点应力图

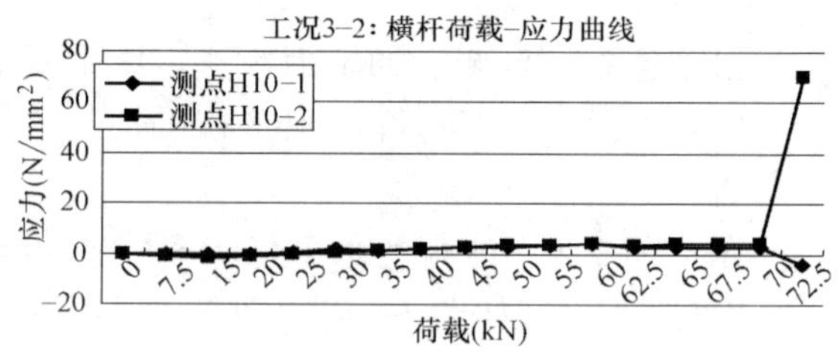

图 5-116　水平杆⑩的测点应力图

根据各水平杆各测点的应力数据，可以看到：

1）水平杆在正常承受荷载过程中，应力并不大；在整架失稳时，水平杆的应力发生突变，说明在失稳时，水平杆作用较大。

2）在整架失稳屈曲时，部分水平杆应力变化很大。

（3）工况 3-2 中测得各剪刀撑的应力。剪刀撑的测点布置图如图 5-17 所示。

在工况 3-2 中测得的水平杆①～⑤，⑪～⑮在测点的剪刀撑应力的应力（1 表示水平杆侧面，2 表示水平杆上面），如图 5-117～图 5-126 所示。

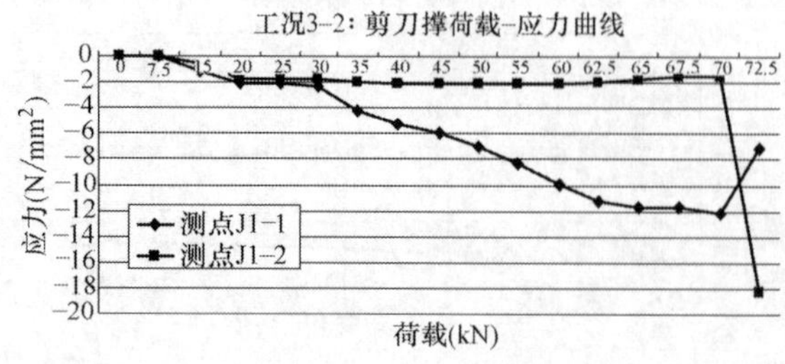

图 5-117　剪刀撑①的测点应力图

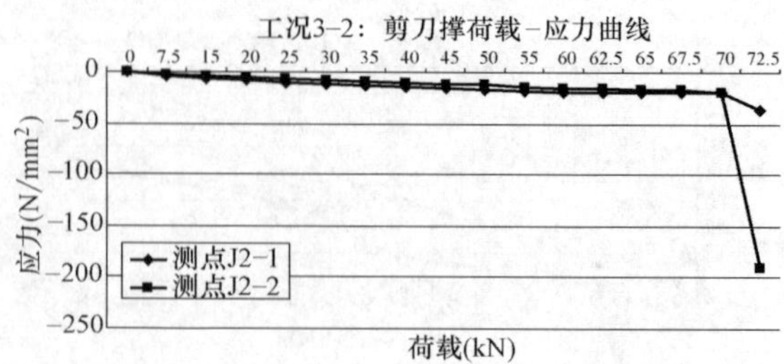

图 5-118　剪刀撑②的测点应力图

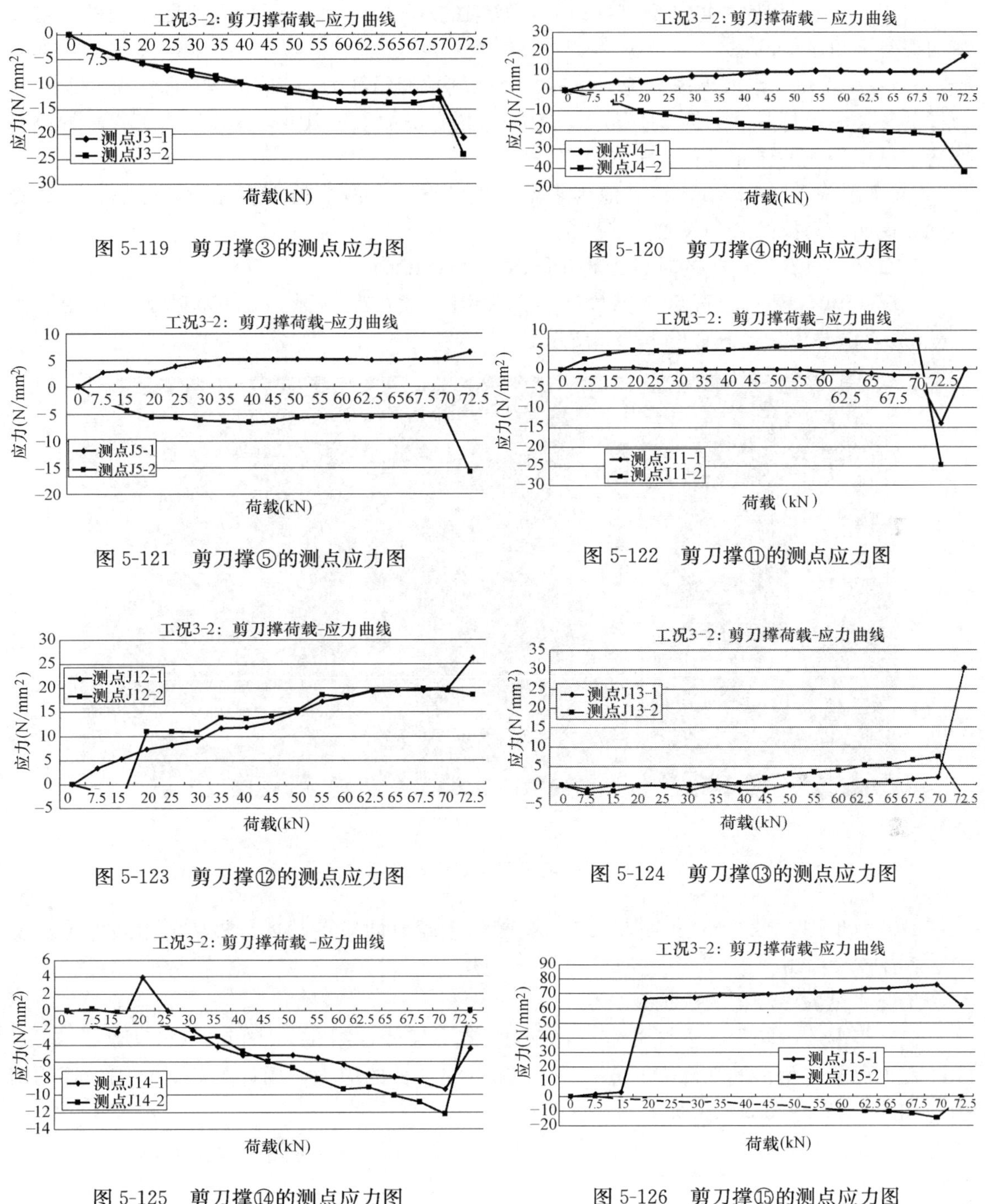

图 5-119　剪刀撑③的测点应力图

图 5-120　剪刀撑④的测点应力图

图 5-121　剪刀撑⑤的测点应力图

图 5-122　剪刀撑⑪的测点应力图

图 5-123　剪刀撑⑫的测点应力图

图 5-124　剪刀撑⑬的测点应力图

图 5-125　剪刀撑⑭的测点应力图

图 5-126　剪刀撑⑮的测点应力图

根据各剪刀撑各测点的应力数据，可以看到：

1）剪刀撑的应力在正常承受荷载过程中，应力并不大。在整体结构在失稳时，剪刀撑的应力突变，说明在失稳时，剪刀撑对架体稳定性的贡献很大，有利于架体的整体稳定。

2）与工况 2 相比，增加剪刀撑以后，整架的承载力提高，说明在实际工程中，搭设剪刀撑是不可缺少的。

3）在工况 3-2 中四周搭设剪刀撑后，整架的单杆承载力为 72.5kN，而工况 1 没有剪刀撑的整架的单杆承载力为 31.25kN，单杆承载力增加 1 倍以上，这说明剪刀撑在提高整架稳定承载力上的作用是很大的。

4）工况 3-2 与工况 3-1 在其他因素不变的情况下，改变剪刀撑的设置位置，承载力不同，说明剪刀撑的合理设置是必要的。

5. 工况 4（在工况 3 的基础上将步距改为 1148mm）

工况 4 试验模型的特点是纵横向剪刀撑均设置且在工况 3-2 的基础上将步距改为 1148mm，试验失稳模式如图 5-127 所示。

(*a*)　(*b*)　(*c*)

图 5-127　工况 4 试验失稳模式

试验变形图 5-127（*a*）～图 5-127（*c*）架体上端弯曲较下端大，整架的承载力也比工况 3-2 有较大提高。

工况 4 试验中测得的数据及分析

(1) 工况 4 中测得各立杆轴力，立杆的测点布置图如图 5-8、图 5-9（*b*）所示。

在工况 4 中测得的立杆①～⑥在 1～3 测点的立杆的应力，用计算公式转成立杆的轴力，如图 5-128～图 5-133 所示。

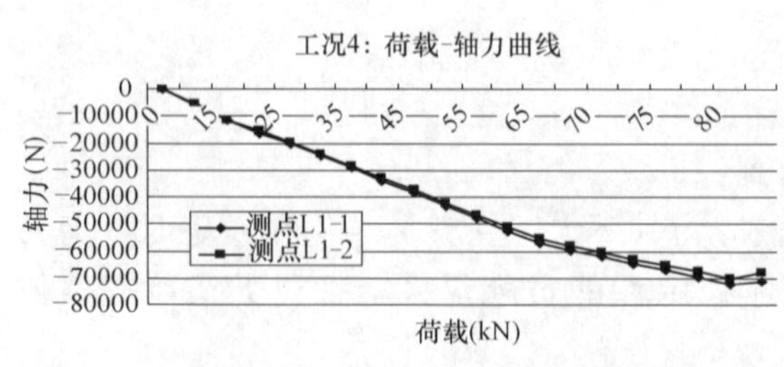

图 5-128　立杆①的测点应力图

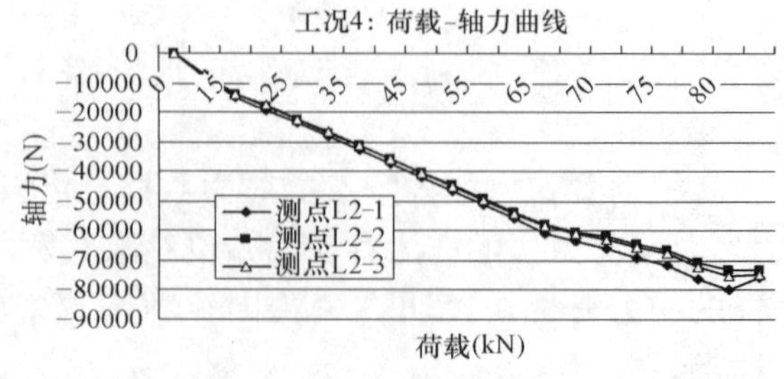

图 5-129　立杆②的测点应力图

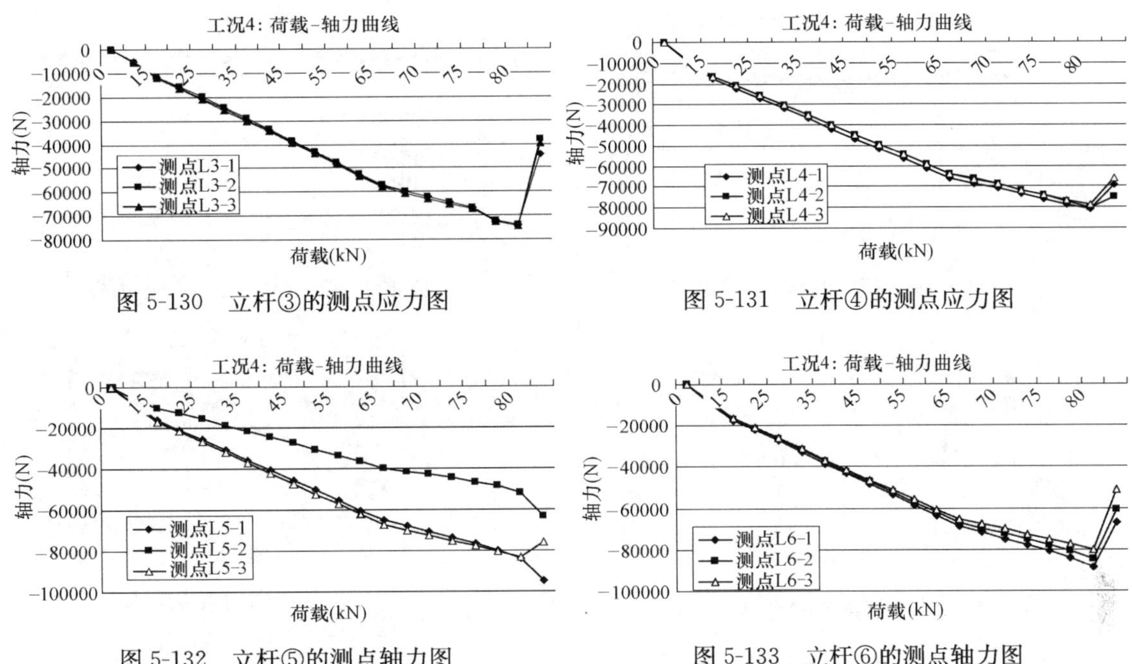

图 5-130　立杆③的测点应力图

图 5-131　立杆④的测点应力图

图 5-132　立杆⑤的测点轴力图

图 5-133　立杆⑥的测点轴力图

根据各立杆各测点的轴力数据，相比工况 3-1，工况 3-2 步距减小，承载力提高。

(2) 工况 4 中测得各水平杆的应力。水平杆的测点布置图如图 5-10 (*b*)、图 5-11 (*b*) 所示。

在工况 3-1 中测得的水平杆①～⑩在测点处的应力（1 表示水平杆侧面，2 表示水平杆上面），如图 5-134～图 5-143 所示。

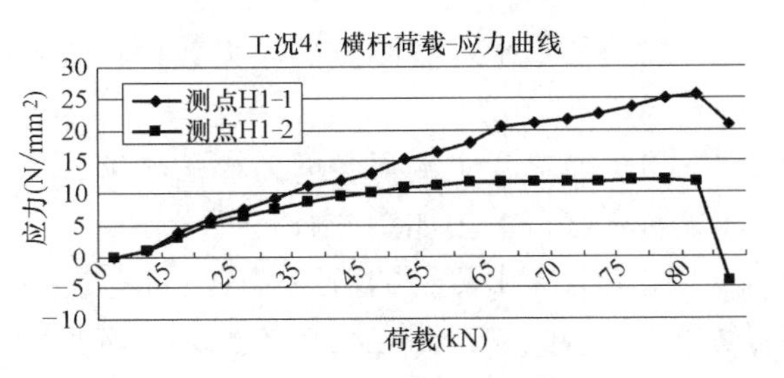

图 5-134　水平杆①的测点应力图

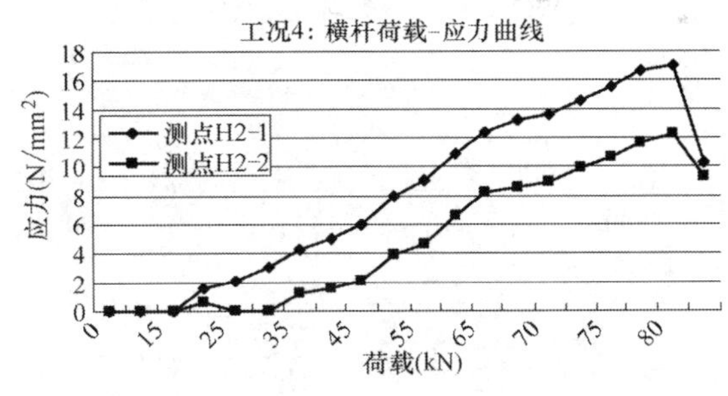

图 5-135　水平杆②的测点应力图

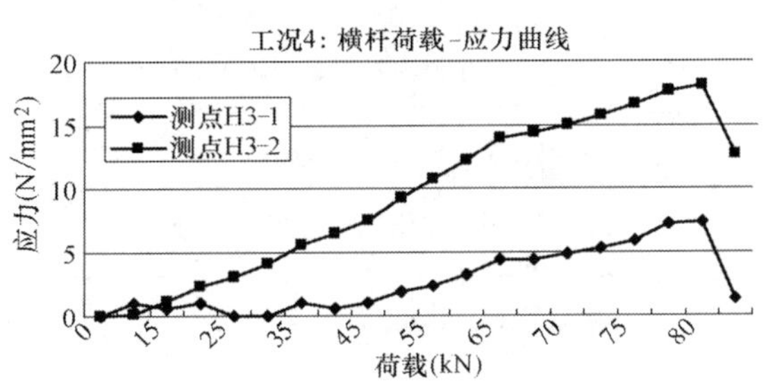

图 5-136　水平杆③的测点应力图

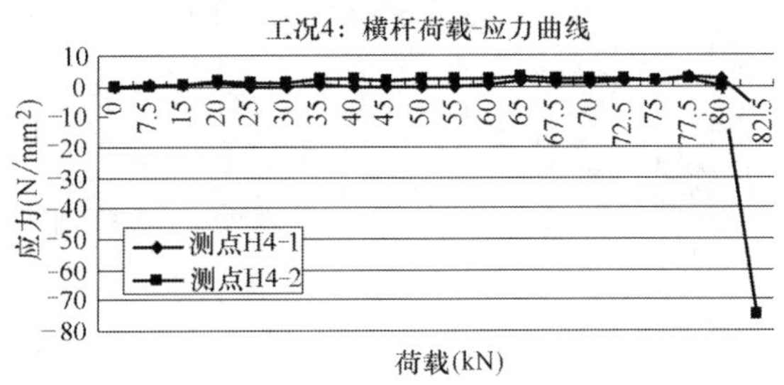

图 5-137　水平杆④的测点应力图

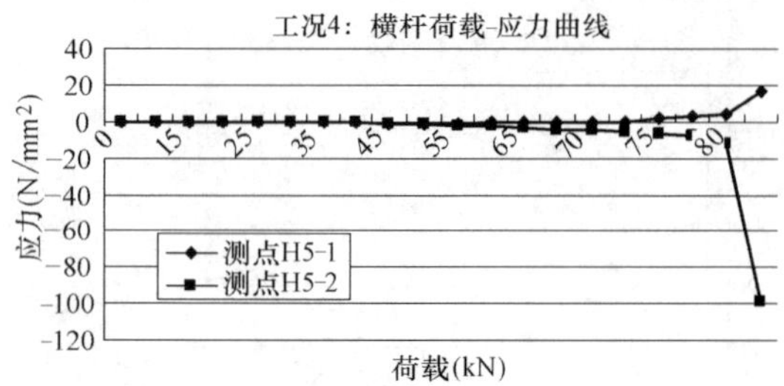

图 5-138　水平杆⑤的测点应力图

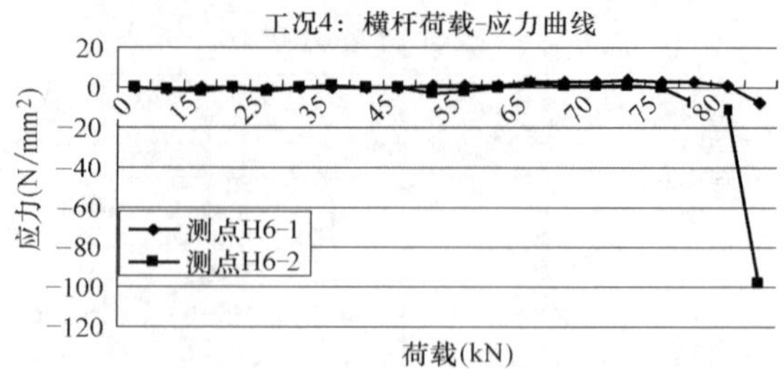

图 5-139　水平杆⑥的测点应力图

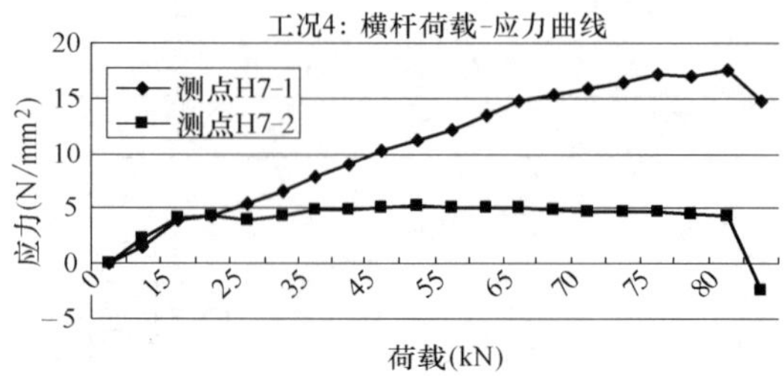

图 5-140　水平杆⑦的测点应力图

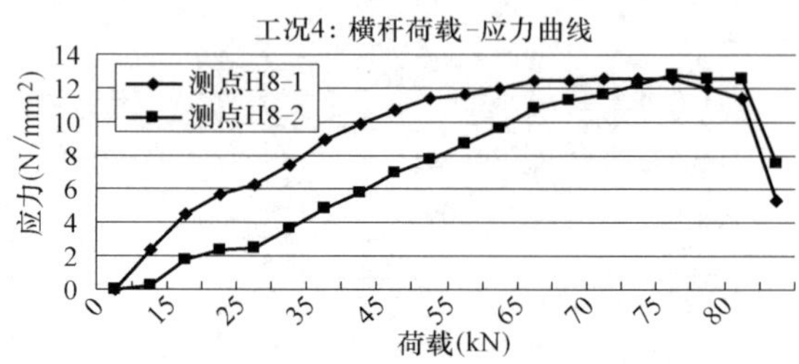

图 5-141　水平杆⑧的测点应力图

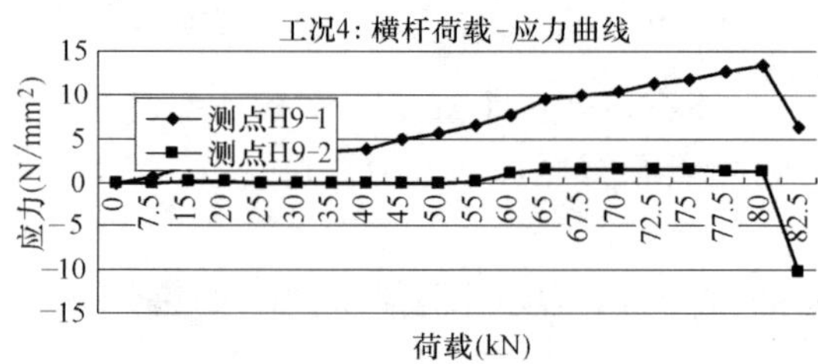

图 5-142　水平杆⑨的测点应力图

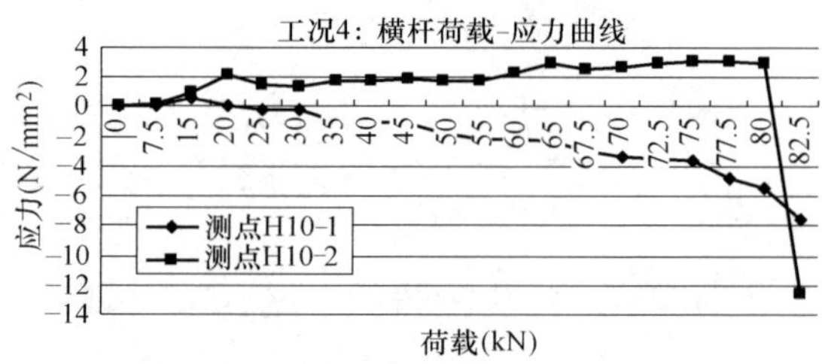

图 5-143　水平杆⑩的测点应力图

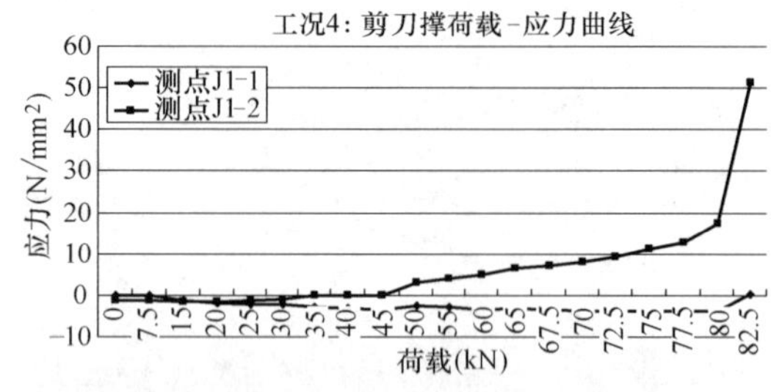

图 5-144　剪刀撑①的测点应力图

根据各水平杆各测点的应力数据，结论同工况 3-2。

(3) 工况 4 中测得各剪刀撑的应力，剪刀撑的测点布置图如图 5-18 所示。

在工况 4 中测得的剪刀撑①～④，⑦～⑧，⑪～⑬，⑰，⑱在测点的剪刀撑应力的应力（1 表示水平杆侧面，2 表示水平杆上面），如图 5-144～图 5-156 所示。

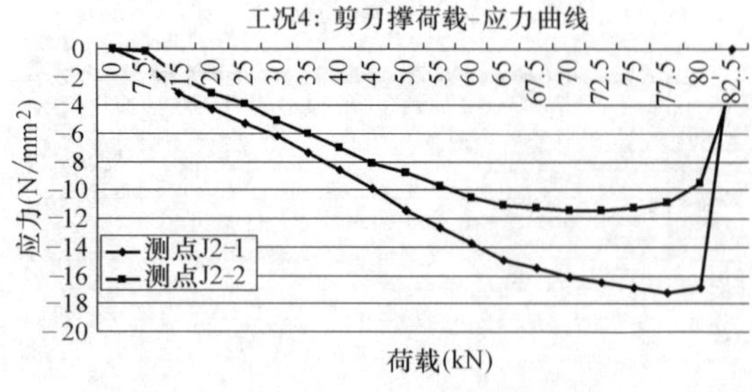

图 5-145　剪刀撑②的测点应力图

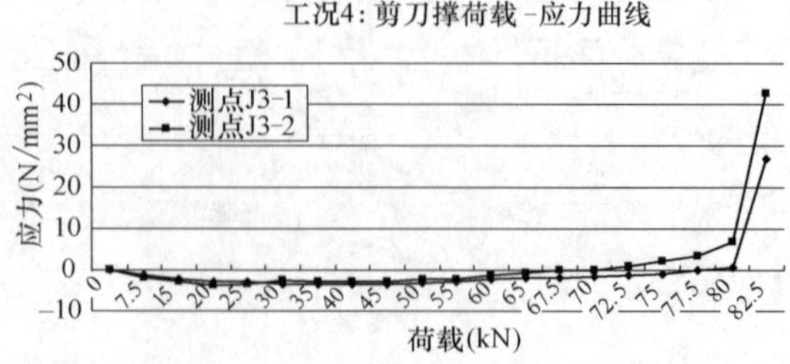

图 5-146　剪刀撑③的测点应力图

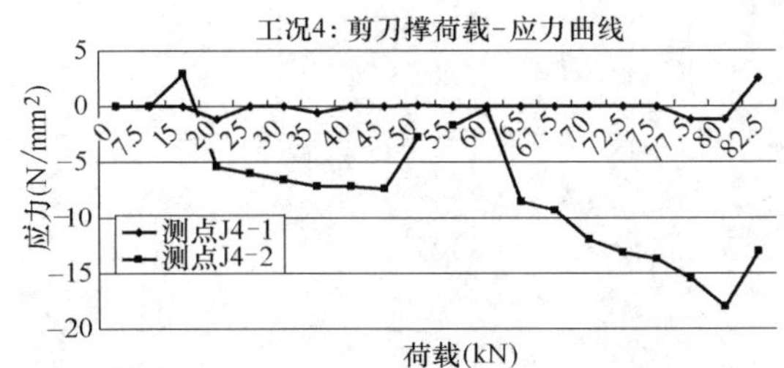

图 5-147　剪刀撑④的测点应力图

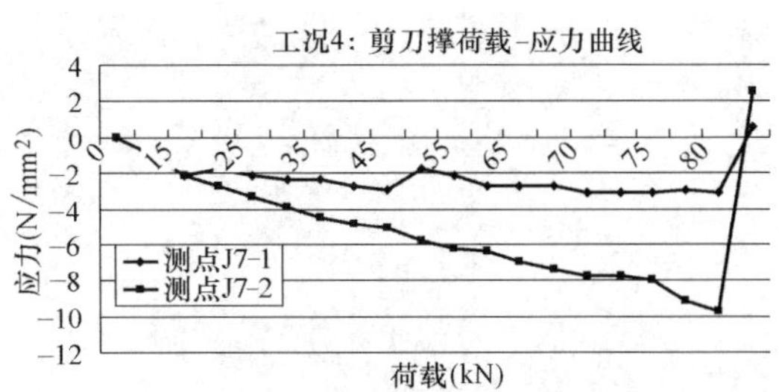

图 5-148　剪刀撑⑦的测点应力图

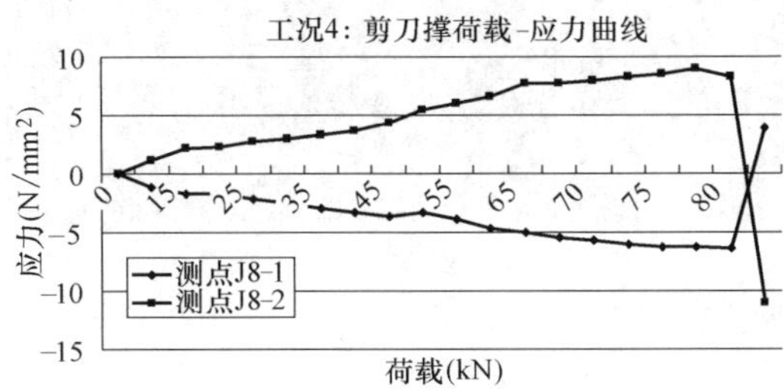

图 5-149　剪刀撑⑧的测点应力图

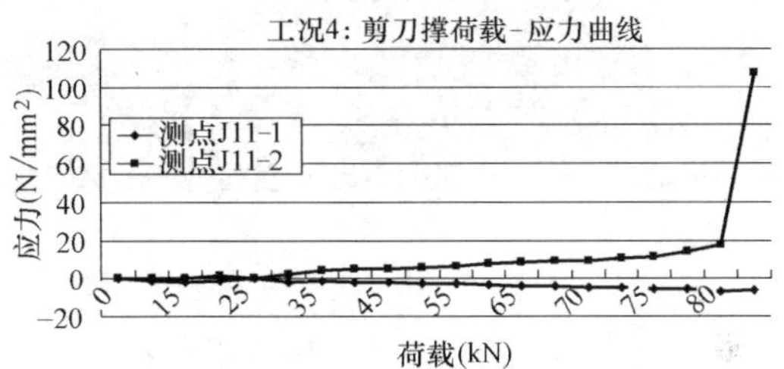

图 5-150　剪刀撑⑪的测点应力图

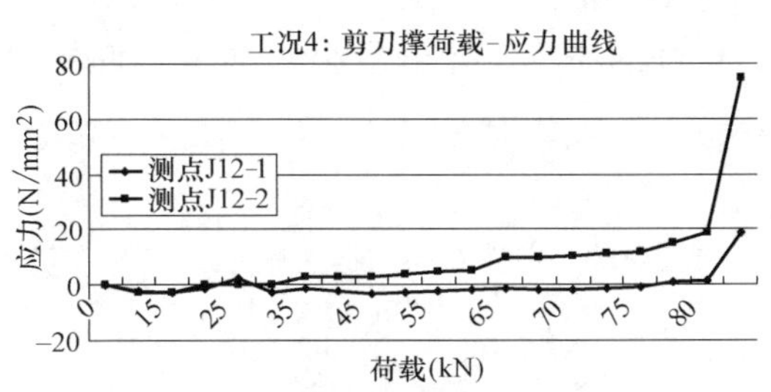

图 5-151　剪刀撑⑫的测点应力图

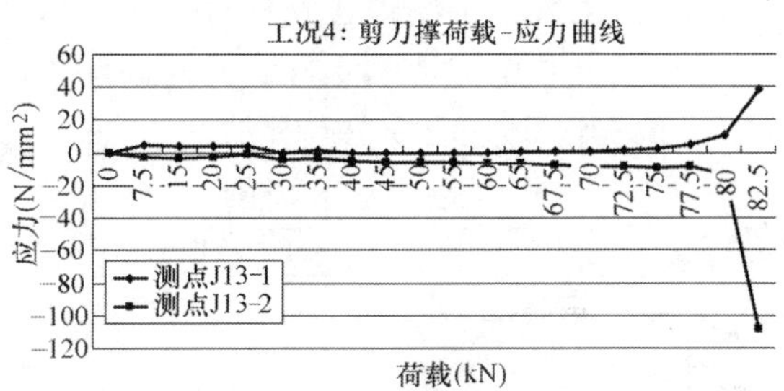

图 5-152　剪刀撑⑬的测点应力图

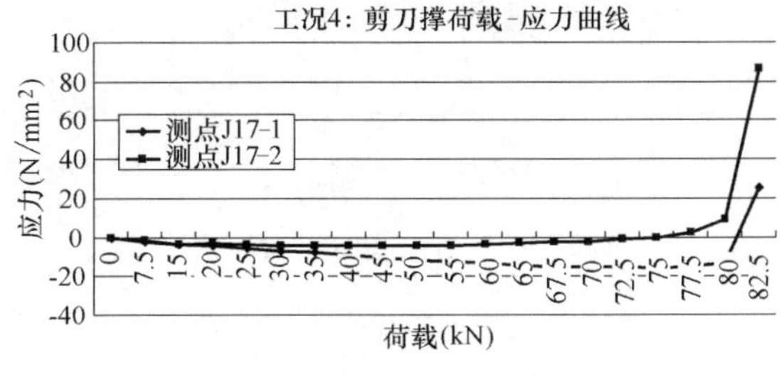

图 5-153　剪刀撑⑰的测点应力图

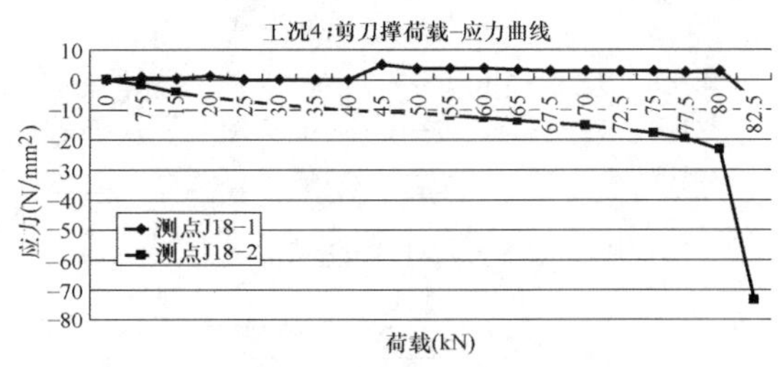

图 5-154　剪刀撑⑱的测点应力图

根据各剪刀撑各测点的应力数据，结论同工况 3-2。

6. 工况 5（在工况 4 的基础上将纵距改为 900mm）

工况 5 试验模型的特点是纵横向剪刀撑均设置且在工况 4 的基础上将纵距改为 900mm，试验失稳模式如图 5-155 所示。

试验变形图 5-155（*a*）～图 5-155（*c*）所示，架体上端弯曲较下端大，与工况 4 试验结果相似，整架的承载力比工况 4 有较大提高。

(*a*) (*b*) (*c*)

图 5-155　工况 5 试验失稳模式

(*a*) 试验变形图 1；(*b*) 试验变形图 2；(*c*) 试验变形图 3

工况 4 试验中测得的数据及分析

(1) 工况 4 中测得各立杆轴力，立杆的测点布置图如图 5-8、图 5-9 (*b*) 所示。

在工况 4 中测得的立杆①～⑥在 1～3 测点的立杆的应力，用计算公式转成立杆的轴力，如图 5-156～图 5-161 所示。

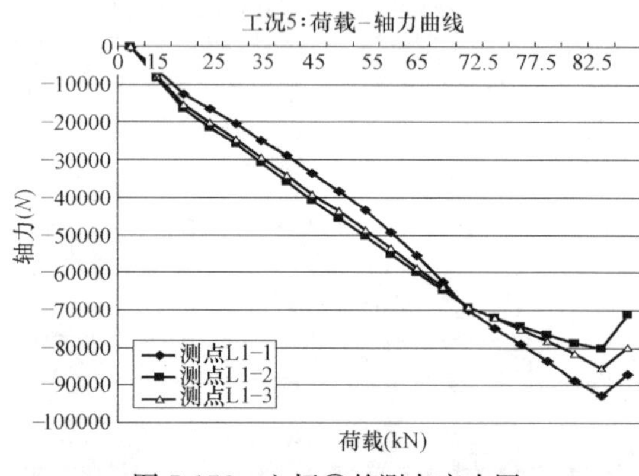

图 5-156　立杆①的测点应力图

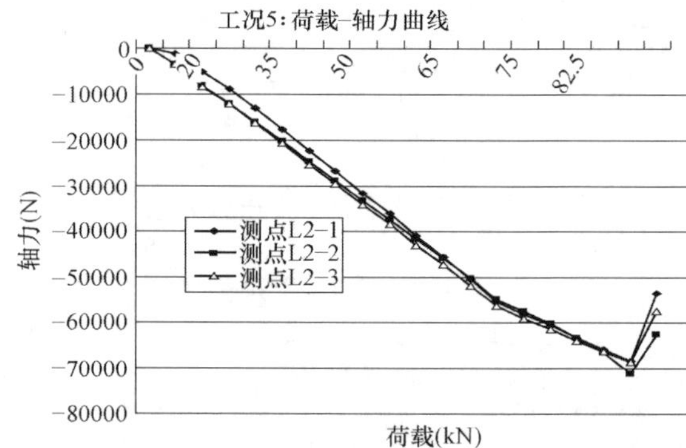

图 5-157　立杆②的测点应力图

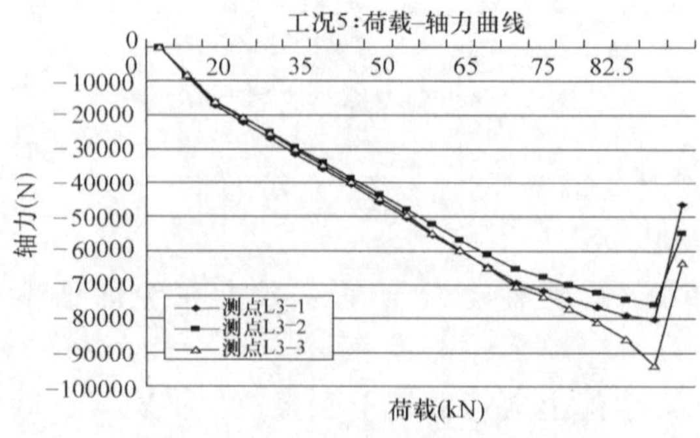

图 5-158　立杆③的测点应力图

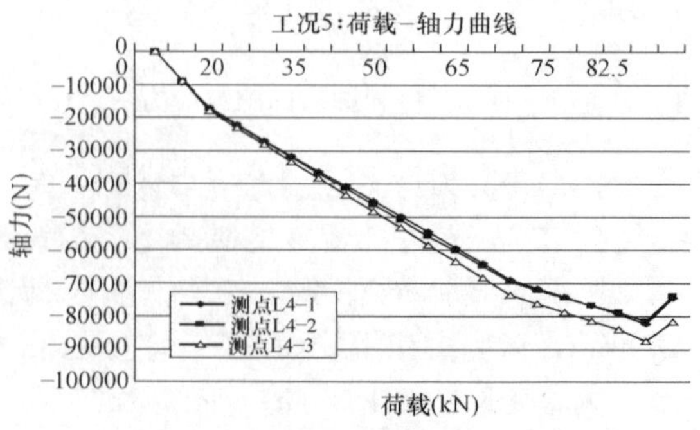

图 5-159　立杆④的测点应力图

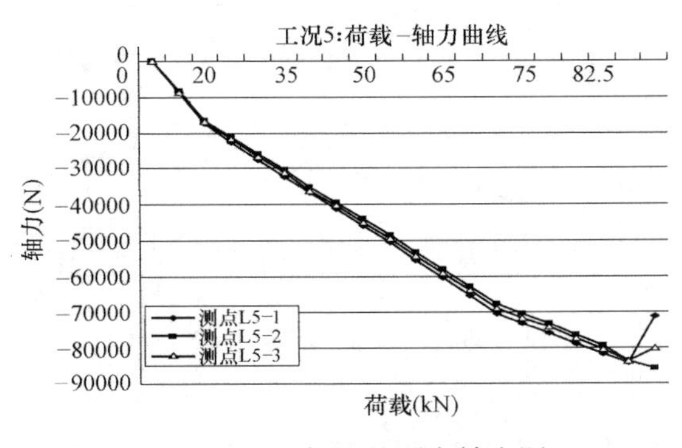

图 5-160　立杆⑤的测点轴力图

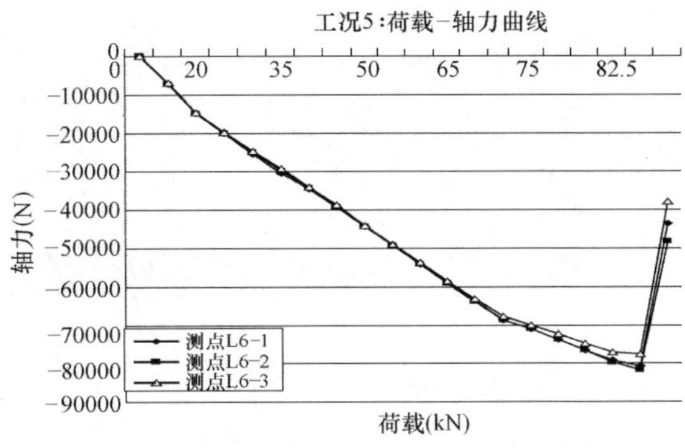

图 5-161　立杆⑥的测点轴力图

根据各立杆各测点的轴力数据，相比工况 4 纵距减小，承载力提高。

(2) 工况 5 中测得各水平杆的应力，水平杆的测点布置图如图 5-10 (*b*)、图 5-11 (*b*) 所示。

在工况 5 中测得的水平杆①～⑩在测点的水平杆的应力（1 表示水平杆侧面，2 表示水平杆上面），如图 5-162～图 5-171 所示。

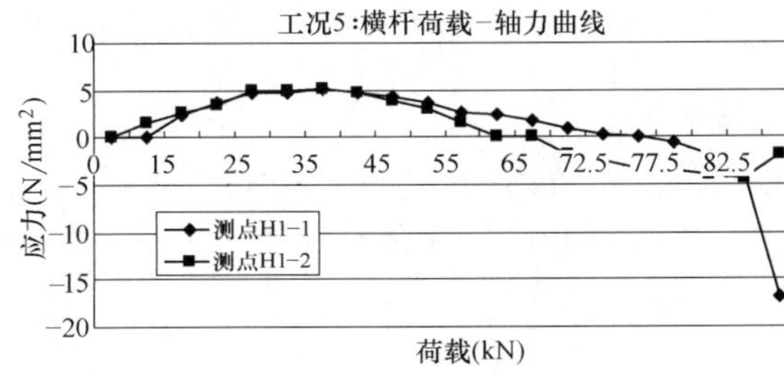

图 5-162　水平杆①的测点应力图

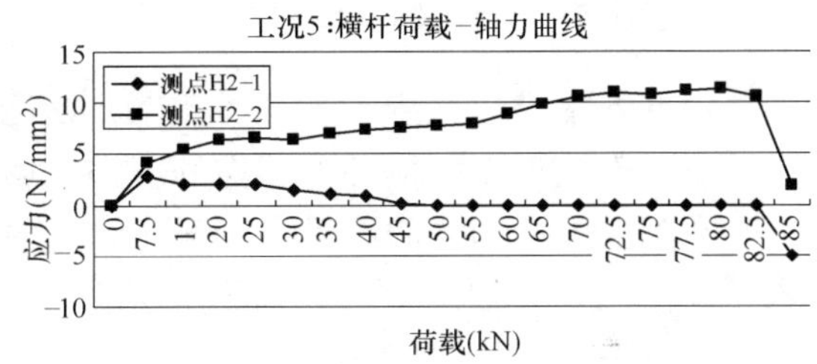

图 5-163　水平杆②的测点应力图

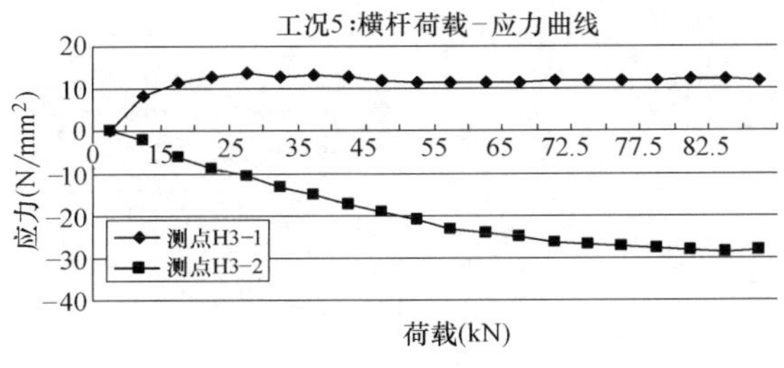

图 5-164　水平杆③的测点应力图

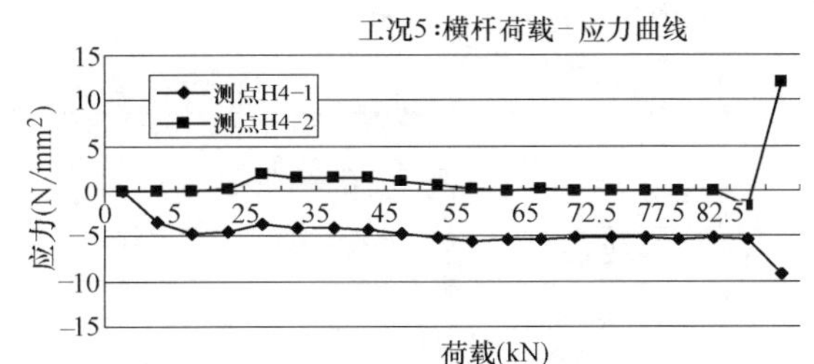

图 5-165　水平杆④的测点应力图

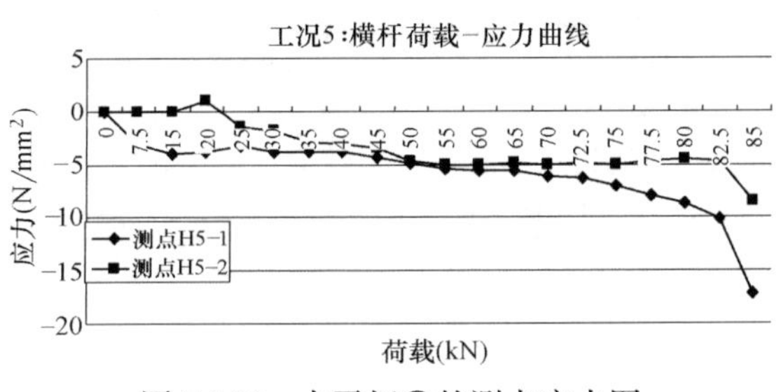

图 5-166　水平杆⑤的测点应力图

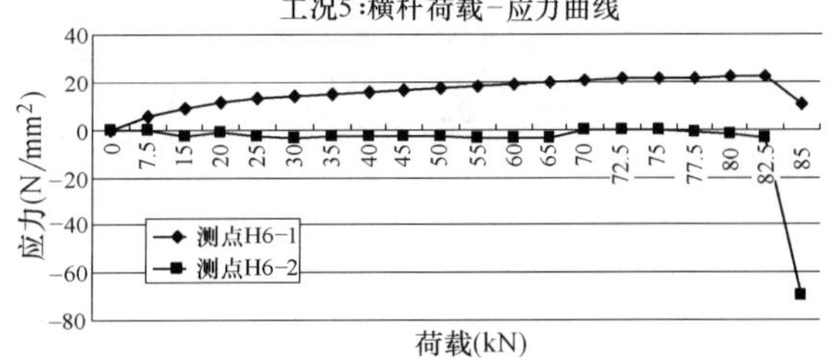

图 5-167　水平杆⑥的测点应力图

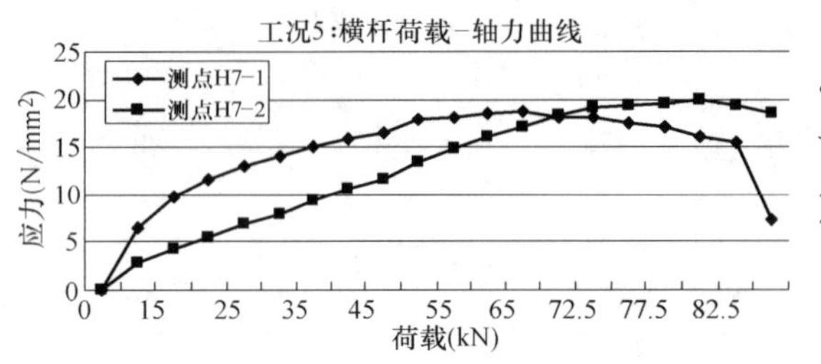

图 5-168 水平杆⑦的测点应力图

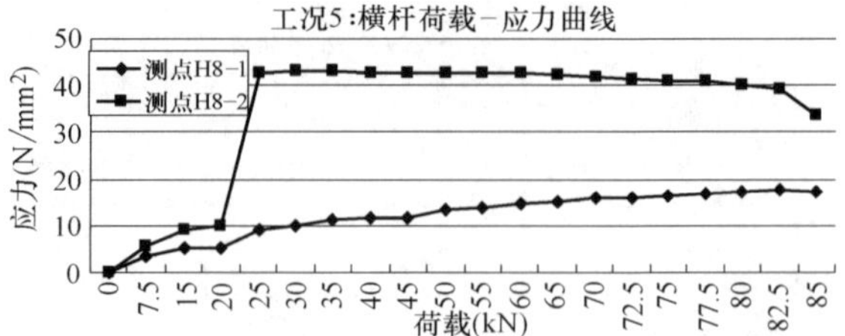

图 5-169 水平杆⑧的测点应力图

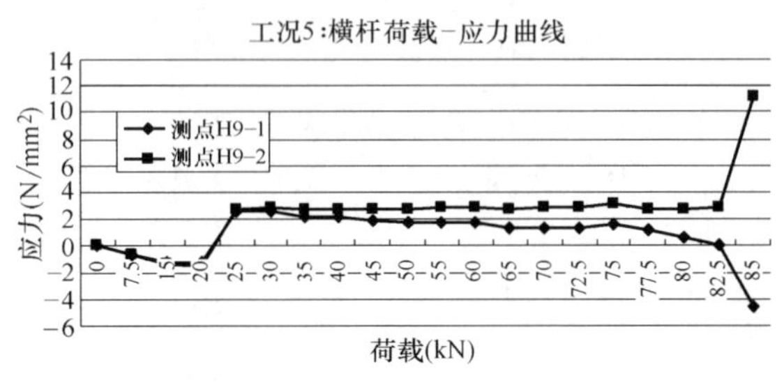

图 5-170 水平杆⑨的测点应力图

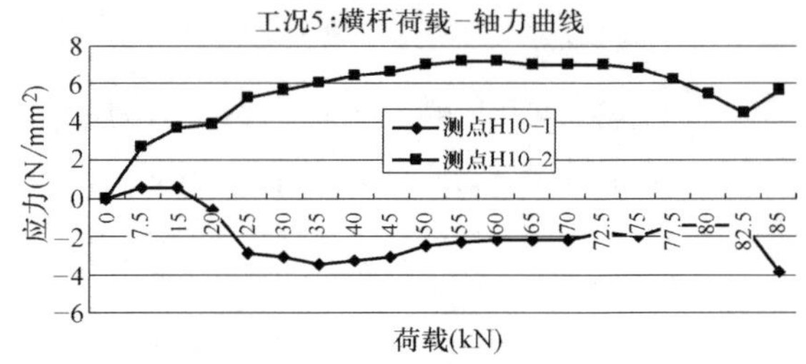

图 5-171 水平杆⑩的测点应力图

根据各水平杆各测点的应力数据，结论同工况 3-2。

(3) 工况 5 中测得各剪刀撑的应力。剪刀撑的测点布置图如图 5-18 所示。

在工况 5 中测得的剪刀撑①～④，⑦～⑧，⑪～⑬，⑰，⑱在测点处的应力（1 表示水平杆侧面，2 表示水平杆上面），如图 5-172～图 5-182 所示。

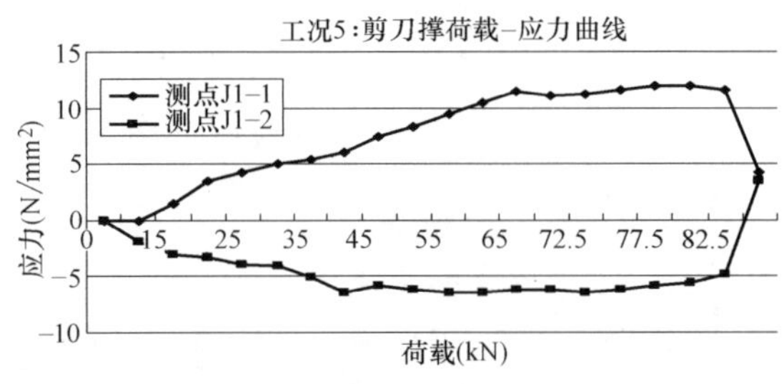

图 5-172 剪刀撑①的测点应力图

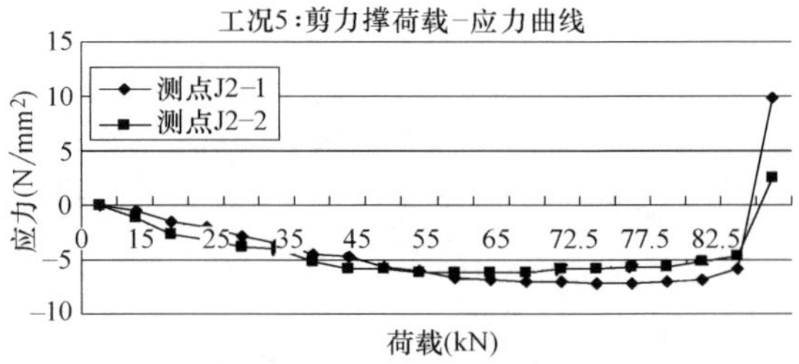

图 5-173 剪刀撑②的测点应力图

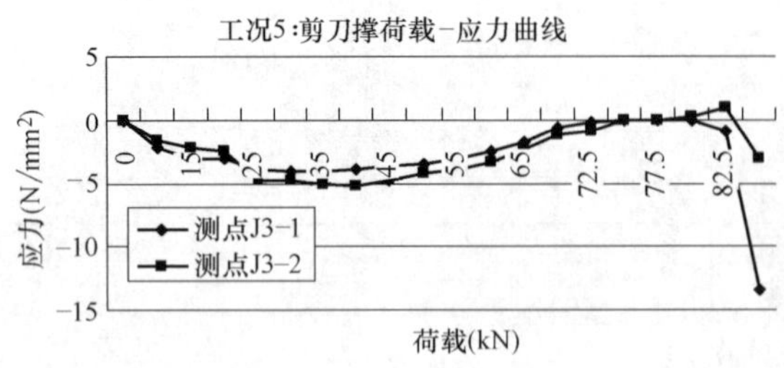

图 5-174 剪刀撑③的测点应力图

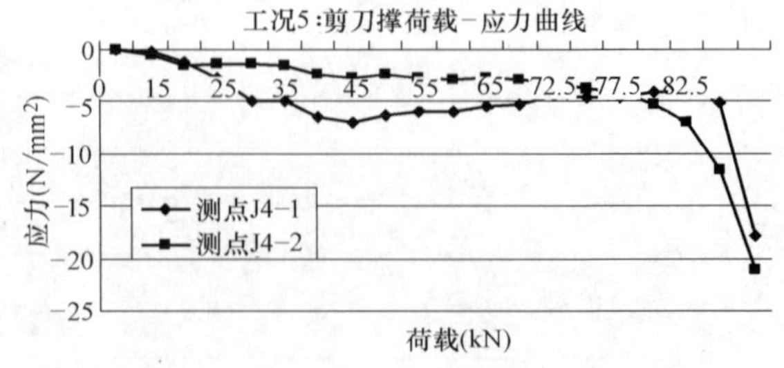

图 5-175 剪刀撑④的测点应力图

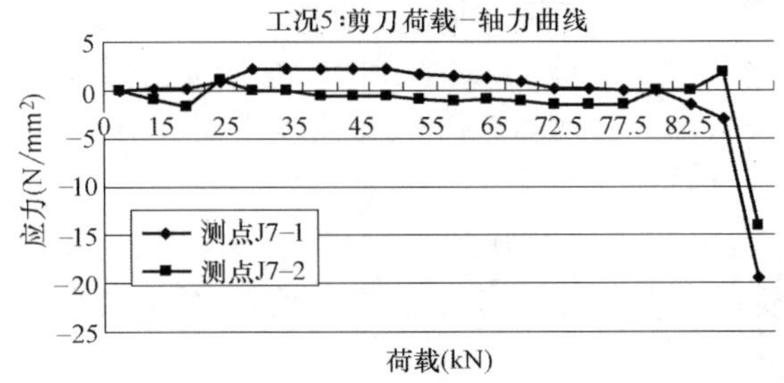

图 5-176　剪刀撑⑦的测点应力图

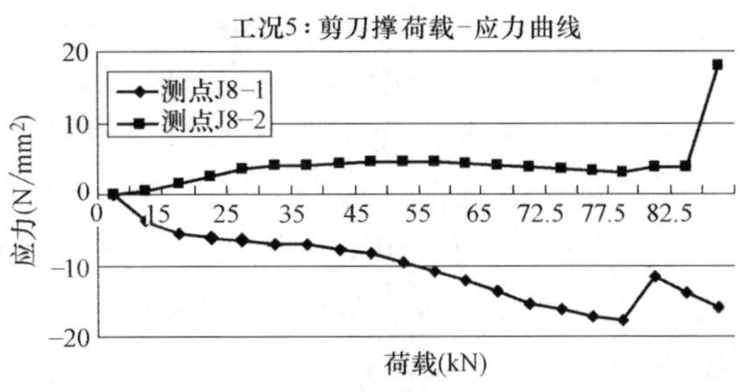

图 5-177　剪刀撑⑧的测点应力图

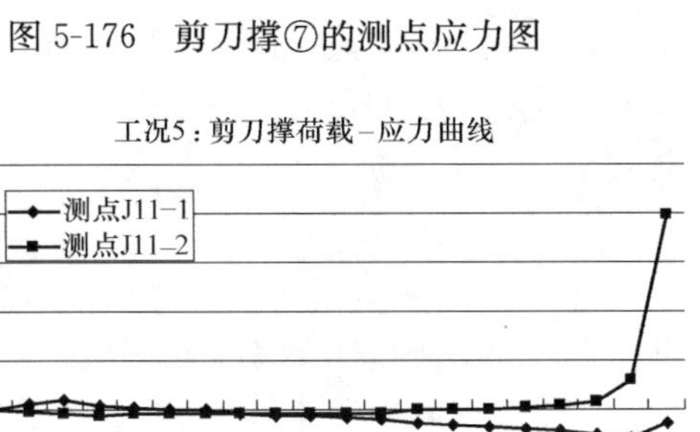

图 5-178　剪刀撑⑪的测点应力图

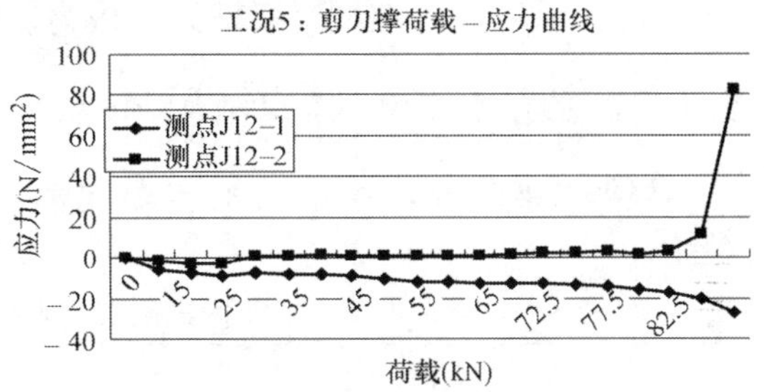

图 5-179　剪刀撑⑫的测点应力图

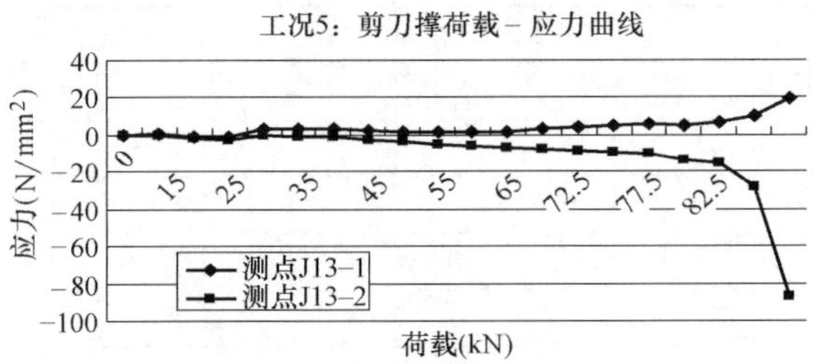

图 5-180　剪刀撑⑬的测点应力图

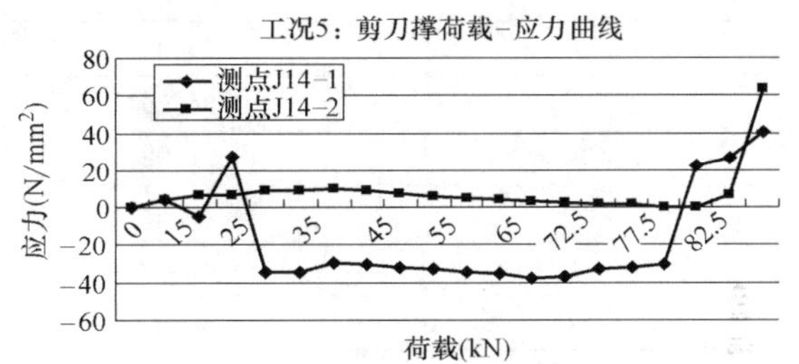

图 5-181　剪刀撑⑭的测点应力图

根据各剪刀撑各测点的应力数据，结论同工况 3-2。

比较试验各工况发现：

1）在加载的过程中，在加同一级荷载时，各杆的轴力增加也不相同。屈曲时，各立杆的轴力不同，说明整体结构屈曲时轴力存在较大的差异，不利于整体结构的承载。

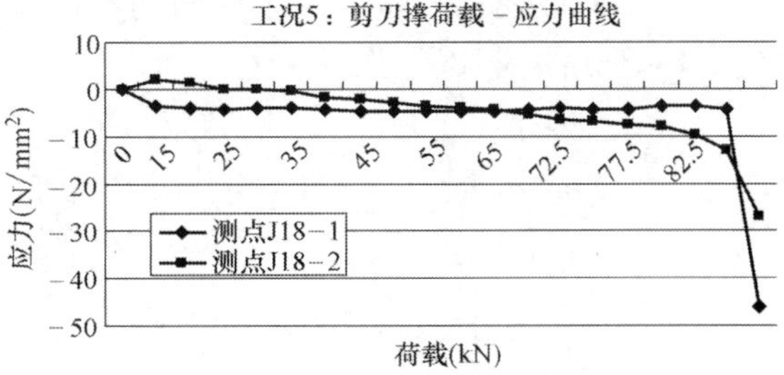

图 5-182　剪刀撑⑮的测点应力图

2）在试验加载过程中荷载—轴力曲线成线性，且每个立杆下中上三个轴力值基本相等，这说明在支架基础承载力足够大即加载过程中立杆不发生相对沉降的情况下，立杆轴力值从上到下基本是一致的，水平杆对立杆竖向的约束作用不明显，但失稳时，水平杆轴力突变，说明失稳时水平杆对立杆约束较大。

3）剪刀撑的应力在正常承受荷载过程中，应力并不大。但在整体结构失稳时，剪刀撑的应力突变，说明在失稳时，剪刀撑对结构的稳定贡献很大，有利于结构的整体稳定。

4）剪刀撑在提高整架承载能力方面所起作用很大，支架四周外立面设置垂直剪刀撑，将支架变成一个封闭体，极大的提高支架的整体刚度，工况 1 试验屈曲时每个立杆可承受 31.25kN 的荷载，而工况 3-1 每根立杆可承受 65.00kN 的荷载，承载能力是工况 1 的 2.3 倍。

5）减小步距，可明显提高整架的承载力。工况 3-2，步距为 1436mm，单杆承载力为 72.5kN，而工况 4，步距为 1148mm，单杆承载力为 82.5kN，承载能力是工况 3-2 的 1.38 倍。

6）减小纵横距，可提高整架的承载力但影响不大。工况 4，纵距为 1160mm，单杆承载力为 82.5kN，而工况 5，纵距为 900mm，单杆承载力为 85kN，承载能力是工况 4 的 1.03 倍。说明纵横距对模板整架承载力影响不大。

5.1.3 数值分析与试验结果对比

根据试验工况，建立三维有限元模型，对其进行非线性屈曲分析，将结果汇于表 5-3。

不同试验工况下模型的极限承载力汇总表　　表 5-3

工况	极限承载力(kN)		
	计算值（半刚性）	计算值（1%水平力）	计算值（无水平力）
1	35.30	58.07	67.32
2	34.96	60.71	72.42
3-1	71.98	72.00	118.09
3-2	73.69	78.00	123.40
4	91.16	100.40	133.37
5	105.43	109.38	154.20

1. 工况 1（无剪刀撑）

工况 1 试验模型的特点是纵横向均不设置剪刀撑，按照有限元对模型进行屈曲分析，其失稳模态如图 5-183、图 5-184 所示。

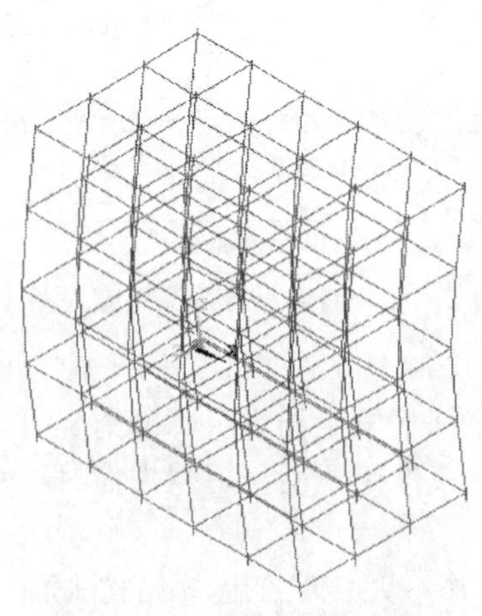
图 5-183　屈曲模态三维视图

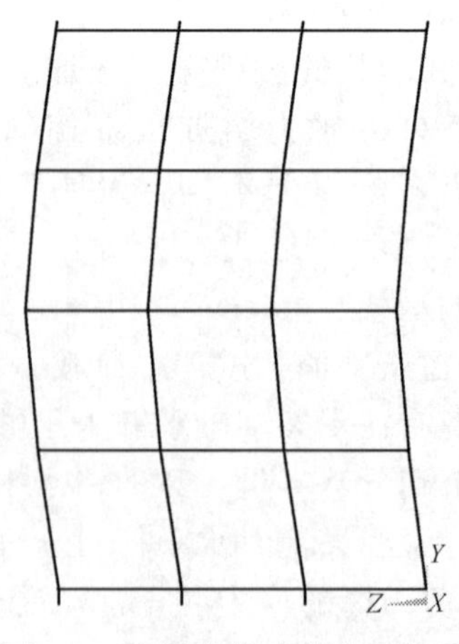

图 5-184　屈曲模态横截面视图

对比试验失稳图 5-24，在工况 1 试验中立杆 B1 在 X 向的变形均为半波鼓曲。其中，中点的位置变形量最大，试验值为 24.02mm，计算值为 7.51mm 和 16.02mm（加 1%水平力）；立杆 B1 在 Y 向发生多波鼓曲，试验与计算符合，不同的是试验测得的变形值较大，最大值为 18.69mm，但还是要比 X 向的最大位移要小，整架的承载力有 X 向刚度控制，与计算结果相符。

有限元分析与试验结果在变形上的不同之处：有限元分析时架体发生半波屈曲，而试验发生侧移失稳，相同的是模型失稳均发生于横向，说明支架的承载力由刚度较小的横向刚度控制。

理论分析与试验结果不同的主要原因为：

1）有限元分析的模型是建立在完全理想的基础上，几何图形和材料都是关于轴对称，不存在缺陷，而试验模型在这两方面都存在缺陷。

2）在加载方式上，有限元模型是理想的集中荷载施加于立杆顶端，每个集中荷载的性质完全相同，并且在加载过程中不受架体变形的影响；试验的加载方式是采用加载梁将千斤顶所施加的荷载传递到立杆的顶端，加载梁的材料和加工不免存在缺陷，加载过程中如果杆件发生变形不免会造成荷载分配不均，使各个立杆受力大小不同。

3）试验采用三个千斤顶，加载量由人工控制，在同步加载方面存在误差。

2. 工况 2（仅横向有剪刀撑）

工况 2 试验模型的特点是只设置横向剪刀撑，按照有限元对模型进行屈曲分析，其失稳模态如图 5-185、图 5-186 所示。

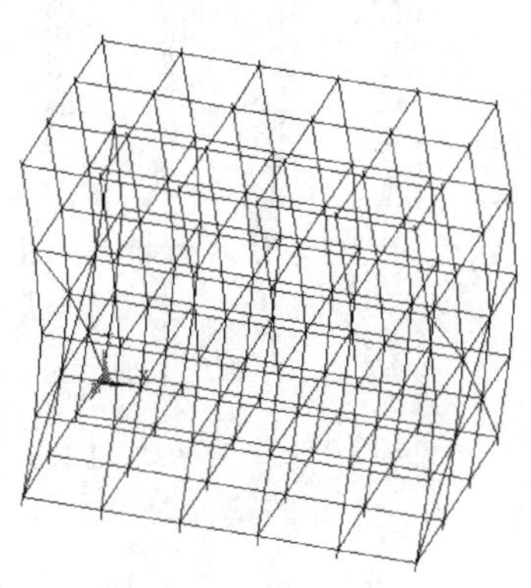

图 5-185　屈曲模态三维视图

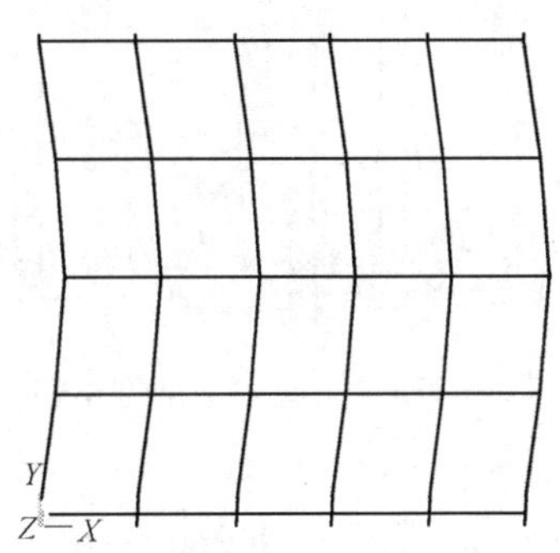

图 5-186　屈曲模态纵截面视图

由于设置了横向剪刀撑，架体的横向抗侧移刚度大大加强，且高于纵向抗侧移刚度，故有限元分析屈曲时，立杆出现大波鼓曲，鼓曲方向沿着刚度较小的纵向，其半波波长等于立杆的高度，架体的最大变形发生在立杆中点，如屈曲模态纵截面视图所示。试验结果与理论分析结果符合较好，如试验变形图 5-41（*b*）、图 5-41（*c*）所示。

3. 工况 3

应用有限元对模型进行屈曲分析，其失稳模态如图 5-187、图 5-188 所示。

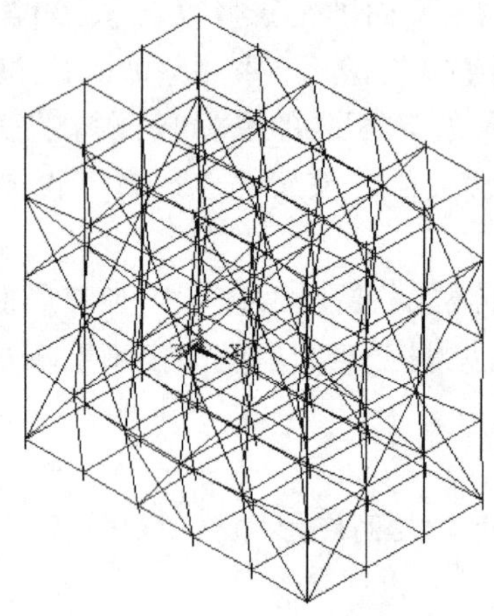

图 5-187　工况 3-1 屈曲模态三维视图

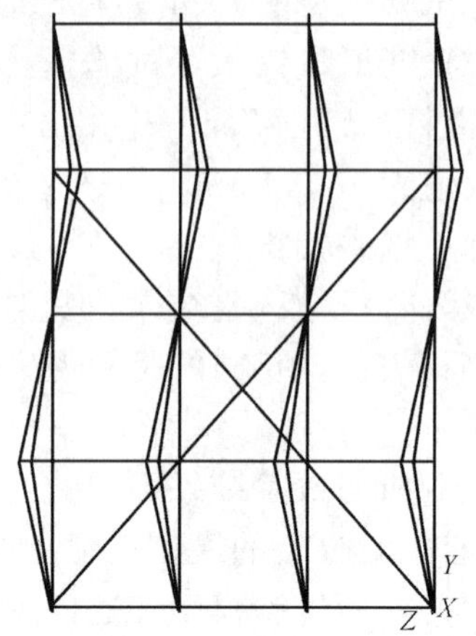

图 5-188　工况 3-1 屈曲模态横截面视图

工况 3-2 试验模型的特点只是在工况 3-1 架体上用一整杆更换局部屈曲立杆，且剪刀撑按照《扣件式钢管脚手架安全技术规范》(JGJ 130—2011) 设置，采用有限元对模型进行屈曲分析，其失稳模态如图 5-189、图 5-190 所示。

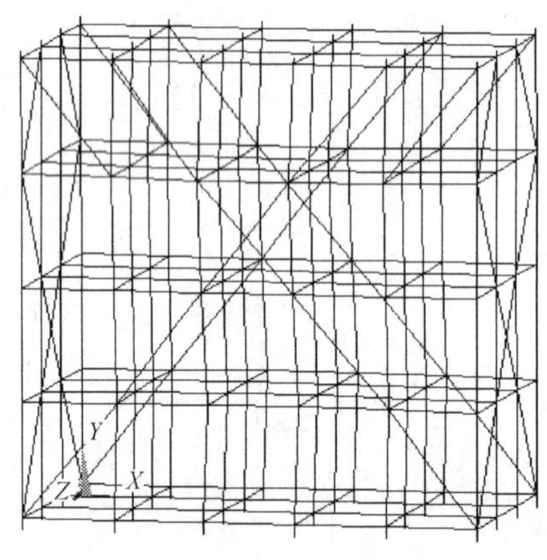

图 5-189　工况 3-2 屈曲模态三维图

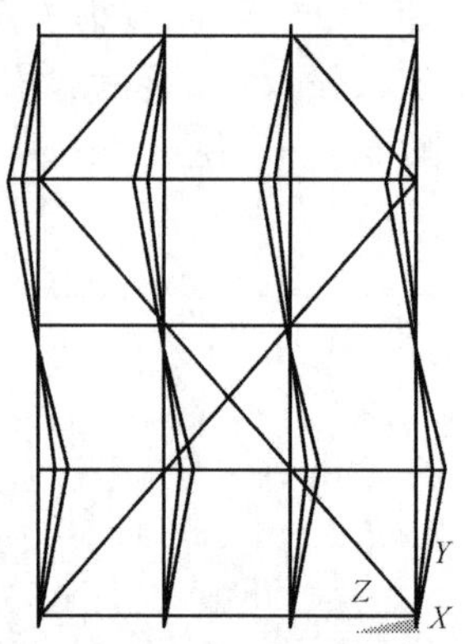

图 5-190　工况 3-2 屈曲模态横截面图

由有限元分析得：整架屈曲发生在刚度较小的横向，如屈曲模态横截面视图所示，立杆在横向平面内呈“S”型，沿着架体纵向两端向内立杆变形逐渐变大，至架体中间立杆变形最大，而试验结果却与理论分析相背离，架体大部分立杆呈“S”型屈曲，下部弯曲较上部大，但是沿着整架的纵向，而不是横向。

理论分析与试验结果出现不同的原因主要在于架体的搭设缺陷导致纵向刚度减小：

(1) 纵向剪刀撑沿着钢管全长没有全部与立杆或小水平杆相连，导致剪刀撑对立杆在纵向变形的约束作用大大减小，架体纵向刚度减小。

(2) 试验在加载过程中，在架体纵向设置剪刀撑的平面内出现一直角扣件破裂现象，直角扣件破裂，使立杆在此处失去约束，计算长度变为原来的两倍，承载能力下降。

4. 工况4（在工况3的基础上将步距改为1148mm）

工况4试验模型的特点是纵横向剪刀撑均设置且在工况3-2的基础上将步距改为1148mm，按照有限元对模型进行屈曲分析，其失稳模态失稳模态如图5-191、图5-192所示。

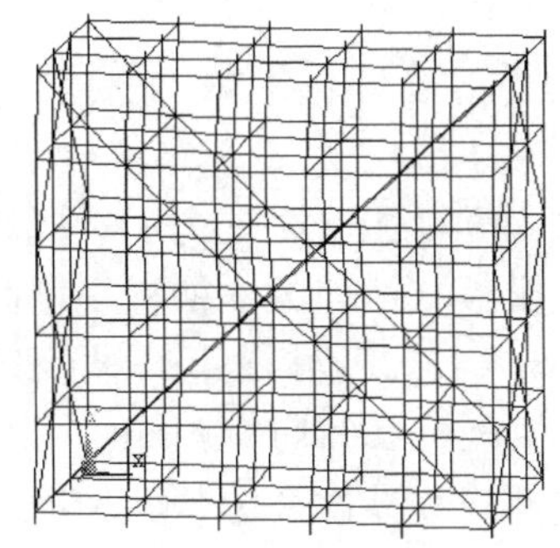

图5-191 工况4屈曲模态三维视图

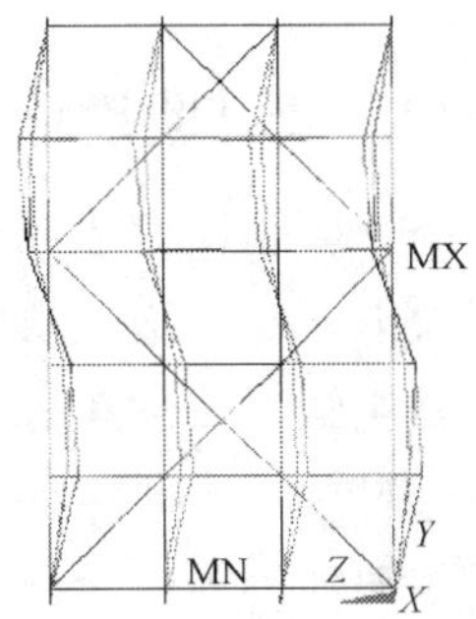

图5-192 工况3-2屈曲模态横截面视图

工况4试验模型与工况3-2相比多了一个步距，其有限元屈曲模态与工况3-2相似，立杆在横向平面内呈“S”型，试验结果与其相符合，如试验变形图5-127（*a*）～图5-127（*d*）架体上端弯曲较下端大，整架的承载力也比工况3-2有较大提高。

5. 工况5（在工况4的基础上将步距改为900mm）

工况5试验模型的特点是纵横向剪刀撑均设置且在工况4的基础上将纵距改为900mm，按照有限元对模型进行屈曲分析，其失稳模态如图5-193、图5-194所示。

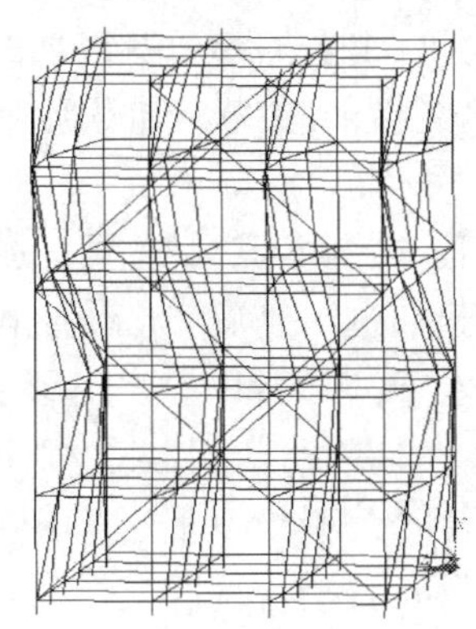

图5-193 屈曲模态三维视图

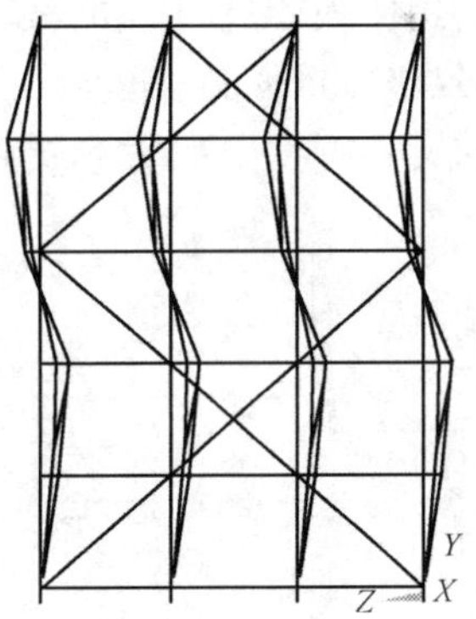

图5-194 屈曲模态横截面视图

工况5试验模型与工况4相比纵距减小，其有限元屈曲模态与工况4相同，立杆在横向平面内呈“S”型，试验结果与其相符合，架体上端弯曲较下端大，与工况4试验结果相似，整架的承载力比工况4有较大提高。

5.2 插口式模板支架基本受力单元架试验

为研究插口式钢管模板支撑架的竖向承载力在实验室进行了4组不同搭设方案的基

本受力单元架试验[62]。本节主要针对立杆搭设间距及横杆插头楔紧度两种因素，研究其对承载能力的影响程度，试验结果表明立杆间距是影响单元架承载力的关键因素，间距越大承载力越小；横杆插头楔紧度越大基本受力单元架的承载力越高，但横杆插头楔紧度对承载力的影响程度依赖于立杆间距，立杆间距越大其对承载力的影响程度越大。

5.2.1 单元架试验设计

本试验主要为插口式模板支撑架基本受力单元架的力学性能研究，为了达到研究目的使试验现象能够真实地反映实际工程情况，由于插口式模板支撑架的立横杆规格固定，故选取空间基本受力单元架搭设规格为：600mm×600mm×1200mm(横距×纵距×步距)、600mm×1200mm×1200mm，分别记为试件 1 和试件 2，立横杆截面均为 ϕ48mm×2.75mm。

考虑到横杆接头的楔紧度对节点刚度的影响，对试件 1 和试件 2 进行两种横杆插头楔紧度工况的试验，即正常楔紧度和最小楔紧度（将横杆插头放入，不加任何楔紧力），两种楔紧度工况对应插头正常使用状况和最小楔紧的极端状况，其中正常楔紧度的试件编号为 $i-1(i=1, 2)$，最小楔紧度的试件编号为 $i-2(i=1, 2)$。

(1) 加载方式

本试验为破坏性试验，极限承载力随机性较大，因此每级荷载的大小应该在加载过程中通过数据所反映的架体受力状况和观测到的试验现象及时进行调整。前述预分析中，若单元架各构件为理想弹性材料则最大承载力为 408kN，因此该试验过程中连续加载，每 20kN 停顿一次观测试验现象，若观测到试件中有应变或变形剧烈变化，则连续加载直至架体破坏。

试验正式加载前进行预加载，每级 20kN，位移不再增加时进行下一级加载，加载至 60kN 后按每级 20kN 卸载至 0，若预加载中架体材料弹性性能较好，卸载后残余应变和残余变形不大，则按上述方案正式加载。

加载过程中连续记录数据，加载结束后立即纪录试验数据，持荷 5min 后再次纪录试验数据，结构破坏瞬间连续纪录试验数据。破坏后分级平均卸载，卸载过程中连续纪录数据，不持荷，卸载至 0 后立即纪录数据。

(2) 测点布置

为了监测逐级加载过程中结构内力变化，本试验中对试件 1，试件 2 的立杆两端以及中间布置应变测点，每个应变测点含应变片 4 片，可测得轴向应变、平面内弯曲应变和平面外弯曲应变。试件 1、试件 2 的规格及具体测点位置如图 5-195 和图 5-196 所示。位移测点布置于立杆跨中，共 4 个测点，每个测点用两只百分表分别量测 X、Y 向侧移，如图 5-197 所示。

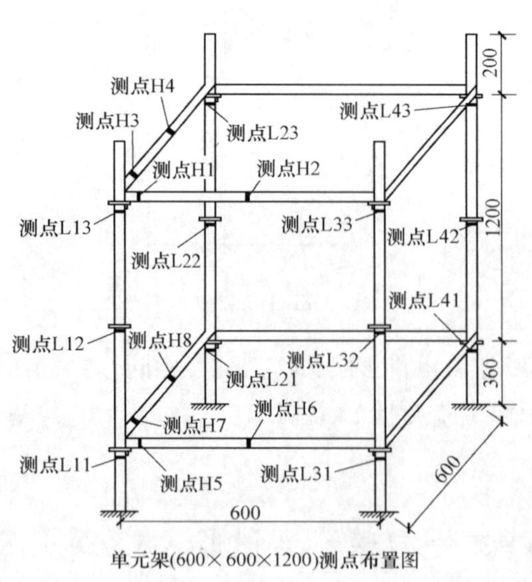

图 5-195 试件 1 测点布置图

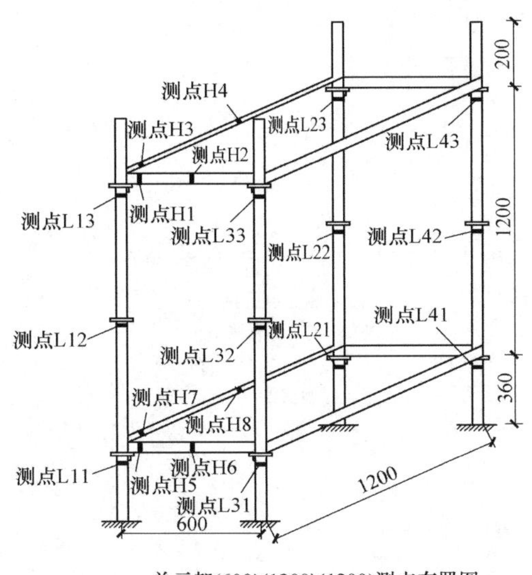

图 5-196　试件 2 测点布置图

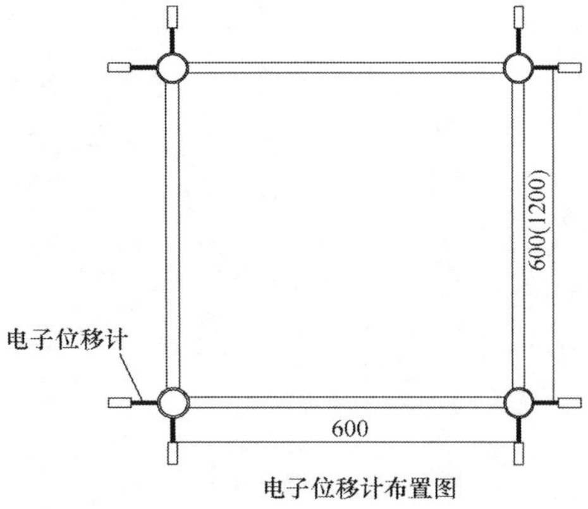

电子位移计
600
600(1200)
电子位移计布置图

图 5-197　试件 1、2 电子位移计布置图

（3）固定及加载装置

试件加载时，将立杆底部固定于地梁上防止其在水平面内滑动，地梁如图 5-198 所示。工程应用时整架中各杆件间相互约束，而单元架试验中立杆较少，相互间约束力小易发生错动，故在钢板上焊接短钢管用以固定立杆。

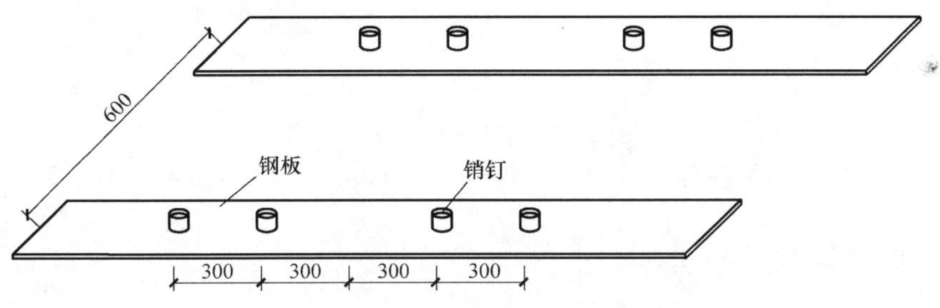

图 5-198　固定架体用地梁示意图

试件 1 和试件 2 加载时，根据理论计算单元架的承载力在 400kN 内，故可采用一台 50t 的千斤顶进行加载。

加载梁如图 5-199（*a*）所示，由一级分配梁、二级分配梁和栓钉组成，栓钉焊接于一级分载梁下翼缘的下表面，加载时将栓钉插入立杆顶端用以固定位置，但各级分配梁之间只搭接不做其他处理。

分配梁及栓钉间距如图 5-199（*b*）和 5-199（*c*）所示，5-199（*b*）图为试件 1 加载时将单元架立杆置于中间四个栓钉正下方的平面示意图，5-199（*c*）图为试件 2 加载时将单元架立杆置于四角四个栓钉正下方的平面示意图。

此加载装置可通过各级分配梁长度、间距及栓钉焊接间距的设计，用于两种不同规格单元架的加载。

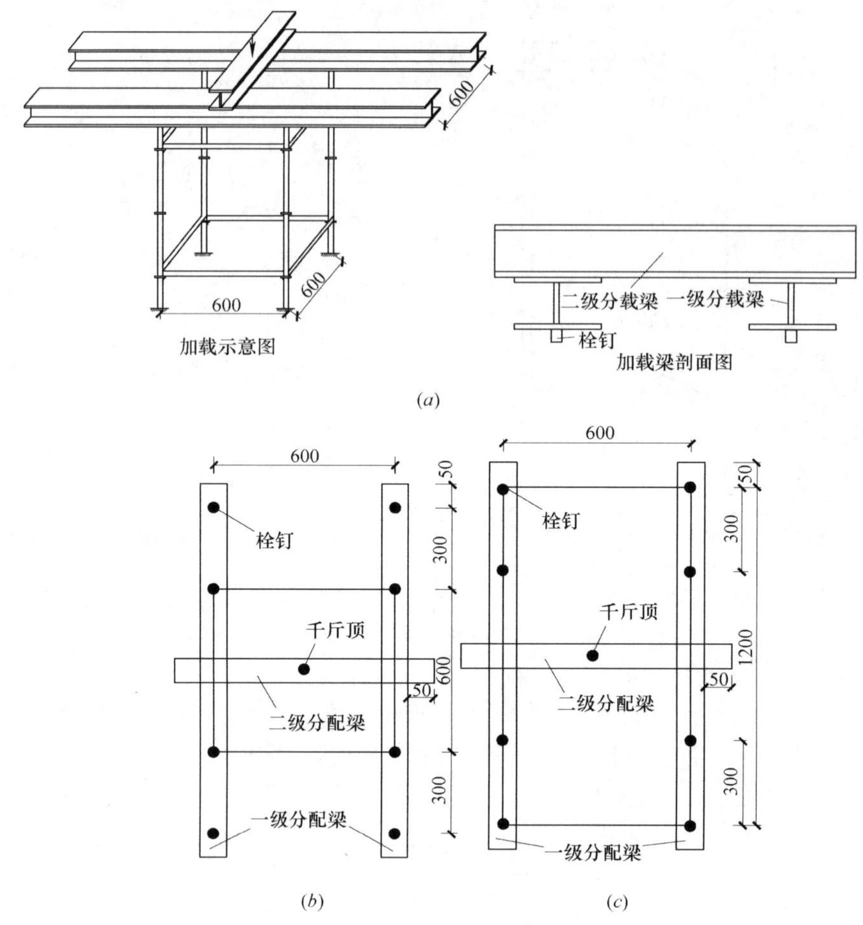

图 5-199　单元架加载梁示意

(a) 加载装置示意图；(b) 试件 1 加载时平面示意图；(c) 试件 2 加载时平面示意图

5.2.2　试验现象及结果分析

1. 单元架极限承载能力分析

对试件 1 和试件 2 分别进行横杆插头正常楔紧度和最小楔紧度两种工况下的极限承载力试验，试件编号分别为试件 1-1、试件 1-2 和试件 2-1 和试件 2-2，试验结果及对比情况见表 5-4。

承载力试验结果及对比情况　　表 5-4

<table>
<tr><td colspan="2">项目</td><td>①</td><td>②</td><td>③</td><td>④</td><td rowspan="6">对比</td><td rowspan="2">(①-②)/②</td><td rowspan="2">(③-④)/④</td><td rowspan="2">(①-③)/④</td><td rowspan="2">(②-④)/④</td></tr>
<tr><td colspan="2">试件号</td><td>1-1</td><td>1-2</td><td>2-1</td><td>2-2</td></tr>
<tr><td colspan="2">极限承载力(kN)</td><td>350.93</td><td>282.97</td><td>233.54</td><td>153.15</td><td>24.02%</td><td>43.14%</td><td>50.27%</td><td>73.44%</td></tr>
<tr><td rowspan="3">备注</td><td>纵横间距</td><td>600×600</td><td>600×600</td><td>1200×600</td><td>1200×600</td><td rowspan="3">架体规格相同，楔紧度不同</td><td rowspan="3">架体规格相同，楔紧度不同</td><td rowspan="3">楔紧度相同，架体规格不同</td><td rowspan="3">楔紧度相同，架体规格不同</td></tr>
<tr><td>步距</td><td>1200</td><td>1200</td><td>1200</td><td>1200</td></tr>
<tr><td>楔紧度</td><td>正常</td><td>最小</td><td>正常</td><td>最小、</td></tr>
</table>

由试验结果得到各试件的极限承载力，分析可知：

（1）当单元架立杆纵横间距均为 600mm、步距为 1200mm 时，立横杆接头处正常楔紧的单元架比立横杆接头处只搭接而未楔紧的工况提高 24.02%；当单元架立杆纵距为 1200mm 时，该提高值达到 43.14%。

（2）当立横杆接头处均为正常楔紧时，立杆纵距 600mm 的试件 1-1 比立杆纵距 1200mm 的试件 2-1 承载力提高 50.27%；在最小楔紧工况下，该提高值达到 73.44%。可知插口式模板支撑架立横杆接头处的楔紧度对于架体的承载能力有很大影响，且架体立杆间距越大该影响越明显。

（3）单元架中立杆间距与横杆插头楔紧度相比为影响承载力的主要因素，该结论可推广至满堂支撑架。

2. 扭转及位移分析

试验完毕后发现四个单元架的破坏模式皆为扭转破坏，且均为顺时针扭转，扭转位移过大后不能继续承载。图 5-200 为四个试件的平面示意图，其中实线为加载前位置示意，虚线为扭转破坏后立杆顶部的位移示意，图中位移单位为 mm。试验结束后测量了试件扭转破坏后一级分配梁的扭转角度，见表 5-5。

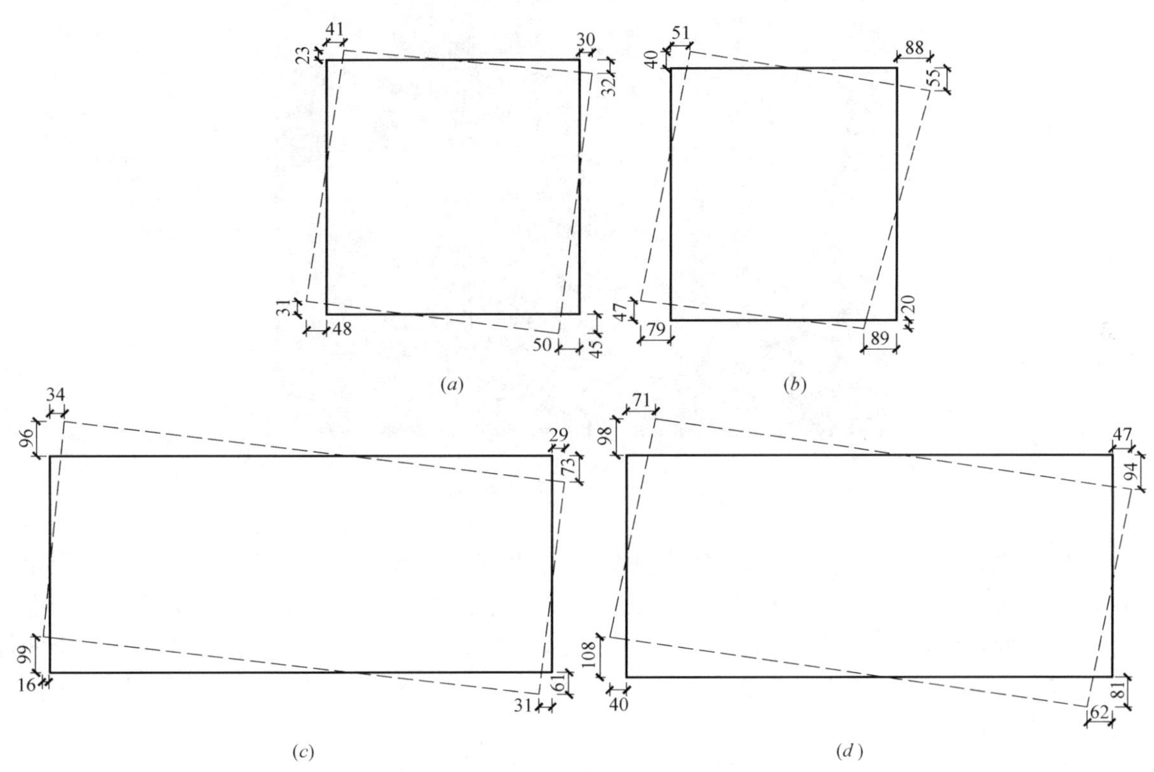

图 5-200　扭转破坏后立杆顶部位移示意

（*a*）试件 1-1 立杆顶部位移图；（*b*）试件 1-2 立杆顶部位移图；
（*c*）试件 2-1 立杆顶部位移图；（*d*）试件 2-2 立杆顶部位移图

由表 5-5 知试件 1-1 破坏后的扭转角度明显比其他三个试件小，究其原因为试件 1-1

的立杆纵横间距小且其立横杆接头处楔紧程度大，故各构件间的离散程度小，试件破坏时扭转角度小；试件 2-2 立杆搭设间距大且其立横杆接头处楔紧程度小，故各构件间的离散程度大，破坏时扭转角度大；试件 1-2 立杆纵横间距小但立横杆接头处楔紧程度小，而试件 2-1 立横杆接头处楔紧程度大但立杆纵距大，故试件 1-2 和试件 2-1 在达到承载极限扭转破坏时扭转角度较大。且由一级分配梁的扭转角度可知，立杆纵距越小时立横杆接头处的楔紧度对试件的扭转角度影响越大，而当立杆纵距为 1200mm 时立横杆的楔紧程度对于破坏时的扭转角度影响不大。

试件破坏时一级分配梁的扭转角度　　表 5-5

试件编号	试件 1-1		试件 1-2		试件 2-1		试件 2-2	
扭转角度	左	右	左	右	左	右	左	右
	7.55°	8.44°	11.59°	11.59°	12.19°	11.47°	13.57°	12.07°

在加载过程中利用位移计对单元架四根立杆的中间承盘位置进行平面上两个方向的位移测定，位移计布置如图 5-201 所示。

图 5-201　位移计布置图

现分别将四个试件在试验中测定的位移汇总如下，如图 5-202～图 5-205 所示。测定中以 X 向代表东—西方向位移，以 Y 向代表南—北方向位移，然后建立位移随荷载的变化曲线，曲线图中可直观地表示出立杆中部承盘位置处在加载过程中的位移变化，图中的正值表示位移计拉杆外伸，负值表示位移计拉杆内缩。在结构破坏瞬间位移计指针有脱落现象，故试件破坏后立杆中部的位移以最后测量为准。图 5-202～图 5-205 表示了四个试件加载至极限状态然后卸载全过程的位移-荷载变化图。

从图 5-202 中可以看出在加载初期，尤其是加载至 60kN 之前立杆几乎无任何位移，后期随着荷载的增加位移逐渐增长，且 Y 向位移比 X 向位移增长速度快；加载过程中位移增长较为缓慢，当达到承受荷载的临界值时位移突然增大；卸载初期位移仍有增长，随着荷载的逐步卸除位移趋于稳定后不再变化。由现象可知 Y 向刚度较 X 向刚度弱；且立杆 2 在卸载过程中位移稍有恢复，说明立杆 2 的弹性变形较大，但最终残余的塑性变形仍较大。

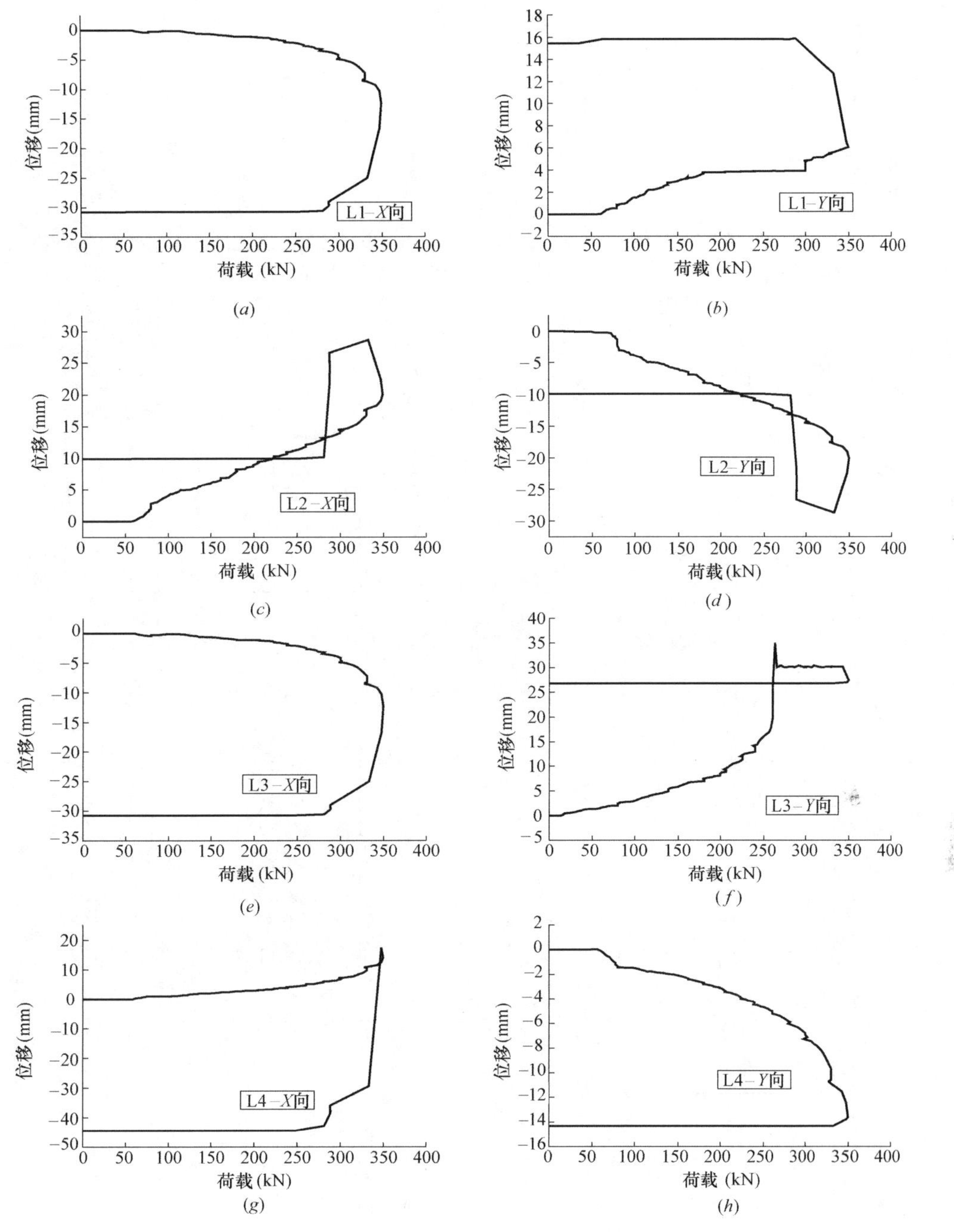

图 5-202　试件 1-1 各立杆位移-荷载关系图

(*a*) L1 立杆 *X* 向位移；(*b*) L1 立杆 *Y* 向位移；(*c*) L2 立杆 *X* 向位移；(*d*) L2 立杆 *Y* 向位移；(*e*) L3 立杆 *X* 向位移；(*f*) L3 立杆 *Y* 向位移；(*g*) L4 立杆 *X* 向位移；(*h*) L4 立杆 *Y* 向位移

从图 5-203 中可以看出在加载至 10kN 左右时立杆位移即开始增长，且前期各立杆的位移几乎呈线性增长；当达到承受荷载的临界值时立杆位移增长较快；卸载时只有立杆 2 的位移稍有恢复，其他立杆位移达到最大后趋于稳定不再变化。产生此种现象的主要原因是试件 1-2 立横杆接头处的楔紧程度较小，故造成了加载之初立杆位移就开始增长的现象。

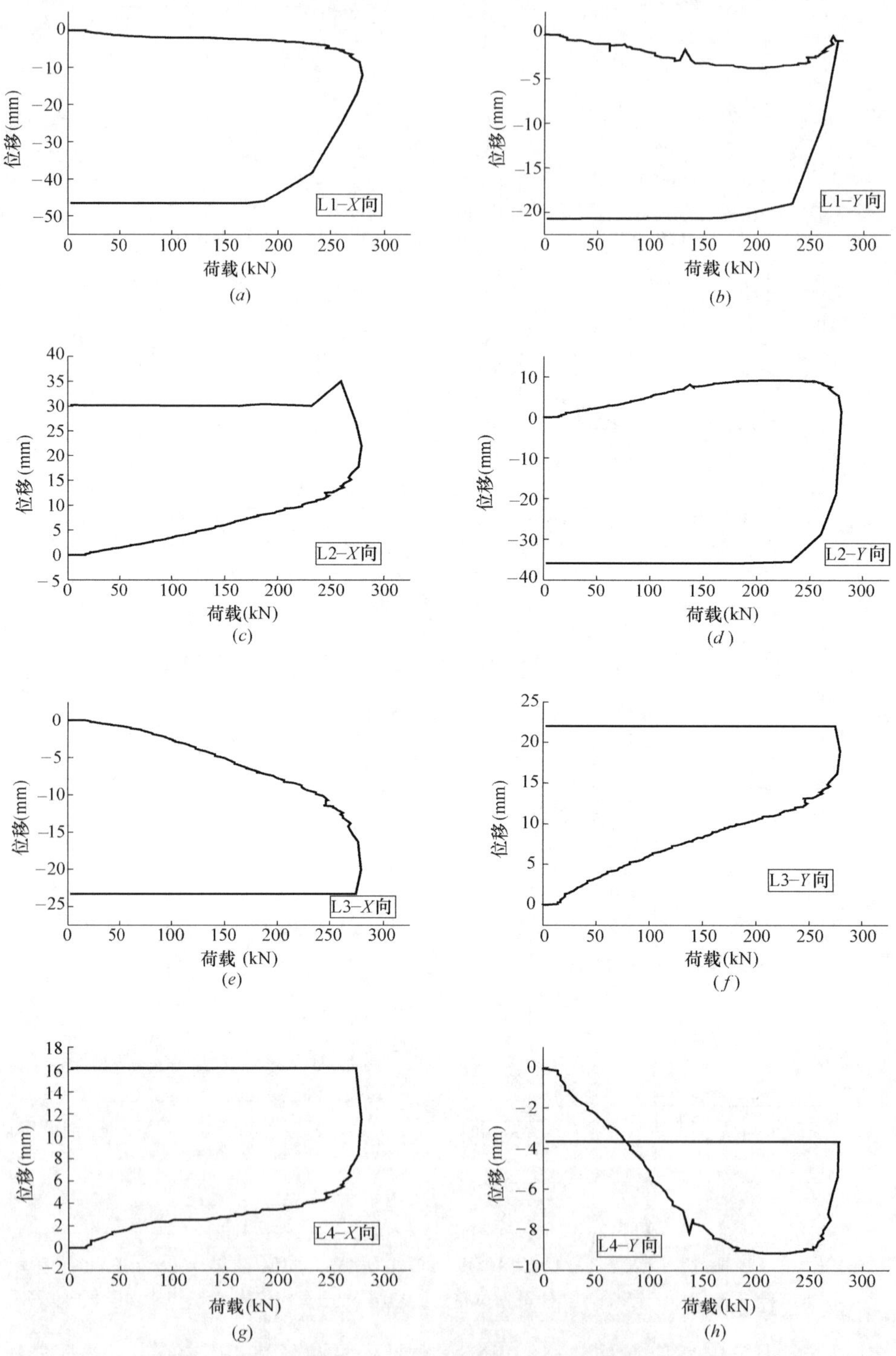

图 5-203　试件 1-2 各立杆位移-荷载关系图

(*a*) L1 立杆 *X* 向位移；(*b*) L1 立杆 *Y* 向位移；(*c*) L2 立杆 *X* 向位移；(*d*) L2 立杆 *Y* 向位移；(*e*) L3 立杆 *X* 向位移；(*f*) L3 立杆 *Y* 向位移；(*g*) L4 立杆 *X* 向位移；(*h*) L4 立杆 *Y* 向位移

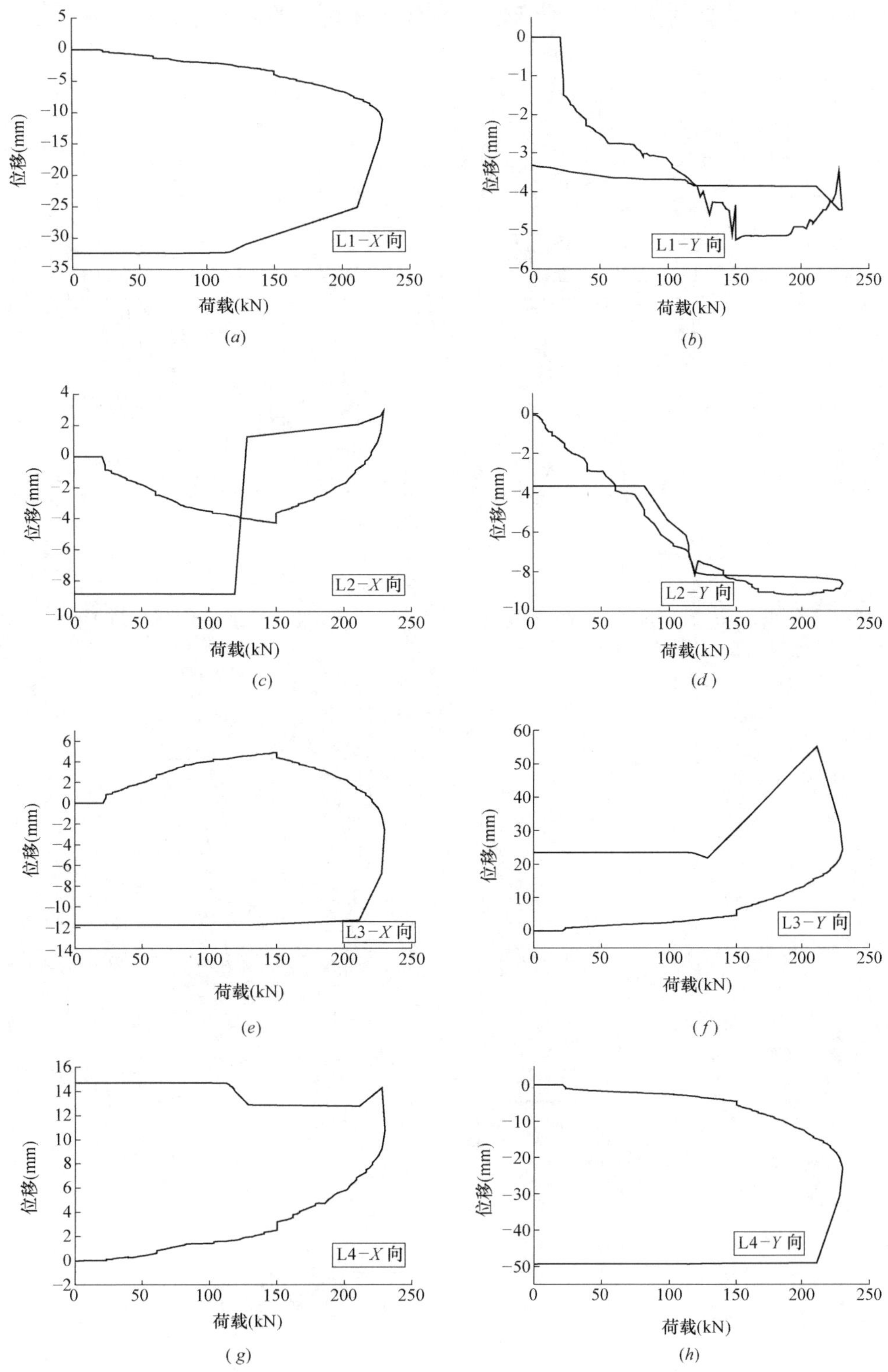

(a)　(b)　(c)　(d)　(e)　(f)　(g)　(h)

图 5-204　试件 2-1 各立杆位移-荷载关系图

(a) L1 立杆 X 向位移；(b) L1 立杆 Y 向位移；(c) L2 立杆 X 向位移；(d) L2 立杆 Y 向位移；(e) L3 立杆 X 向位移；(f) L3 立杆 Y 向位移；(g) L4 立杆 X 向位移；(h) L4 立杆 Y 向位移

从图 5-204 可以看出虽然单元架立杆的纵距增加至 1200mm，但由于立横杆接头处的

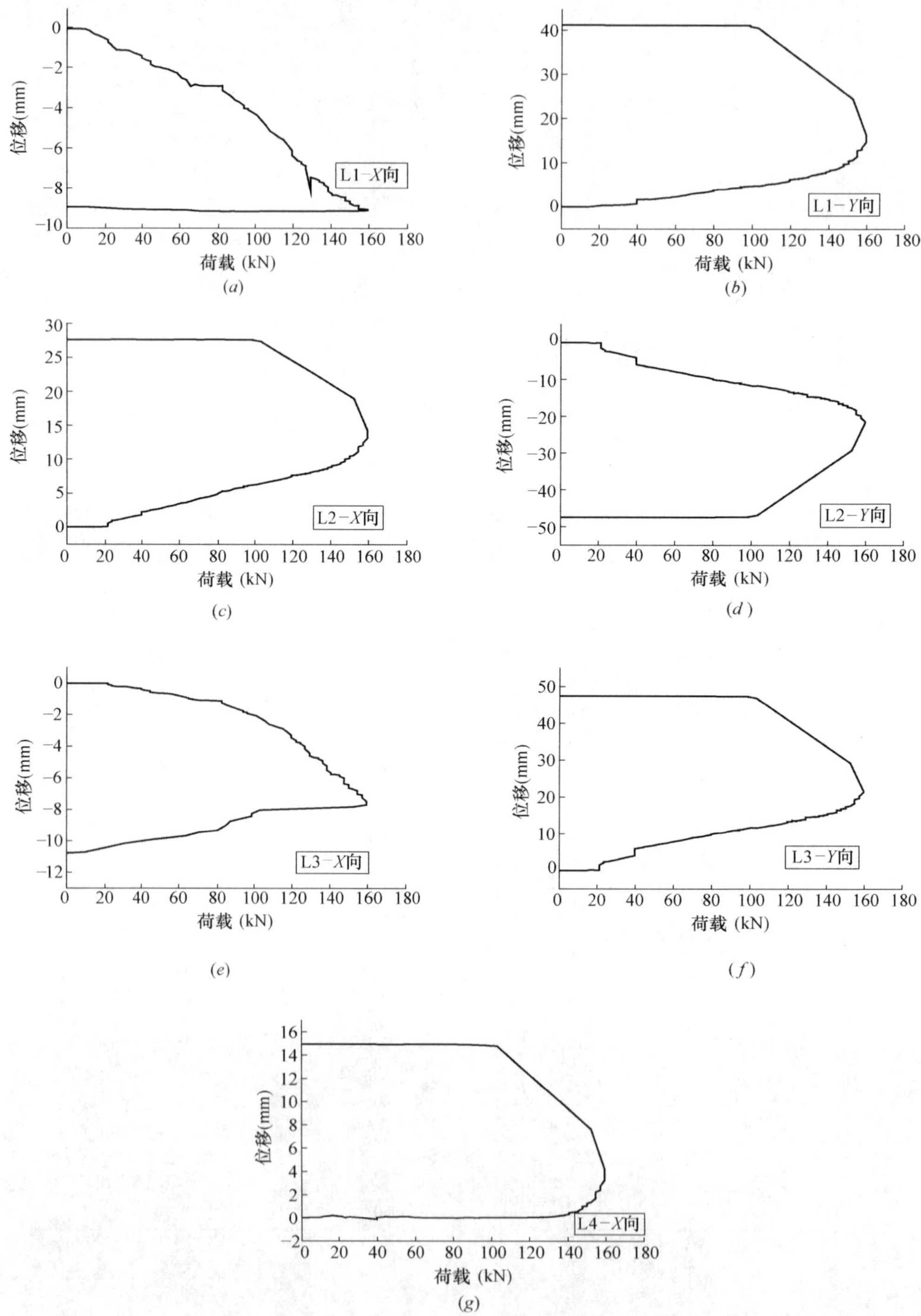

图 5-205 试件 2-2 各立杆位移-荷载关系图

(*a*) L1 立杆 *X* 向位移；(*b*) L1 立杆 *Y* 向位移；(*c*) L2 立杆 *X* 向位移；(*d*) L2 立杆 *Y* 向位移；
(*e*) L3 立杆 *X* 向位移；(*f*) L3 立杆 *Y* 向位移；(*g*) L4 立杆 *X* 向位移

楔紧程度较大，故直至加载到 20kN 左右时立杆几乎无任何位移；在后期的持续加载过程中位移也变化缓慢，直至达到临界荷载时位移突然增大；而最大位移中既有弹性部分又有塑性部分，故在卸载时位移有少许恢复，但卸载至零后立杆塑性变形仍较大。

从图 5-205 可以看出由于试件 2-2 的立杆纵距较大且立横杆接头处的楔紧程度较小，故加载至 20kN 左右时立杆位移开始逐渐增大，且增大速率远大于前三个试件；该试件在达到极限破坏时已扭转破坏不能再继续承载，故在卸载过程中立杆位移仍持续增长，直至荷载较小时位移才趋于稳定，在整个卸荷过程中位移并未出现减小现象。

对四个单元架试件的位移及扭转分析可知：

(1) 当单元架立杆纵横间距小且立横杆接头处楔紧度大时，立杆较晚出现位移，且位移增长缓慢，直至架体临近破坏时位移才突然变大，但最终位移仍较小；当单元架体的立杆纵距增加一倍且立横杆接头处楔紧度小时，立杆较早出现位移，且位移增长速度较快，在达到临界荷载时位移突然增大，最终位移较大。

(2) 单元架中立杆间距对架体失稳时扭转角度有较大影响，间距小则扭转角度小，间距大则扭转角度大；且横杆插头楔紧度对架体失稳扭转角度的影响程度取决于立杆间距，立杆间距小时其影响大，立杆间距大时其影响则不明显。

(3) 当单元架处于上述两种状态之间时，即立杆纵距较小楔紧度较小或立杆纵距较大楔紧度也较大时，立杆位移出现较早，但位移增长缓慢，最终位移比试件 1-1 要大，比试件 2-2 要小。

(4) 单元架的顺时针扭转破坏由其边界条件引起，只可说明不同立杆间距及节点楔紧度对位移的影响程度，不可推广至满堂支撑架的失稳模式。

3. 试验过程中单元架应变分析

测点布置如试验方案所示，每个测点部位沿钢管圆周均匀地布置四片应变片。如图 5-206 所示，对于横杆而言，四个应变片中 1 位于钢管圆周外侧，2 位于圆周上部，3 位于圆周内侧，4 位于圆周下部；对于立杆而言，每个测点上 1 位于圆周的东侧，2 位于圆周北侧，3 位于圆周西侧，4 位于圆周南侧。

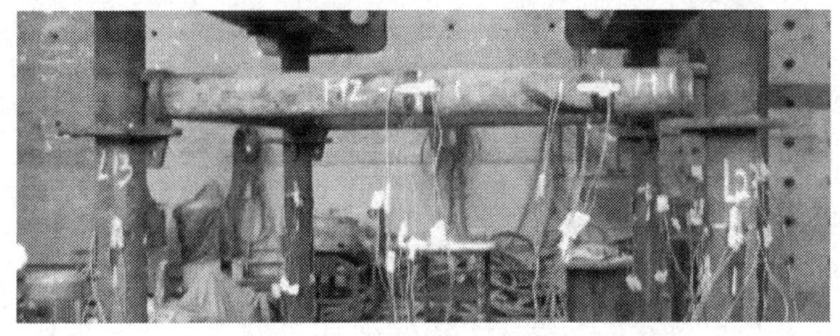

图 5-206　四个应变片的位置示意（由东向西拍摄）

(1) 试件 1-1 应变分析（图 5-207、图 5-208）

图 5-207　试件 1-1 试验布置图

图 5-208　试件 1-1 破坏模式图

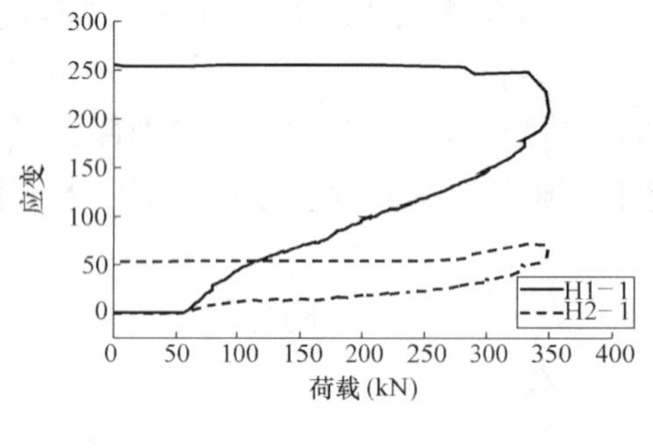

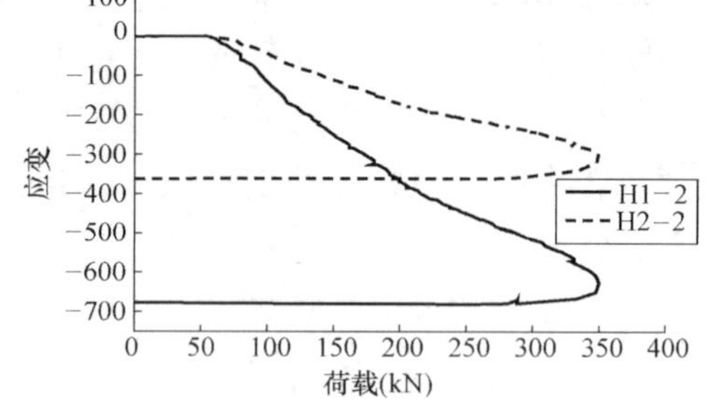

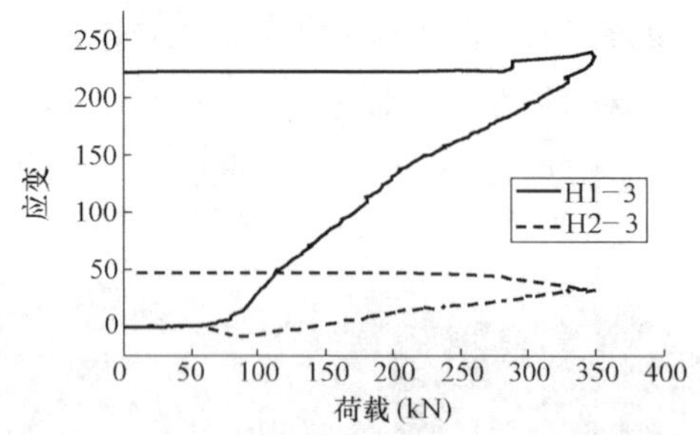

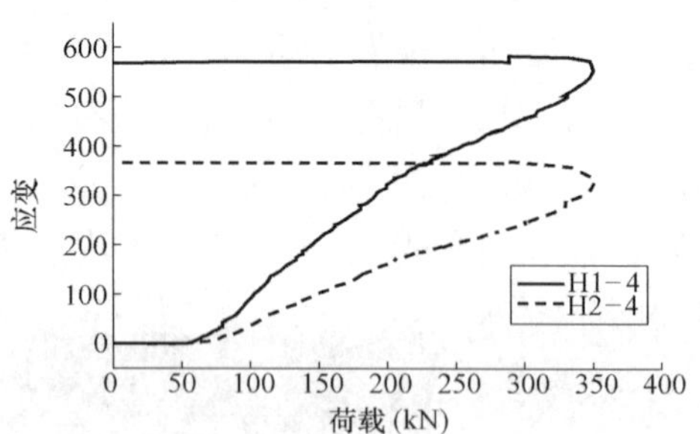

图 5-209　H1、H2 测区各测点的应变-荷载曲线

图 5-209 中测点 H1 和 H2 位于同一横杆上，H1 位于横杆端部 H2 位于横杆中间，由应变-荷载曲线可知：该横杆内外两侧及下侧均受拉，而上侧受压；两个测点处钢管的内外两侧应变均远小于上下侧；边测点 H1 的应变比中间测点 H2 相应位置的应变要大得多；在卸载过程中测点应变并未出现弹性恢复。可知架体在竖向荷载作用下横杆的变形主要由立横杆接头处进行传递，横杆端部比中间变形要大，且横杆内外两侧均受拉，充分说明架体并未发生鼓曲，所有变形均由扭转产生。

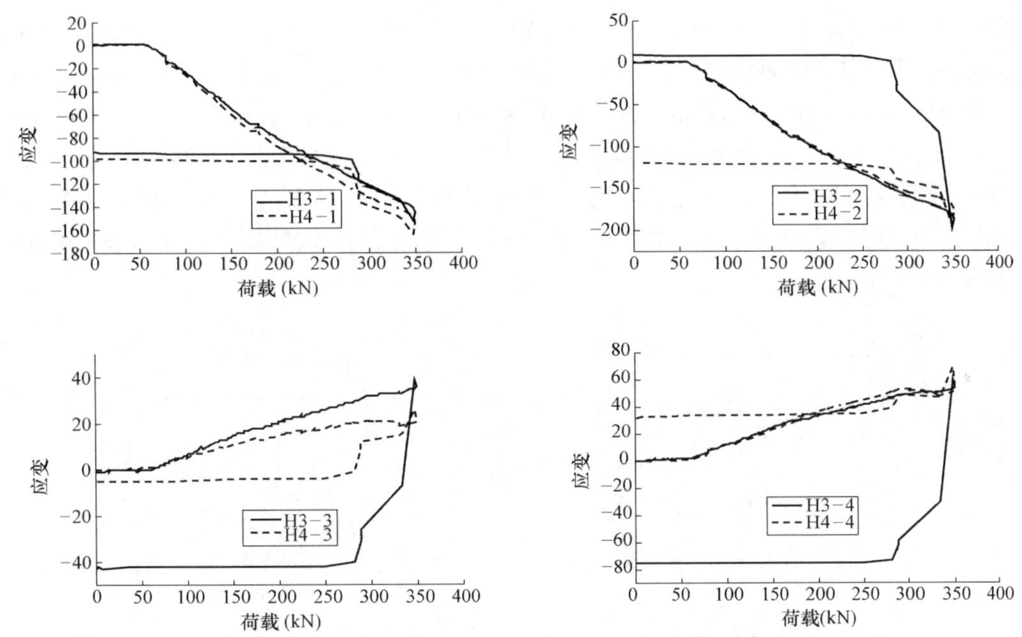

图 5-210　H3、H4 测区各测点的应变-荷载曲线

图 5-210 中测点 H3 和 H4 位于同一横杆上，H3 位于横杆端部 H4 位于横杆中间，由应变-荷载曲线可知：该横杆外侧受压内侧受拉，上侧受压下侧受拉；在加载过程中 H3 和 H4 两测区各相应位置测点的应变相差无几；在卸载过程中测点应变均有恢复现象，且 H3 测区处除外侧测点外其他三侧测点在完全卸载后均呈现与加载时相反的应变状态。说明该横杆变形大部分由相邻杆件之间的相互挤压而产生，故边测点与中测点的应变相差不大，且卸载后可通过构件间连接的疏散使应变有所变化，而端部测点前后应变状态相反是由立杆变形挤压产生的。

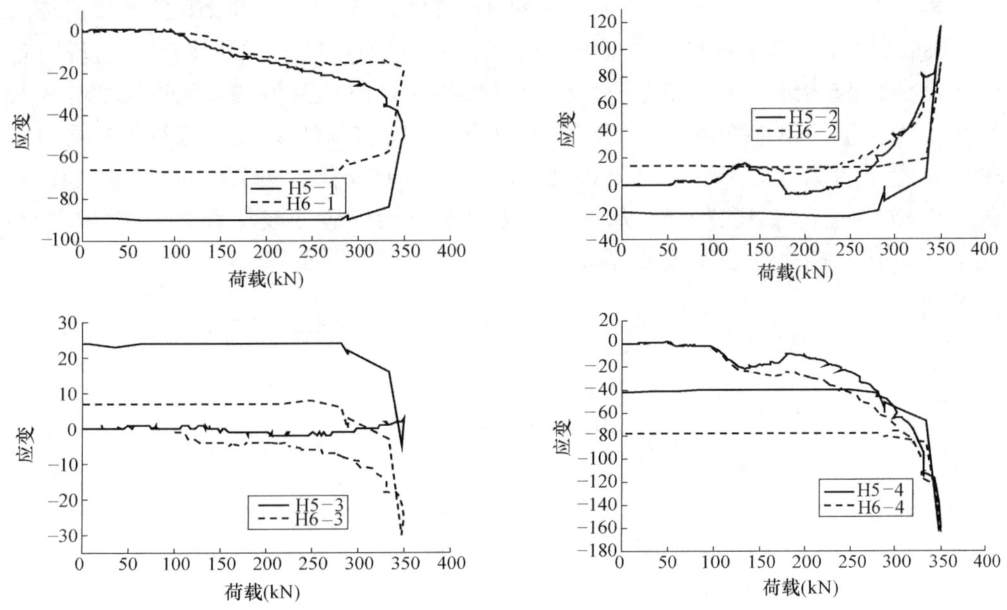

图 5-211　H5、H6 测区各测点的应变-荷载曲线

图 5-211 中测点 H5 和 H6 位于同一横杆上，H5 位于横杆端部 H6 位于横杆中间，由应变-荷载曲线可知：该横杆端部外侧和下侧受压，内侧和上侧受拉；而中部上侧受拉，其他三侧均受压；在测试时端部测区及中部测区的受力趋势相同；该横杆内外两侧应变比上下两侧应变稍小；卸载过程中外侧应变无变化，其他三侧应变均出现突变，其中上下两侧应变均急剧变小后趋于稳定。说明该横杆向外且向下扭转，并且绕立横杆连接节点旋转；该横杆中部的应变主要由立横杆连接节点处传递，故卸载时端部测区应变变化幅度比中部测区大。

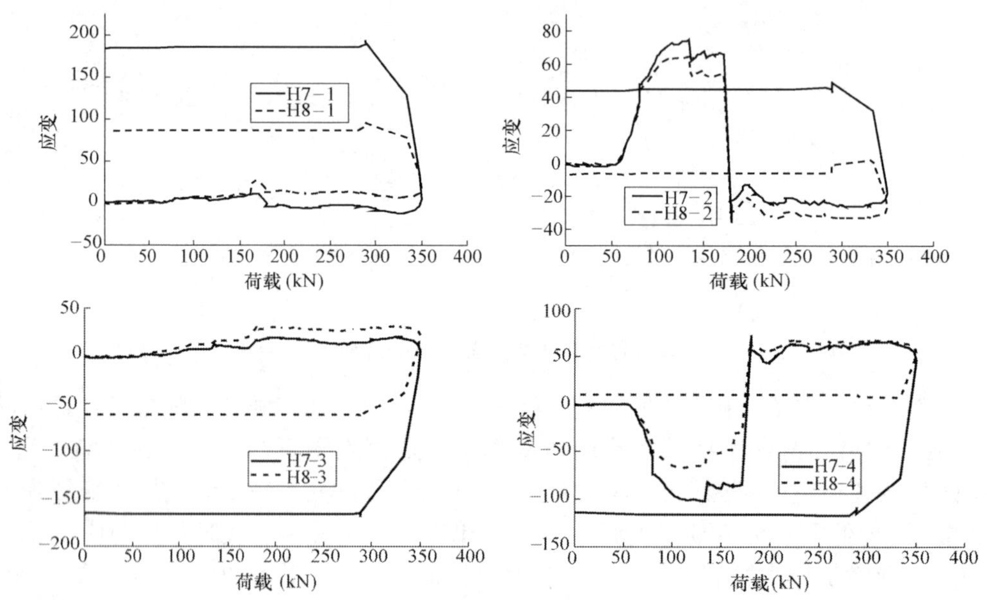

图 5-212　H7、H8 测区各测点的应变-荷载曲线

图 5-212 中测点 H7 和 H8 位于同一横杆上，H7 位于横杆端部 H8 位于横杆中间，由应变-荷载曲线可知：该横杆外侧受拉内侧受压，上下侧在加载过程中应变出现时拉时压现象；中部测区与端部测区各测点应变变化趋势相同，内外两侧端部测点应变比中部测点应变要大，而上下两侧端部测点应变与中部测点应变相差无几；在卸载过程中内外两侧应变无变化，上下两侧应变突变，且中部测点的上下两侧应变几乎恢复为零。说明该横杆在加载过程中横杆插头有错动趋势，从而导致横杆上下两侧应变波动现象；完全卸载后由于立杆的变形，横杆插头处楔紧度明显减小导致各测点最终应变较小。

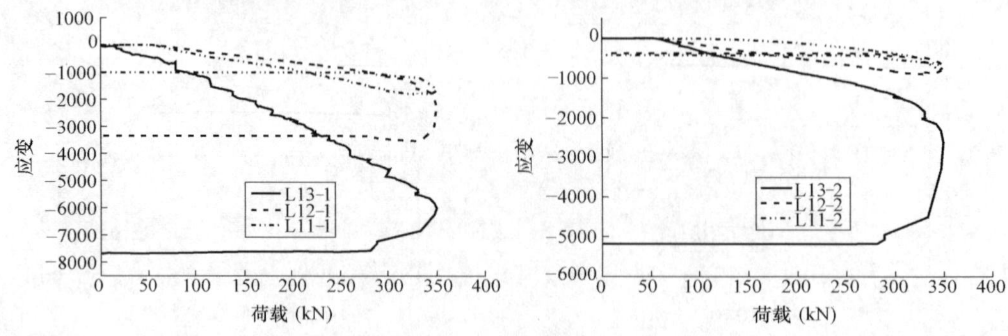

图 5-213　立杆 L1 各测点应变-荷载曲线

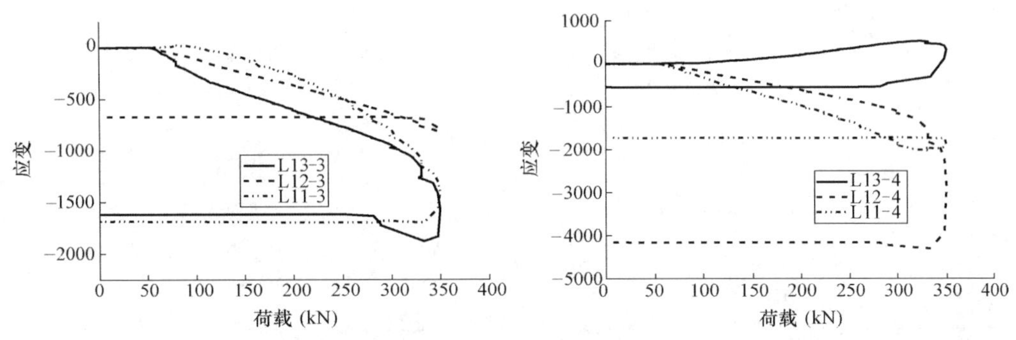

图 5-213 立杆 L1 各测点应变-荷载曲线（续）

由图 5-213 可知立杆 1 的应变测点在加载过程中均处于受压状态，且在卸载过程中各测点的应变均有不同程度的恢复；该立杆东、北、西三侧均为底部测点应变最大，而南侧为中部测点应变最大上部测点应变最小，究其原因为上端测点接近加载位置，且加载中随着架体的扭转立杆 1 中下部变形严重，造成了端部测点及变形较大位置处应变也较大的现象，且整个测试中所有测点均受压，说明该立杆为扭转平动破坏而未发生鼓曲现象。

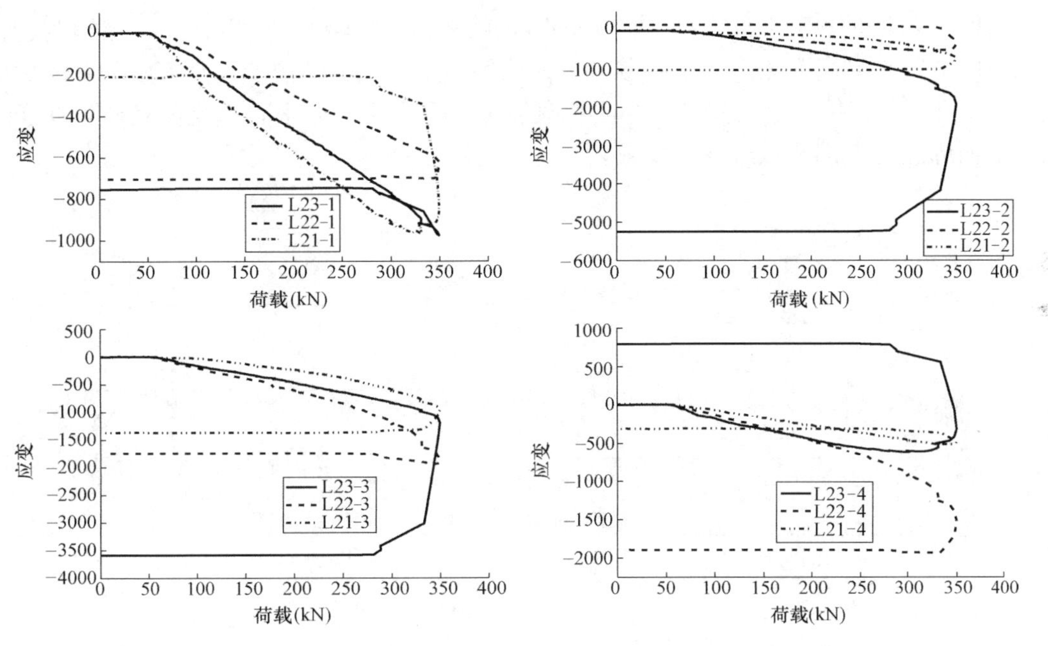

图 5-214 立杆 L2 各测点应变-荷载曲线

由图 5-214 可知立杆 2 全部应变测点在加载过程中均处于受压状态，卸载时部分测点应变有所恢复；完全卸载后测点 L23-4 出现受拉现象但拉应变较小，由失稳图 5-208 可知在试件失稳后立杆 2 中上部向南凸起，故处于南侧的测点 L23-4 便处于受拉状态；除南侧测点外该立杆上端测点应变均比其他两侧点处大，且中部测点应变与底部相差不多；失稳图及测点应变数据充分证明了该立杆不仅扭转严重且稍向外鼓曲。

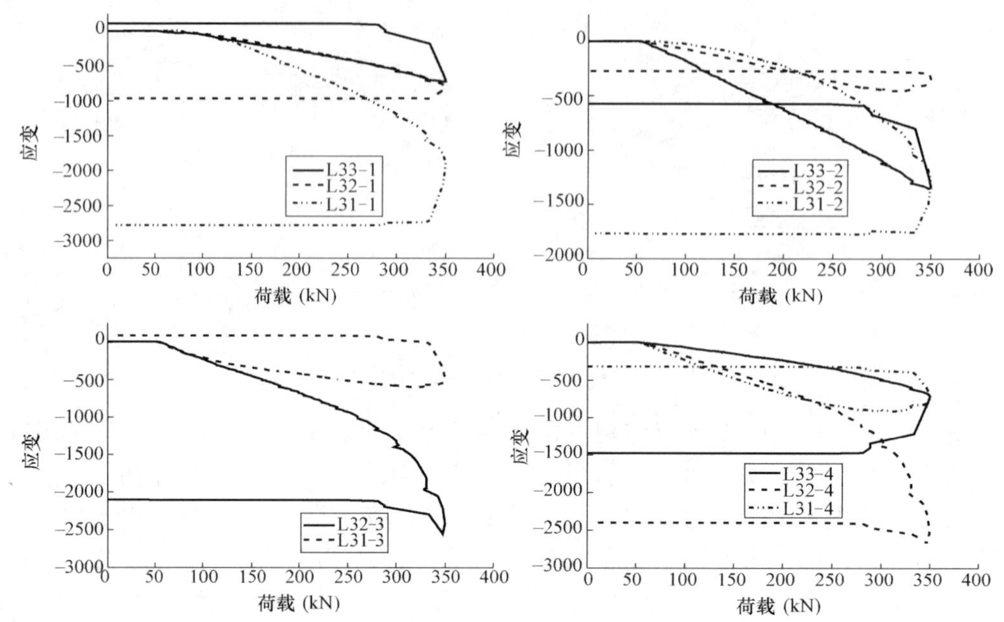

图 5-215　立杆 L3 各测点应变-荷载曲线

由图 5-215 可知立杆 3 的全部应变测点在加载过程中均处于受压状态，在卸载过程中各测点应变呈现不同变化，完全卸载后东北两侧中上部测点的应变几乎恢复为零。由失稳图 5-208 可知在试件失稳后立杆 3 中间承盘以下变形很小，而中间承盘至立杆顶部变形较大，从而卸载时上部测点应变恢复较多。

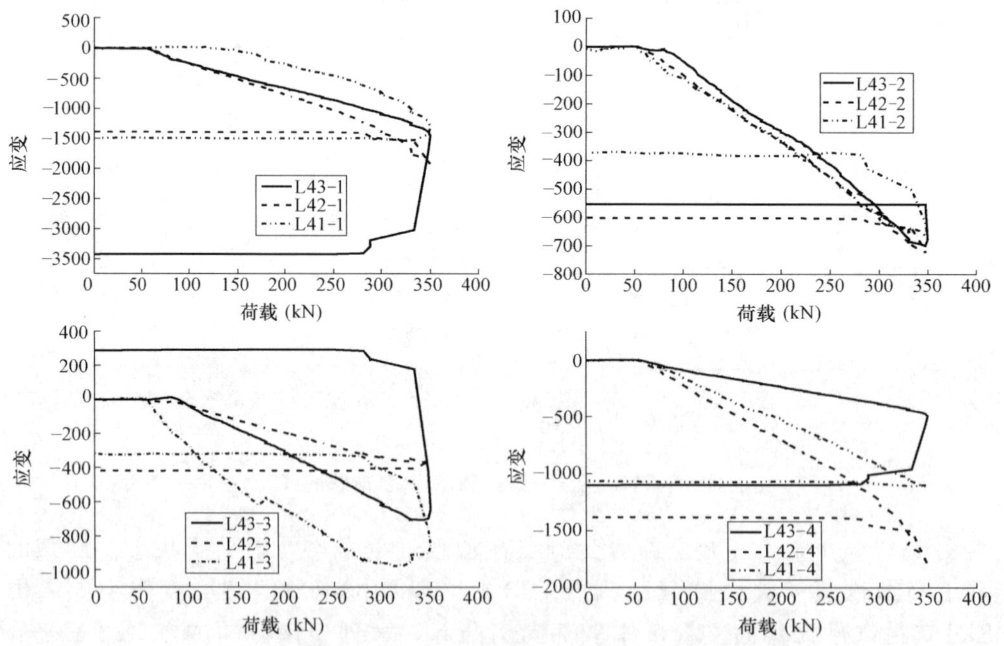

图 5-216　立杆 L4 各测点应变-荷载曲线

由图 5-216 可知立杆 4 的全部应变测点在加载过程中均处于受压状态，在卸载过程中所有应变测点均出现应变恢复现象，只有顶部测点 L43-3 最终出现受拉状态；立杆 4 中下部测点相应位置的应变比顶部测点要大。由失稳图 5-208 可知在试件失稳后立杆 4 底端至中间承盘以上变形较大，而上部变形则较小，故造成了中部测点和下部测点应变较大而上部测点应变较小的现象。

（2）试件 1-2 应变分析（图 5-217、图 5-218）

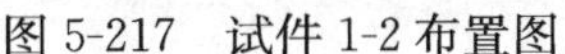

图 5-217　试件 1-2 布置图

图 5-218　试件 1-2 破坏模式

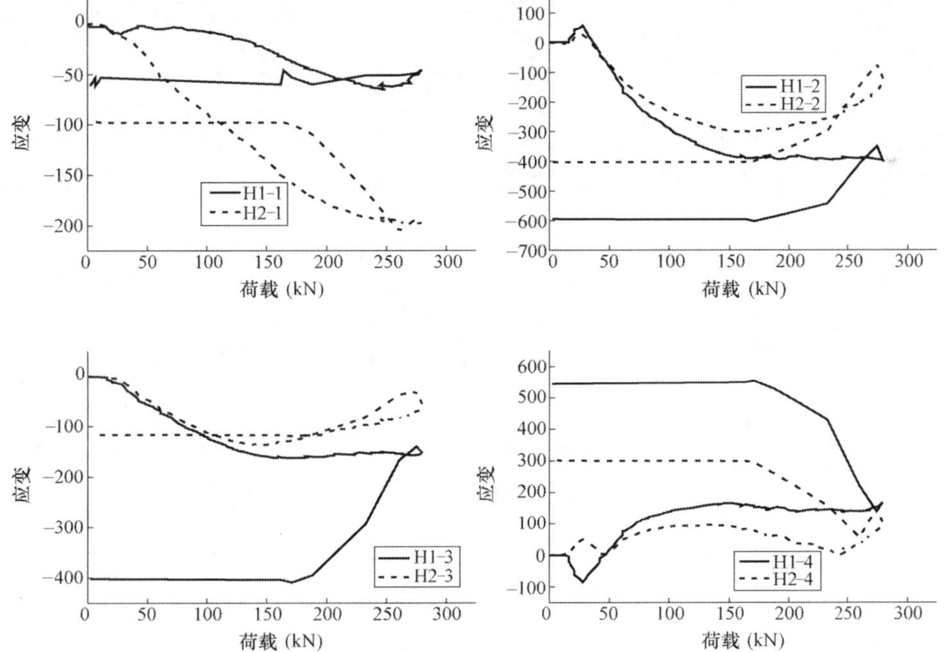

图 5-219　H1、H2 测区各测点的应变-荷载曲线

图 5-219 中测点 H1 和 H2 位于同一横杆上，H1 位于横杆端部 H2 位于横杆中间，由应变-荷载曲线可知：该横杆内外两侧及上侧均受压，而下侧受拉；两个测区处内外两侧的应变均小于上下侧；除外侧测点外，边测区 H1 的应变比中间测区 H2 相应位置的应变要大；在卸载时，中间测点内外两侧的应变有恢复现象，而其他测点的应变在卸载初期仍

有增长，然后趋于稳定不再变化。可知架体在竖向荷载作用下横杆的内力主要由立横杆接头处进行传递，横杆端部比中部变形要大，而应变显示只有下侧受拉，说明该横杆在架体失稳时端部向上翘曲。

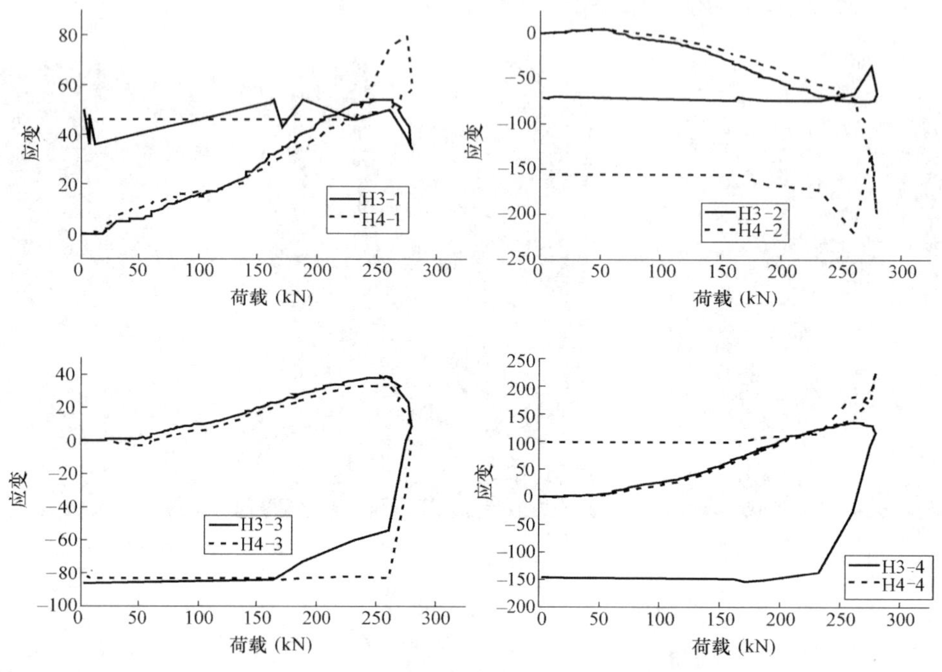

图 5-220 H3、H4 测区各测点的应变-荷载曲线

图 5-220 中测点 H3 和 H4 位于同一横杆上，H3 位于横杆端部 H4 位于横杆中间，由应变-荷载曲线可知：在加载过程中该横杆端部测点的内外侧及上侧受拉，中间测点内外侧及

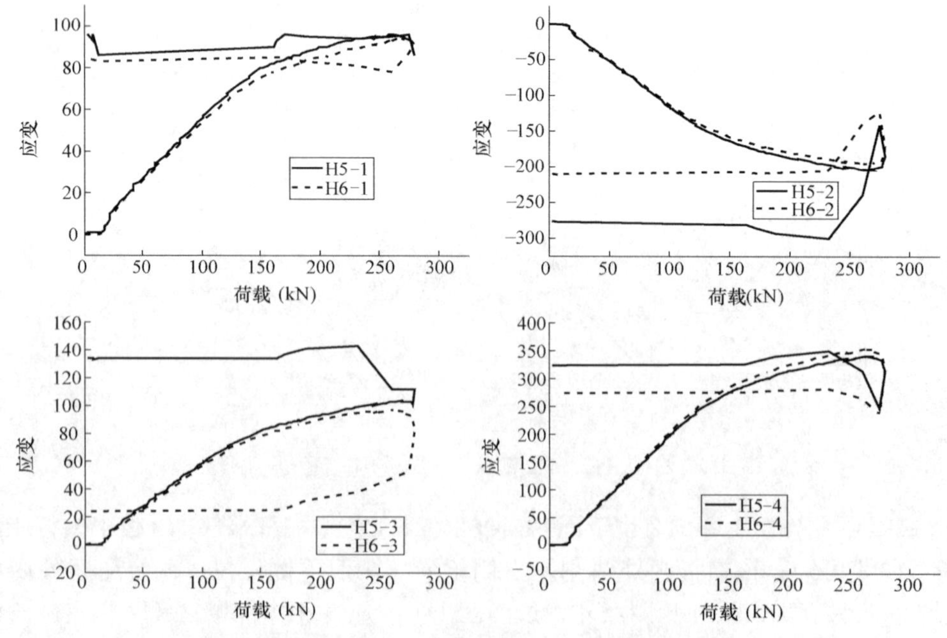

图 5-221 H5、H6 测区各测点的应变-荷载曲线

下侧受拉而上侧受压；完全卸载后该横杆边测点外侧受拉其他三侧受压，中间测点内侧及上侧受压外侧及下侧受拉；从应变-荷载图中可以看出中间测点应变大于端部测点应变。可知该横杆在架体受力过程中发生了绕立横杆节点扭转的变形，且该变形为横杆中间外方凸出。

图 5-221 中测点 H5 和 H6 位于同一横杆上，H5 位于横杆端部 H6 位于横杆中间，由应变-荷载曲线可知：在加载过程中该横杆端部测点的内外两侧及下侧受拉而上侧受压，中间测点同边测点受力状态相同；卸载时只有中间测点的下侧应变有所恢复，其他测点处应变在卸载初期仍有增长，后趋于稳定后不再变化；该横杆端部测点及中间测点的内外两侧应变相差无几，且均比上下两侧的应变小。由以上数据及试件 1-2 的破坏模式图 5-218 可知，该横杆在结构失稳时几乎看不到变形，说明插头楔紧度的减小影响了荷载的传递。

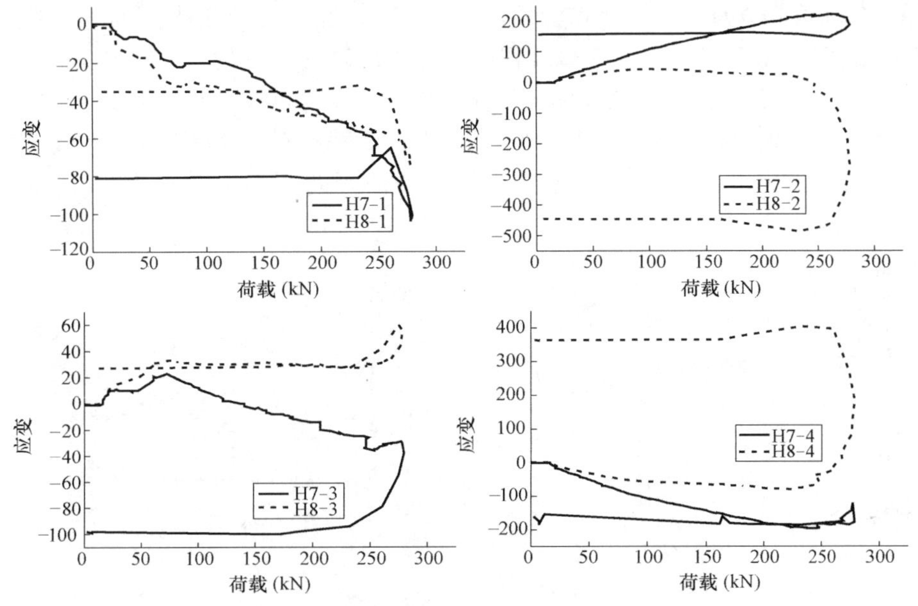

图 5-222　H7、H8 测区各测点的应变-荷载曲线

图 5-222 中测点 H7 和 H8 位于同一横杆上，H7 位于横杆端部 H8 位于横杆中间，由应变-荷载曲线可知：在加载过程中该横杆端部测点的上侧受拉其他三侧受压，中间测点的外侧及上侧受压其他两侧受拉；卸载时该横杆端部测点的应变无恢复现象，而中间测点的应变都有变化；该横杆端部测点的应变大于中间测点，且内外两侧的应变均比上下两侧小。由试件失稳图 5-218 及应变图可知在结构失稳时该横杆绕立横杆节点处产生些许扭转。

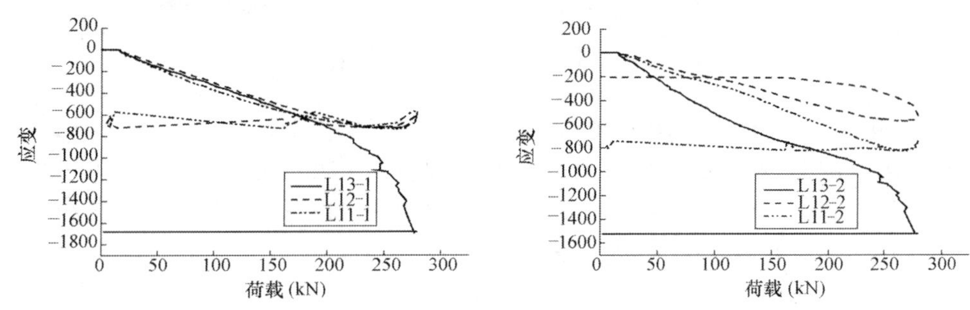

图 5-223　立杆 L1 各测点应变-荷载曲线

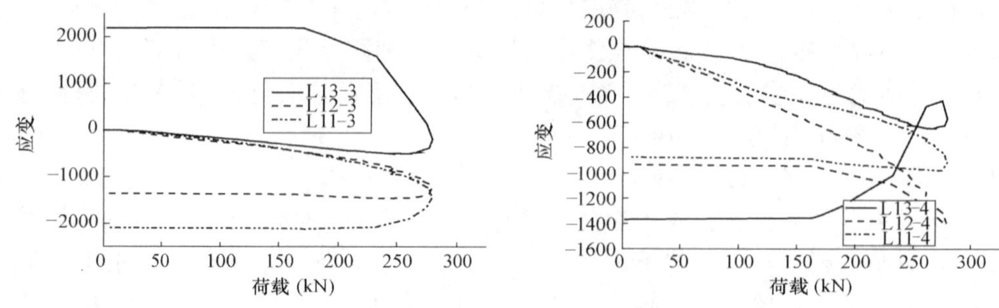

图 5-223　立杆 L1 各测点应变-荷载曲线（续）

由图 5-223 可知立杆 1 的全部应变测点在加载过程中均处于受压状态，中下部测点 L12 和 L11 的应变几乎相同；在卸载过程中测点未出现应变恢复现象，而顶部测点 L13-3 最终出现了受拉状态；在加载前期各测点应变几乎成线性增长，在达到承载力临界值时应变突然增大，卸载初期应变仍持续增长，大部分荷载卸除后应变不再变化。由失稳图 5-218可知在试件失稳后立杆 1 的变形很小，且顶部有向西凸出的趋势，故造成了 L13-3 出现受拉状态的现象。

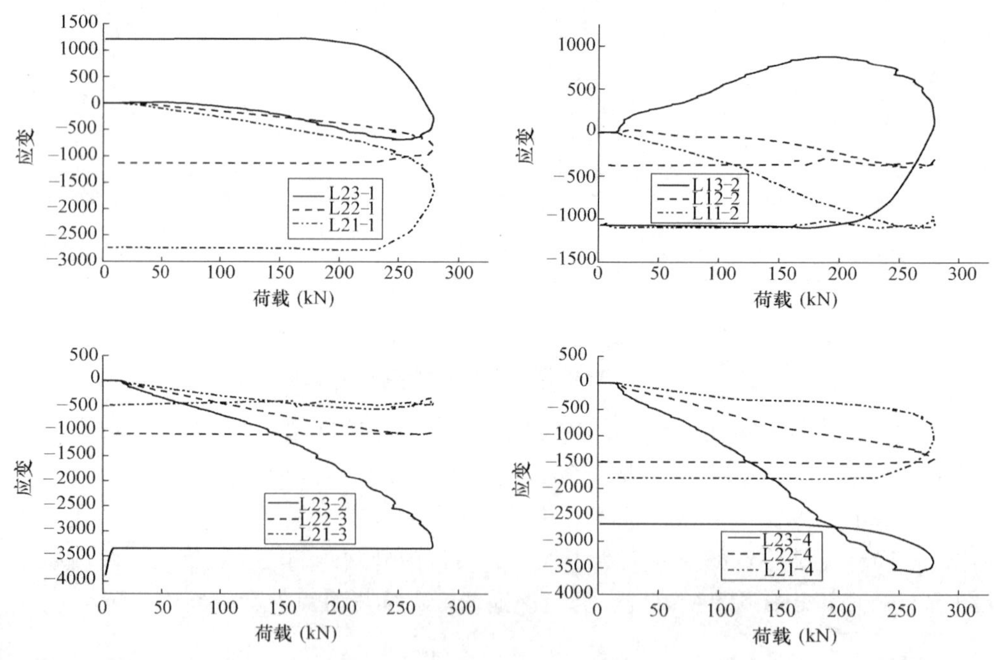

图 5-224　立杆 L2 各测点应变-荷载曲线

由图 5-224 可知立杆 2 的应变测点在加载过程中只有测点 L23-2 处于受拉状态，原因为立杆此处有缺陷受力后有鼓曲趋势，而其他测点均处于受压状态；在卸载过程中 L23-2 突变为受压状态且压应变较大，其他测点在卸载过程中应变仍在持续增加后趋于稳定不再变化；该立杆在变形过程中各测点的应变较大且相差不多，可见该立杆变形较均匀。由失稳图 5-218 可知在试件失稳后立杆 2 的变形较大，故造成了各测点应变较大的现象。

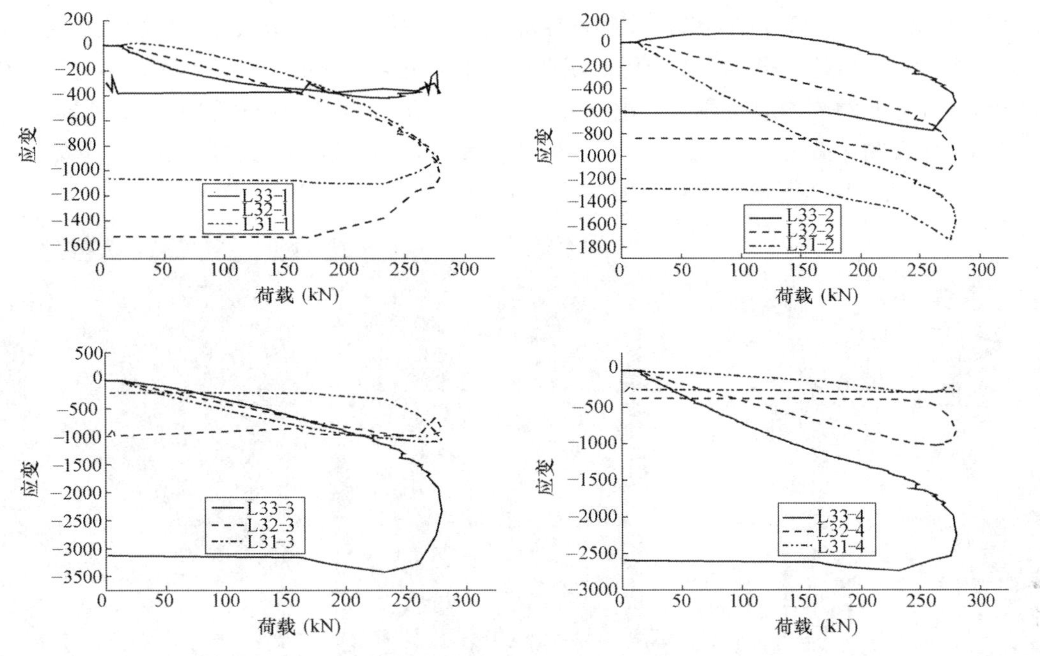

图 5-225　立杆 L3 各测点应变-荷载曲线

由图 5-225 可知立杆 3 的全部应变测点在加载过程中都处于受压状态；在卸载初期上部测点应变仍在持续增长随后趋于稳定，而中部和下部测点应变则有所降低；在加载初期该立杆中部和下部测点应变比上部测点要大，而完全卸载后上部测点的应变则比中下部要大。由失稳图 5-218 可知该立杆在加载过程中产生了较大倾斜，并未出现任何屈曲现象，故造成了所有应变测点均受压的现象。

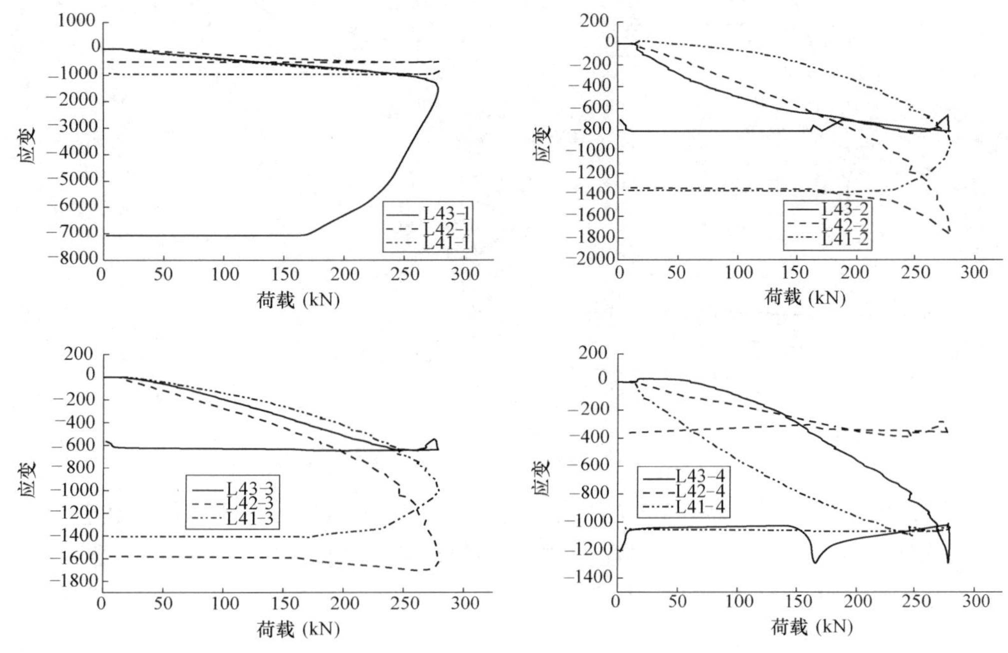

图 5-226　立杆 L4 各测点应变-荷载曲线

由图 5-226 可知立杆 4 的全部应变测点在加载过程中都处于受压状态；在卸载初期各测点应变仍持续增长，后趋于稳定不再变化；该立杆上中下三测点的应变相差不大，但总体上南北两侧的应变比东西两侧的应变稍大。由失稳图 5-218 知该立杆在加载过程中产生了较大倾斜，且上部稍向东压曲，故出现顶部测点 L43-1 应变较大，而其他测点应变相差无几的现象。

（3）试件 2-1 应变分析（图 5-227、图 5-228）

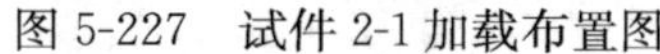

图 5-227　试件 2-1 加载布置图

图 5-228　试件 2-1 失稳模式图

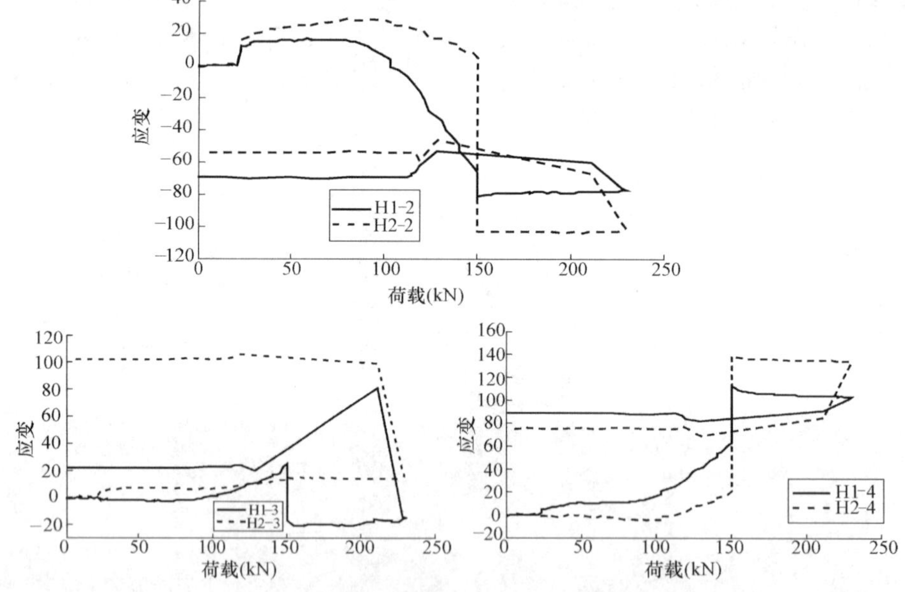

图 5-229　H1、H2 测区各测点的应变-荷载曲线

图 5-229 中测点 H1 和 H2 位于同一横杆上，H1 位于横杆端部 H2 位于横杆中间，由应变-荷载曲线可知：两测区相应位置处测点的变化趋势相同且中部测点应变比端部大，加载初期所有测点应变均处于受拉状态；在加载至 150kN 左右时该横杆上下两侧的应变发生突变，上侧发生受压现象，下侧仍处于受拉状态但拉应变增加较大；在卸载过程中两个测点的外侧均发生突变，由受拉状态变为受压。测试中加载至 150kN 时横杆插头突然

向上滑动，由应变图知后期加载时由于立杆的挤压作用该横杆向内下方凸出，但该横杆受力较小，凸出程度也较小，无法直接在架体中看出。

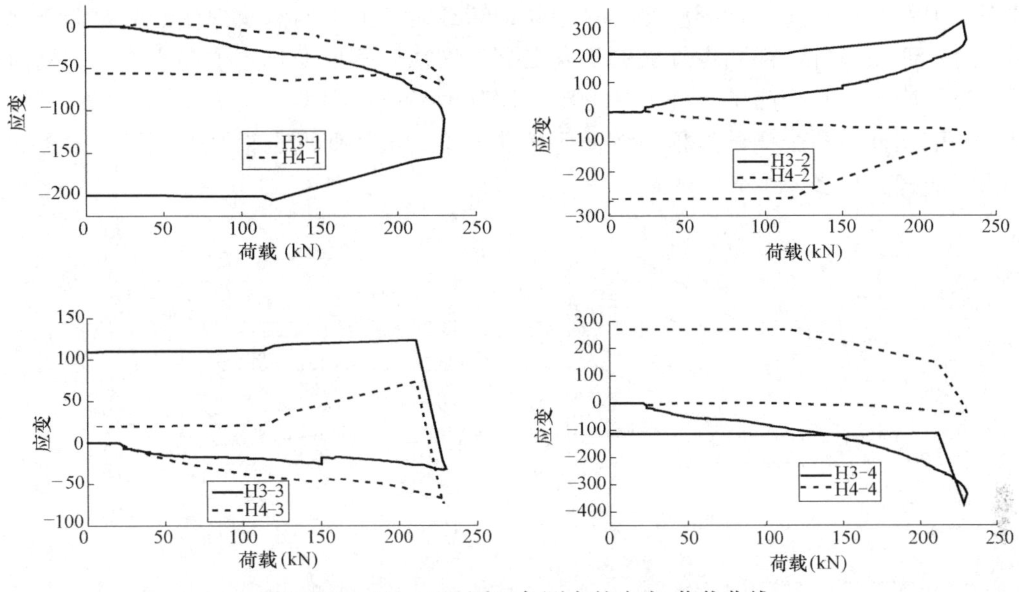

图 5-230　H3、H4 测区各测点的应变-荷载曲线

图 5-230 中测点 H3 和 H4 位于同一横杆上，H3 位于横杆端部 H4 位于横杆中间，由应变-荷载曲线可知：在加载初期该横杆的内外两侧及下侧均受压，对于上侧而言端部测点处于受拉状态而中间测点处于受压状态；在卸载过程中各测点均有一定程度的恢复，后趋于稳定不再变化；该横杆上下两侧的应变比内外两侧要小。由失稳图 5-228 及应变数据可知，该横杆的端头在整个测试过程中没有发生松动现象，也无较大变形产生，故该横杆各测点的应变均较小。

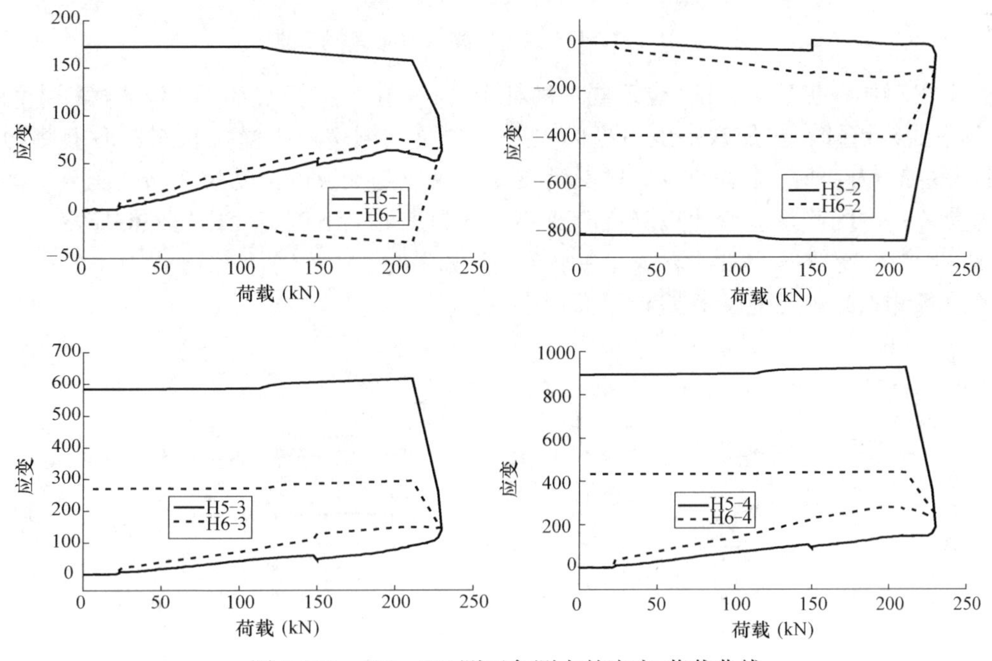

图 5-231　H5、H6 测区各测点的应变-荷载曲线

图 5-231 中测点 H5 和 H6 位于同一横杆上，H5 位于横杆端部 H6 位于横杆中间，由应变-荷载曲线可知：在加载过程中该横杆的内外两侧及下侧均受拉而上侧受压，且加载时端部及中部测点相应位置的应变几乎相同；卸载时，上下两侧及内侧的应变继续增加后趋于稳定，而该横杆端部测点外侧的压应变突然增加后不再变化，中部测点外侧则由压应变突变为拉应变；整个测试过程中外侧应变比其他三侧小得多。由失稳图 5-228 及应变数据可知，该横杆在整个测试过程中无任何松动现象，虽然变形也很小但该杆件承担的荷载要比相邻横杆大得多。

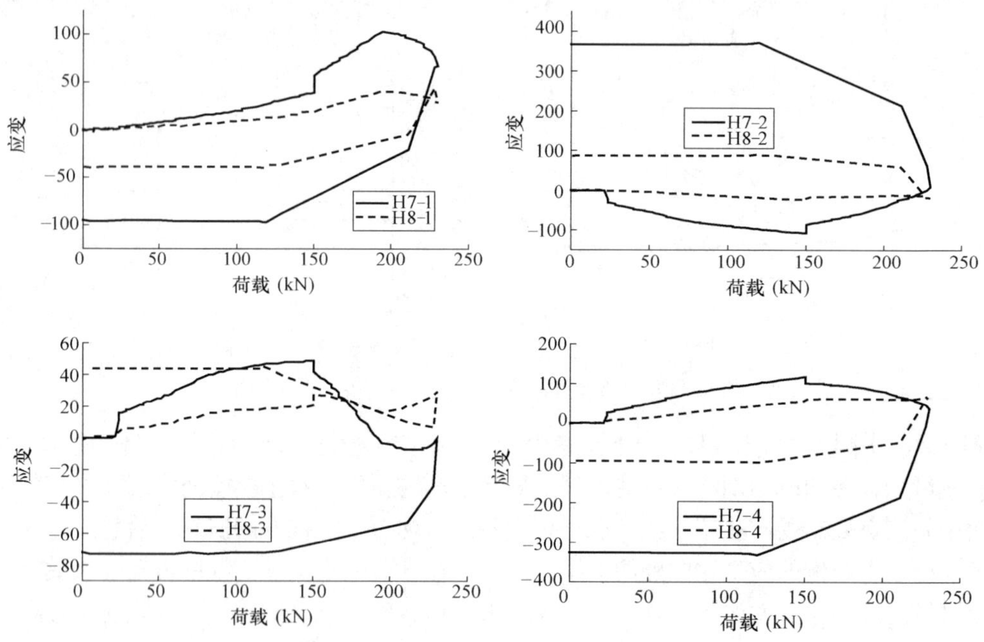

图 5-232　H7、H8 测区各测点的应变-荷载曲线

图 5-232 中测点 H7 和 H8 位于同一横杆上，H7 位于横杆端部 H8 位于横杆中间，由应变-荷载曲线可知：在加载中该横杆的内外两侧及下侧均处于受拉状态，而上侧则处于受压状态；卸载时所有测点的应变均发生突变，内外侧及下侧由受拉变为受压，上侧由受压变为受拉；中间测点应变比边测点应变小，各测点处上下侧应变比内外侧应变大。由失稳图 5-228 及应变数据可知，该横杆在整个测试过程中变形较小且横杆受力主要由节点处传递，故各测点处虽然应变有差异但都较小。

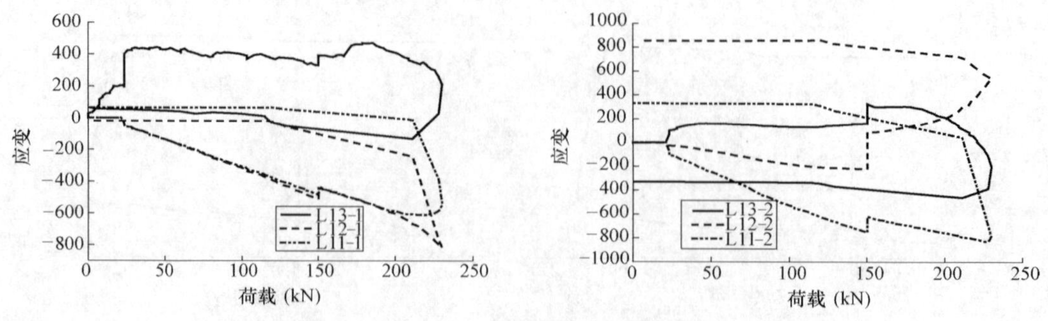

图 5-233　立杆 L1 各测点应变-荷载曲线

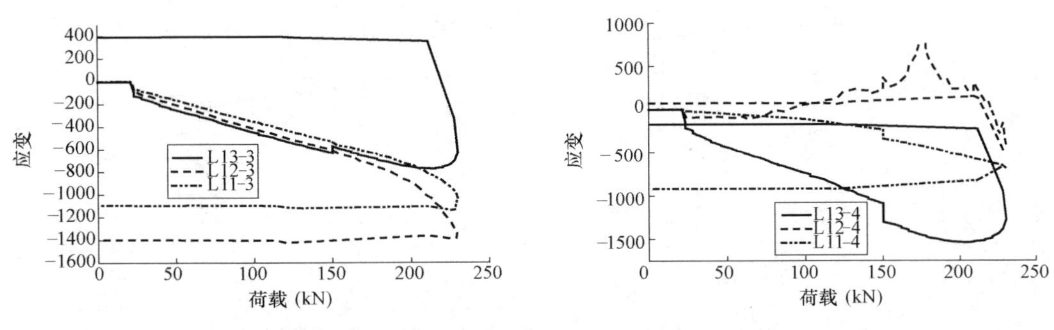

图 5-233　立杆 L1 各测点应变-荷载曲线（续）

由图 5-233 可知立杆 1 的全部测点在加载至 20kN 时开始监测到应变，在加载初期只有顶部测点的东侧和北侧为受拉状态，其他测点均处于受压状态；加载时各测点的应变几乎呈线性增长，达到承载能力极限时底部测点的应变曲线发生突变；卸载时各测点应变均有不同程度的变化；完全卸载后该立杆的东侧和北侧处于受拉状态而西侧和南侧则受压。由以上应变数据及失稳图 5-228 可知该立杆在整个测试过程中向西南方向倾斜，且中上部有弯曲现象故造成了中间测点应变较大，完全卸载后立杆倾斜位移有所恢复，各测点应变均不大。

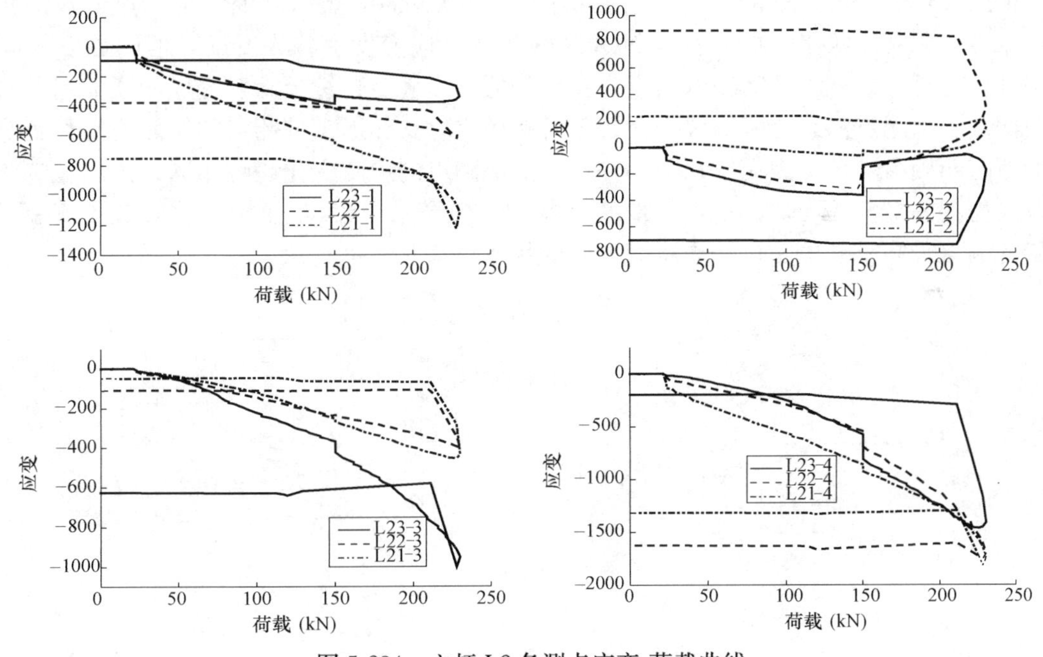

图 5-234　立杆 L2 各测点应变-荷载曲线

由图 5-234 可知立杆 2 的全部测点在加载至 20kN 时开始监测到应变，在加载初期所有应变均处于受压状态；加载时北侧测点的应变不断的波动，其他三侧测点的应变几乎呈线性增长；卸载时东西南三侧的应变突然变小，卸载至 200kN 时应变不再变化；北侧测点的应变在卸载时突然增大，同样在卸载至 200kN 时不再变化；整个测试中下部及中部的应变变化趋势相同。由以上应变数据及失稳图 5-228 可知该立杆在整个测试过程中向东南方向倾斜，且上部向南弯曲严重，故南部测点 L2i-4 应变比其他三侧要大。

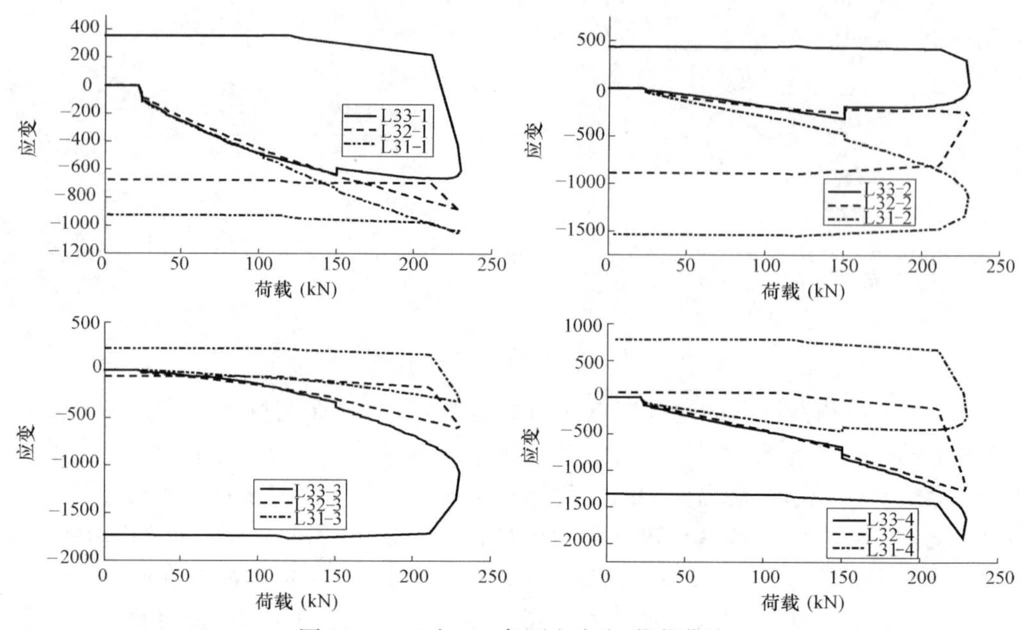

图 5-235　立杆 L3 各测点应变-荷载曲线

由图 5-235 可知立杆 3 的全部测点在加载至 20kN 时开始监测到应变，在加载初期所有应变均处于受压状态；在加载至 150kN 时各测点应变发生些许变动，但随后以相同的速率继续增长；卸载时中间测点的应变突然降低，后稳定持续至卸载完成，顶部测点的西南两侧及底部测点的东北两侧应变在卸载时有稍许增长，而顶部测点的东北两侧和底部测点的西南两侧由受压变为受拉；中部测点和上部测点的应变变化趋势相同。由以上应变数据及失稳图 5-228 可知该立杆的底部和上端变形较严重，且发生扭转，故底部和顶端不同位置的测点最终呈现出受拉和受压两种应变状态。

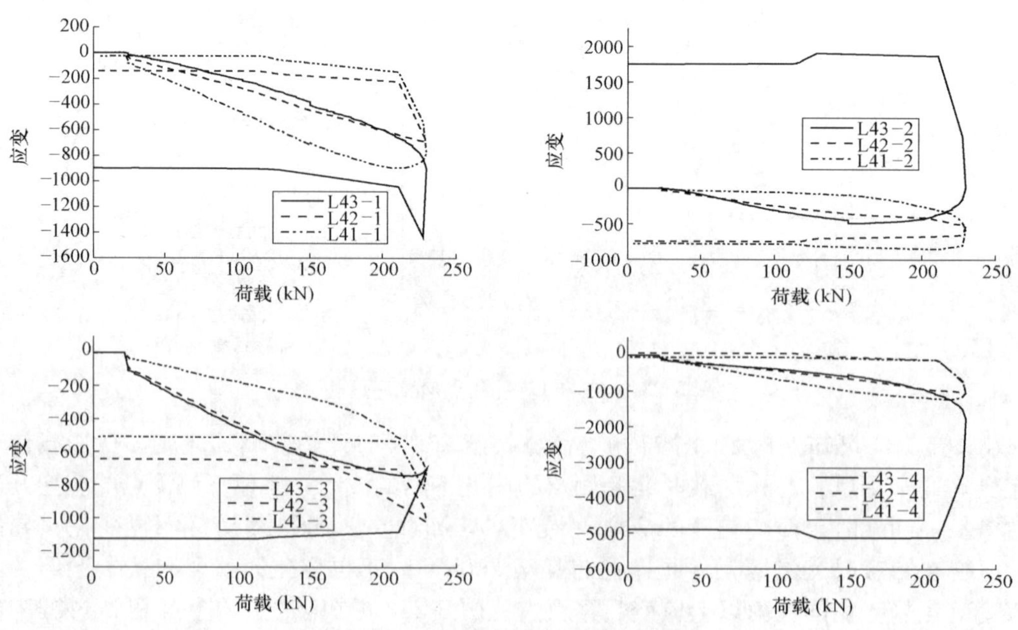

图 5-236　立杆 L4 各测点应变-荷载曲线

由图 5-236 可知立杆 4 的全部测点在加载至 20kN 时开始监测到应变，在加载初期所有应变均处于受压状态；该立杆四个方向的应变在加载初期相差不大且几乎以同样速率增长，直至结构破坏瞬间才有所区别；卸载时顶部测点应变突然变大，而中间及底部测点的应变则突然变小几乎恢复为零；完全卸载后只有顶部测点 L43-2 出现受拉，其他测点均为受压状态。由以上应变数据及失稳图 5-228 可知该立杆变形较小，只有顶部向南弯曲，故造成上端应变较大而中下部应变较小的现象。

（4）试件 2-2 应变分析（图 5-237、图 5-238）

图 5-237　试件 2-2 加载布置图

图 5-238　试件 2-2 失稳模式图

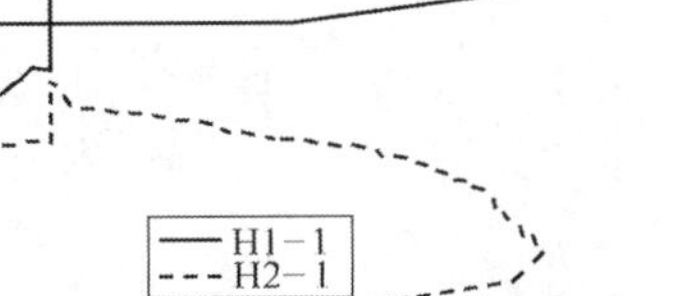

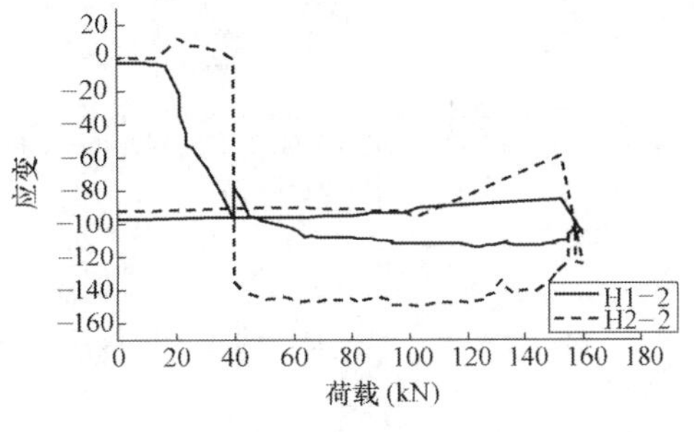

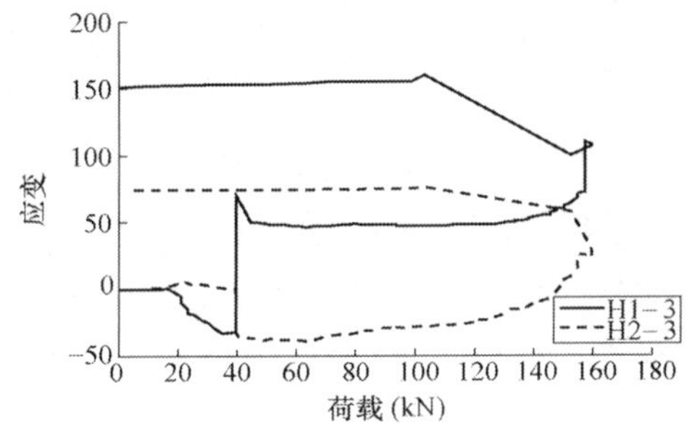

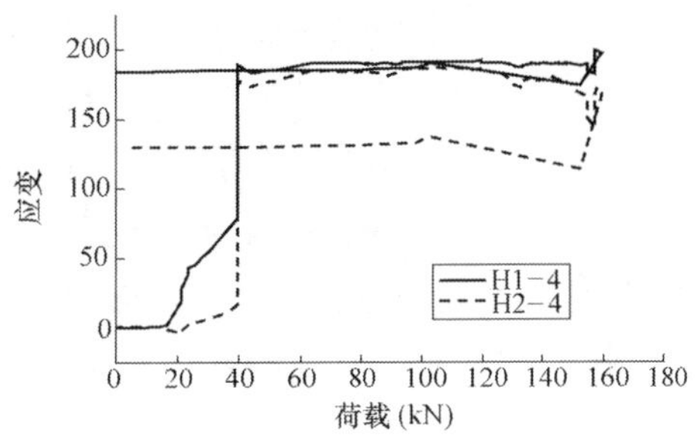

图 5-239　H1、H2 测区各测点的应变-荷载曲线

图 5-239 中测点 H1 和 H2 位于同一横杆上，H1 位于横杆端部 H2 位于横杆中间，由应变-荷载曲线可知：在加载至 20kN 之前该横杆各测点无应变，从 20kN 开始测点应变有缓慢增长直至达到 40kN；在荷载达到 40kN 时该横杆应变突然增加，在后期加载中测点应变变化较小；加载时该横杆上侧受压下侧受拉，内外两侧处于受拉状态但应变较小；在卸载过程中内外两侧无变化，上下两侧应变有一定程度降低，后趋于稳定不再变化。测试中加载至 40kN 时该横杆插头发生了错动，且后面加载过程中横杆插头不断向上攒动，直至整个插头从插盘中滑脱架体不能继续承载，故造成了 40kN 后应变增长较小的现象。

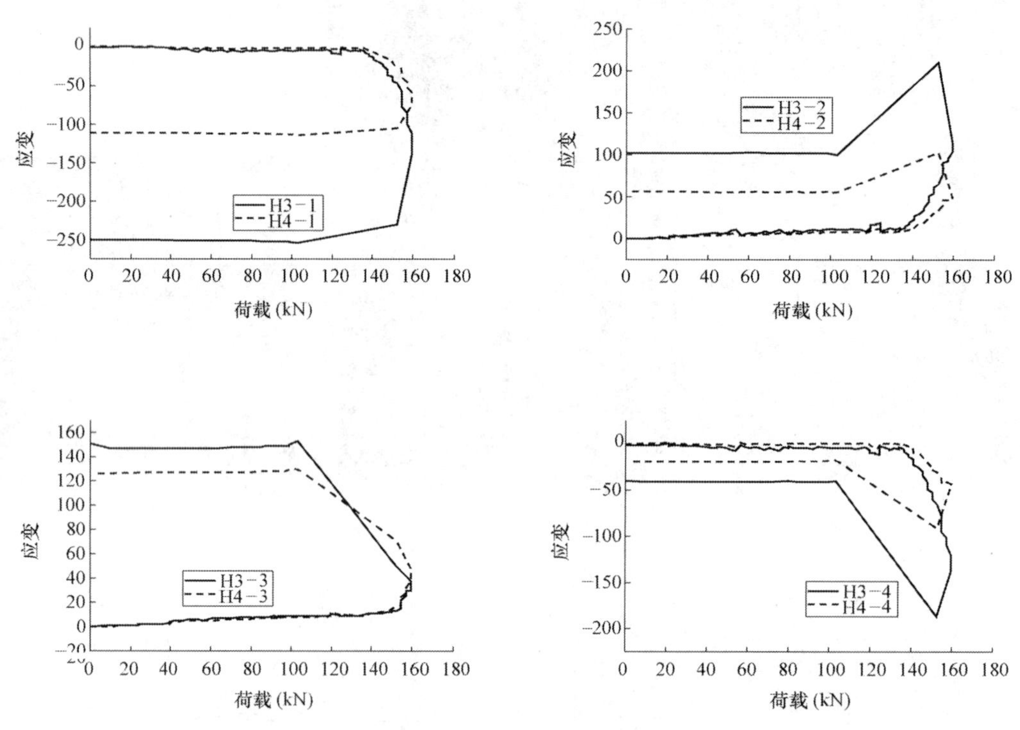

图 5-240　H3、H4 测区各测点的应变-荷载曲线

图 5-240 中测点 H3 和 H4 位于同一横杆上，H3 位于横杆端部 H4 位于横杆中间，由应变-荷载曲线可知：该横杆端部测点及中部测点相应位置处的应变变化趋势一样，加载时应变几乎相同，开始卸载时出现差异；在整个加载过程中几乎无任何应变，直至达到临界荷载前各测点应变仍持续在零左右；结构临近破坏时各测点应变突然增长，该横杆外侧及下侧受压，内侧及上侧受拉，其中间测点的应变比相应位置处端部测点的应变小；卸载时该横杆内外两侧的应变突然增大后趋于稳定，而上下两侧的应变则变小且最终应变较小。由失稳图 5-238 及应变数据可知，该横杆在加载过程中无变形，而破坏瞬间发生向内上方鼓曲的变形，故造成了破坏瞬间应变的突增。

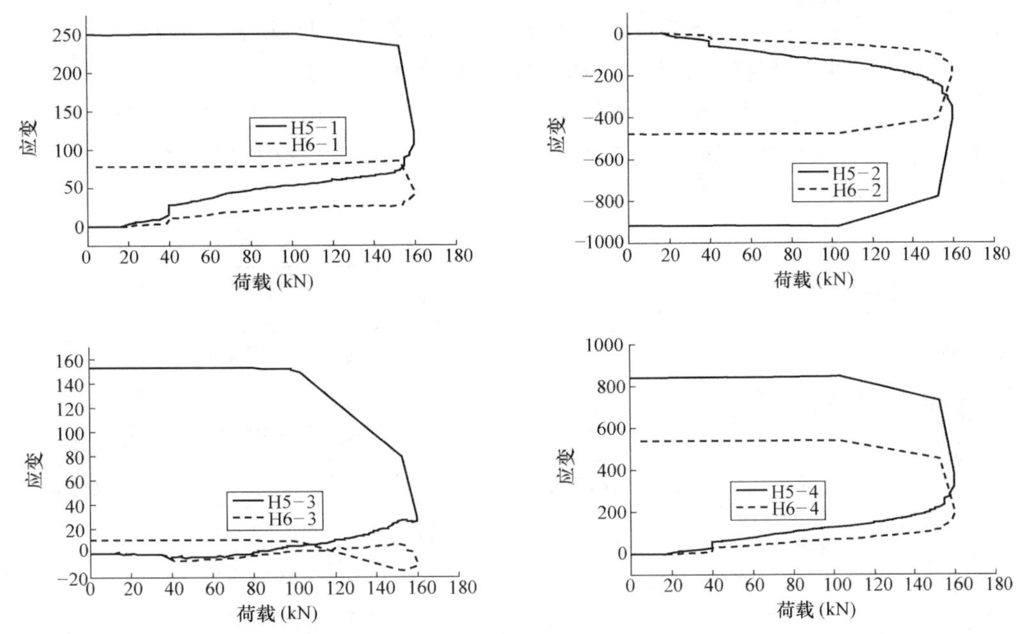

图 5-241　H5、H6 测区各测点的应变-荷载曲线

图 5-241 中测点 H5 和 H6 位于同一横杆上，H5 位于横杆端部 H6 位于横杆中间，由应变-荷载曲线可知：该横杆在加载过程中上侧受压，内外两侧及下侧受拉，但该横杆的各测点从加载开始至临近破坏前应变增长速度较慢；内外两侧的应变比上下两侧小很多；在结构临近破坏时各测点应变突然增加，在卸载时该横杆上下侧应变仍持续增加其他测点无变化。由失稳图 5-238 及应变数据可知，该横杆在加载过程中无变形且立横杆接头处无滑脱，结构破坏时其他杆件的变形释放造成了该杆件受力的瞬间增大。

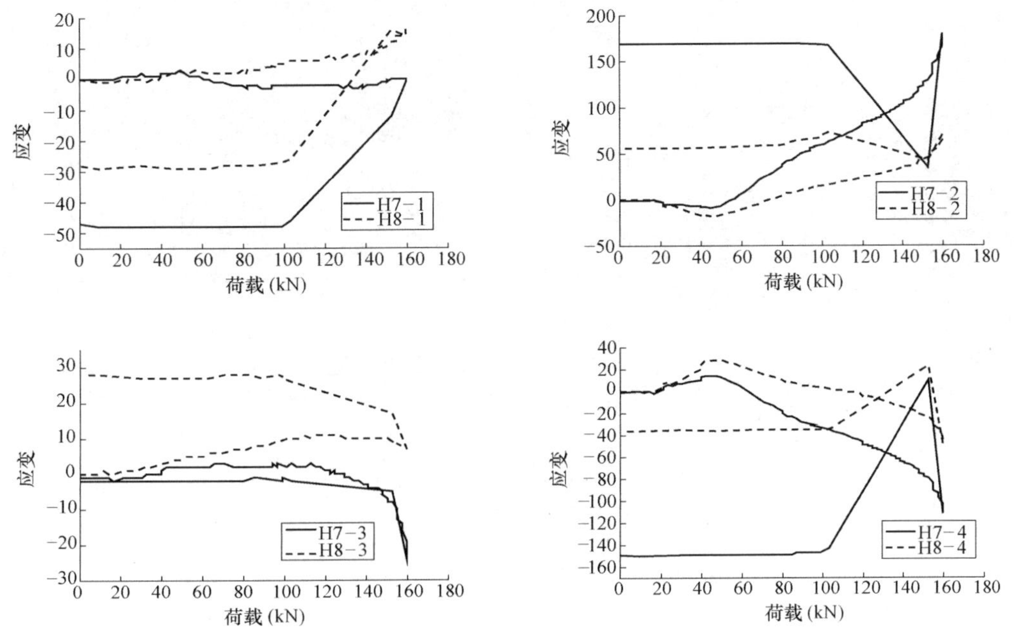

图 5-242　H7、H8 测区各测点的应变-荷载曲线

图 5-242 中测点 H7 和 H8 位于同一横杆上，H7 位于横杆端部 H8 位于横杆中间，由应变一荷载曲线可知：该横杆在整个加载过程中各测点应变都不大，且只有上侧受拉；卸载过程中各测点应变有突变。由失稳图 5-238 及应变数据可知，该横杆在加载过程中无变形且立横杆接头处无滑脱，周围杆件变形也较小，说明该试件插头楔紧度较小时传力作用弱，故该横杆各测点的应变较小。

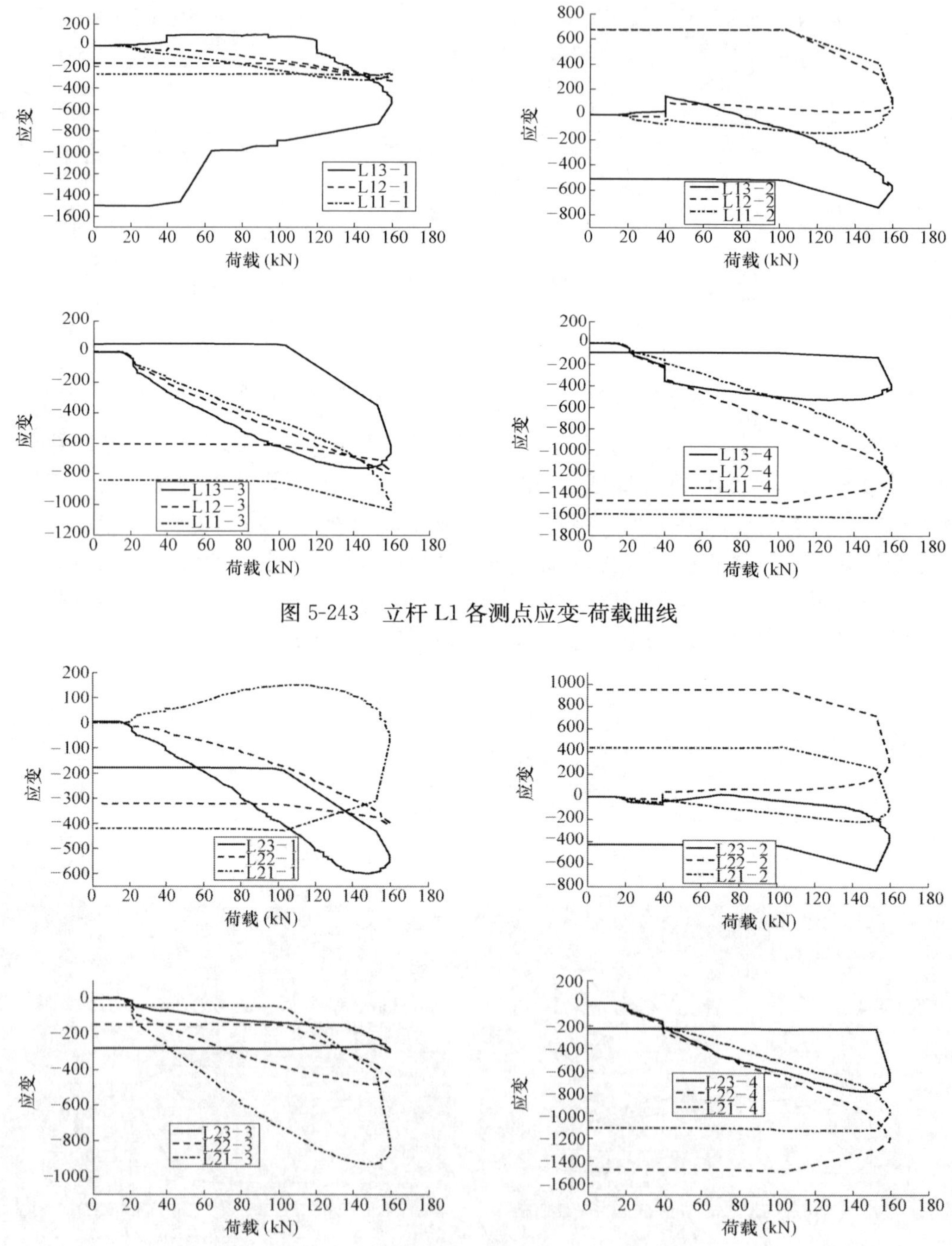

图 5-243　立杆 L1 各测点应变-荷载曲线

图 5-244　立杆 L2 各测点应变-荷载曲线

由图 5-243 可知立杆 1 的全部测点在加载至 20kN 时开始监测到应变，加载时中部测点 L12－2 处于受拉状态，其他测点均处于受压状态；加载时只有顶部测点的东侧和北侧应变增长较慢，其他测点应变增长速度较快；卸载时中下部测点的西南两侧应变突然增大，其他测点的应变都稍有恢复然后趋于稳定；整个测试过程中，中下部相应位置处测点的应变变化趋势相同。由以上应变数据及失稳图 5-243 可知该立杆变形较小，但立杆中部稍向南倾斜，而立杆顶端可自由移动，故中间测点出现了受拉现象。

由图 5-244 可知立杆 2 的全部测点在加载至 20kN 时开始监测到应变，加载时测点 L21－1 和 L22－2 处于受拉状态，其他测点均处于受压状态；各测点应变在加载中的增长速度较快且几乎呈线性增长；在达到承载力极限时各测点应变无突变，开始卸载时各测点的应变突然降低，但完全卸载后应变仍较大；除东侧上端测点应变较大外，其他三侧中下部测点应变均比相同侧上部测点应变大。由以上应变数据及失稳图 5-238 可知该立杆变形较大，中部产生向南的弯曲，故造成中下部应变较大且中部受拉的现象。

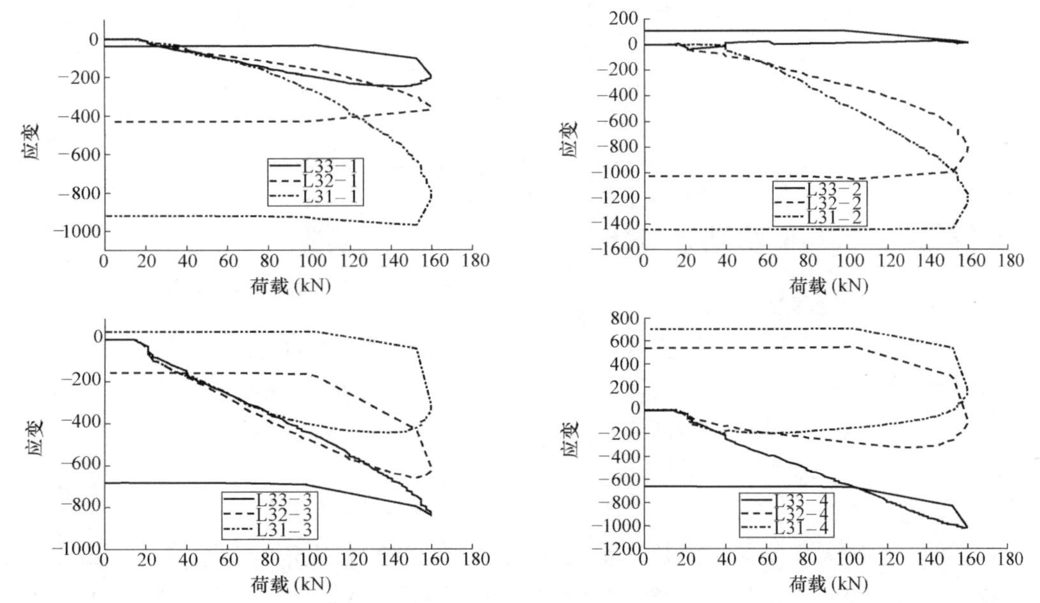

图 5-245　立杆 L3 各测点应变-荷载曲线

由图 5-245 可知立杆 3 的全部测点在加载至 20kN 时开始监测到应变，测试时中下部测点相应位置处测点的应变变化趋势相同，在加载初期所有应变均处于受压状态；该立杆各测点的应变增长速率较快，且在整个加载过程中各测点应变几乎呈线性增长；卸载时除底部测点外，中上部各测点的应变均有恢复；该立杆南北侧应变较大，且卸载时仍有部分增长。由以上应变数据及失稳图 5-238 知该杆件向北倾斜严重但无弯曲现象，故造成了北侧压应变较大而南侧产生拉应变的现象。

由图 5-246 可知立杆 4 的全部测点在加载至 20kN 时开始监测到应变，在加载初期所有应变均处于受压状态；加载时只有测点 L43-1 的应变增长较慢，其他测点应变增长速度较快；卸载时北侧压应变持续增长，而南侧应变测点则由受压状态变为受拉；完全卸载后北侧压应变较大。由以上应变数据及失稳图 5-238 可知与该立杆相连的横杆在加载时发生滑脱现象，故该立杆向北发生倾斜，从而造成北侧应变较大。

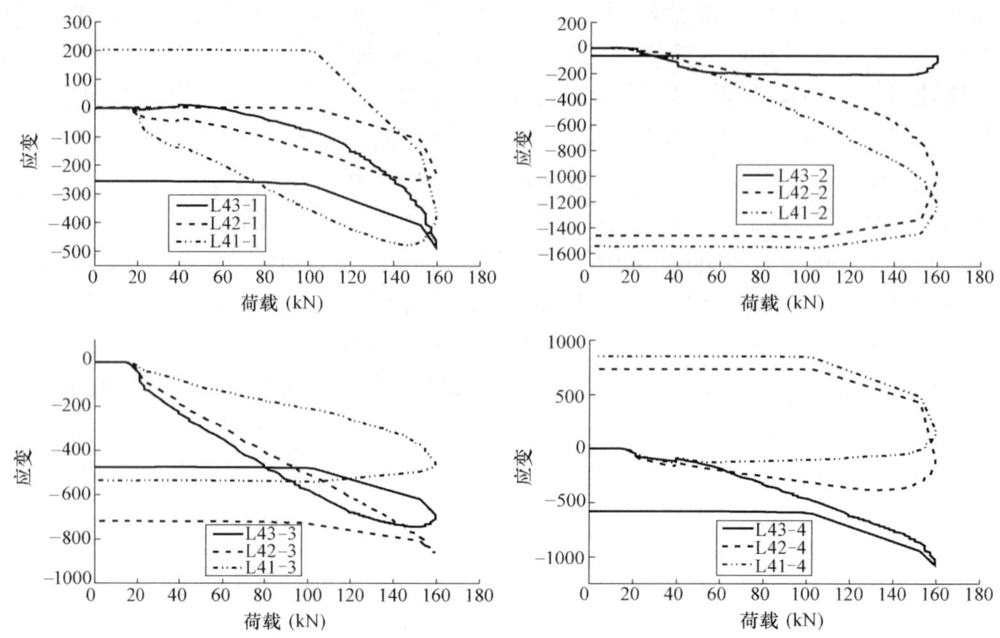

图 5-246 立杆 L4 各测点应变-荷载曲线

5.2.3 数值分析与试验结果对比

1. 模型建立的基本假定

根据单元架的试验条件，用 ANSYS 进行分析时做如下假设：

（1）立杆下端铰接，上端自由；

（2）立杆与横杆之间为半刚性连接；

（3）杆件为理想弹塑性材料。

2. 模型的建立

在对插口式钢管模板支撑架基本受力单元架进行 ANSYS 分析时选取 BEAM188 单元模拟杆件，选取 COMBIN39 单元模拟半刚性节点。BEAM188 单元基于 Timoshenko 梁理论具有剪切变形效果，它是一个二节点的三维线性梁。BEAM188 在每个节点上有 6 或 7 个自由度，自由度数目的变化由 KEYOPT（1）来控制：当 KEYOPT（1）=0 时（默认），每节点有 6 个自由度，分别是沿 x、y、z 的平动及绕其的转动；当 KEYOPT（1）=1 时，会添加第七个自由度（翘曲量），此单元能很好的应用于线性分析，大偏转、大应力的非线性分析。BEAM188 单元及 COMBIN39 单元的几何特性如图 5-247 所示。

BEAM188 单元特性可概述如下：默认情况下 BEAM188 单元假设横截面上的弯曲很小可以被忽略（KEYOPT（1）=0），也可以使用 KEYOPT（1）=1 来打开弯曲度的自由度，如果弯曲自由度被打开则每个节点会有 7 个自由度：UX，UY，UZ，ROTX，ROTY，ROTZ 和 WARP，BEAM188 允许用一个轴向延伸率的函数来改变横截面的转动惯量。默认情况下单元横截面的面积可以改变，但单元的体积在变形前后是相同的，此默认同样适用于 elasto-plastic 情况，使用 KEYOPT（2）能使横截面面积为一个常量或保持不变。

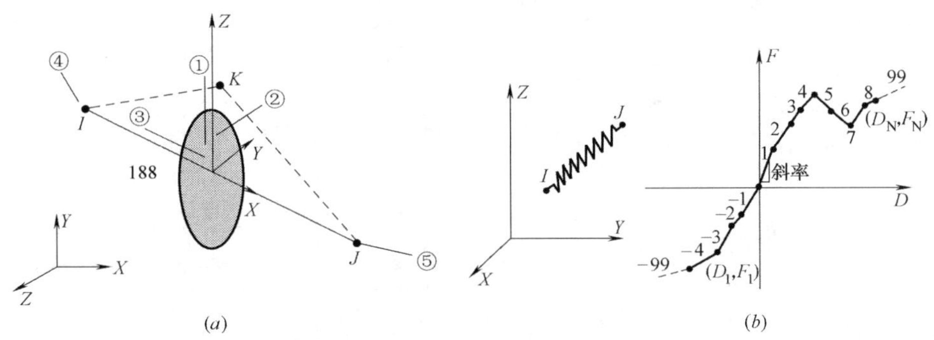

图 5-247　单元几何特性

(a) BEAM188 单元几何特性；(b) COMBIN39 单元几何特性

运用 ANSYS 有限元软件建模，建模过程采取由下到上的顺序，由关键点（KEYPOINT)-线（LINE)-面（AREA)-体（VOLUMN)，再对体进行划分，划分成单元（ELEMENT)。单元属性参考 BEAM188 单元的性质进行设置，分析的主要步骤是：首先采用子空间迭代法进行静力分析，然后对模态进行扩展，得到整个架体的屈曲荷载，提取出变形图；然后按照大变形理论进行非线性屈曲分析，得到屈曲荷载和变形图；最后整理数据，将二者得到的结果和试验所得结果进行对比分析，然后以表格、曲线的形式整理出来[63-65]。

3. 基本受力单元架有限元分析

为拟合插口式模板支撑架的单元承载特性，在有限元分析中建立半刚接模型，其中材料的物理参数由材性试验确定。在 ANSYS 中梁单元之间若不做任何处理则各单元之间默认为刚性连接，故建立模型时立横杆均选用 BEAM188 单元，且在立横杆连接处建立弹簧单元 COMBIN39 来模拟半刚性节点。

材性试件及通过材性试验得到的材料参数见表 5-6。

材料参数及材性试件　　表 5-6

试件编号	屈服应力 (MPa)	弹性模量 (E5MPa)
1	354	1.94
2	343	2.40
3	380	2.29
平均	359	2.21

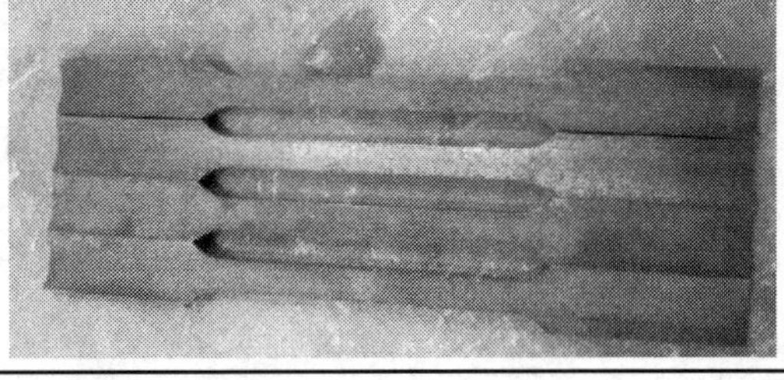

本书研究尚未进行插口架节点试验，节点刚度无确切的数据支持，故参考胡长明[23]对扣件式模板支撑架节点刚度的研究成果来定义弹簧单元的刚度系数。考虑到进行扣件式模板支撑架节点特性时可利用力矩扳手精确的掌控扣件的牢固情况，而插口架搭设只能用敲击次数来粗略衡量，故插口架节点刚度应比扣件式模板支撑架的刚性程度低。针对插口式模板支撑架横杆插头正常楔紧和最小楔紧两种工况，利用弹塑性材料的双线性等向强化模型（BISO）定义 BEAM188 单元的单元属性，而两种楔紧度下 COMBIN39 单元采用的弯矩-转角关系如图 5-248 和图 5-249 所示。

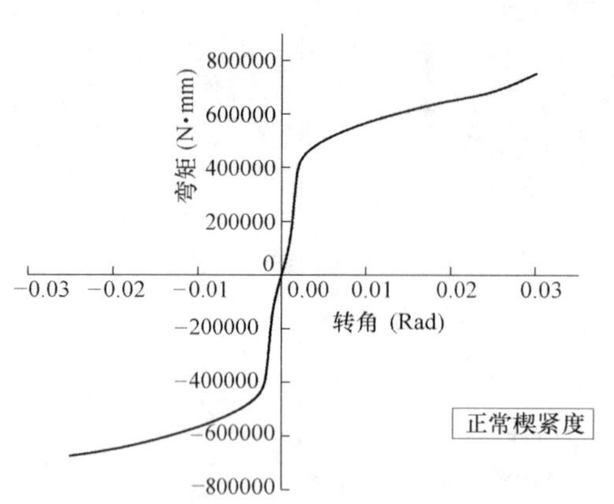

图 5-248 正常楔紧度下弹簧刚度曲线

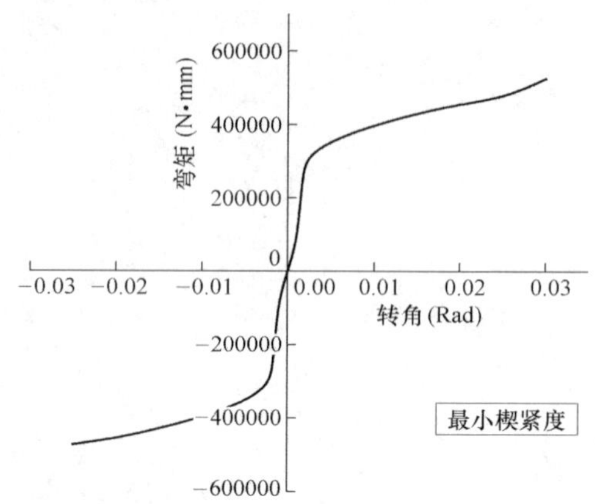

图 5-249 最小楔紧度下弹簧刚度曲线

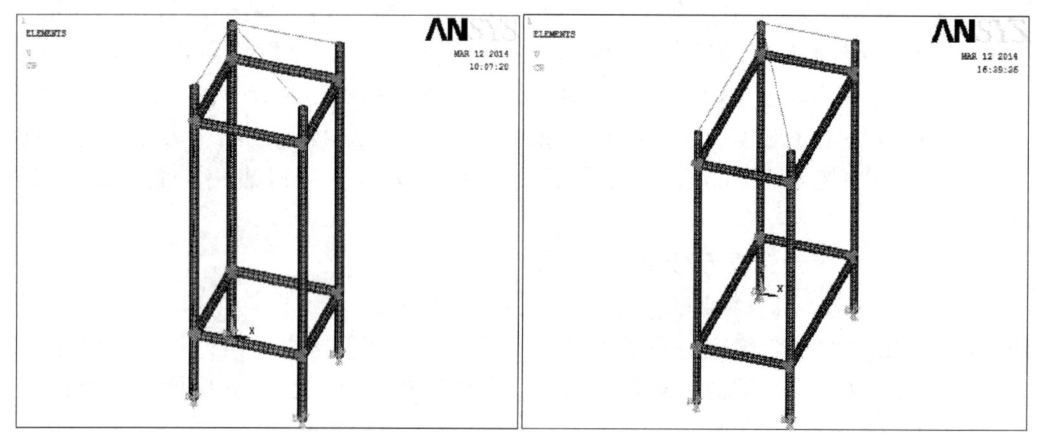

图 5-250 半刚性模型图

半刚性模型如图 5-250 所示，根据试验边界条件，将立杆底部简化为固定铰支座；由 COMBIN39 单元的 2D 性质不可将弹簧单元的两端节点重合，在立横杆连接处建立 10mm 长的弹簧单元，而实际试件中立横杆接头处的平动自由度相同，故将每个弹簧单元两端节点的平动自由度进行耦合；进行屈曲分析时将四根立杆的顶部进行竖向加载点耦合以模拟单元架的中心加载。

极限承载力 **表 5-7**

承载力(kN)	试件编号				数值分析及试验值对比
	1-1	1-2	2-1	2-2	
试验	350.93	282.97	233.54	153.15	
数值分析	342.724	302.970	254.549	227.410	
差值率	2.34%	7.07%	9.00%	48.49%	

由于试件材料缺陷及形状不规则（横杆虽未标准化生产，但在长度上有所差异，试件搭设完成后会有扭转趋势）等，参考胡长明等对于扣件式模板支撑架缺陷的研究在进行非线性屈曲分析时引入 1.2%的初始缺陷。各试件非线性屈曲分析极限承载力见表 5-7，各试件非线性有限元拟合的荷载-位移曲线如图 5-251～图 5-254 所示。

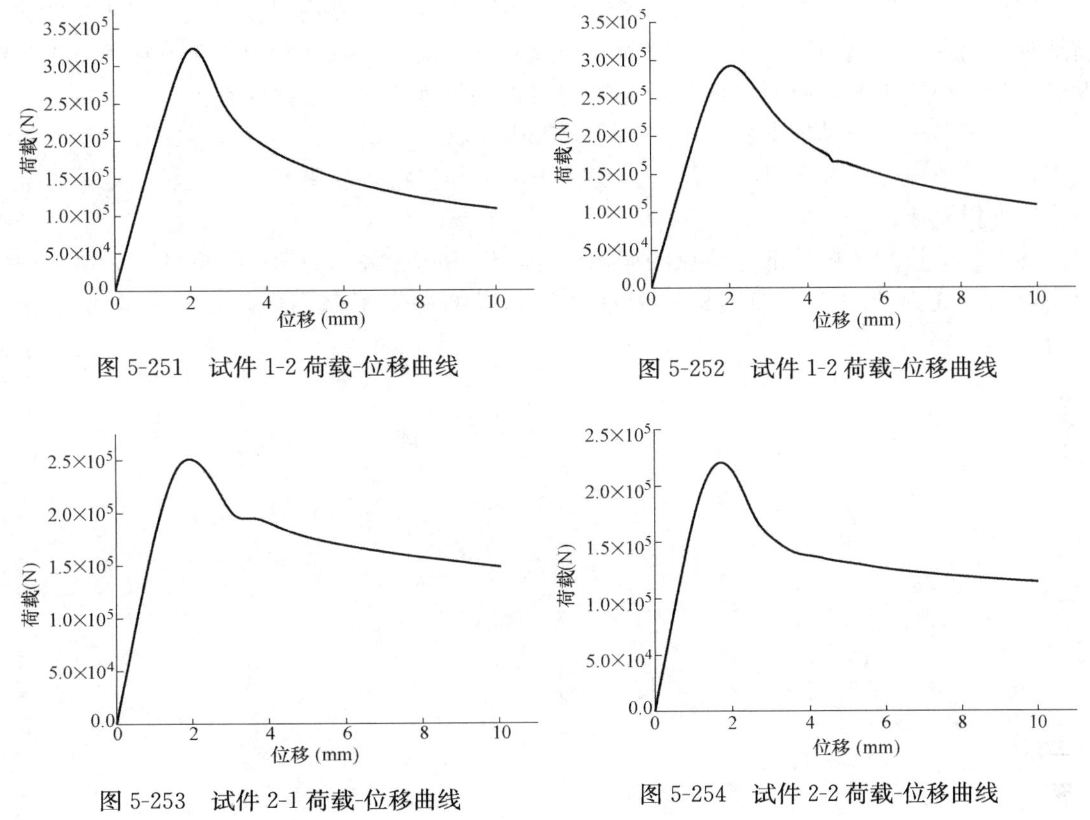

图 5-251 试件 1-2 荷载-位移曲线

图 5-252 试件 1-2 荷载-位移曲线

图 5-253 试件 2-1 荷载-位移曲线

图 5-254 试件 2-2 荷载-位移曲线

5.3 本章小结

通过对扣件式钢管模板支架整架试验及插口式钢管模板支架基本受力单元架试验的现象描述和结果分析，得出以下结论：

（1）支架横杆的应力值随剪刀撑设置的加强而相应减少。且在正常使用条件下，横杆对立杆变形的约束作用不明显，这应与现行直角扣件存在的问题有关。

（2）剪刀撑应力普遍显著地高于横杆应力，其应力的骤升骤降现象与横杆一致。剪刀撑上面测点应力大大高于侧面测点应力，其上表面测点应力的急剧变化与支架坍塌破坏状态一致，说明剪刀撑是支架破坏前的最后支撑，当其应力超过其支撑能力时，结构就会发生失稳。

（3）剪刀撑可有效降低模板支架立杆内力分布的不均匀性，且设置剪刀撑的模板支架承载力比不设置剪刀撑时有显著提高，按有斜杆框格占总框格的比例而言，占 5%左右时可提高 30%，占 15%～20%时可提高 1.5 倍左右，大于 15%时未见有显著提高。

（4）扣件式钢管模板支架在承受竖向荷载作用时，具有明显的双向侧移。且立杆变形曲线以受节点侧移控制的b类为主，因此，应当可以将扣件式钢管模板支架立杆视为“具有半刚性节点的有侧移框架柱”。

（5）整架试验测得的半幅波长，即 $l_0=\mu h$，以及最大侧移值，在研究计算长度系数 μ 的取值时具有重要的参考价值，应予考虑。

（6）插口式单元架横杆插头处楔紧度对于极限承载力的影响程度取决于架体立杆的纵横间距，当立杆纵横间距较大时改变横杆插头的楔紧度对极限承载力的影响显著大于立杆纵横间距较小的工况，说明立杆间距为影响架体极限承载力的主导因素。

（7）插口式钢管模板支架基本受力单元架由于材料、搭设、加载等原因易发生扭转失稳破坏，经数值分析模板支撑架第一失稳模态为平动失稳，故单元架的扭转结论不可推广至模板支撑整架。

（8）试验检测了杆件部分节点的初始偏移，作为初始缺陷的第一手资料，为研究初始缺陷对扣件式钢管模板支架结构极限承载力的影响提供了基本数据，具有重要的参考价值。

第 6 章 满堂模板支架应用性能研究

高大模板支撑体系在实际应用过程中，影响其稳定性的因素较为复杂，无法单纯地利用立杆稳定性计算或者有限元模拟来进行预分析。因此，为明确高大模板支撑体系在施工过程中内部杆件的应力大小及应力的变化趋势，对其进行施工期间的实时监测是非常必要的。通过高大模板支撑体系内部杆件的应变监测，可以达到对整架稳定性预警的作用。在混凝土浇筑过程中，立杆应力接近材料的设计强度时，可直观地从监测数据中反映出来，从而指导现场混凝土的浇筑。对高大模板支撑体系内部杆件应力的变化趋势进行研究可呈现出随着混凝土的浇筑杆件应力的发展情况，从而探讨不同的高大模板支撑体系在不同的混凝土浇筑顺序影响下，杆件应力的发展情况，寻找混凝土浇筑顺序同杆件应力发展情况之间的关系。

6.1 双向受力模板支架现场应用实测

6.1.1 工程概况及测试内容

1. 实测工程简介

西安地铁一号线金花路车站位于西安市金花北路与长乐路十字路口西侧。该站为地铁一号线与中远期地铁三号线的换乘站，两部分车站一次建成。整个车站呈“T”形布置，地铁三号线车站延金花路南北方向布置，一号线车站延长乐路东西方向布置。根据专家建议以及西安市近期规划，车站 1、3 号线同期施工，分期运营。

车站结构形式为内框架箱形结构岛式车站，平面图如图 6-1 所示，基坑剖面图如图 6-2 所示。1 号线车站长度为 150.2m，车站标准段宽度 22.7m，车站有效站台中心线 YCK24＋328.382m，中心线位置基坑开挖深度为 24.54m，该处结构高度为 21.04m，覆土厚度 3.15m，站台长度 118m，站台跨度 14m。3 号线车站长度 148m，标准段宽度为 30.9m，车站有效站台中心线里程为 ZK1＋655.010，中心线位置基坑开挖深度为

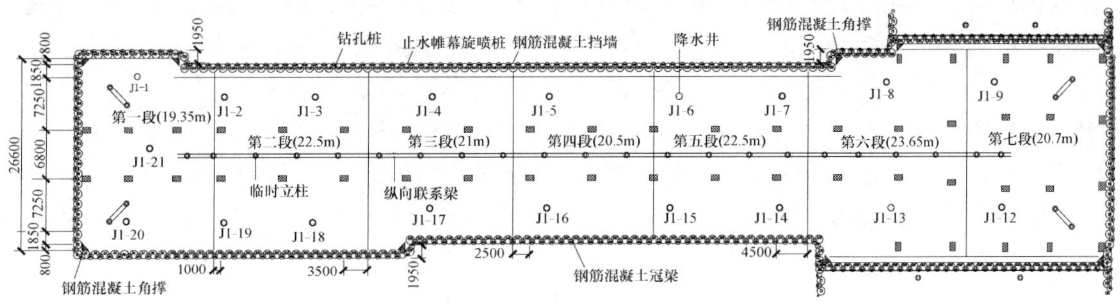

图 6-1 车站一号线基坑部分车站主体平面图

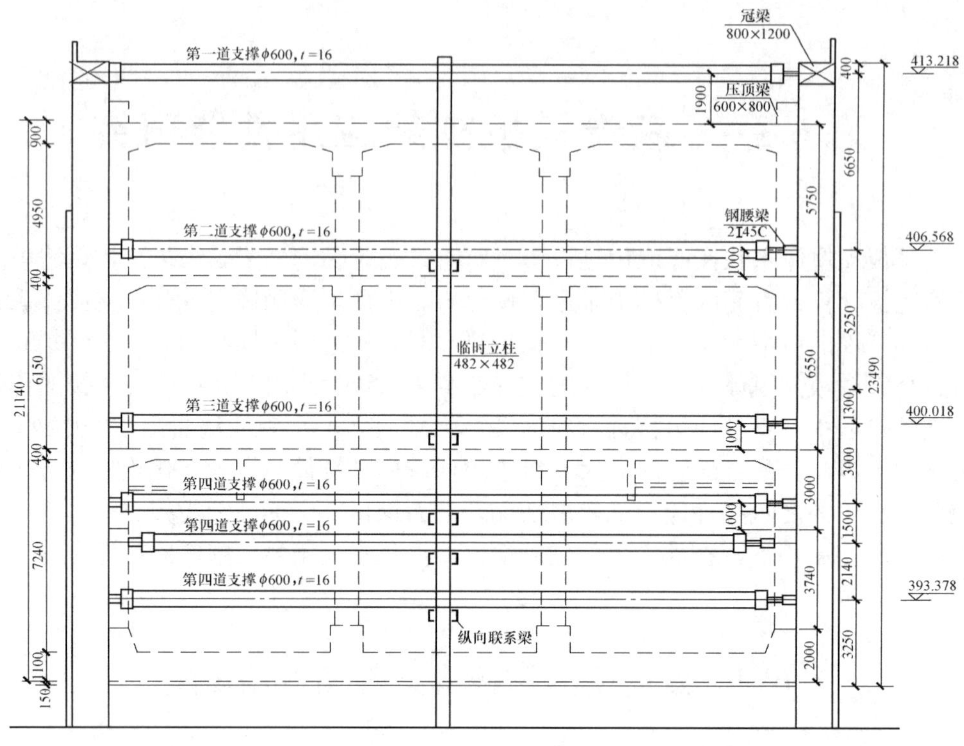

图 6-2　基坑剖面图

17.51m，该处结构高度 13.37m，覆土厚度 3.7m，站台长度 118m，站台跨度 14m。车站基坑保护等级为特级。

2. 模板支撑体系搭设方案简介

车站主体结构顶板厚 900mm（局部厚度为 800mm），负二层底板、负一层底板厚度 500mm（局部厚 400mm），负二层结构层高 6.05m（局部 6.15m），负一层结构尺寸 4.95m。顶板模板在核算时按照 900mm 混凝土计算，中板模板按照 500mm 进行施工验算。进行施工时，采用 ϕ48mm 碗扣式钢管满堂红支架作为承载结构。

根据围护结构和主体工程施工位置关系，负三层结构的层高为 7.14m（局部 7.15m），负二层结构层高 6.05m（局部 6.15m），负一层结构尺寸 4.95m。车站侧墙层厚 800mm/700mm，负一层侧墙净高 4.95m；负二层侧墙净高 6.15m，均采用整浇（侧墙同顶板同时浇筑），负三层侧墙分三次浇筑。在底板施工时，负三层侧墙初始浇筑段高 1.0m，其中加腋部位混凝土宽度为 300mm，高度为 900mm。负三层侧墙中段在初始浇筑段施工完成后支立模板单独浇筑，浇筑高度为 3650mm，该段模板用 P6015 钢模板进行拼装，[14 槽钢水平配置作为横肋间距 500mm，后设背肋架间距 1200mm 支撑。负三层整浇段（侧墙中段上部）浇筑高度为 3000mm，同 500mm（局部 400mm）厚中板整体浇筑。

侧墙面模板采用 55 型 P6015 钢模板拼装竖直布置，U 型扣件连接模板形成整体。模板后水平布置 [14a 槽钢横向布置，水平间距 500mm，用定型连接件与模板连成整体。用 ϕ48mm×3.5mm 钢管直角扣件与满堂脚手架连接，连接钢管同槽钢之间用顶托调节。负一层侧墙与顶板整浇、负二层侧墙与负一层底板整浇，满堂红支架作侧墙模板体系的承力结构。

3. 混凝土浇筑顺序简介

本工程负一层及负二层混凝土的浇筑采用同样的顺序，此处本文仅对负一层混凝土的浇筑顺序进行罗列。对混凝土浇筑面进行划分，划分的具体情况如图 6-3 所示。图中 1、2 表示钢筋混凝土墙体，3、4 表示钢筋混凝土梁。

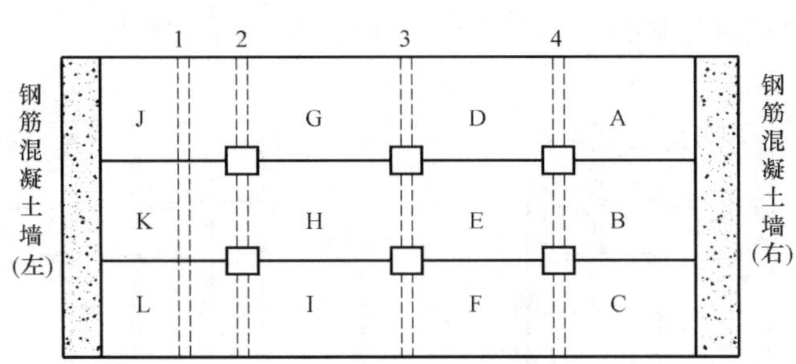

图 6-3　负一层混凝土浇筑面区域划分

混凝土浇筑过程具体情况如下：

混凝土于 2012 年 6 月 30 日晚 24 点 33 分开始浇筑，首先对 1、2 处的墙体进行浇筑。

6 月 31 日 1：22 分，左侧钢筋混凝土墙体开始浇筑，1：37 分停止浇筑。（注：该部分并未浇筑完成，仅完成该墙段 1/5～1/3 的浇筑工作）

6 月 31 日 1：37 分，右侧钢筋混凝土墙体开始浇筑，2：19 分停止浇筑。（注：该部分并未浇筑完成，仅完成该墙段 1/5～1/3 的浇筑工作）

6 月 31 日 2：23 分，再次对左侧钢筋混凝土墙体进行浇筑，2：50 结束二次浇筑。

6 月 31 日 2：53 分，对 3、4 处梁体进行浇筑。

6 月 31 日 3：58 分，再次对右侧钢筋混凝土墙体进行浇筑。

6 月 31 日 4：47 分，再次对 2 处墙体进行浇筑。

6 月 31 日 6：25 分，对 F 板进行浇筑。

6 月 31 日 6：37 分，对 E 板进行浇筑。

6 月 31 日 7：16 分，对 D 板进行浇筑。

6 月 31 日 7：23 分，对 G 板进行浇筑。

6 月 31 日 8：58 分，对 H 板进行浇筑。

6 月 31 日 9：03 分，对 1 处墙体进行浇筑。

6 月 31 日 10：03 分，对 I 板进行浇筑。

6 月 31 日 11：23 分，对 C 板进行浇筑。

6 月 31 日 12：00 分，对 B 板及 A 板进行浇筑。

6 月 31 日 16：05 分，再次对 D 板进行浇筑。

6 月 31 日 16：47 分，再次对 E 板进行浇筑。

6 月 31 日 17：25 分，再次对 F 板进行浇筑。

6 月 31 日 17：43 分，再次对 G 板进行浇筑。

6 月 31 日 18：30 分，再次对 H 板进行浇筑。

6 月 31 日 19：30 分，再次对 I 板进行浇筑。

6 月 31 日 20：30 分，对 L 板进行浇筑。

6 月 31 日 21：40 分，对 K 板进行浇筑。

6 月 31 日 22：45 分，对 J 板进行浇筑。

6 月 31 日 23：55 分，再次对 L 板进行浇筑。

此次混凝土的浇筑于 2012 年 7 月 1 日凌晨 4：41 分结束，总共历时 28 小时。

总结上述混凝土的浇筑顺序可大致简化成图 6-4 中所示情况。

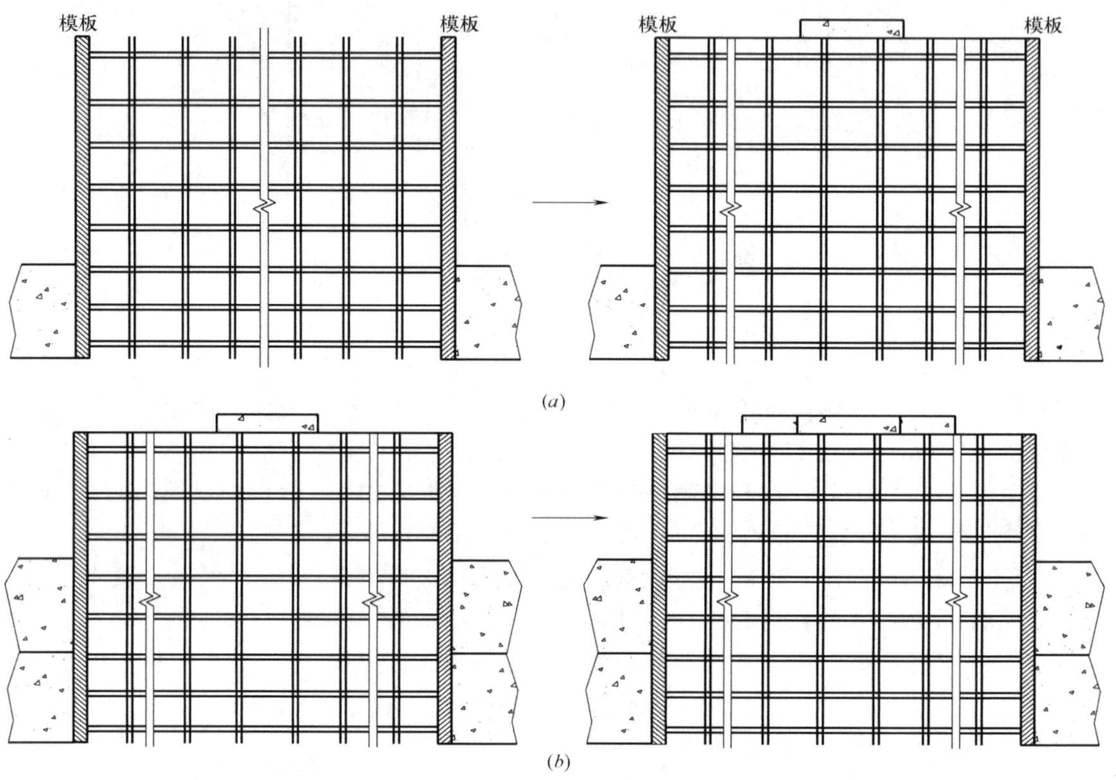

图 6-4　混凝土浇筑顺序简图

注：图 6-4 中并未将全部过程绘出，整个浇筑过程按照图中所示规律依次循环进行，直至混凝土浇筑完成。

将结构从负二层开始划分为两个不同的测区，如图 6-5 所示。图中测区 1 为负二层，测区 2 为负一层。测量混凝土浇筑过程中，施工荷载对立杆应力的影响主要在测区 1 内进行，混搭模板支撑体系内部杆件的应力变化趋势测量主要在测区 2 进行（注：在对测区 2 的杆件进行测量的同时仍对测区 1 内的测点进行了相应的测量，测量的主要目的在于确定上层混凝土在浇筑过程中，下层的模板支撑体系在已受压的情况下其内部杆件应力的变化情况）。

测量独立柱混凝土浇筑时，侧模板承受的侧压力主要在测区 2 内中间部分的柱体上进行。对单面支模的钢筋混凝土墙体进行模板侧压力的测量同样在测区 2 内进行，并分为左右两部分。在各部分内设置振弦式土压力计对侧压力进行测量。采用称重传感器布置于钢模板的外侧，对传至水平杆的压力直接进行测量。

4. 测量施工期荷载所需测点布置情况

该部分的测量主要针对测区 1（高度为 6.15m）模板支撑体系在混凝土浇筑时进行测量，共布设 17 个测点，具体测点布置见图 6-6（*a*）所示。

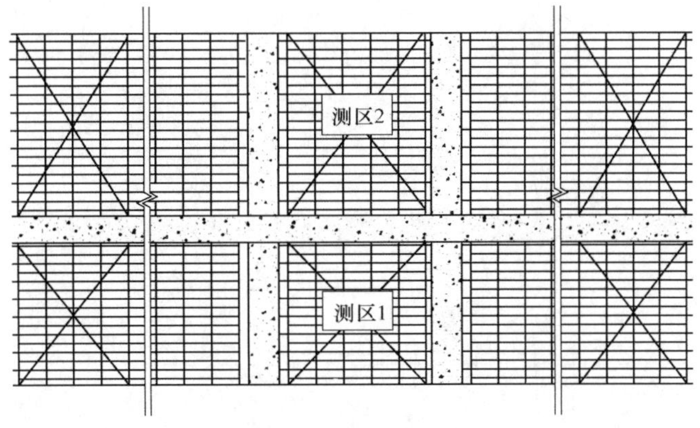

图 6-5　测区划分图

对于混凝土浇筑过程中，混凝土自身重量、冲击荷载、振动荷载，会对模板底面产生较大竖向压力，该项压力会因为模板支撑体系水平杆的存在而出现重分配的现象。为避免所测量的值为重分配值，测点的布置应尽可能地接近混凝土的浇筑面。测点均布置在立杆顶端距模板底面 200mm 处（200mm 包括了可调托撑伸出立杆端部的长度），如图 6-6（*b*）所示。

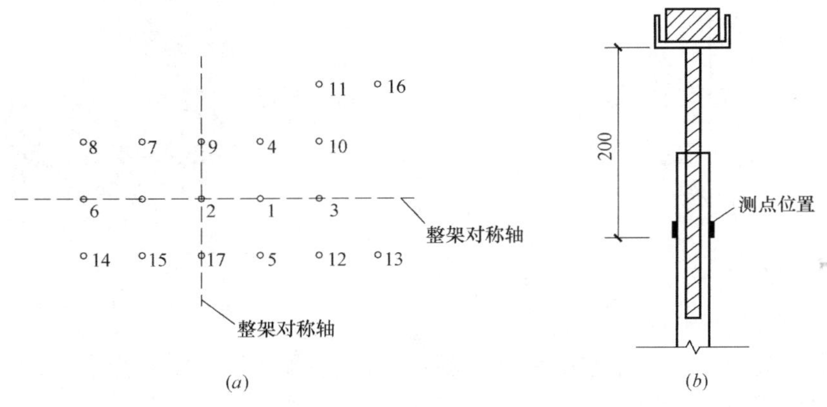

图 6-6　测点布置详图

（*a*）测点分布；（*b*）测点布置位置

5. 测量模板侧压力所需测点布置情况

（1）独立柱混凝土浇筑时模板侧压力测量方案设计

由于该部分的测量工作在测区 2 内完成，故独立柱的高度为 4.95m，柱全段内从上到下共布置 7 支钢筋应力计。钢筋应力计焊接于柱模板外侧的拉结筋上，具体焊接详图如图 6-7 所示。钢筋应力计的布置参考图 6-8。

（2）单面支模时模板侧压力测量方案设计

该部分的测量主要在测区 2 内完成，且在测量过程中为防止单一方法测量结果的不准确性，此处采用两种不同的方法对单侧支模钢筋混凝土墙体浇筑时，模板受到的侧压力进行测量。

1）采用正弦式土压力计。钢筋混凝土墙体的高度为 4.95m，全段内共 7 个振弦式土压力计，如图 6-9 所示，且固定于混凝土墙体外侧分布钢筋上，具体布置详图如图 6-10 所示。

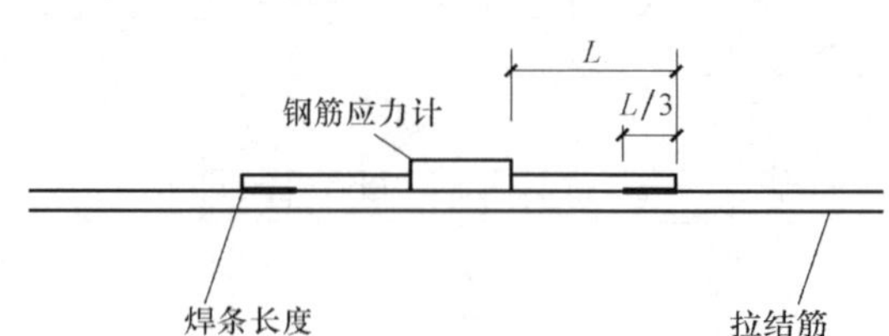

图 6-7　钢筋应力计布置方法

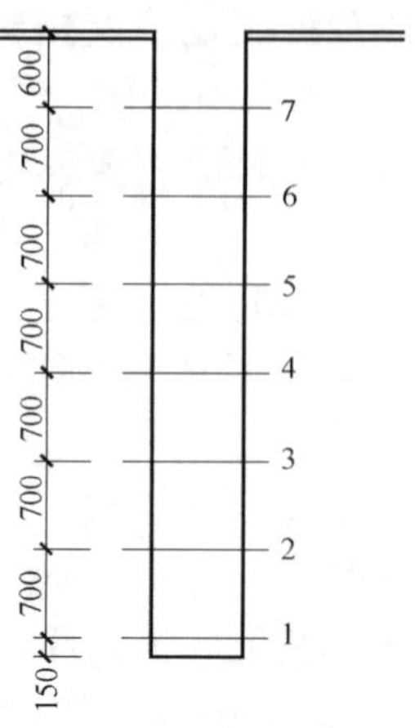

图 6-8　钢筋应力计布置位置

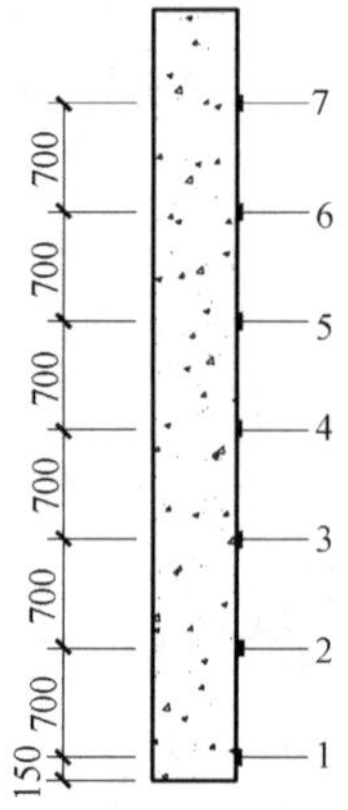

图 6-9　土压力计布置位置

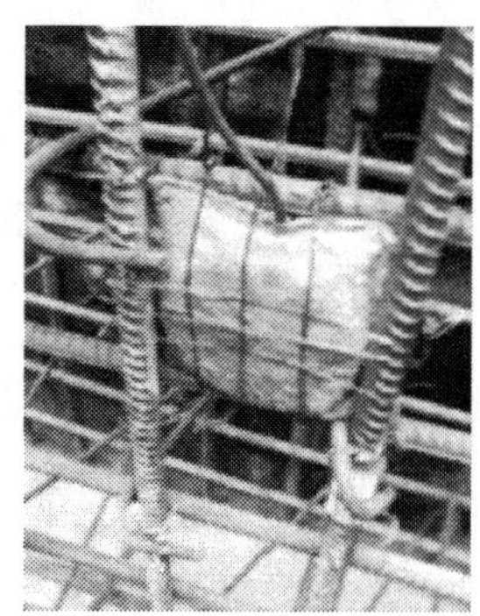

图 6-10　土压力计布置方法

2）采用称重传感器。称重传感器主要用于测量因模板侧压力而引起的水平杆轴力。具体布设情况如图 6-11 所示。

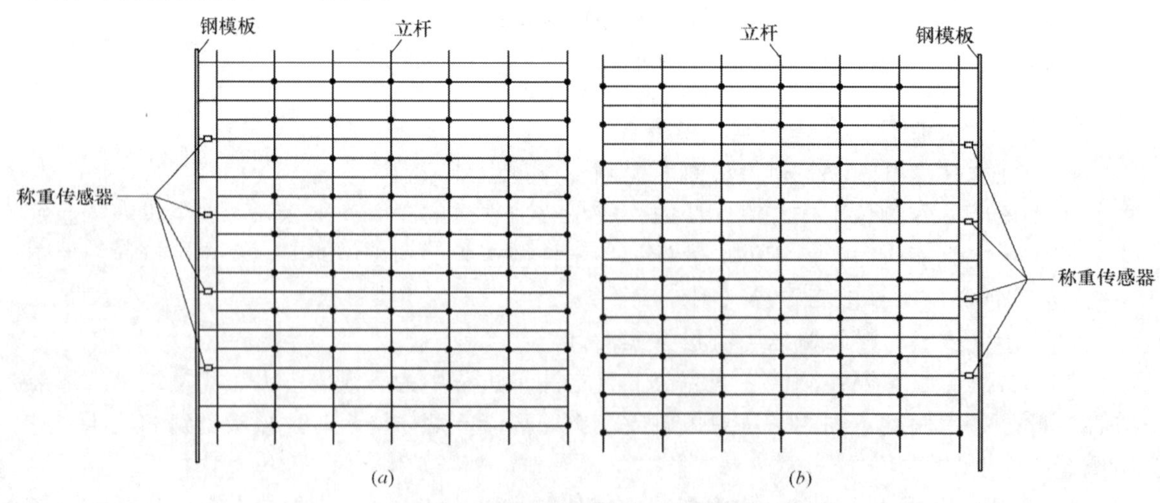

图 6-11　称重传感器布置情况简图

（a）左侧称重传感器布置情况；（b）右侧称重传感器布置情况

6. 测量模板支撑体系中杆件力学响应所需测点布置情况

选取测区 2 内模板支撑体系内部部分杆件，测杆的选取如图 6-12～6-14 所示，各测杆上的测点布置如图 6-15～6-17 所示。

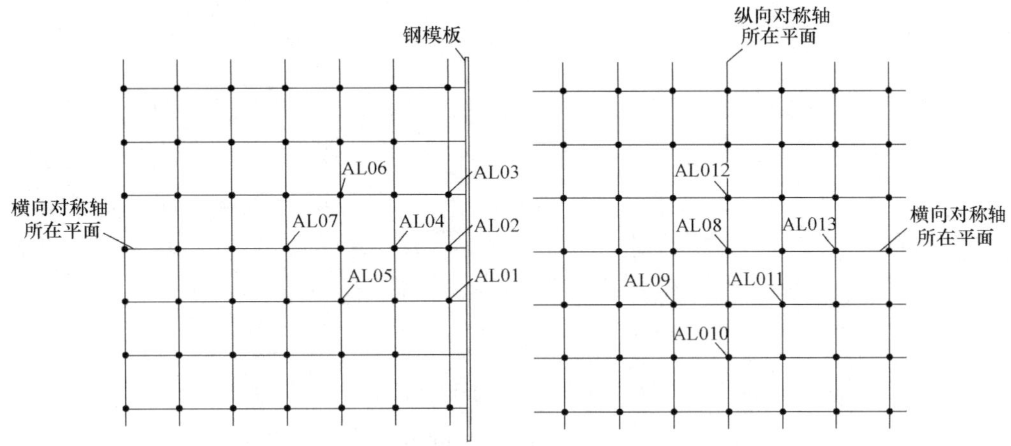

图 6-12　测量立杆分布

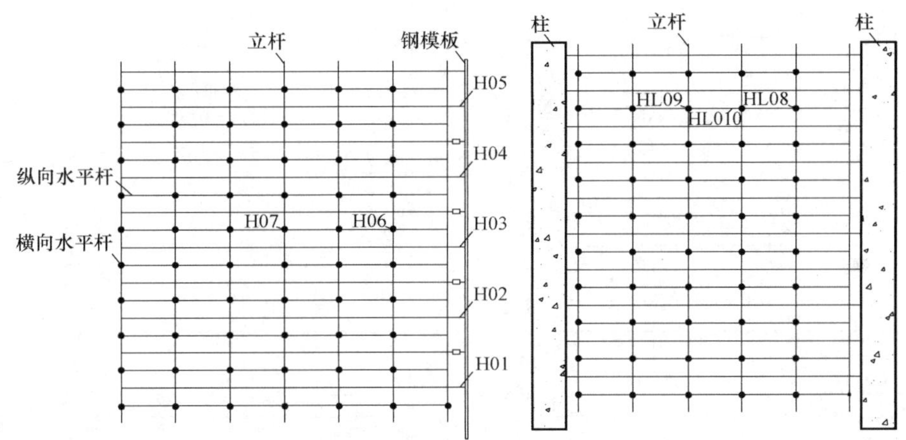

图 6-13　测量水平杆分布情况

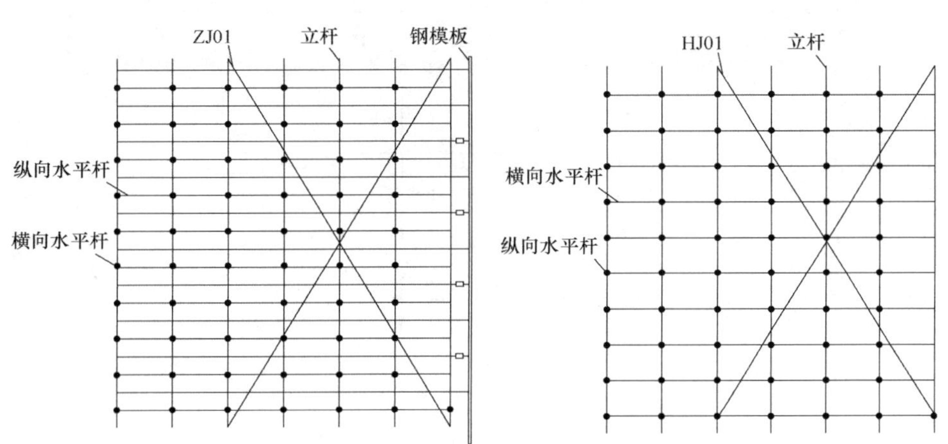

图 6-14　测量竖向剪刀撑分布情况

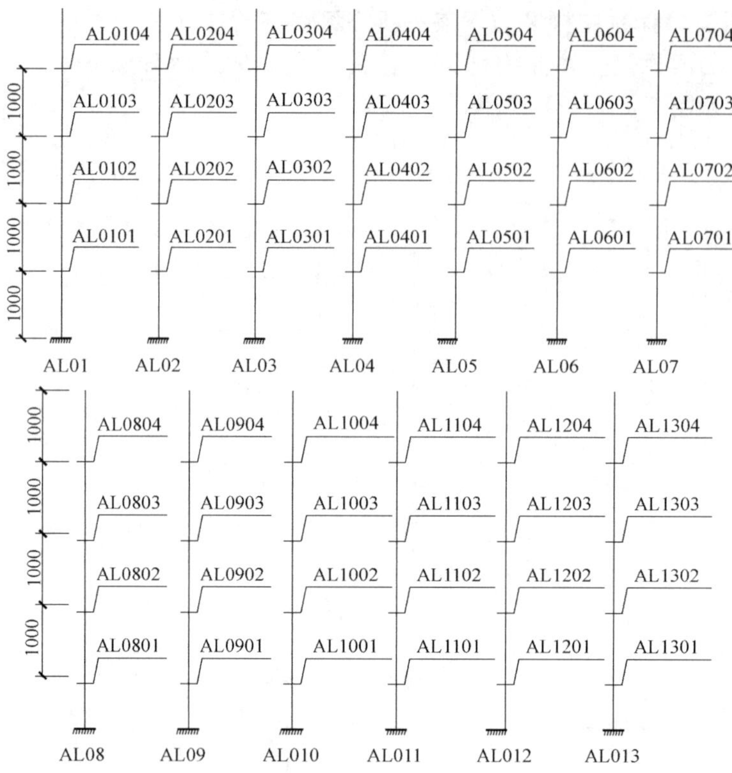

图 6-15　立杆测点布置详图

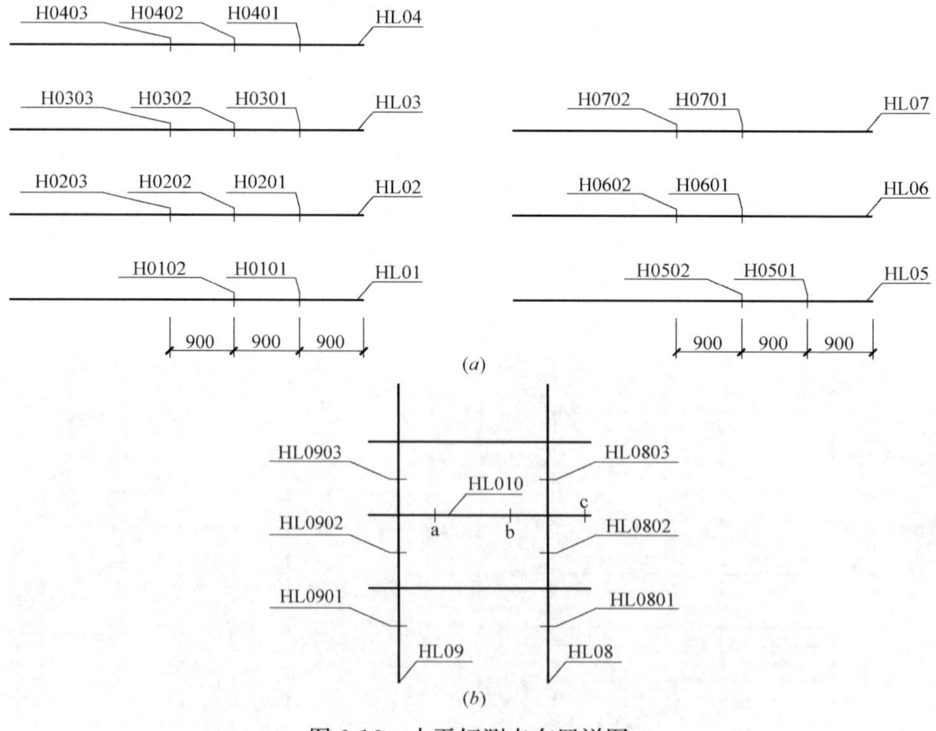

图 6-16　水平杆测点布置详图

（注 a、b、c 分标表示 HL1001、HL1002、HL1003）

6.1.2　测试结果分析

对实测结果进行处理，绘制混凝土浇筑期间模板支撑体系中测量杆件测点处应力时程曲线。实测数据处理过程中基本假定：钢管材料强度设计值 205N/mm²、钢管为弹塑性材料、钢管的弹性模量 2.06×10^5N/mm²。

1. 研究施工期荷载测点的时程曲线

将测点的应变值通过公式转换为该点处的应力值，并绘制出应力时程曲线，如图 6-18～图 6-32 所示。在测量过程中，测点 2 及测点 17 因外因损坏，未能采集到正常的应变数值，故本节未罗列出测点 2 及测点 17 对应的应力时程曲线。

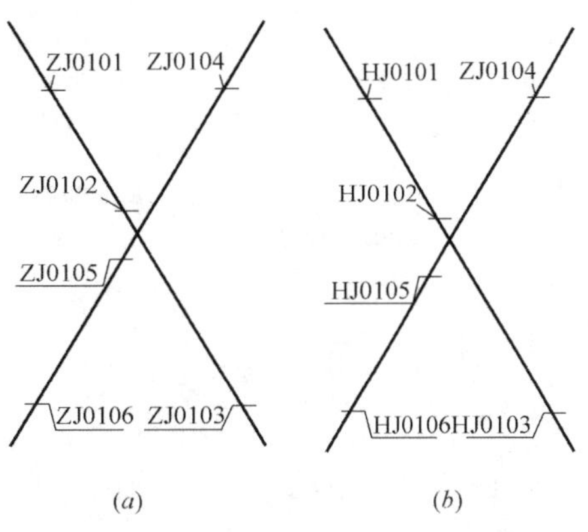

图 6-17　竖向剪刀撑测点布置详图
(a) 纵向剪刀撑测点布置详图；
(b) 横向剪刀撑测点布置详图

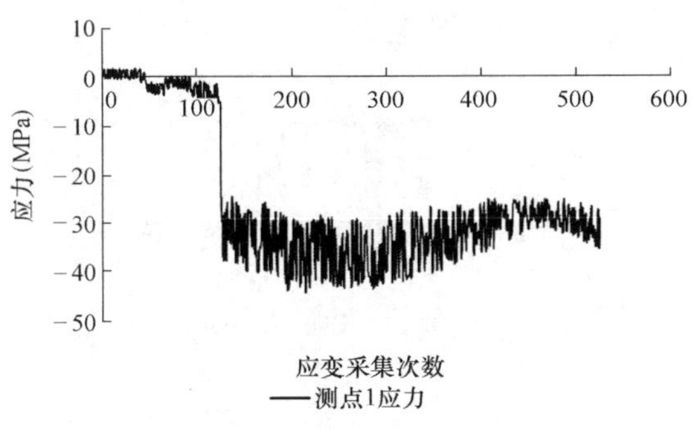

图 6-18　立杆 1 应力时程曲线

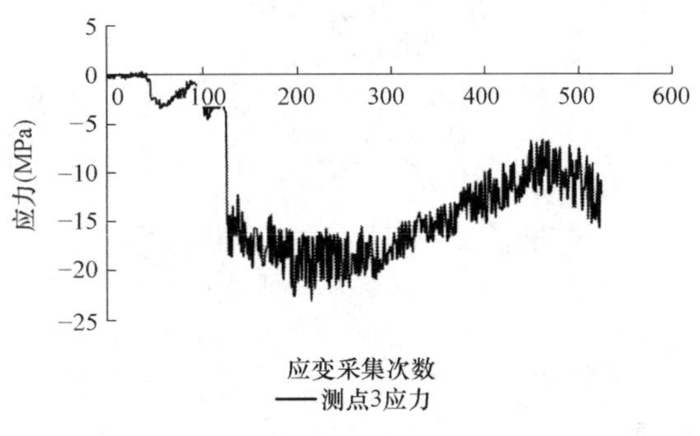

图 6-19　立杆 3 应力时程曲线

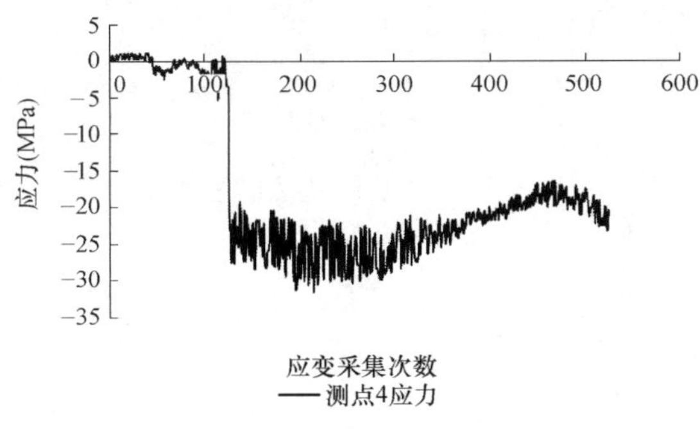

图 6-20　立杆 4 应力时程曲线

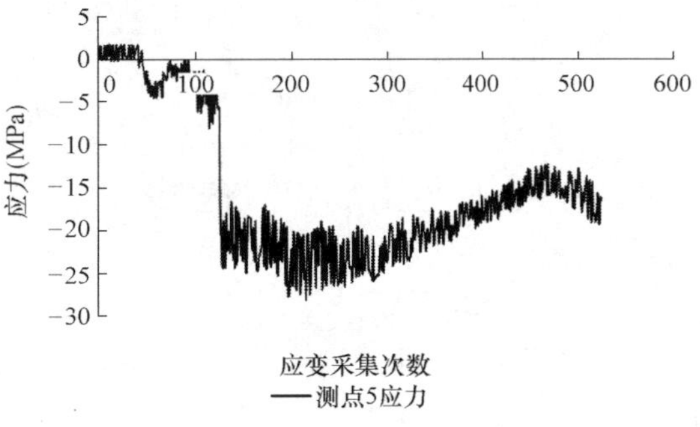

图 6-21　立杆 5 应力时程曲线

对上述应力时程曲线进行分析得：各点处的应力呈现出两种变化趋势，图 6-18～图 6-26 中立杆的应力在采样次数达到 100～150 次时，杆件的应力明显出现了较大的变化，且在突变后会逐渐地减小，但减小的过程中明显伴随着应力的波动，波动的频率非常的大。图 6-27～图 6-32 中，杆件的应力则体现出较前图较缓的变化趋势，且在应力增大以后，

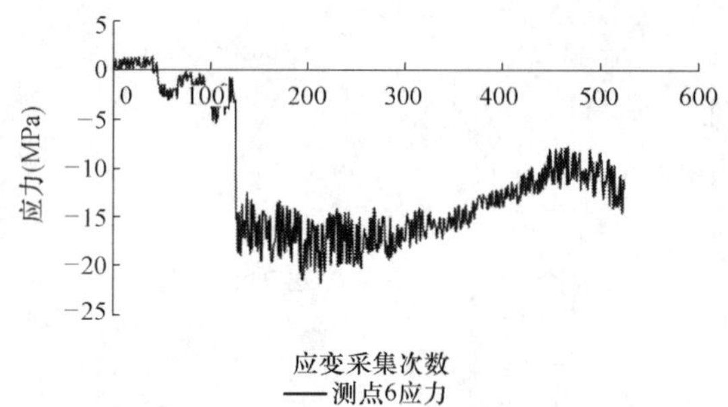

图 6-22　立杆 6 应力时程曲线

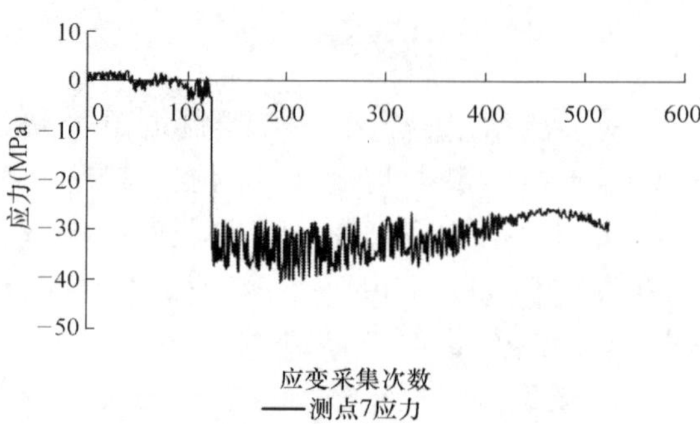

图 6-23　立杆 7 应力时程曲线

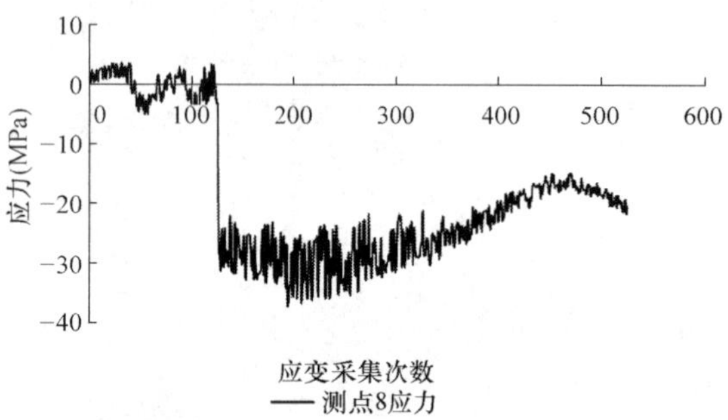

图 6-24　立杆 8 应力时程曲线

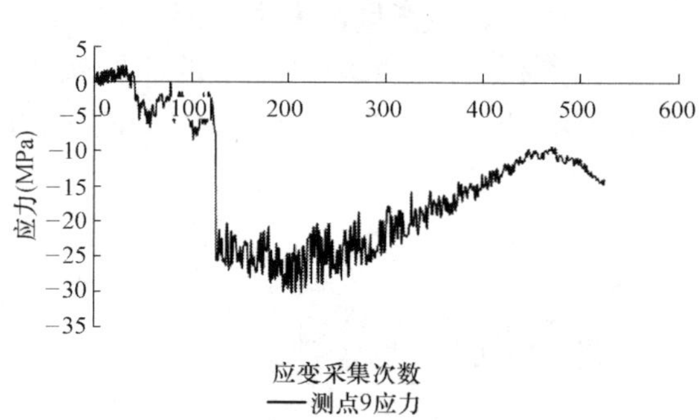

图 6-25　立杆 9 应力时程曲线

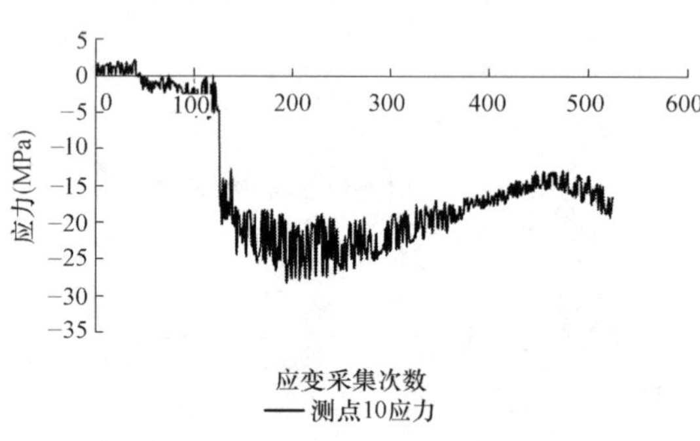

图 6-26　立杆 10 应力时程曲线

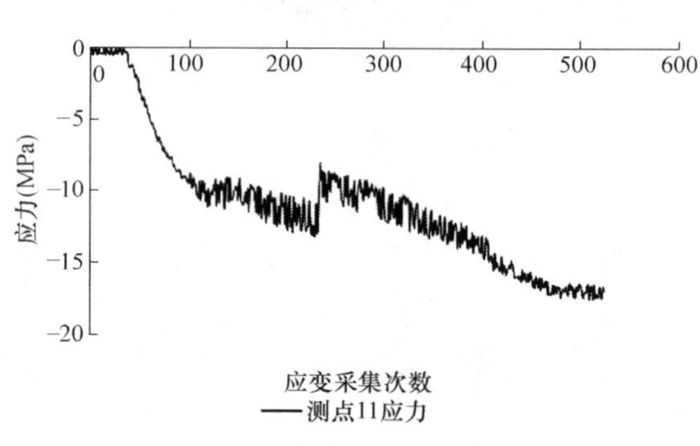

图 6-27　立杆 11 应力时程曲线

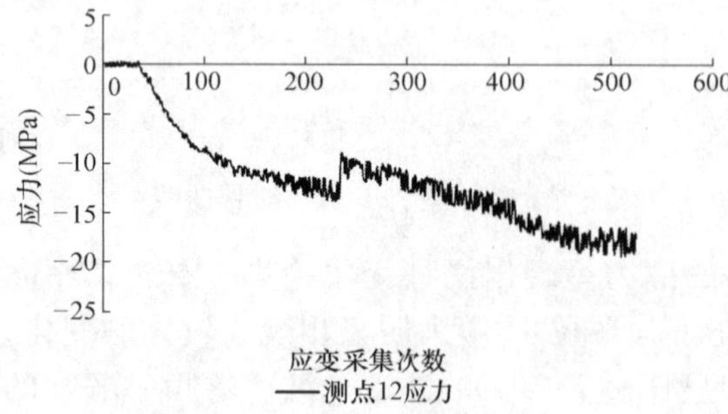

图 6-28　立杆 12 应力时程曲线

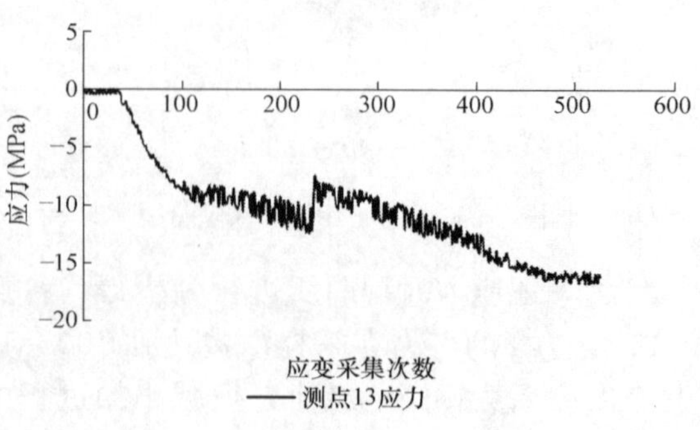

图 6-29　立杆 13 应力时程曲线

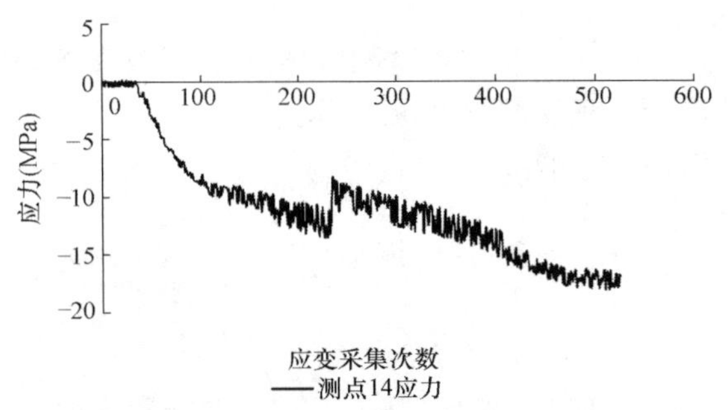

图 6-30　立杆 14 应力时程曲线

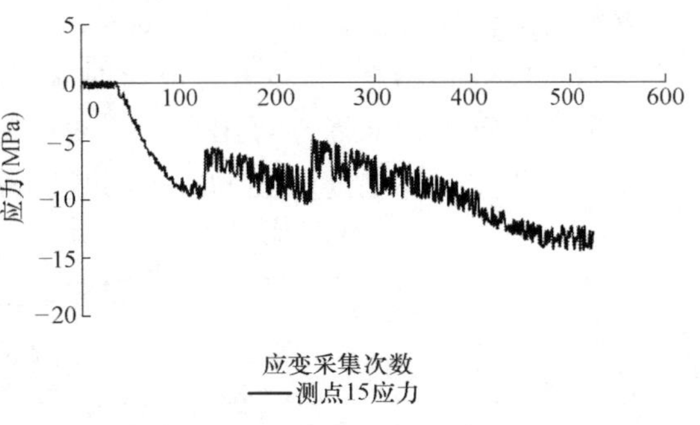

图 6-31　立杆 15 应力时程曲线

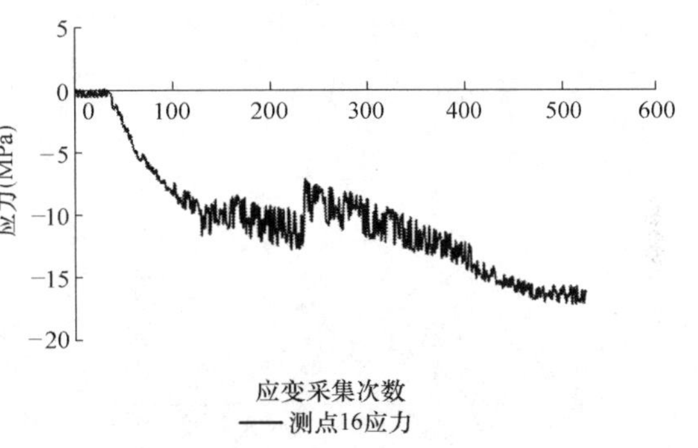

图 6-32　立杆 16 应力时程曲线

杆件上的应力并非如前述图形中所呈现出的应力逐渐减小的变化趋势，反而出现了逐渐增大的现象。产生上述现象的主要原因则在于在混凝土的浇筑过程中，随着混凝土的浇筑模板出现了不均匀的压缩现象，这导致模板出现不均匀翘曲，使得部分杆件处的应力逐渐减小（翘起部分），而部分杆件处（下凹部分）的应力呈现出逐渐增大的变化趋势。

不管在应力何种变化类型的杆件上均会发现：当应力突变以后，杆件应力产生较大的波动，且这种波动几乎是紧随应力突变之后产生的。很明显，立杆应力的突变主要原因在于混凝土的直接浇筑对立杆产生的轴力（压力）、施工人员及设备荷载对立杆产生的轴力（压力）。应力曲线的波动变化最直接的原因则在于内部振捣器对新浇混凝土的振捣，随着混凝土振捣的进行，杆件上应力变化曲线的振动幅度逐渐地减弱，最终逐渐趋于稳定。

从上图中分析得知：内部振捣器在对新浇混凝土进行振捣时，会使立杆的应力产生10～20MPa 的应力波动，如图 6-18 中立杆 1 因内部振捣器而产生的应力振幅达到了15MPa，而图 6-24 中该值更是达到了 18MPa。

就施工现场所使用的钢管而言，其采用的钢材为 Q235A 类钢，其设计强度值为 205N/mm²。但实际上由于钢管的循环使用，使得大部分的钢管出现了初弯曲、锈蚀、截面变形等现象，这对钢管承压能力带来了非常不利的影响。因此在对架体进行计算时，可适当降低钢管承压的上限值，且在调整过程中因充分考虑到振捣过程中，下部支撑架所受到的振动荷载对立杆应力的影响。

2. 研究模板侧压力测点时程曲线

混凝土浇筑过程中，对模板所产生侧压力的研究主要从三方面进行考虑：

1）混凝土对独立柱进行浇筑时，通过布设于拉结筋上的钢筋应力计测量出单根拉结筋上的轴力值，从而导算出对应面积上的模板侧压力值。

2）对钢筋混凝土墙体进行浇筑时，通过布设于墙体中的正弦式土压力计直接测量出测点处的侧向压力值。

3）对钢筋混凝土墙体进行浇筑时，采用称重传感器通过测量侧模传递给模板支撑体系水平杆的轴力，从而导算出水平杆对应影响面积上所受到的模板侧压力。

（1）独立柱拉结筋实测的轴力时程曲线（图 6-33～图 6-46）。

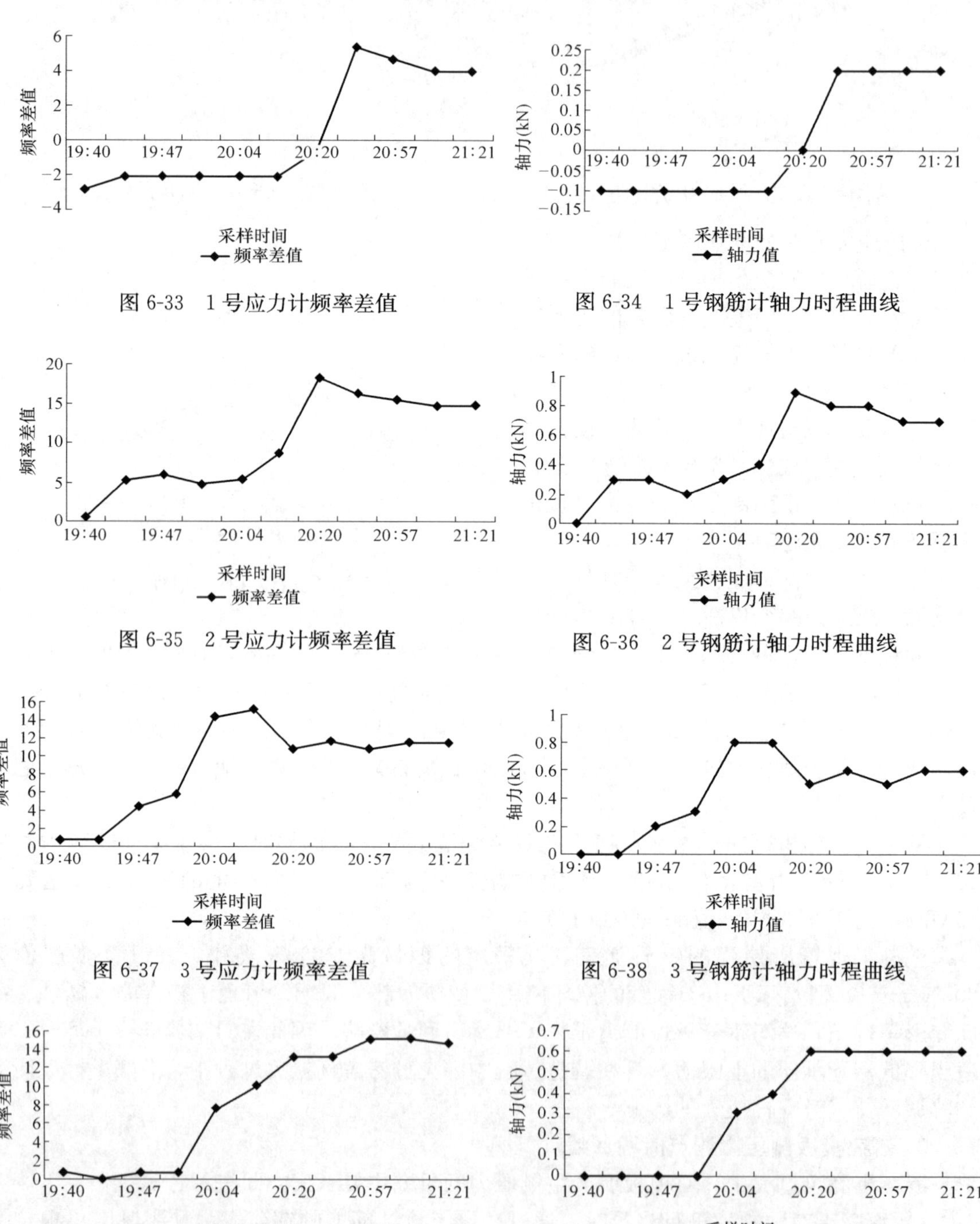

图 6-33　1 号应力计频率差值

图 6-34　1 号钢筋计轴力时程曲线

图 6-35　2 号应力计频率差值

图 6-36　2 号钢筋计轴力时程曲线

图 6-37　3 号应力计频率差值

图 6-38　3 号钢筋计轴力时程曲线

图 6-39　4 号应力计频率差值

图 6-40　4 号钢筋计轴力时程曲线

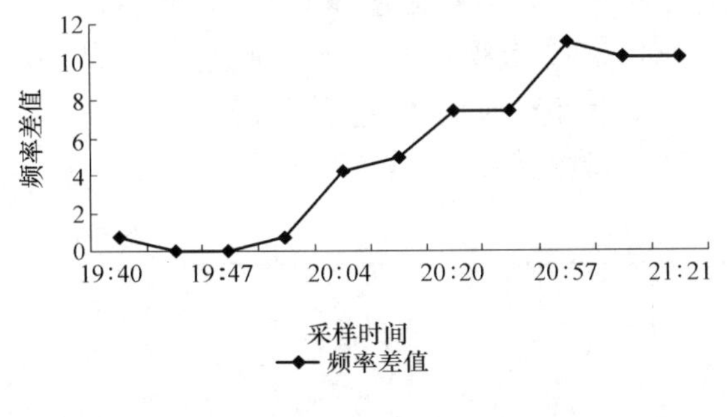

图 6-41　5 号应力计频率差值

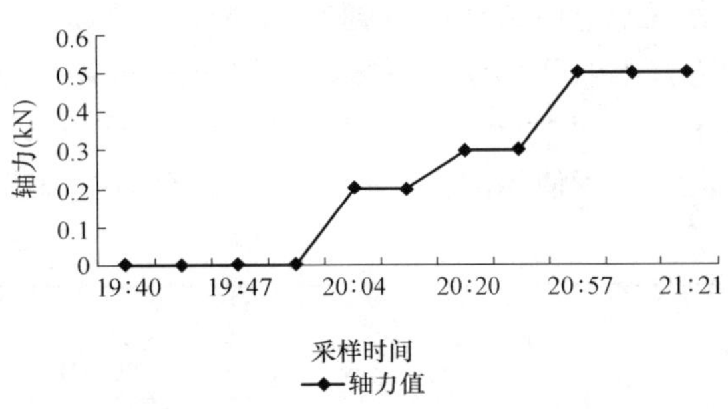

图 6-42　5 号钢筋计轴力时程曲线

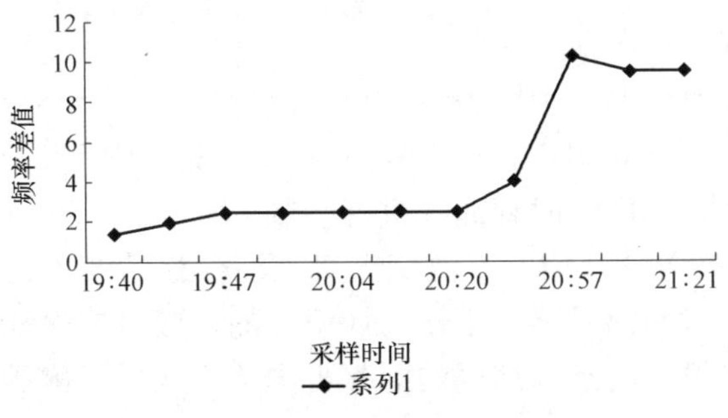

图 6-43　6 号应力计频率差值

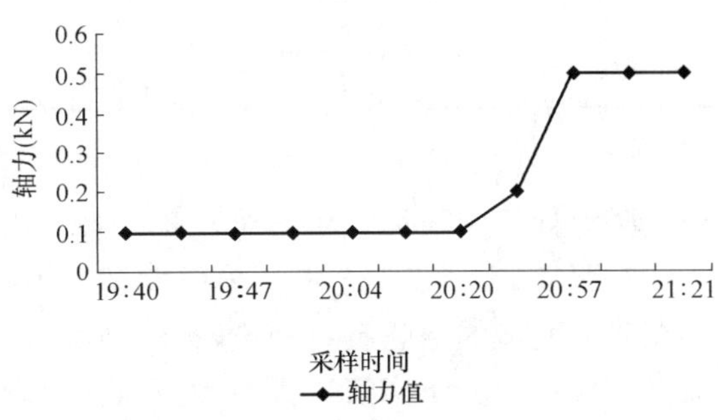

图 6-44　6 号钢筋计轴力时程曲线

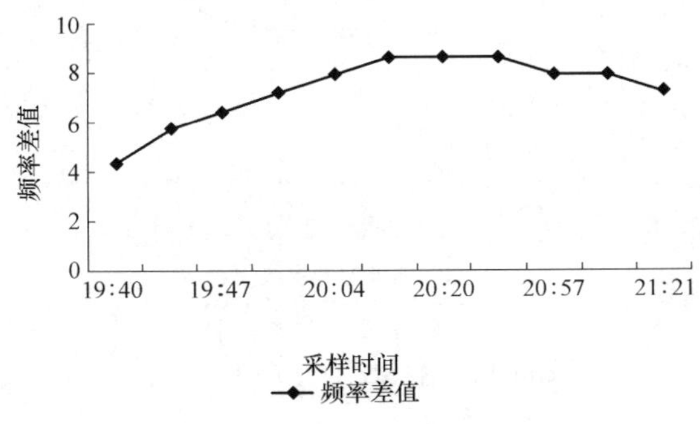

图 6-45　7 号应力计频率差值

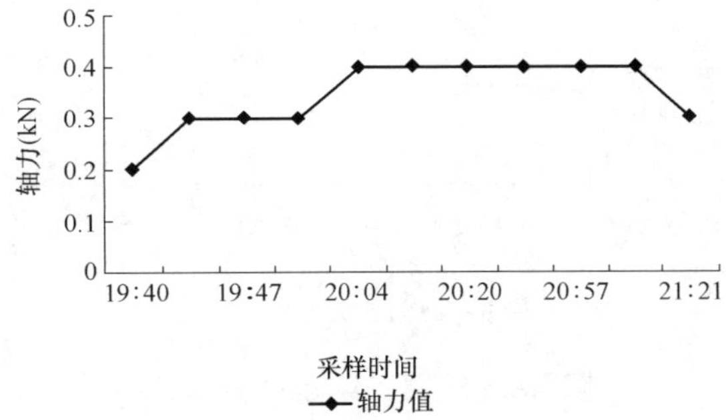

图 6-46　7 号钢筋计轴力时程曲线

对上述图形进行分析可知，在 1 号钢筋应力计处的轴力最小，混凝土浇筑完成后，拉结筋上的轴力仅为 0.2kN。而随着高度的增加，在 2 号钢筋应力计处（850mm 处）拉结筋的应力达到了最大值即为 0.8kN，该值为 1 号钢筋计读数的 4 倍。在 3、4、5、6 号钢筋应力计处拉结筋的轴力基本相同，均分布在 0.5～0.6kN 范围之内，但当高度达到 4.35m 时，钢筋应力计的读数突然减小，变成了 0.3kN。

（2）振弦式土压力计实测的压强时程曲线

土压力计采用量程为 0.3MPa 的单面承压振弦式土压力计，测量过程中对处于受力状态下的土压力计进行频率的测量，并通过公式$\mu\varepsilon = F^2 K_0$（$\mu\varepsilon$ 为应变；F 为频率值；K_0 为材料的弹性模量系数，该值根据要求取为 0.0005383）求得应变。此后通过公式 $P=\mu\varepsilon \times K_1$（$P$ 为压强；K_1为传感器的标定系数）求出测点处对应的压强值即可。

对所使用的振弦式土压力计标定系数进行测量，测量结果见表 6-1 所示。

土压力计标定系数　　**表 6-1**

左侧土压力计标定系数(K_1)	1号	0.0006957	右侧土压力计标定系数(K_1)	1号	0.0007335
	2号	0.0008389		2号	0.0008824
	3号	0.0007009		3号	0.0006848
	4号	0.0008143		4号	0.0006842
	5号	0.0004325		5号	0.0007222
	6号	0.0006980		6号	0.0007371
	7号	0.0003583		7号	0.0006797

对各土压力计的时程曲线进行绘图，绘图结果如图 6-47～图 6-59 所示。测量中左侧 3 号土压力计受到损坏，故不对左侧 3 号土压力计的压强时程曲线进行绘制。

对图 6-47～图 6-59 进行分析发现在混凝土浇筑过程中，混凝土对侧面模板的侧压力存在非常明显的空间及时间逻辑性，随着浇筑时间的推移，土压力计压强的读数也在逐渐增大，且在混凝土浇筑过程中，该值会出现峰值，一旦该部分的混凝土浇筑完成后，侧压力就会逐渐趋于稳定。

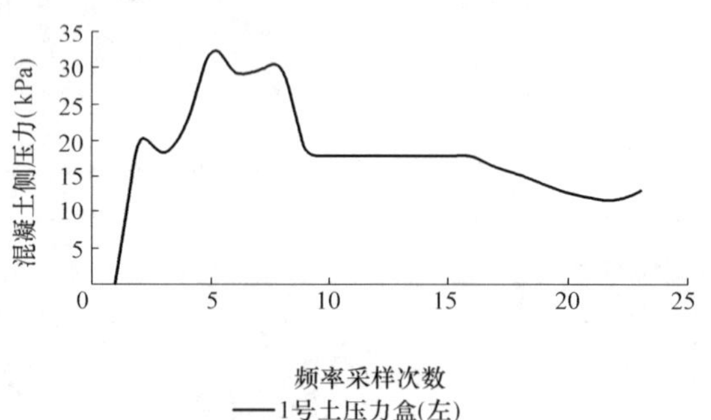

图 6-47　左侧 1 号土压力计压强

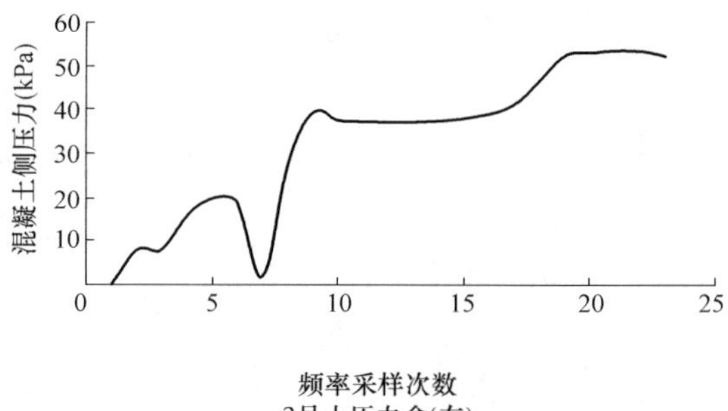

图 6-48　左侧 2 号土压力计压强

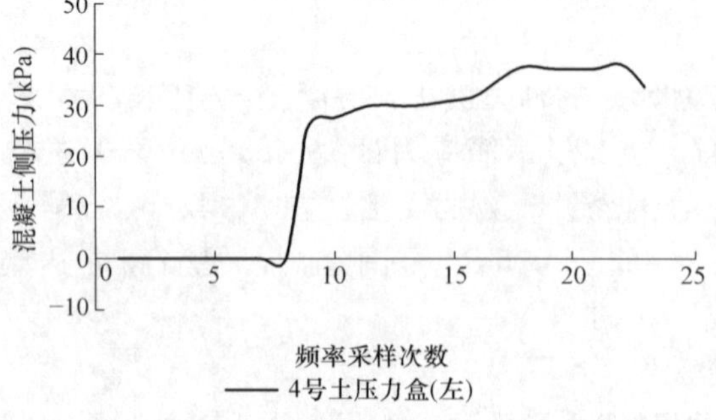

图 6-49　左侧 4 号土压力计压强

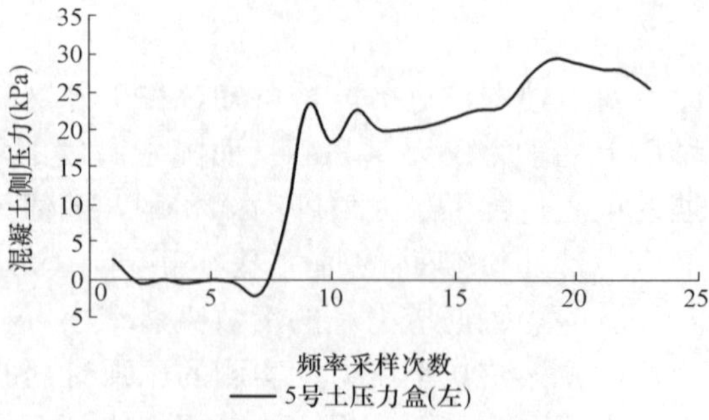

图 6-50　左侧 5 号土压力计压强

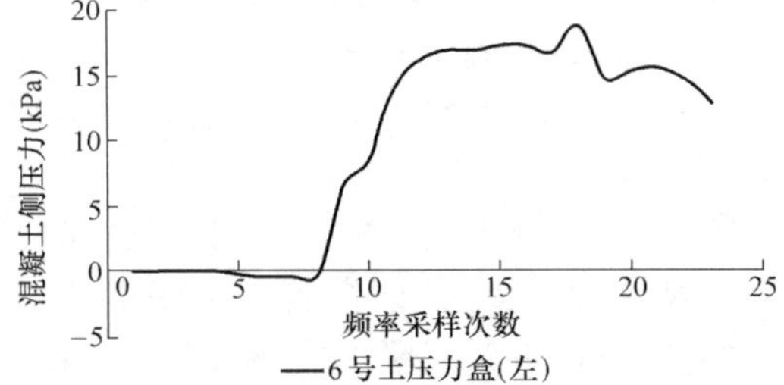

图 6-51　左侧 6 号土压力计压强

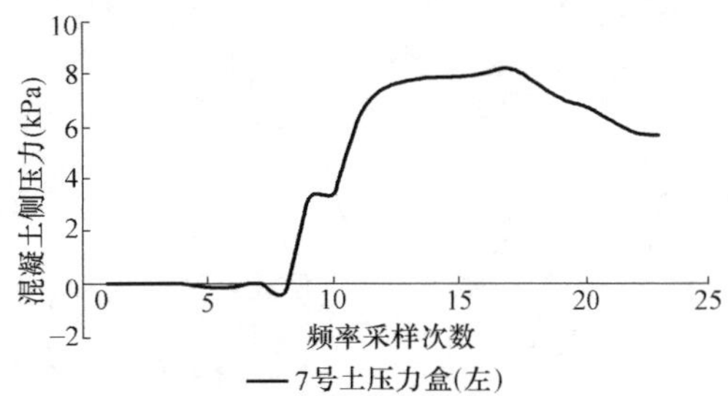

图 6-52　左侧 7 号土压力计压强

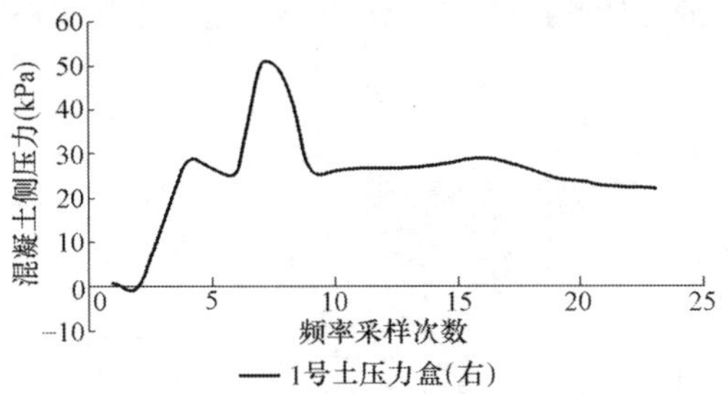

图 6-53　右侧 1 号土压力计压强

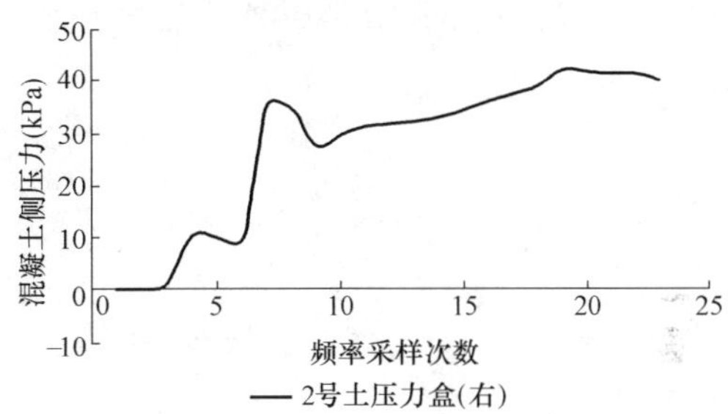

图 6-54　右侧 2 号土压力计压强

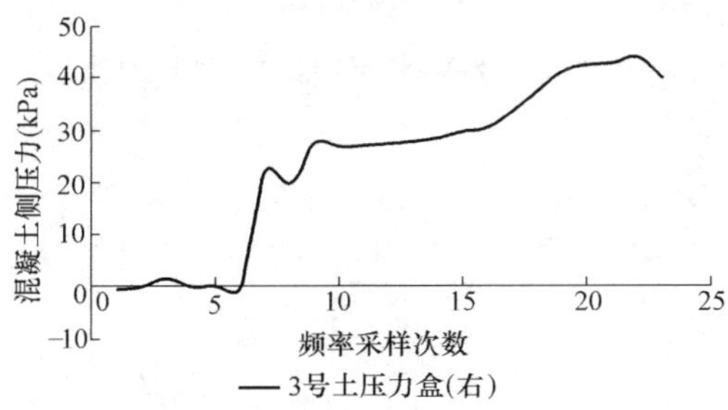

图 6-55　右侧 3 号土压力计压强

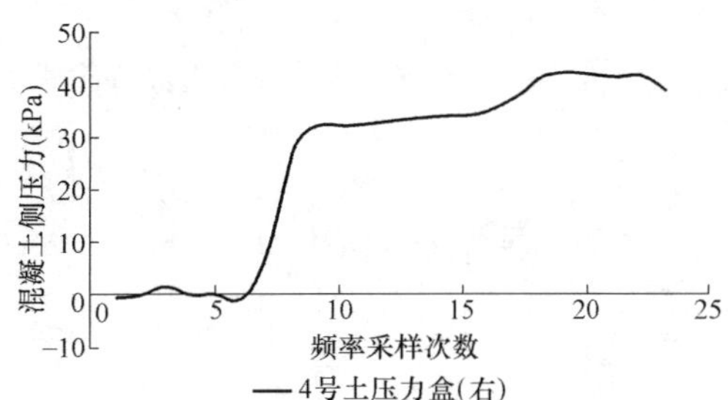

图 6-56　右侧 4 号土压力计压强

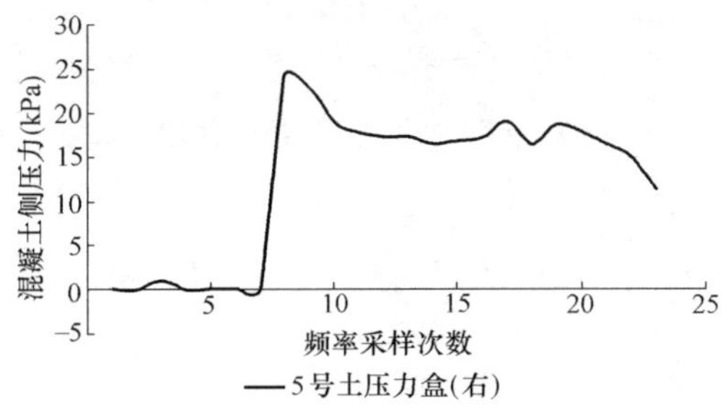

图 6-57　右侧 5 号土压力计压强

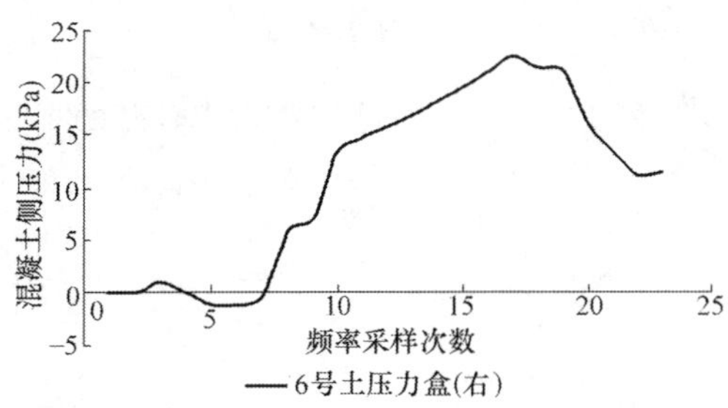

图 6-58　右侧 6 号土压力计压强

对于左侧的单面钢模板而言，在混凝土的浇筑过程中，它所受到的最大压强值出现在 2 号土压力计高度处，且最大值为 52kPa。对于右侧的单面钢模板而言，混凝土浇筑过程中，它所受到的最大压强值出现在 3 号土压力计高度处，且最大值为 43kPa。

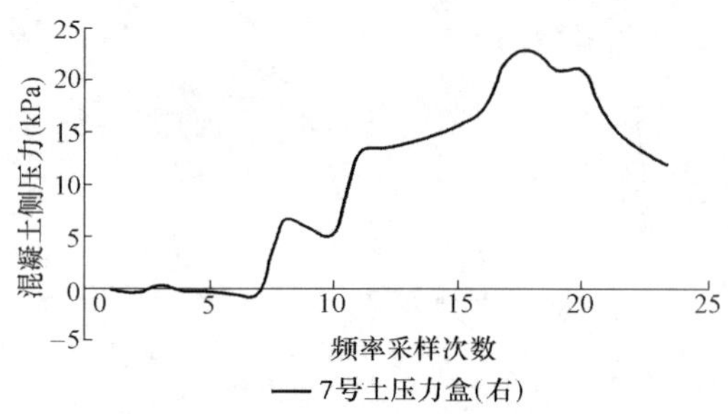

图 6-59 右侧 7 号土压力计压强

(3) 称重传感器测量的轴力时程曲线

注：图中右侧的称重传感器从下到上分别用 1、2、3、4 表示，对左侧的称重传感器分别用 5、6、7、8 进行表示。

图 6-60～图 6-67 中，水平杆件上轴力的突变从下到上明显存在着先后的逻辑关系。如图 6-60 中 1 号称重传感器在轴力采样次数达到 80 次时轴力便开始突变，而此时 2、3、4 号称重传感器所采集的轴力值几乎为 0kN。3 号称重传感器在轴力达到 12kN 后，轴力突然出现了减小的情况。出现这种

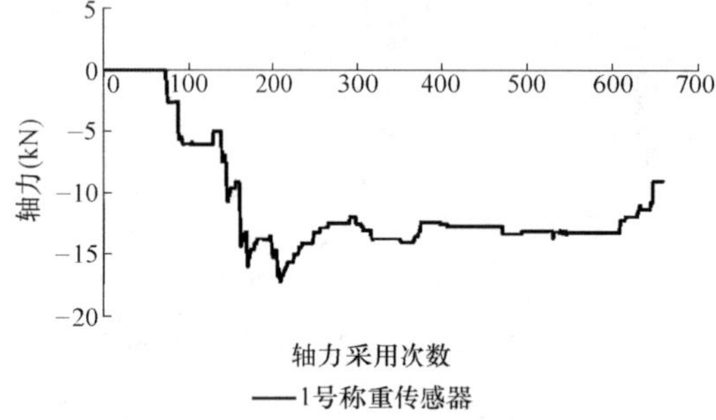

图 6-60 1 号称重传感器轴力时程曲线

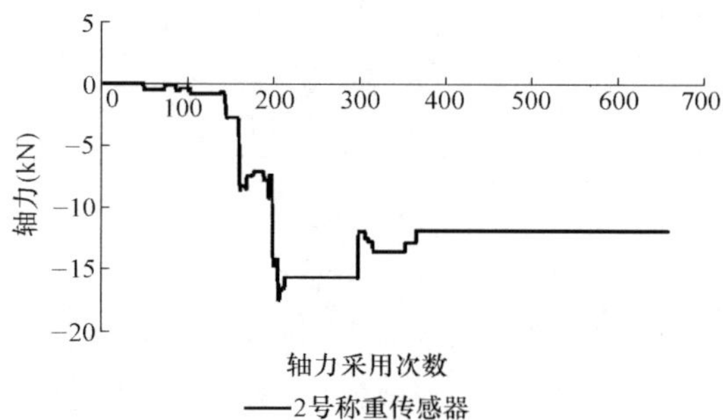

图 6-61 2 号称重传感器轴力时程曲线

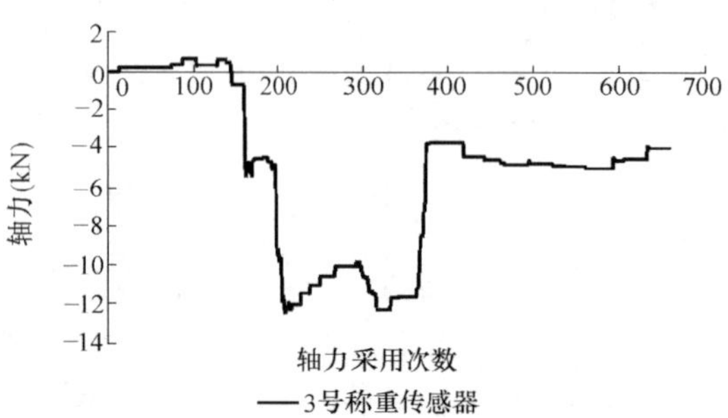

图 6-62 3 号称重传感器轴力时程曲线

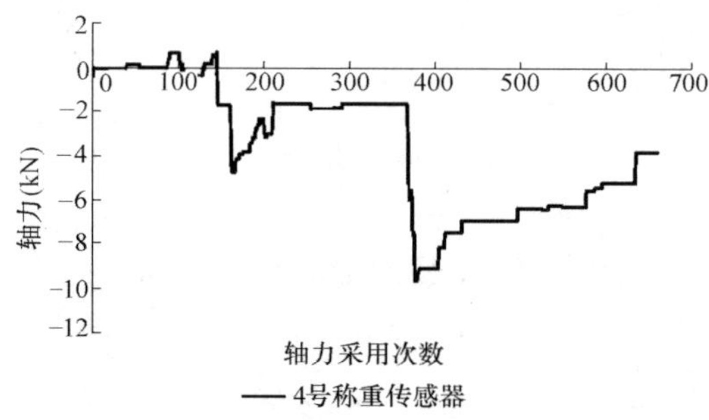

图 6-63 4 号称重传感器轴力时程曲线

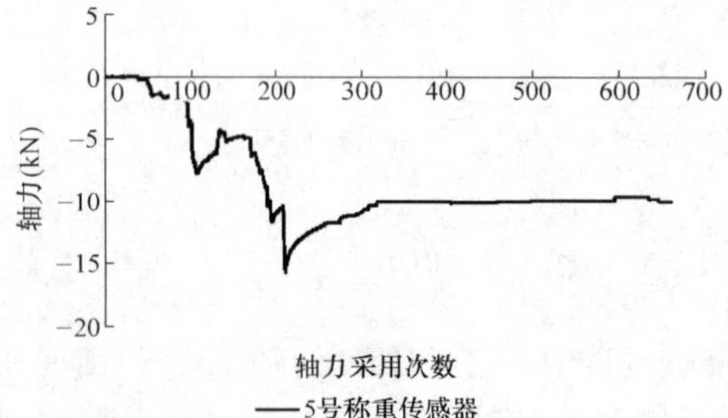

图 6-64 5 号称重传感器轴力时程曲线

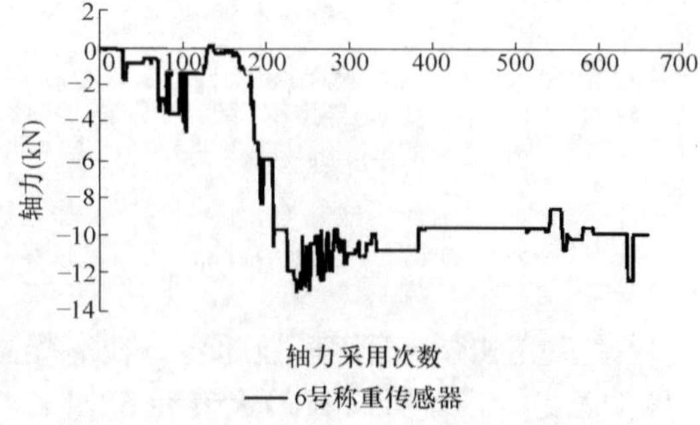

图 6-65 6 号称重传感器轴力时程曲线

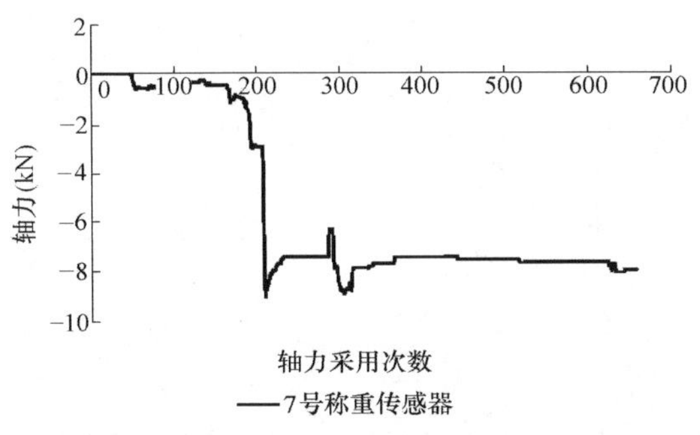

图 6-66　7 号称重传感器轴力时程曲线

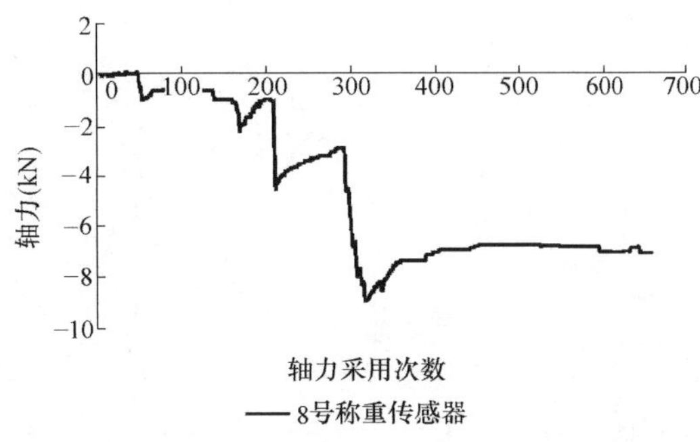

图 6-67　8 号称重传感器轴力时程曲线

情况最直接的原因就是两钢管出现了相对滑动的现象，也就是说扣件所提供的抗滑力已经不能够满足水平杆所承受的水平压力。出现这种现象是非常危险的，若此种现象发生较为严重，则会导致模板支撑体系无法为侧面模板提供足够反力而出现爆模现象。

3. 研究杆件力学相应测点的时程曲线

由于该部分测量点数目较多（此次测量在上部杆件上共布设 120 个测点，且各测点同时进行采样），此处无法一一罗列，故本处仅罗列各杆件上具有代表性（受上部荷载影响较为明显，且应力时程曲线变化较大）的测点处的应力时程曲线。

（1）立杆应力时程曲线（图 6-68～图 6-86）。

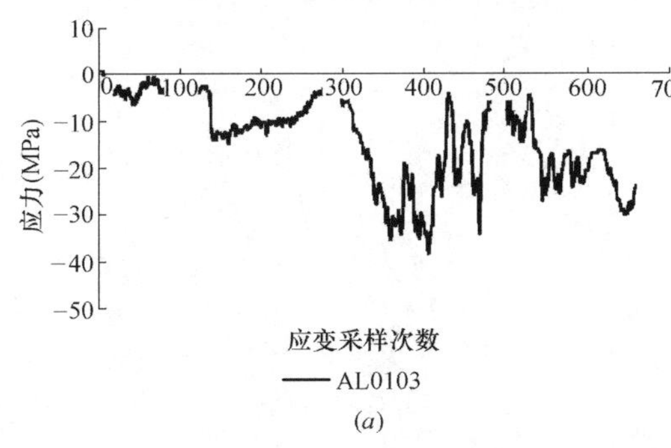

(*a*)

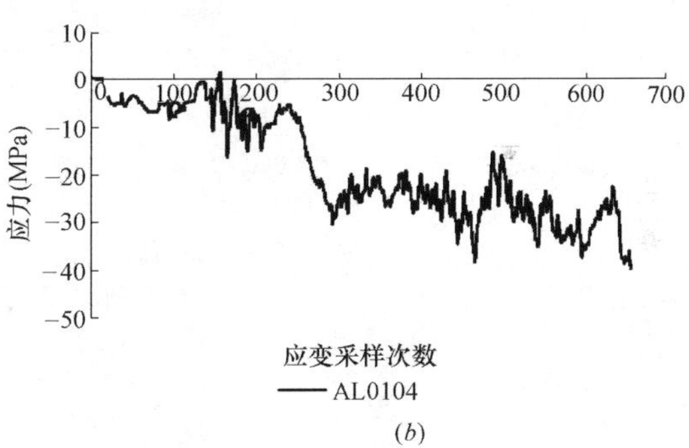

(*b*)

图 6-68　立杆 1 上测点 03、04 应力时程曲线

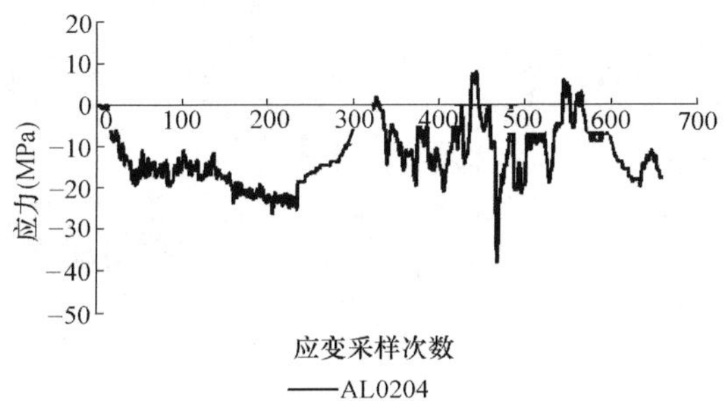

图 6-69　立杆 2 上测点 4 应力时程曲线

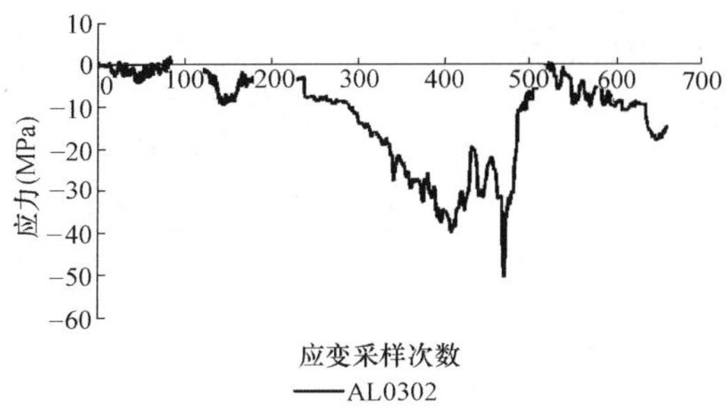

图 6-70　立杆 3 上测点 2 应力时程曲线

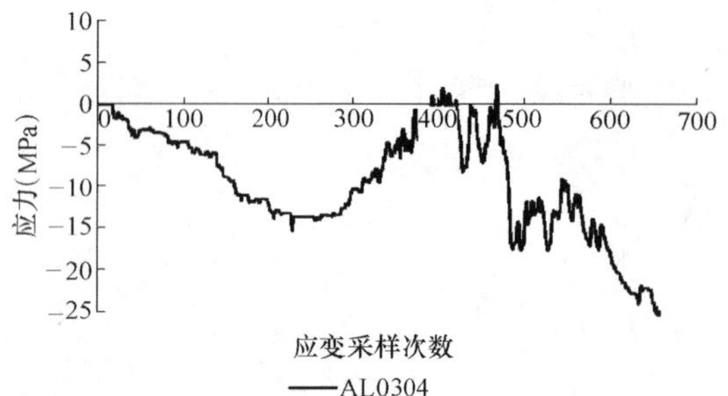

图 6-71　立杆 3 上测点 4 应力时程曲线

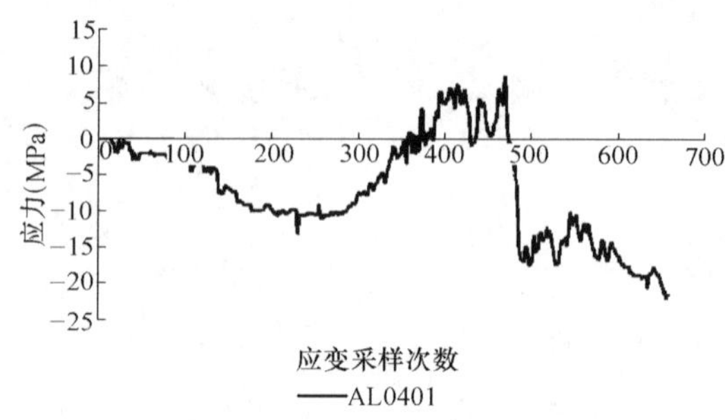

图 6-72　立杆 4 上测点 1 应力时程曲线

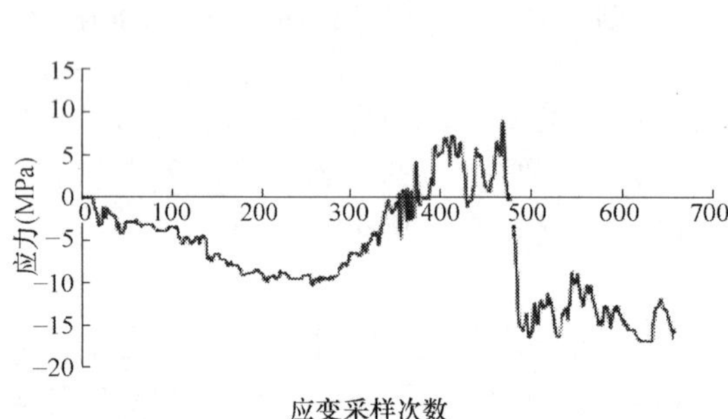

图 6-73　立杆 4 上测点 2 应力时程曲线

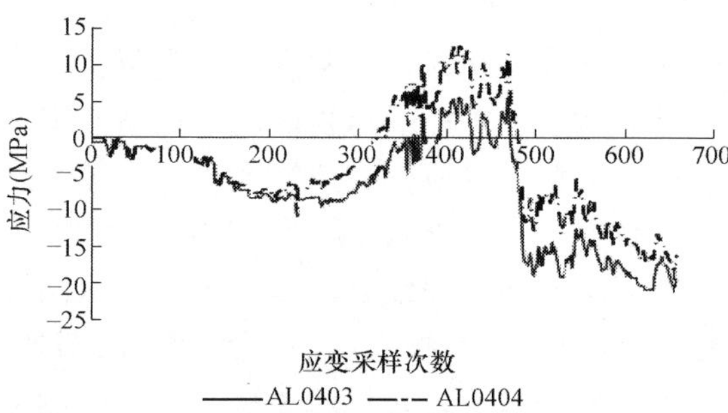

图 6-74　立杆 4 上测点 3、4 应力时程曲线

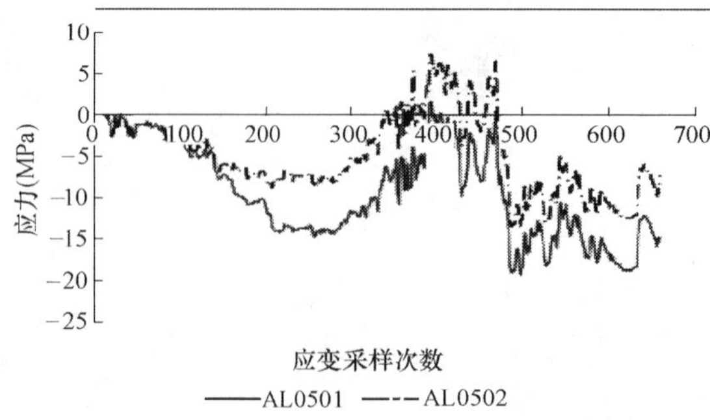

图 6-75　立杆 5 上测点 1、2 应力时程曲线

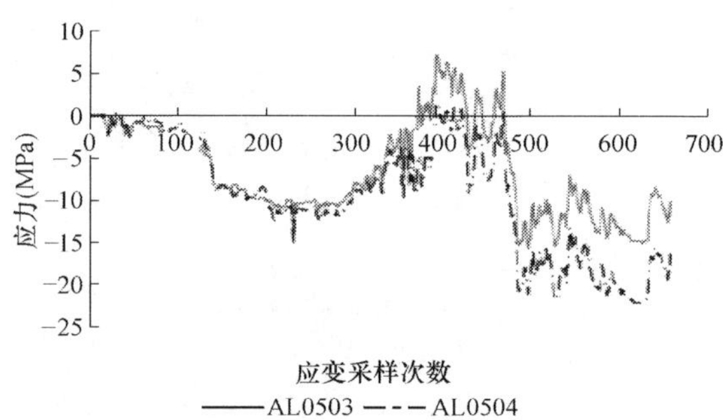

图 6-76　立杆 5 上测点 3、4 应力时程曲线

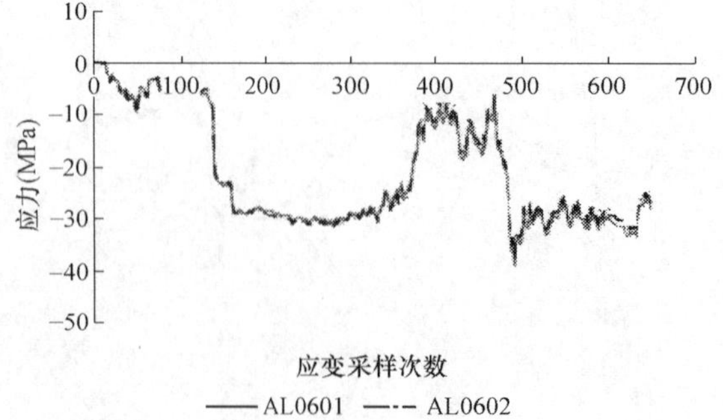

图 6-77　立杆 6 上测点 1、2 应力时程曲线

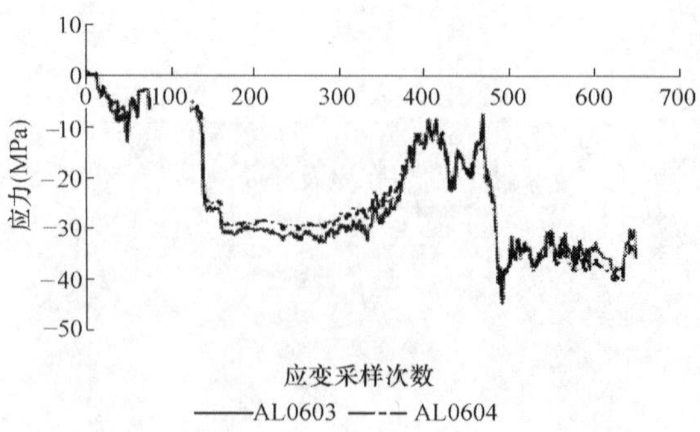

图 6-78　立杆 6 上测点 3、4 应力时程曲线

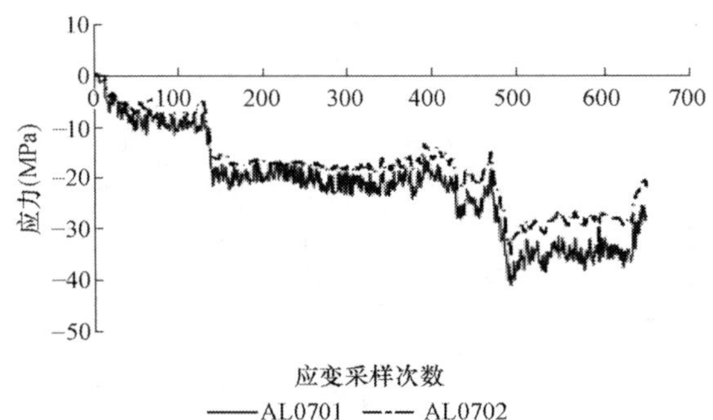

图 6-79　立杆 7 上测点 1、2 应力时程曲线

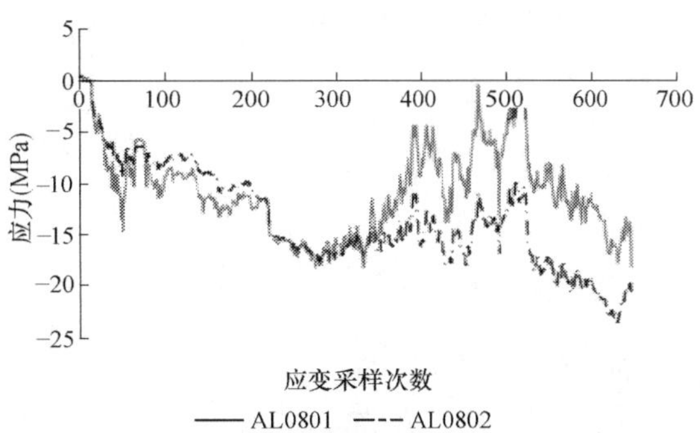

图 6-80　立杆 8 上测点 1、2 应力时程曲线

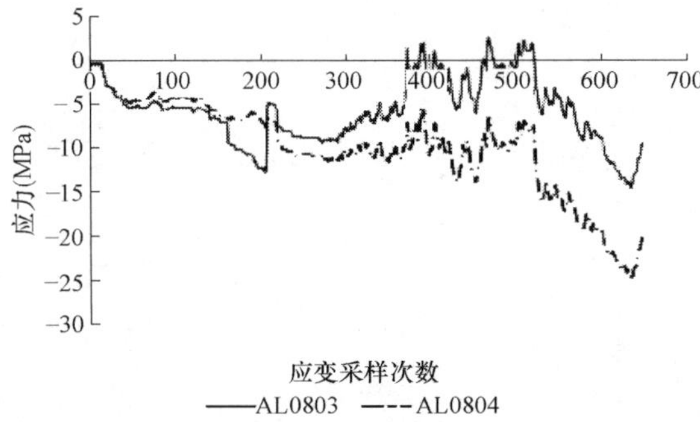

图 6-81　立杆 8 上测点 3、4 应力时程曲线

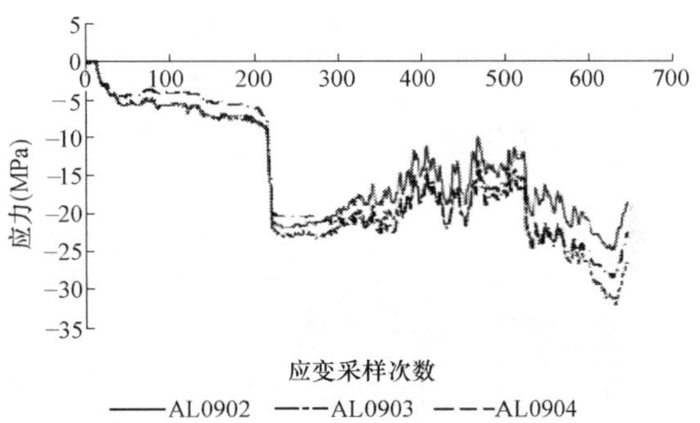

图 6-82　立杆 9 上测点 2、3、4 应力时程曲线

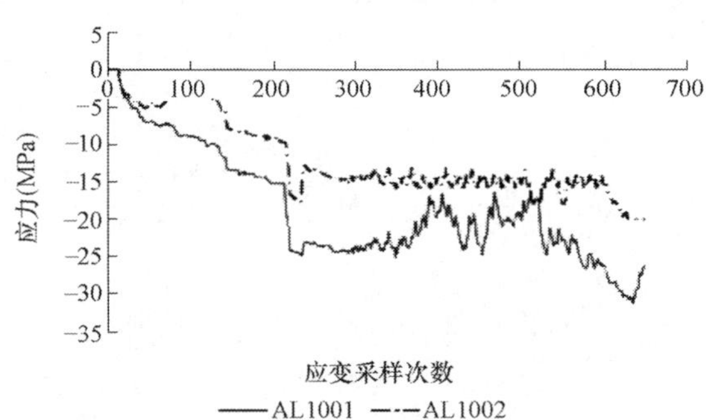

图 6-83　立杆 10 上测点 1、2 应力时程曲线

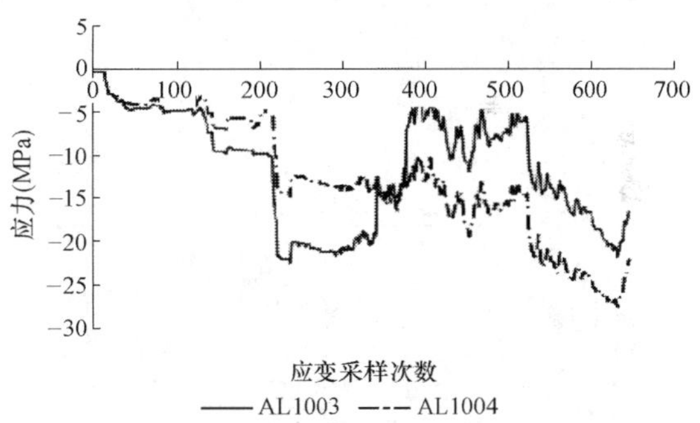

图 6-84　立杆 10 上测点 3、4 应力时程曲线

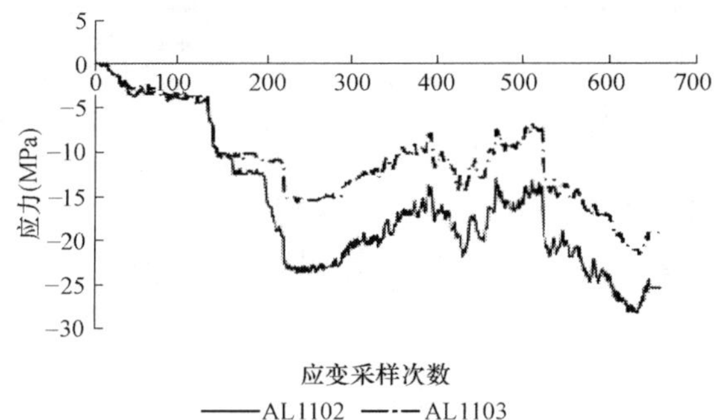

图 6-85　立杆 11 上测点 2、3 应力时程曲线

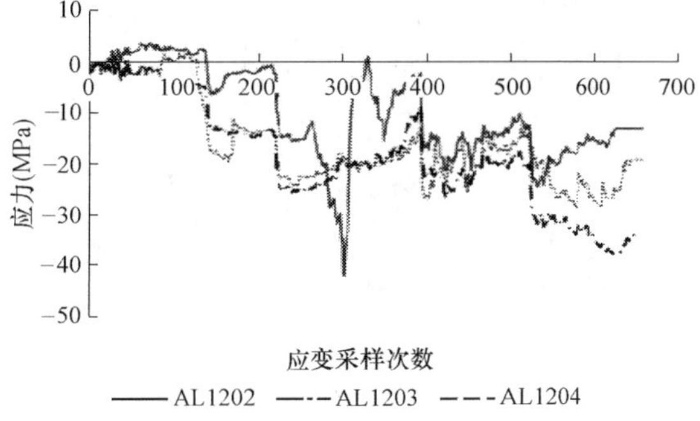

图 6-86　立杆 12 上测点 2、3、4 应力时程曲线

（2）水平杆应力时程曲线（图 6-87～图 6-96）。

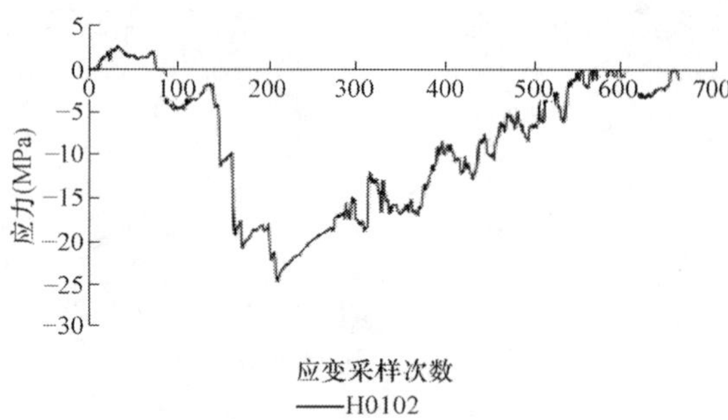

图 6-87　水平杆 1 测点 2 应力时程曲线

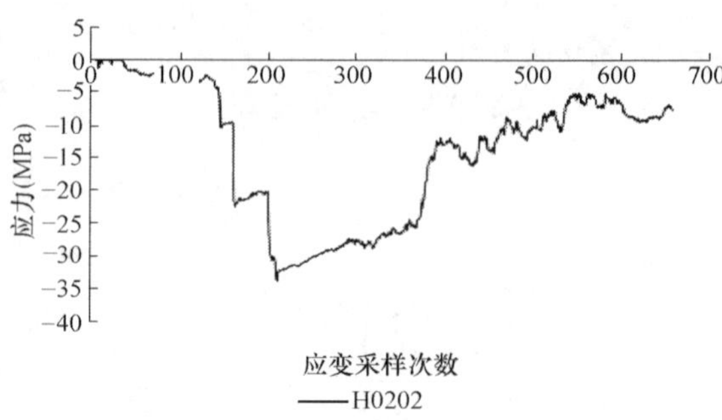

图 6-88　水平杆 2 测点 2 应力时程曲线

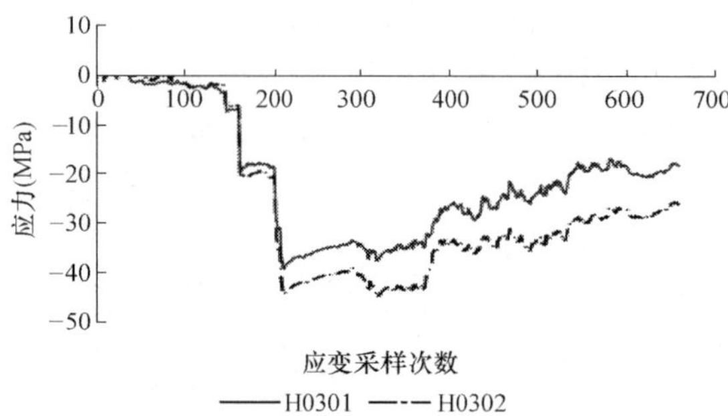

图 6-89　水平杆 3 测点 1、2 应力时程曲线

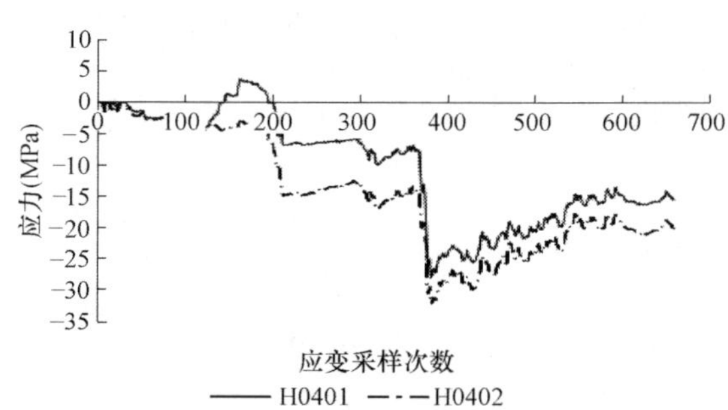

图 6-90　水平杆 4 测点 1、2 应力时程曲线

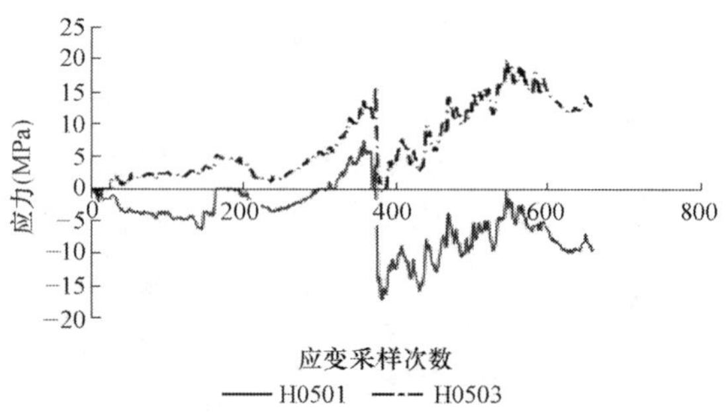

图 6-91　水平杆 5 测点 1、3 应力时程曲线

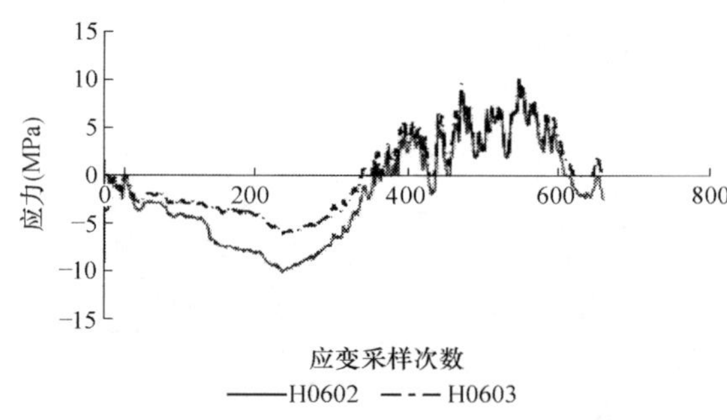

图 6-92　水平杆 6 测点 2、3 应力时程曲线

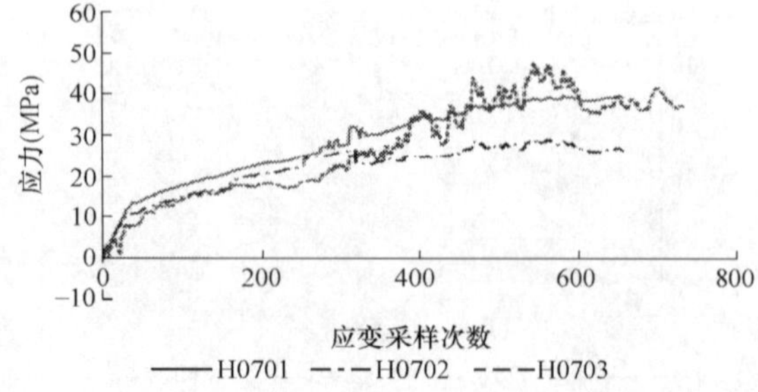

图 6-93　水平杆 7 测点 1、2、3 应力时程曲线

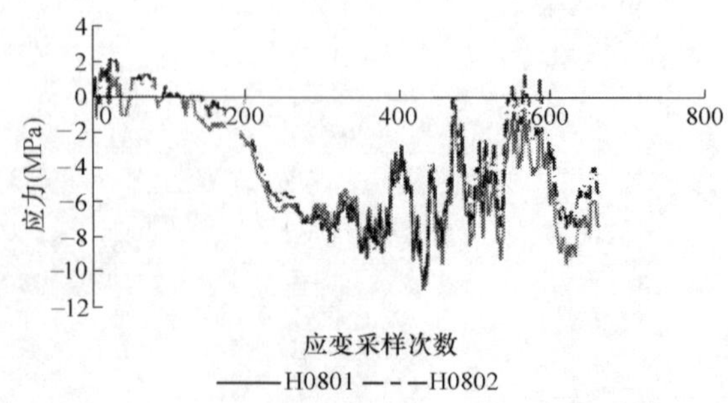

图 6-94　水平杆 8 测点 1、2 应力时程曲线

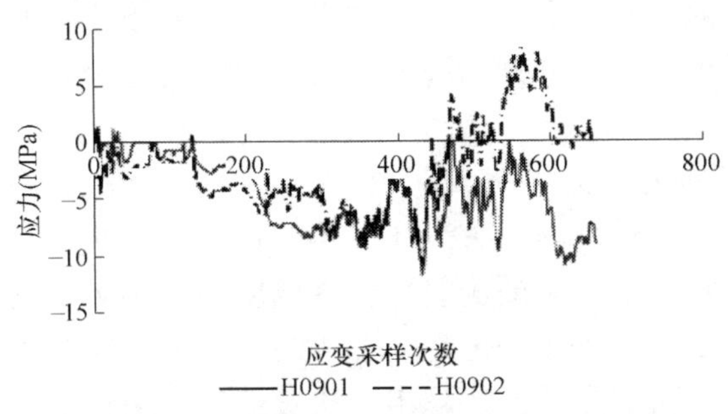

图 6-95　水平杆 9 测点 1、2 应力时程曲线

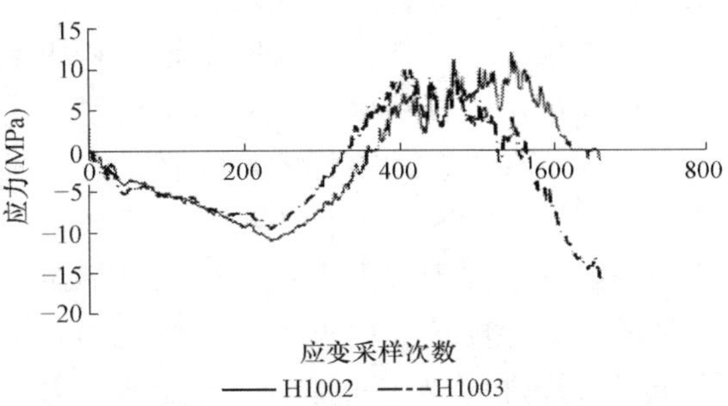

图 6-96　水平杆 10 测点 2、3 应力时程曲线

(3) 剪刀撑应力时程曲线（图 6-97～图 6-99）。

注：图中以 ZJ 开头的测点表示布置于纵向剪刀撑上的测点，以 HJ 开头的测点表示横向剪刀撑上的测点。纵向表示模板支撑体系长边所在方向，横向表示模板支撑体系短边所在方向。

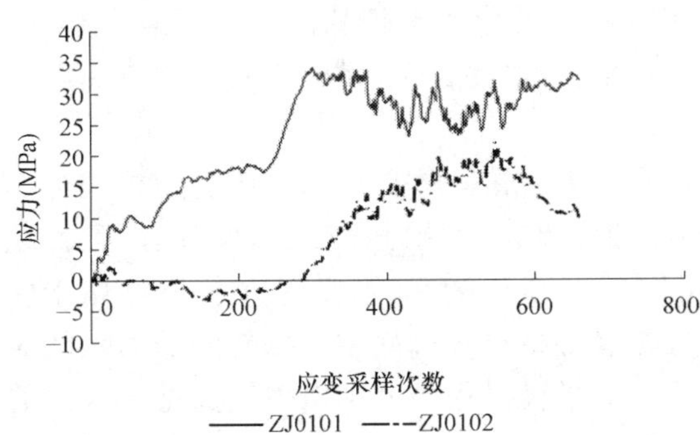

图 6-97　纵向剪刀撑 1、2 测点应力时程曲线

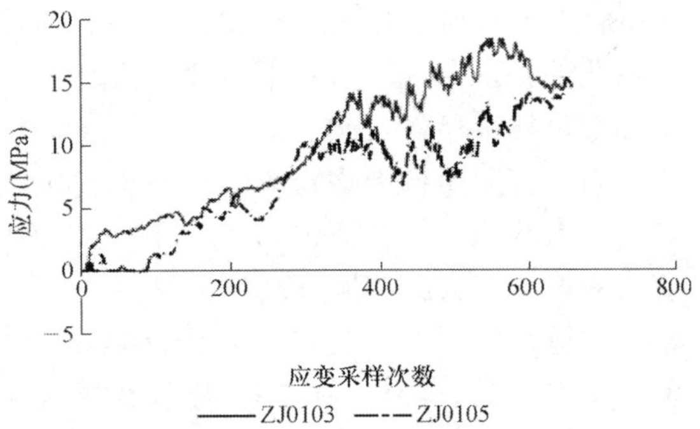

图 6-98　纵向剪刀撑 3、5 测点应力时程曲线

从上述立杆应力时程曲线可知，几乎所有的立杆应力都小于 50MPa，也就是说各立杆均能满足承载力的要求，但值得注意的是立杆应力的变化趋势。图 6-71～图 6-76 中立杆都短暂地出现了正应力，这也就是说在立杆的受载过程中，钢管在测点处出现了拉应力，钢管此时不再是处于轴压的状态，而是处于偏压的状态，这对立杆的稳定性来说是一个较为危险的信号，特别是对超高模板支撑体系而言，更应该避免立杆出现偏压状态。

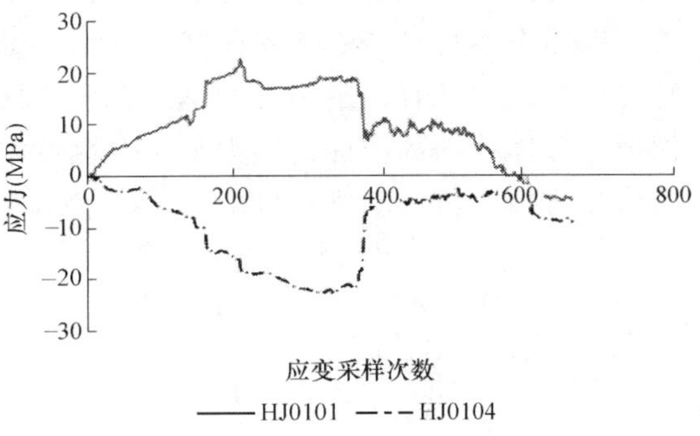

图 6-99　横向剪刀撑 1、4 测点应力时程曲线

6 号立杆与 9 号立杆各测点的应力时程曲线基本重合，即沿杆长方向立杆的应力从上到下基本保持一致。出现这种情况的主要原因在于水平杆的搭设不合格，即水平杆对立杆并没有起到应有的约束作用。由于工程的模板支撑体系采用的是碗扣式与扣件式钢管脚手架所混合搭设的模板支撑体系，在碗扣的扣紧过程中很容易出现碗扣处未卡紧的现象，这

就导致了架体中立杆处于相对独立的状态，从而使其在受载过程中体现出从上到下应力基本一致的现象。在架体的实际搭设过程中应尽可能避免此种情况的出现，尽量通过碗扣将各立杆通过水平杆稳固地联系起来。

混凝土在浇筑的过程中，立杆的应力会迅速的增大，图 6-82 中，当应变采样次数在 200 次左右时，测点的应力突然地增大（在很短的时间内增大到了 25MPa），产生此种现象的原因主要在于混凝土在立杆附近浇筑。但随着混凝土的浇筑，杆件的应力会因为其他部位的混凝土浇筑而出现应力逐渐降低的情况，如图 6-85 所示。在混凝土再次对立杆处浇筑时，杆件的应力又将出现突变的现象，且此次突变的值将超出首次突变的应力值。

对于水平杆而言，在混凝土浇筑过程中采用扣件式钢管架（扣件连接部分，该部分的钢管主要用于承受侧面墙体混凝土浇筑过程中产生的侧压力）几乎都是处于受压的状态，如水平杆 1 至水平杆 5，而水平杆 6、7、10 均出现了受拉的状态。对于碗扣架来说，由于水平杆并非是连续的，这就决定了碗扣架中水平杆受拉比受压更为有利，但经测量发现水平杆是会出现受压的状态的，因此这对单纯的碗扣架来说是不利的。但扣件式钢管架（采用扣件作为节点处的连接构件的架体）正好能够有效解决水平杆受压的问题，能够将水平杆上所受到的压力通过扣件之间的相互作用将压力转化成钢管的内力（压应力），因此在此种特殊条件下（水平方向上会产生较大的水平荷载）采用混搭的方式可充分的利用碗扣架及扣件架各自的优点。

纵向剪刀撑各端钢管应力均处于受拉状态，横向剪刀撑则体现出与纵向剪刀撑完全不同的受力状态。从图 6-99 中可看出处于不同端部的测点，其受力状态正好相反，且各端应力的峰值也大致相同（25MPa 左右）。因此可知虽然剪刀撑并非作为承重杆件作用于模板支撑体系中，但它是非常重要的构造杆件，且在混凝土浇筑过程中，杆件的受力性能对整架稳定性具有较强的作用。建议在模板支撑体系的搭设过程中，尽量采用完整形式的剪刀撑进行搭设，避免仅在架体中沿单一方向布置斜撑。

4. 研究模板支撑体系与夹层板协同作用测点的时程曲线

该部分的测量较为特殊，主要因为：负一层在进行混凝土浇筑的同时，下部负二层的模板支撑体系本身已经处于受压状态，当上部继续施加荷载时，下部的模板支撑体系是与已经浇筑完成且具有一定刚度的钢筋混凝土楼板协同工作。因此在这种协同工作下，负二层模板支撑体系内部杆件的应力是否会继续增大，还是会出现应力松弛现象，就具有了一定的研究价值。负二层各杆件应力二次受载时的时程曲线，如图 6-100～图 6-116 所示。

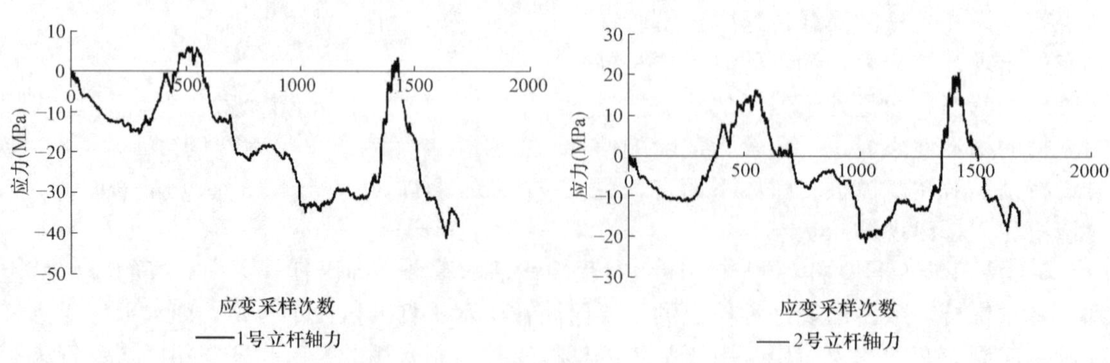

图 6-100　立杆 1 应力时程曲线　　图 6-101　立杆 2 应力时程曲线

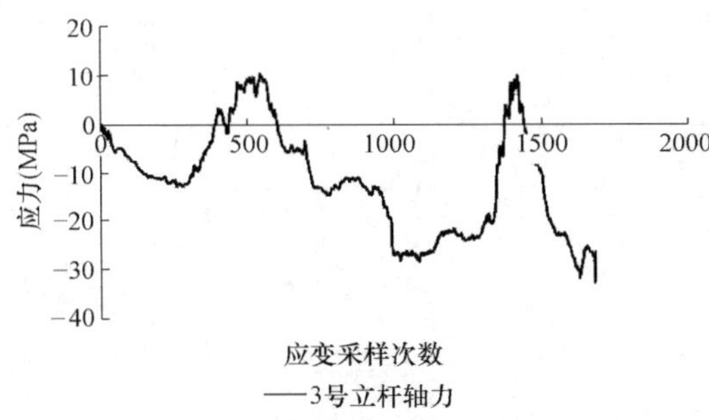

图 6-102　立杆 3 应力时程曲线

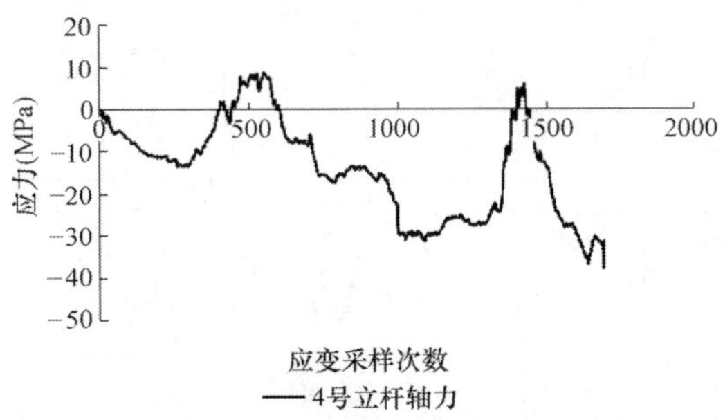

图 6-103　立杆 4 应力时程曲线

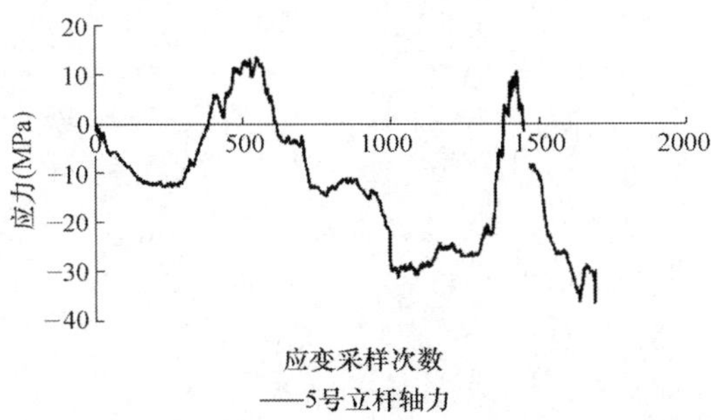

图 6-104　立杆 5 应力时程曲线

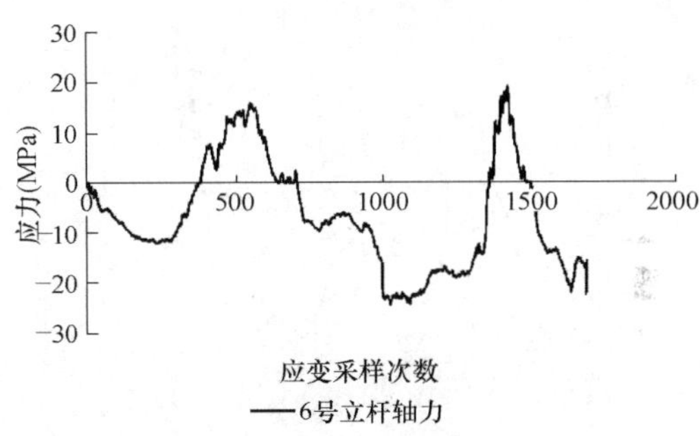

图 6-105　立杆 6 应力时程曲线

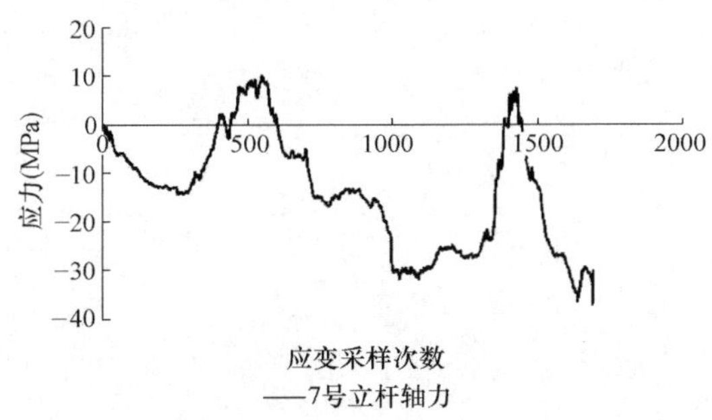

图 6-106　立杆 7 应力时程曲线

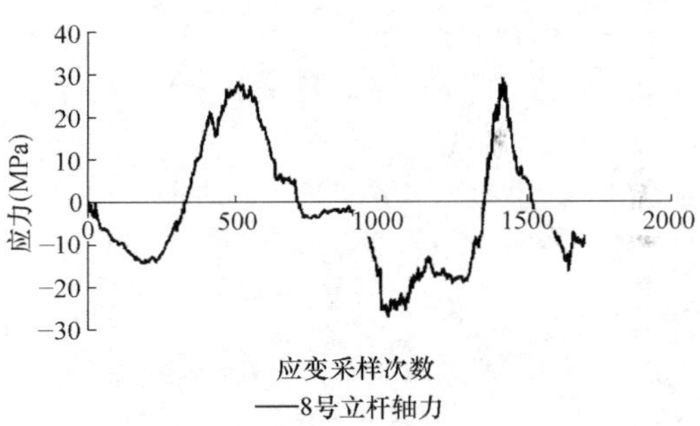

图 6-107　立杆 8 应力时程曲线

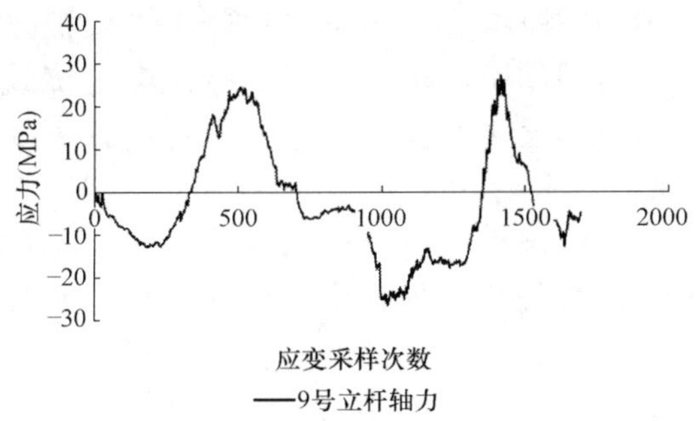

图 6-108　立杆 9 应力时程曲线

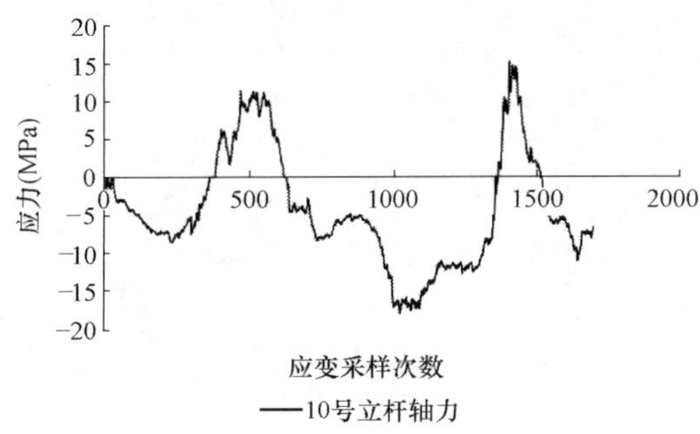

图 6-109　立杆 10 应力时程曲线

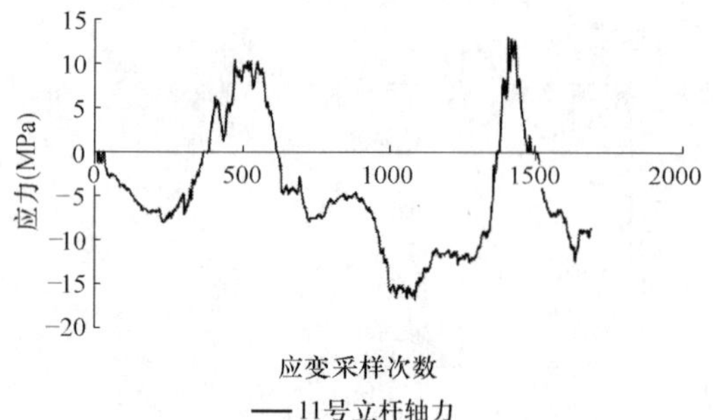

图 6-110　立杆 11 应力时程曲线

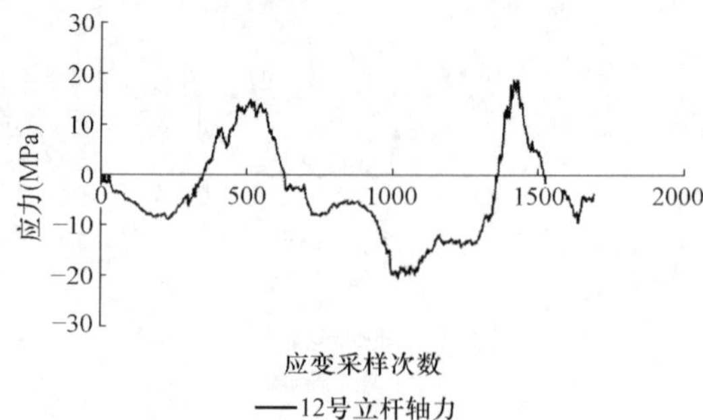

图 6-111　立杆 12 应力时程曲线

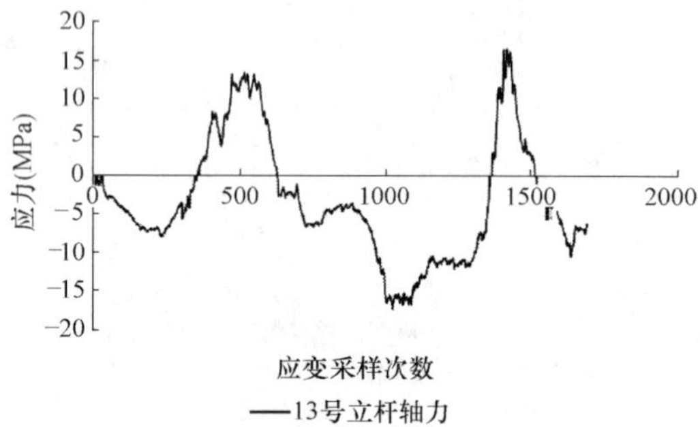

图 6-112　立杆 13 应力时程曲线

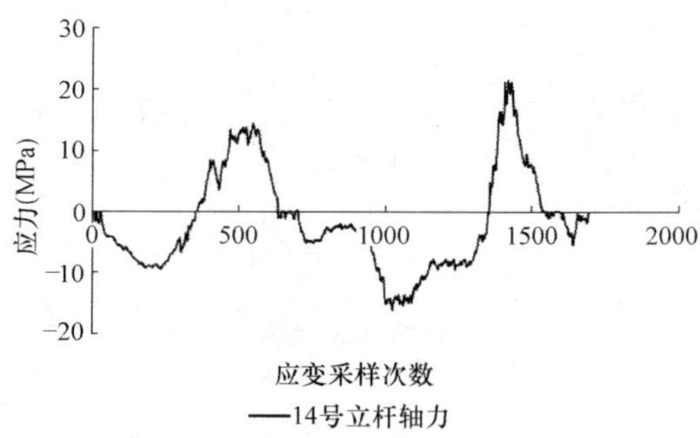

图 6-113　立杆 14 应力时程曲线

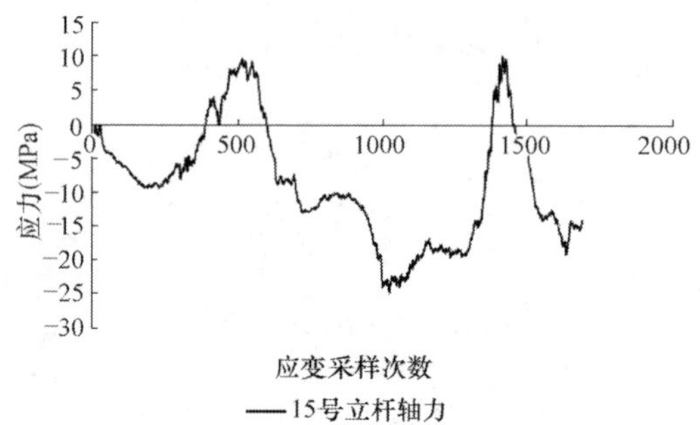

图 6-114　立杆 15 应力时程曲线

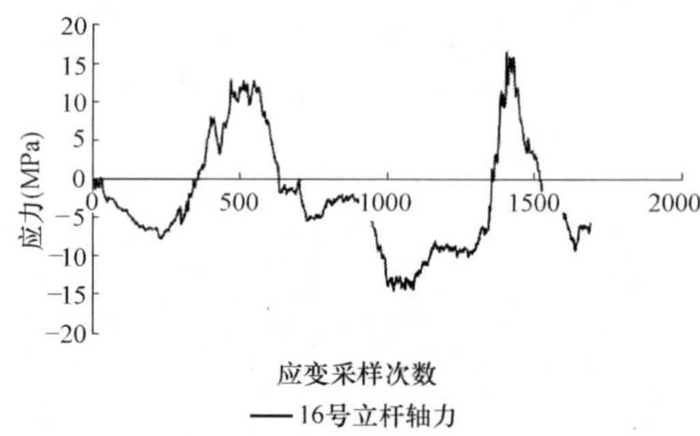

图 6-115　立杆 16 应力时程曲线

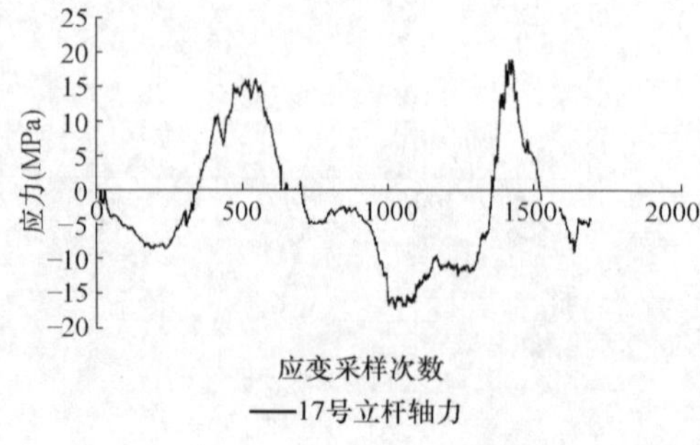

图 6-116　立杆 17 应力时程曲线

为研究模板支撑体系与混凝土夹层板体之间的协同作用，在负一层进行混凝土浇筑时，对负二层的模板支撑体系立杆进行了应力实测。

在分析该部分立杆应力时，一定要明确立杆本身在负二层顶板浇筑过程中就已经处于受压的状态，也就是说当在负一层混凝土浇筑时，负二层立杆是处于二次受载状态。图中立杆应力出现大于零的状态并不表示此时立杆处于受拉状态（此时立杆很有可能仍处于受压状态)，这只能说明此时立杆上的压应力有所减小。

对图 6-100～图 6-116 进行分析可知：当负一层顶板在进行混凝土浇筑时，负二层模板支撑体系内部的立杆应力将呈现出波纹状变化的趋势，且不同部位杆件的应力在总体变化幅度上存在不同，如立杆 1、3、4、5 的应力时程曲线可明显看出当混凝土浇筑完成后，杆件上的应力整体增大了。但对于 2、8、9、10、11 等杆件而言，当混凝土浇筑完成后杆件上的应力又回到了接近于最初受力状态，也就是说杆件最终的应力增量不大。

几乎所有的立杆在负一层顶板混凝土浇筑过程中都出现了应力减小的现象，且随着上部混凝土的浇筑这种状态有逐渐转换为应力增大的状态，而后又出现逐渐减小的状态，并依次出现反复变化的情况。这充分说明了在负一层混凝土浇筑过程中，下部负二层的顶部出现了翘曲现象，且这种现象会随着混凝土浇筑位置的不同而发生在不同的区域。这种翘曲现象会造成负二层顶板下部的模板支撑体系出现应力松弛现象。对比图 6-19 及图 6-72（同一测点在不同状态下所测得的应力时程曲线，图 6-19 为负二层顶板混凝土浇筑时所测数据，图 6-72 为负一层顶板混凝土浇筑时同一测点处的应力时程曲线）可发现应力松弛现象达到了最初压应力的一半（最初压应力大概分布于 20MPa 左右，而应力松弛的幅度在 10MPa 左右）。对于立杆 8 上测点这种现象则更为严重，应力几乎完全松弛，如图 6-24 与图 6-77 所示。

6.1.3　数值模拟结果分析

采用有限元的方法对实际构件进行数值分析。但由于计算量大，一般该过程由有限元计算软件来完成，分析过程中主要包括模型的建立、边界条件的施加、求解、后处理四个步骤。

通过有限元计算软件可较好的模拟结构或构件的实际受力情况，得到与实际情况较为接近的计算结果。

1. ANSYS 计算过程中的基本假定

1）立杆下端铰接，上端自由；

2）立杆与立杆、立杆与横杆的连接为刚接（由于采用半刚性节点进行计算时计算量将非常大，故预分析时采用刚性节点连接方式进行计算）；

3）结构模型的抱柱件（如顶撑）约束简化为在水平面内约束平动；

4）杆件为理想弹塑性材料；

5）不考虑风荷载对结构整体的作用。由于该处为地铁换乘站，模板支撑体系均位于地下，风荷载对其几乎没有影响。

2. 模型的建立

（1）建模单元的选取

在 ANSYS 的建模过程中，选择二节点的三维非线性梁单元 BEAM188。建模思路采用自下而上的方法进行（关键点（KEYPOINT）—线（LINE）—面（AREA）—体（VOLUMES)，最终再对体进行划分，划分成单元（ELEMENT)），所建立的模型如图 6-117 所示。

（2）荷载施加

参照实际施工过程中混凝土的浇筑顺序，对所建立的模型进行加载，具体加载过程如

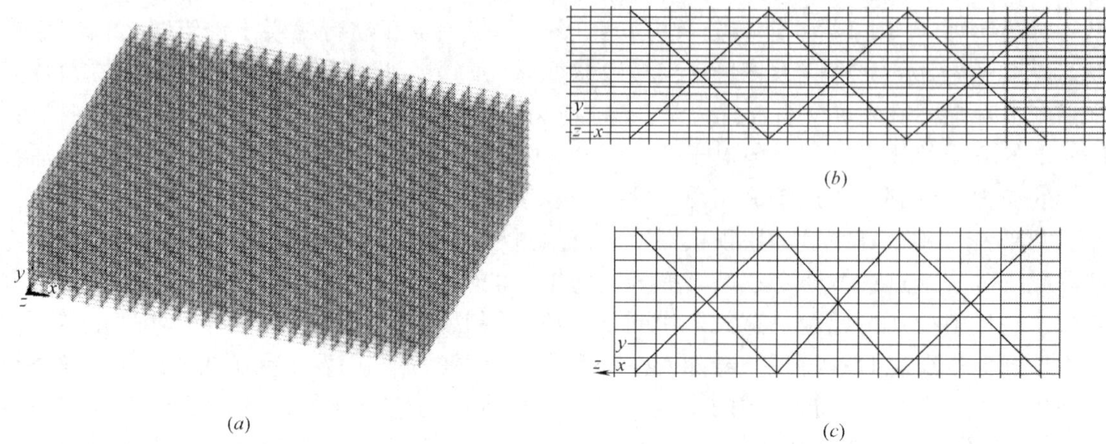

图 6-117　模板支撑体系模型

（*a*）实体模型；（*b*）纵向剪刀撑模型；（*c*）横向剪刀撑模型

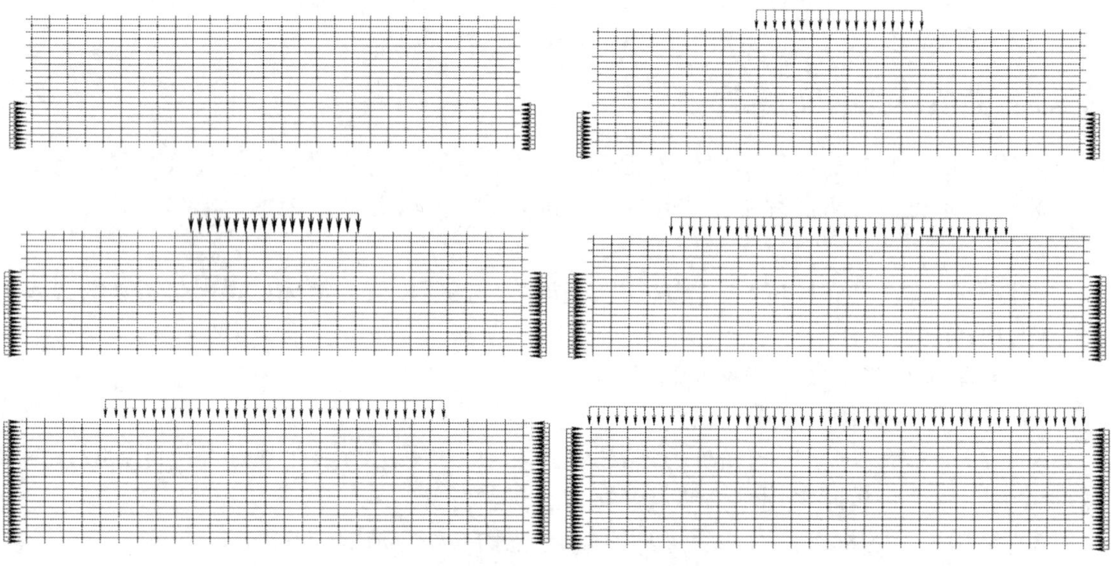

图 6-118　荷载加载过程

图 6-118 所示。

3. 特征值屈曲分析

采用特征值屈曲对上述所建立的模型进行分析，得到表 6-2 中结果（计算过程中选取前三阶模态进行计算）。

特征值屈曲分析所得结果　　**表 6-2**

阶数	极限承载力(N)	荷载步	子步
1	0.15498E+06	1	1
2	0.15513E+06	1	2
3	0.15570E+06	1	3

对计算值进行分析发现：通过特征值屈曲分析所得出的极限承载力普遍偏大，在一阶模态情况下，极限承载力达到了 154kN，这明显与实际情况相距甚远。产生这种现象的原因主要在于，在特征值屈曲分析时不仅认为材料的应力应变关系处于线性阶段，而且忽略了各种缺陷因素对模板支撑体系的影响，换言之，即认为模板支撑体系处于完全的理想状态，且杆件之间交接的节点为刚接，这与实际情况是不相符的。因此在对模板支撑体系进行计算的时候建议采用考虑初始缺陷的非线性分析方式进行。

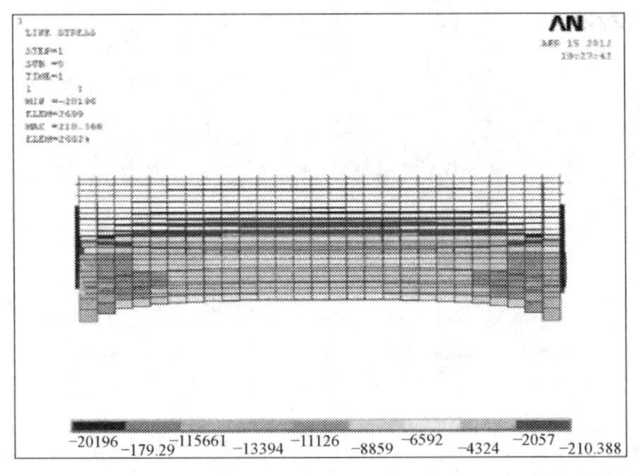

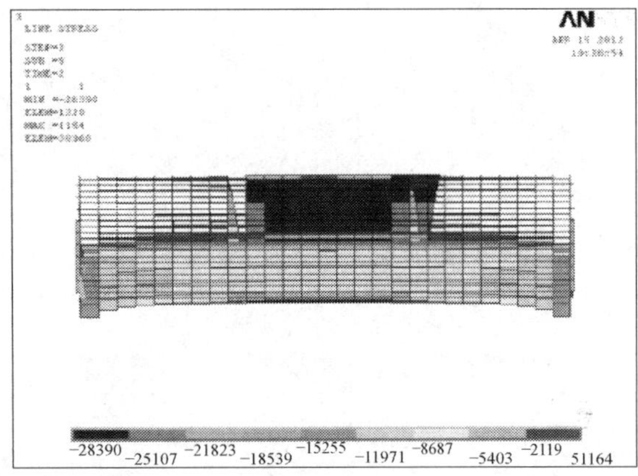

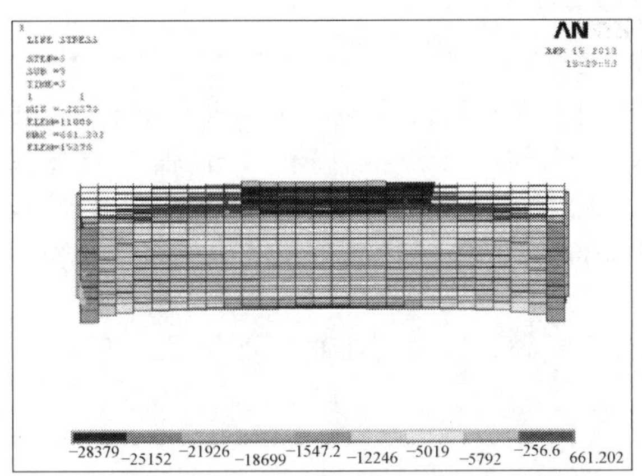

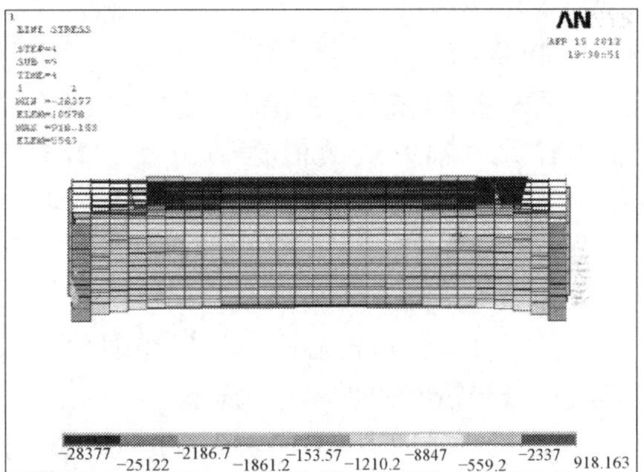

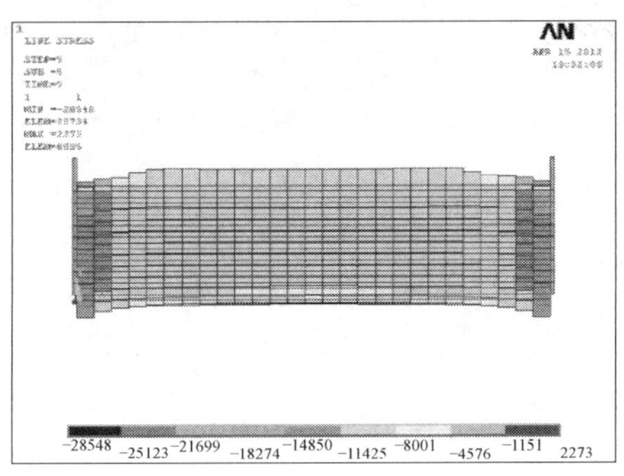

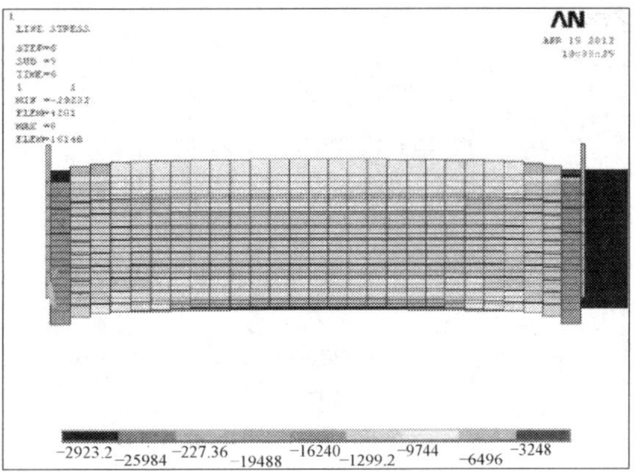

图 6-119　模板支撑体系杆件轴力图

4. 非线性分析

采用非线性分析方式对模板支撑体系进行计算，计算结果如图 6-119 所示。计算过程中，采用竖向荷载的 1%作为假想的水平力来模拟初始缺陷，加载到模型顶部节点水平方向上。

对模板支撑体系各方向上的水平位移进行绘制，如图 6-120、图 6-121 所示。

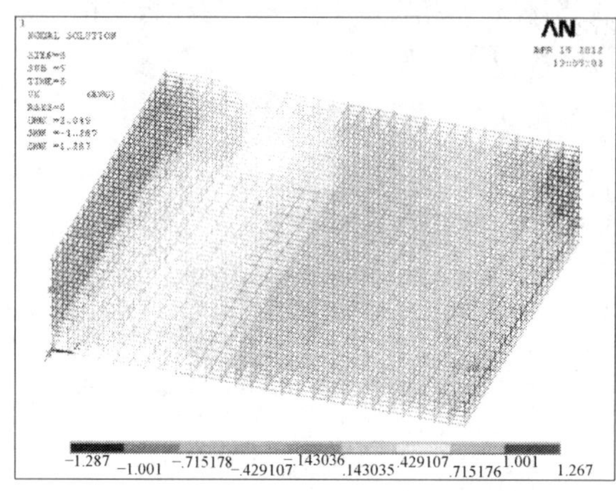

图 6-120　*X* 方向（纵向）位移分布图

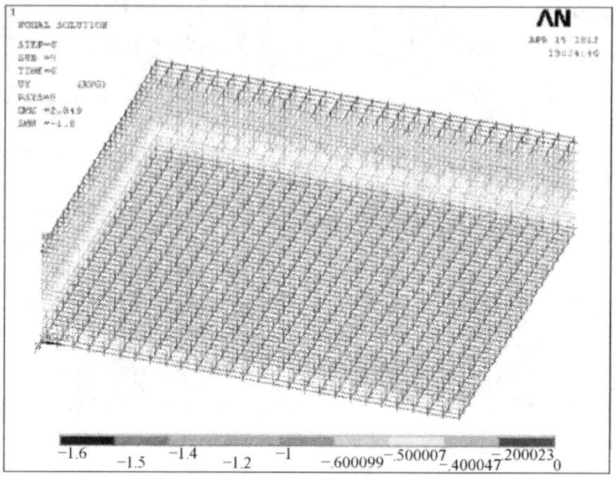

图 6-121　*Y* 方向（横向）位移分布图

5. 结果分析

（1）轴力分析

纵向水平杆轴力分布沿高度方向分布有所不同。在靠近底面处，纵向水平杆在两端处轴力较大（轴力最大值达到了－16276N），而中间部位则相对较小，且轴力分布在－8436N～－10396N 范围之间。在靠近混凝土浇筑面处，纵向水平杆的轴力在端部较小，仅分布在－2557N～－4517N 范围之内，而中间部分的轴力与靠近底面的纵向水平杆相差不大，具体如图 6-122 所示。

立杆轴力分布较为均匀，仅在端部的部分立杆轴力较大，且轴力值达到了 29232N。其具体分布情况如图 6-123 所示。

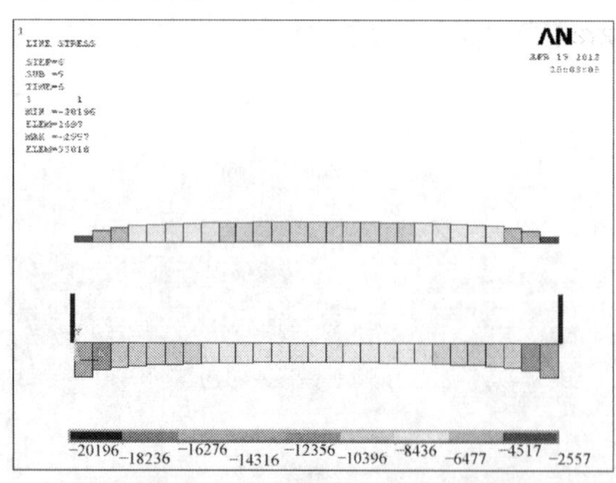

图 6-122　不同部位纵向水平杆轴力

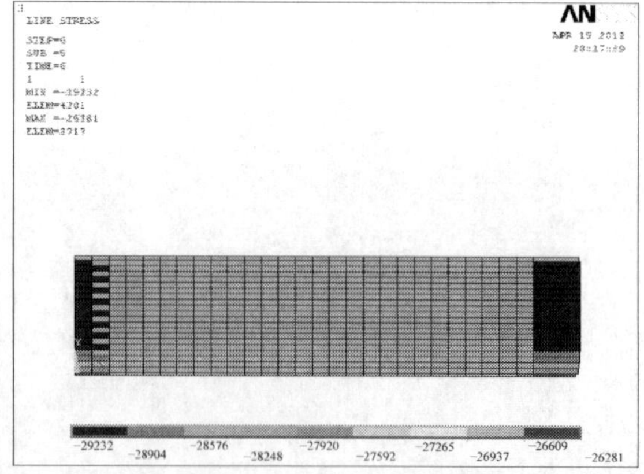

图 6-123　立杆轴力图

（2）位移分析

由于模板支撑体系处于双向受力状态之下，因此在两不同方向上分别产生了一定的位移。图6-122中可看出，对于X方向（纵向）上变形呈现沿对横轴处对称的状态，且最大的水平位移发生在模板支撑体系的右下方，其值达到了1.287mm。图6-121中Y方向（竖向）上的位移从上到下逐渐减小，且其最大竖向位移发生在模板支撑体系的上部边缘处，其最值为1.8mm。

6.1.4 测试小结

1）混凝土浇筑过程中，内部振捣器对新浇混凝土的振动会使模板下部立杆的应力产生较大的波动，且波动的幅值主要分布在10～20MPa之间。为提高模板支撑体系在承载过程中的安全性能，建议在对模板支撑体系进行计算时，适当下调钢管材料的抗压强度值，且下调的原则不仅仅要考虑到所使用钢管的磨损现象，而更应该对由振捣引起的附加应力进行考虑（对该部分进行考虑时建议将抗压强度值下调20MPa）。

2）在独立柱进行混凝土的浇筑过程中，柱底部的侧模受到的侧压力相对较小，而随着高度的增加，模板侧压力会迅速增大，且相对于底部而言增大的倍数较大，如本次测量该处的最大倍数达到了4倍。当高度较为接近顶端时，侧模所受到的压力有所降低，且形成该侧压力的主要原因也与下部情况有所不同。在上部，施工活载成为影响拉结筋受力的又一主因。

3）在混凝土浇筑过程中，侧面模板在中部及中部偏下的部位受到的侧向压强较大，且在侧面模板的底部和顶部产生的侧向压强较中部小。

4）对单侧支模的钢筋混凝土墙体施工时，其侧面模板上容易受到较大的侧向压力（特别是在中部及中部偏下处），故在此类结构施工过程中一定要注意支挡结构的合理设计（可适当在中间部位及中下部位，对水平承力构件进行加密处理），且必须保证水平方向上的承力构件具有足够的承载能力，以保证在施工过程中不至于发生爆模现象，给施工单位造成损失。

5）混合搭设的模板支撑体系中，当采用扣件式钢管架（扣件连接的水平杆件）承受水平方向荷载时，一定要确保扣件能够提供足够的抗滑能力，以免当抗滑能力不足时出现杆件之间的相对滑移，造成侧模发生爆模现象。

6）在模板支撑体系的搭设过程中应尽量保证所搭设立杆的垂直度，避免立杆在受力过程中因偏压出现受拉状态，这对整架的稳定性有较大影响。

7）立杆搭设过程中，尽量保证碗扣节点处碗扣对水平杆有足够的机械咬合力，从而使得立杆通过水平杆连接成为一个整体共同受力，而不至于出现某一根或几根立杆单独受力的情况。

8）在混凝土浇筑过程中，立杆应力会出现迅速增大的现象，且增大的幅度较大，因此为确保混凝土在浇筑过程中，立杆应力的突变不至于太大，应注意混凝土的浇筑方法（若采用分层浇筑的方法，应注意每层混凝土的浇筑厚度），并结合适当的振捣使混凝土自重荷载能尽快且均匀的分配到各立杆上。

9）当碗扣式支撑架承受较大水平荷载时，可采用扣件式钢管架与碗扣架混合搭设的方法进行搭设，这样可充分发挥两种架体在受力过程中各自的优点。

10）在构造杆件的搭设过程中，条件允许时尽量搭设完整的剪刀撑（两主轴方向上均需搭设），避免仅搭设单一方向的斜撑。

11）负一层混凝土浇筑过程中，负二层的顶板会出现翘曲现象，且这种现象会随着浇筑的进行而出现在不同的地方，这也就使得负二层模板支撑体系内部的立杆出现应力松弛现象。产生此种现象最直接的原因在于：上部混凝土浇筑的随机性对下部楼板造成了不均匀受压的情况。翘曲现象的最大挠度会达到何种程度，是否会使中间部分的混凝土板体出现影响其耐久性的微裂缝，目前尚须对其进行研究。建议施工时在不明确此种翘曲现象的翘曲程度时，一定注意上部混凝土浇筑方案的选取。

6.2 插口-扣件式混合模板支撑架现场应用实测

6.2.1 工程概况及测试内容

1. 工程概况

西安市张家堡地铁控制中心位于张家堡广场西南角，根据设计施工图纸，在地下一层～三层L轴线和④、⑦轴线相交处有两根YDZ17柱和一道KZL1型钢混凝土组合结构，并在三层L轴线和⑤、⑥轴线相交处分别有一根KZ3在KZL1上生根。YDZ17柱标高起止为−5.2m～13.95m，KZL1梁顶面标高为9.45m，该梁跨度24m、高度1.8m，因此门厅处KZL1为大跨重载构件，如图6-124所示。

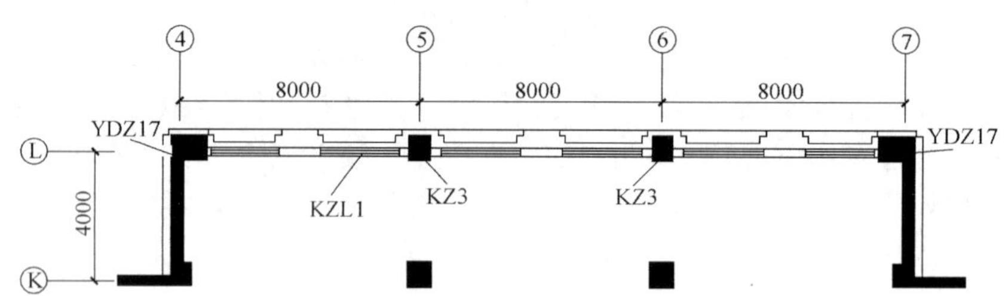

图6-124 工程测试区域示意图

2. 测试系统设置

本次选取型钢梁下模板支撑架进行测试，测试区域如图6-124所示，大梁底模支撑架为4排纵向立杆的承重高架，其中两排边立杆为插口式，间距1200mm，两排插口式立杆之间每间隔400mm扣接扣件式立杆形成混合支撑架体，如图6-125所示，则大梁支撑架的立杆横向间距均为400mm、纵向间距450mm，步距1200mm。同一测点在钢管的圆周上对称均匀的贴两个应变片。测量在混凝土楼板浇筑前、混凝土楼板浇筑过程中、混凝土楼板养护过程中的应力变化。

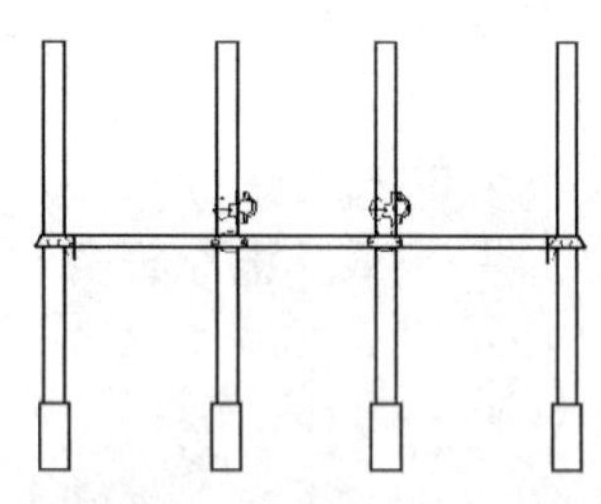

图6-125 混搭支架示意图

根据现场的施工方案和现场高大模板支架搭设的实际情况，测试方案如下：

（1）监测一：测定立杆的应力

监测内容：选择具有代表性的立杆，即大梁跨中和跨端底部模板支撑架立杆，测点布置图分别如图6-126（*a*）和图6-126（*b*）所示，共选取28个测点，编号如图。

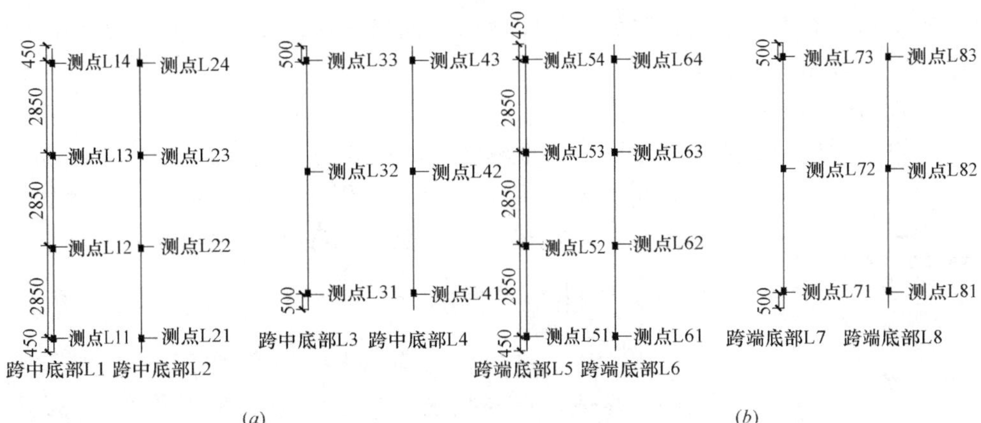

图 6-126　立杆应变测点示意图

（a）梁跨中立杆测区；（b）梁跨端立杆测区

（2）监测二：测定横杆的应力

监测内容：在具有代表性的横杆上设置测点如图 6-127 所示，测区选架体的最上层横杆上，位于跨中的正下方，共 6 个测点，编号如图 6-127 所示。

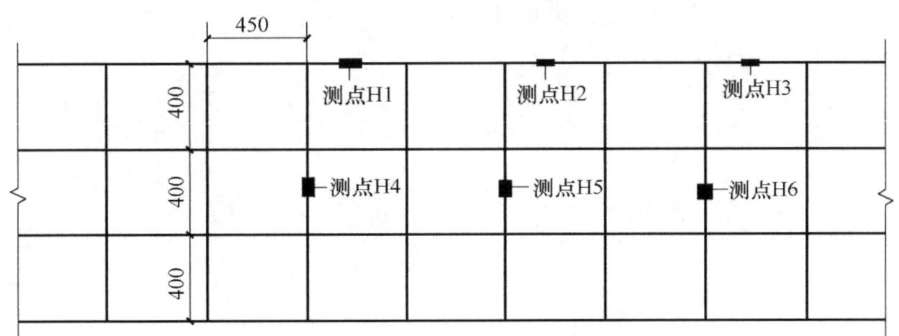

图 6-127　顶层横杆测点示意图

（3）监测三：测定剪刀撑的应力

监测内容：在具有代表性的纵横剪刀撑上设置测点如图 6-128 所示，水平剪刀撑测区

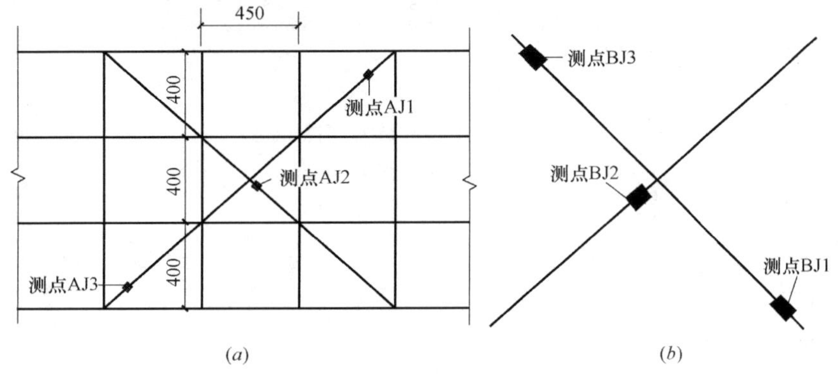

图 6-128　剪刀撑应变测点示意图

（a）顶层水平剪刀撑测点示意；（b）竖向剪刀撑测点示意

位置选在上层水平剪刀撑中间位置处，竖向剪刀撑测区选在外排竖向剪刀撑的中间位置。共 6 个测点，编号如图 6-128 所示。

(4) 监测四：测定型钢梁的应力

监测内容：在型钢梁的焊缝处设置一个测区，测区的测点分布如下，在同一断面位置处上翼缘布置一个测点、腹板布置五个测点、下翼缘布置一个测点，则共布置 7 个测点，编号如图 6-129 所示。

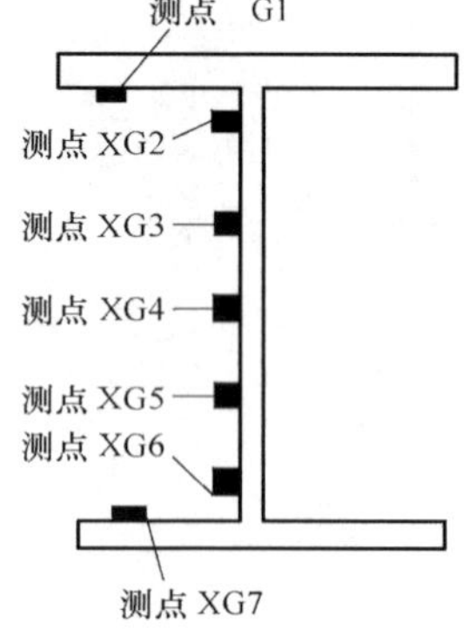

图 6-129　工字钢梁焊缝测点示意图

6.2.2　测试结果分析

本次测试过程采用静态电阻应变仪 DH3816 采集各个测点的应变值，在混凝土浇筑之前每 10min 采集一次数据，浇筑过程中每 1min 采集一次数据，浇筑完成后每 15min 采集一次数据。

1. 现场测试架体杆件及型钢梁焊缝处的应力

据胡克定律可得应力与线应变之间的关系如下：$\sigma = E \cdot \varepsilon$，其中 E 为架体材料的弹性模量，在常温下钢的弹性模量一般为 190000～220000N/mm^{2}之间，本次分析取 210000N/mm^2。测点应力及分析如下：

(1) 立杆的应力分析

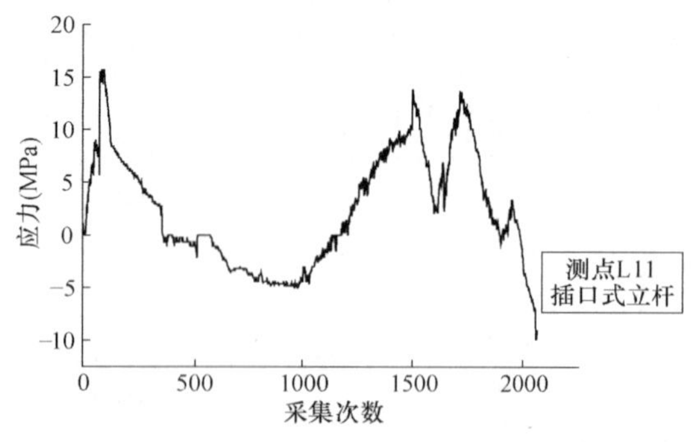

图 6-130　整个浇筑过程中测点 L11 应力

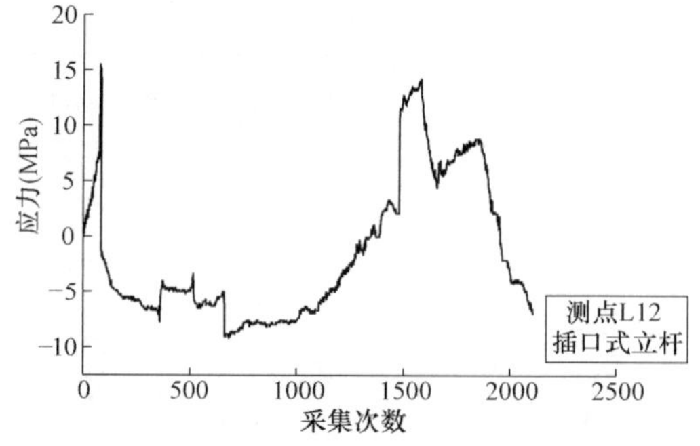

图 6-131　整个浇筑过程中测点 L12 应力

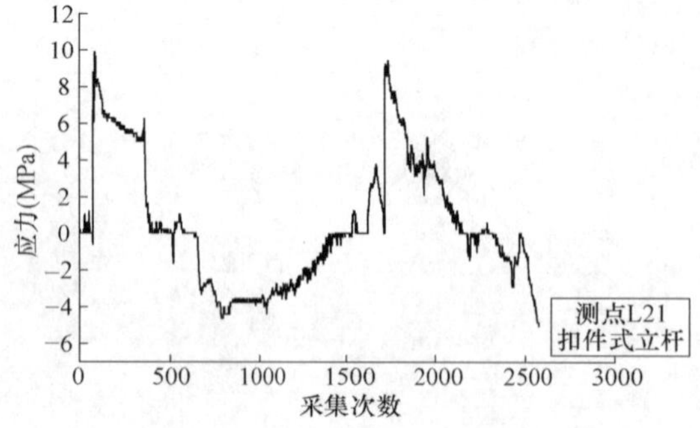

图 6-132　整个浇筑过程中测点 L21 应力

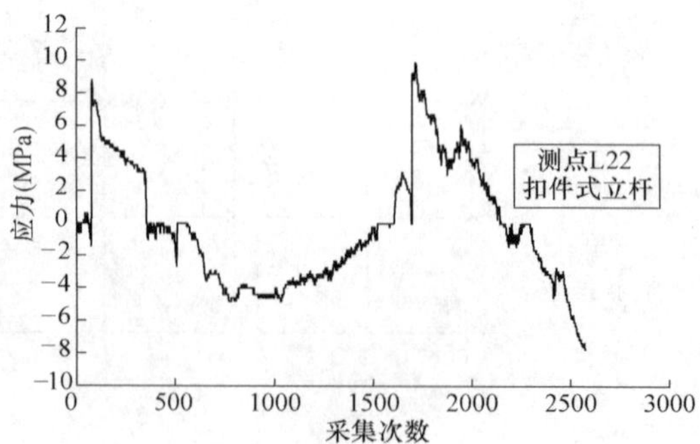

图 6-133　整个浇筑过程中测点 L22 应力

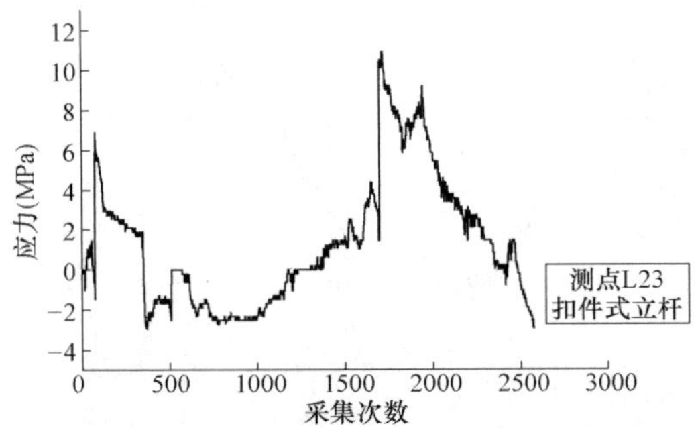

图6-134　整个浇筑过程中测点L23应力

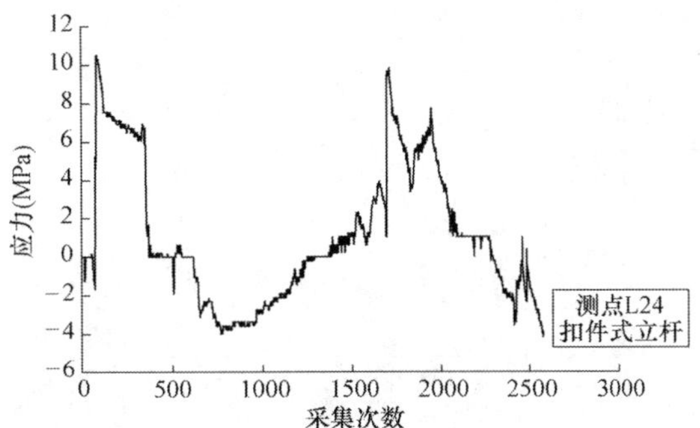

图6-135　整个浇筑过程中测点L24应力

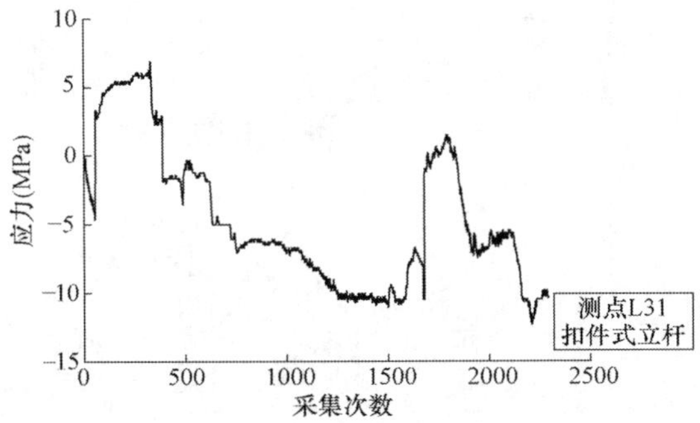

图6-136　整个浇筑过程中测点L31应力

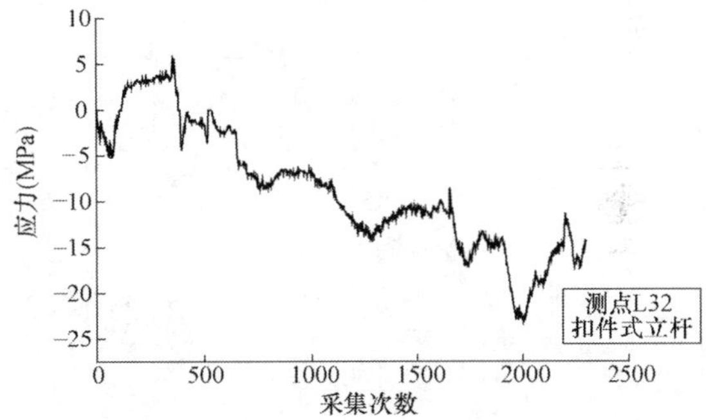

图6-137　整个浇筑过程中测点L32应力

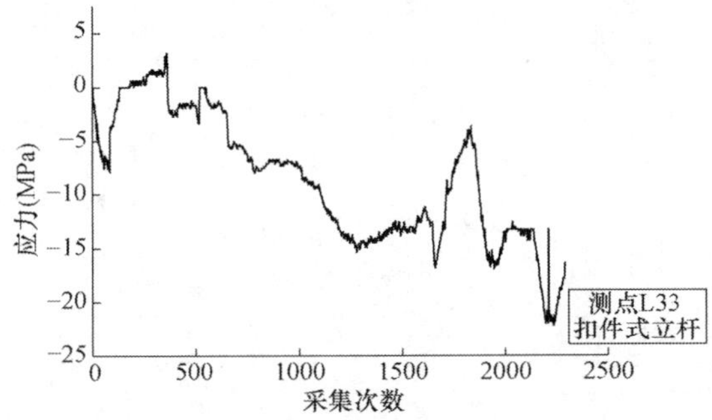

图6-138　整个浇筑过程中测点L33应力

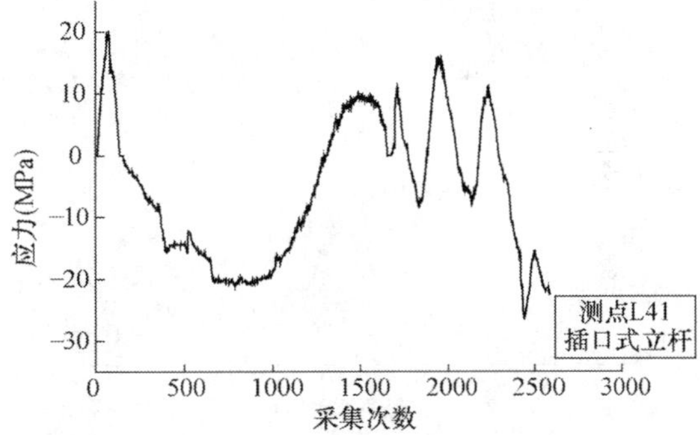

图6-139　整个浇筑过程中测点L41的应力

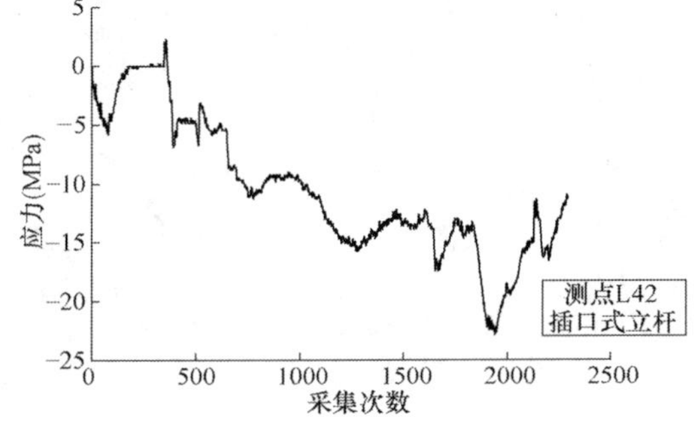

图6-140　整个浇筑过程中测点L42的应力

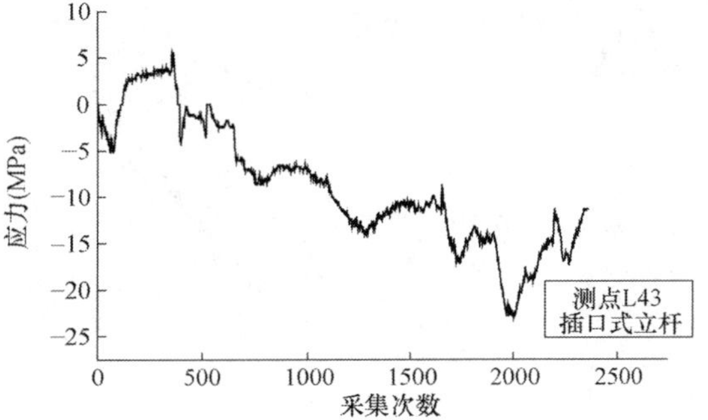

图6-141　整个浇筑过程中测点L43应力

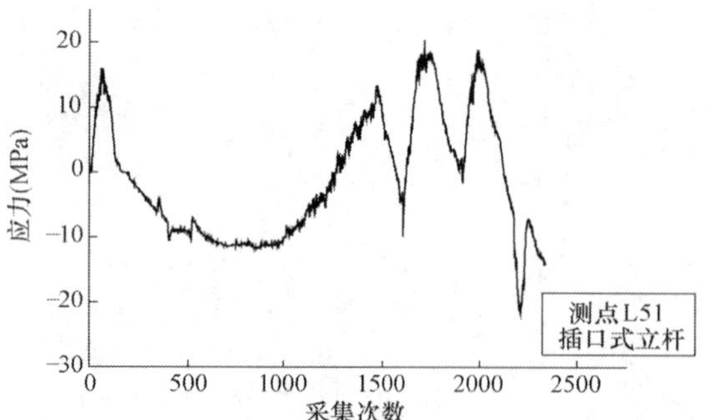

图 6-142　整个浇筑过程中测点 L51 应力

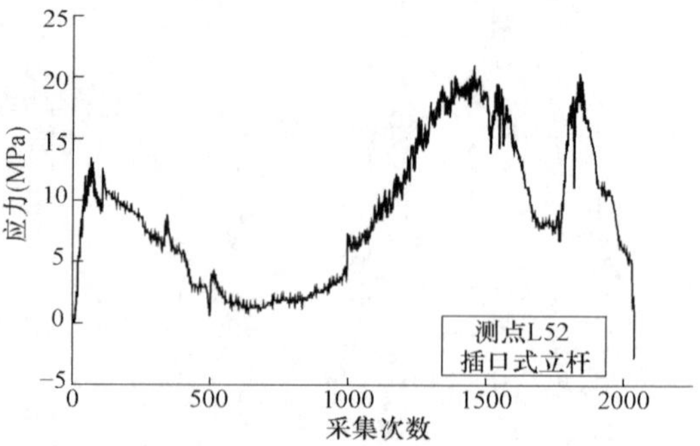

图 6-143　整个浇筑过程中测点 L52 的应力

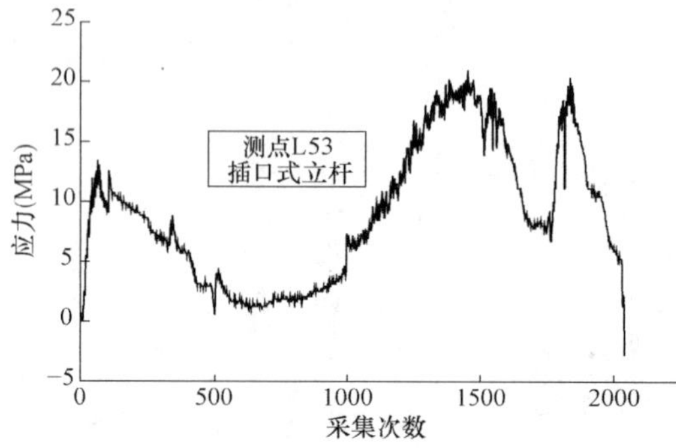

图 6-144　整个浇筑过程中测点 L53 的应力

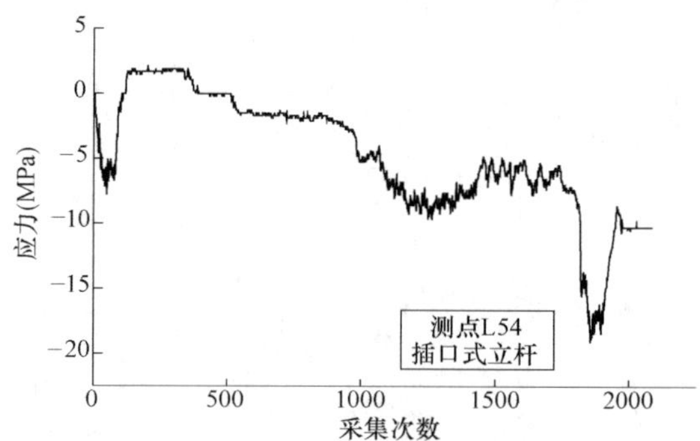

图 6-145　整个浇筑过程中测点 L54 的应力

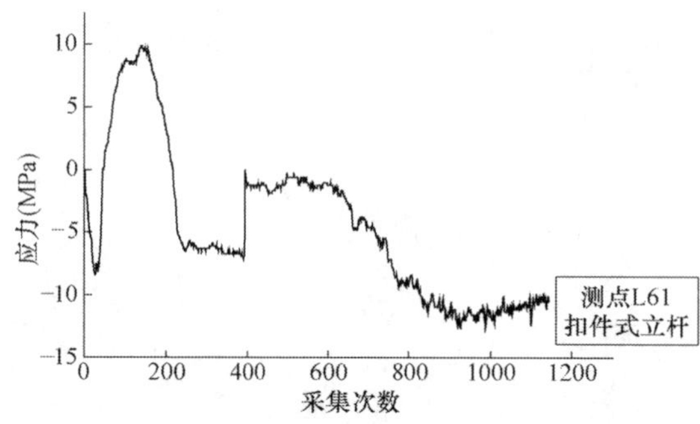

图 6-146　整个浇筑过程中测点 L61 的应力

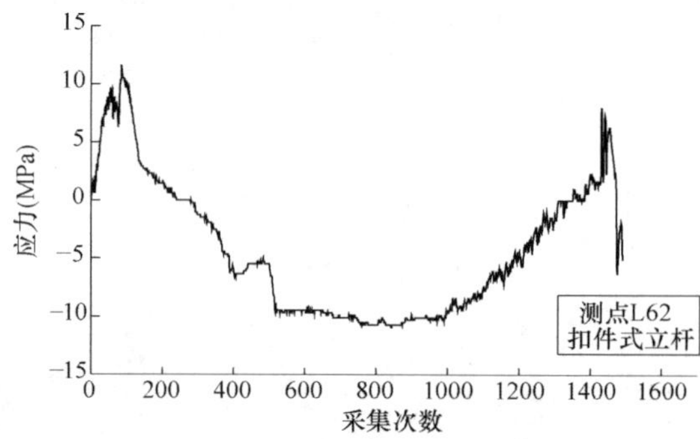

图 6-147　整个浇筑过程中测点 L62 的应力

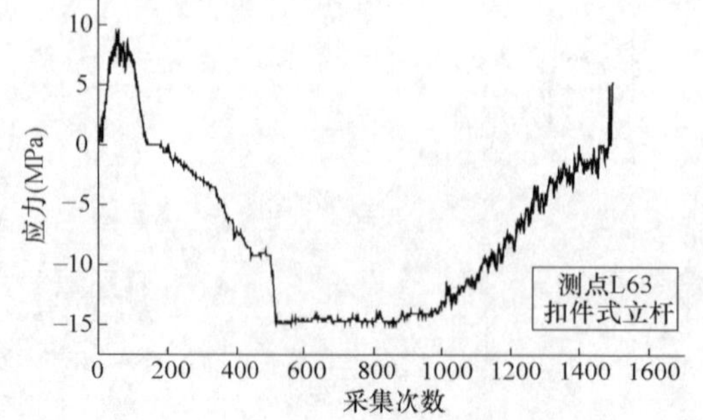

图 6-148　整个浇筑过程中测点 L63 的应力

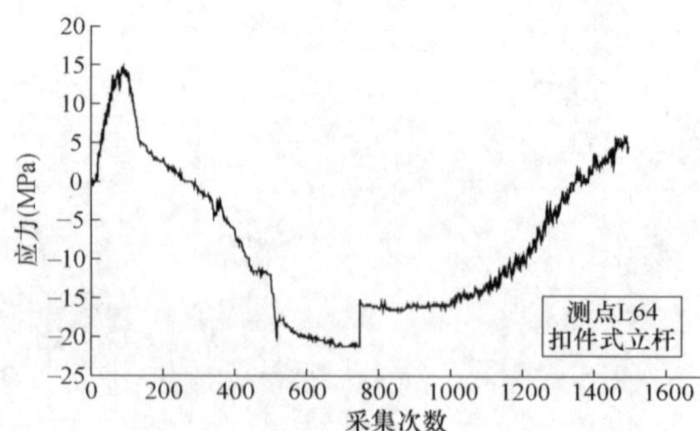

图 6-149　整个浇筑过程中测点 L64 的应力

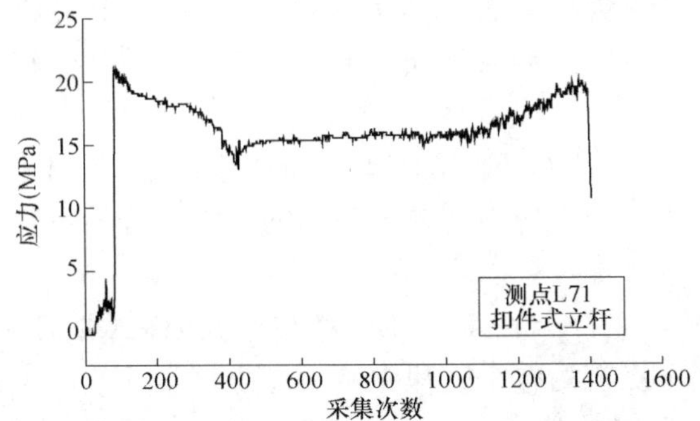

图 6-150 整个浇筑过程中测点 L71 的应力

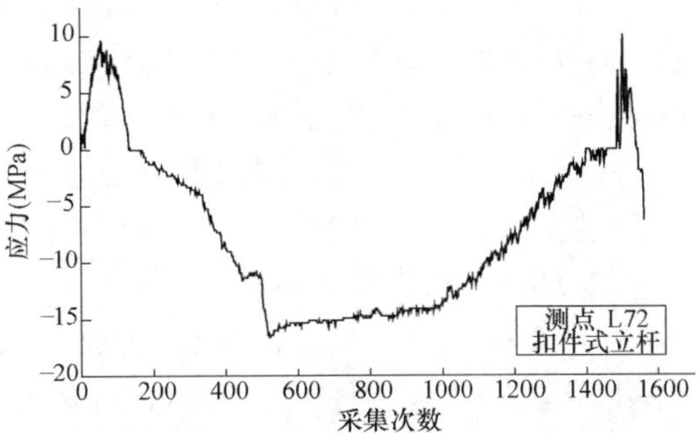

图 6-151 整个浇筑过程中测点 L72 的应力

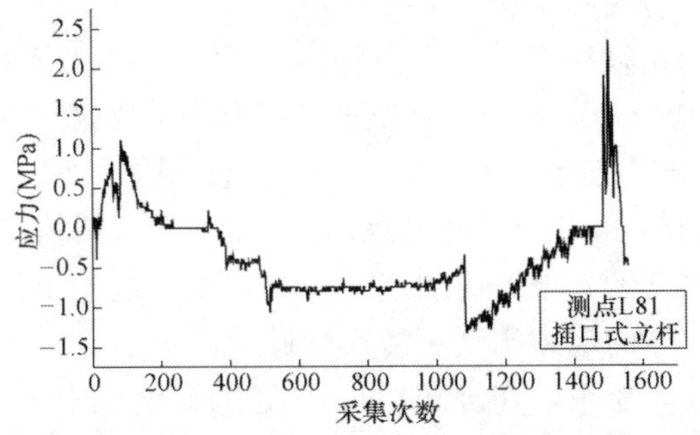

图 6-152 整个浇筑过程中测点 L81 的应力

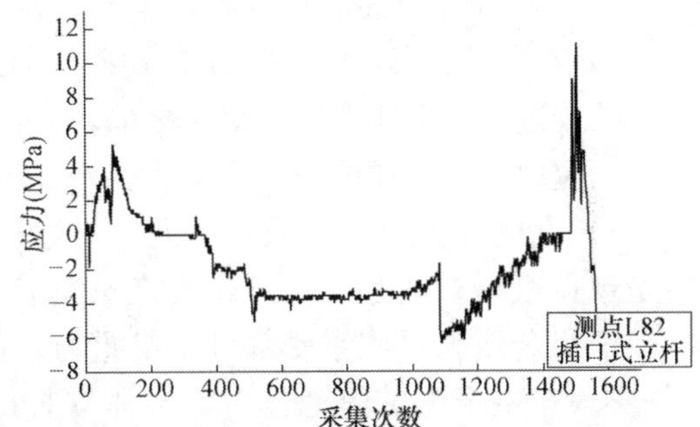

图 6-153 整个浇筑过程中测点 L82 的应力

该梁的混凝土浇筑从东侧向西侧分层浇筑，整个门厅梁混凝土的浇筑分四层进行，每层浇筑高度为 450mm。混凝土浇捣结束后，及时地进行混凝土的后期养护，浇筑完成后立即用毛毡覆盖并浇水养护，并防止夏季（该工程于 8 月份施工）高温雨淋，浇水直至混凝土表面不缺水分。

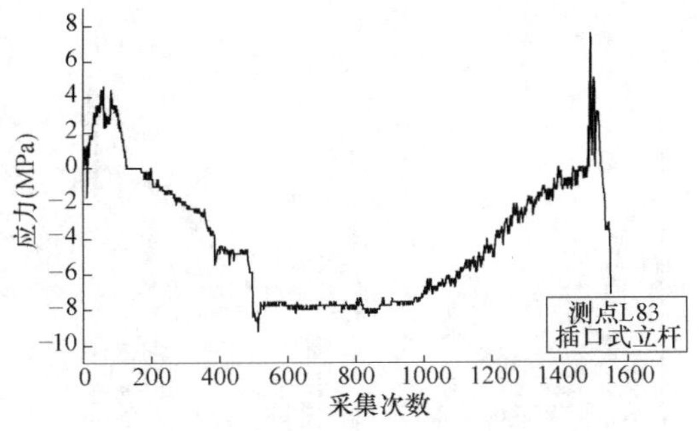

图 6-154 整个浇筑过程中测点 L83 的应力

由整个测试过程（图 6-130～图 6-154）中各阶段杆件受力变化可知：

1）在混凝土浇筑前各杆件基本不受力，个别杆件由于几何初始缺陷及上部型钢梁重力而承受一定的荷载，但杆件应力值较小。

2）在混凝土浇筑过程中，浇筑区域正下方的架体受压，压应力峰值约为 20MPa；未浇筑区域下面的立杆在浇筑临近区域时会受荷载，部分立杆可能会受到拉力，拉力峰值约为 20MPa；混凝土浇筑顺序为自梁跨中向两端浇筑，各立杆在临近浇筑时由于附近区域正在进行混凝土浇筑和振捣首先受到拉力，持续受拉的时间较短，在浇筑混凝土时突然受压，应力会出现突变。

3）由于浇筑顺序不同，各立杆压应力出现的时间也不同，先浇筑部分的立杆受压时间早，压应力也较早出现；后浇筑部分的立杆受压时间晚，压应力出现较晚；本次测试中

L1、L2、L3 和 L4 部分先浇筑，故应力突变出现较早，而 L5、L6、L7 和 L8 部分后浇筑，应力突变出现较晚；虽然各立杆出现压应力的时间有所不同，但在整个数据采集过程中，各个立杆受力变化趋势基本一致。

4）同一根立杆的不同测点应力值也有所区别，立杆下部测点应力值普遍低于上部测点，越接近混凝土浇筑面的测点受力越大，表现为测点应力值较大，但同一根立杆的不同测点应力变化趋势基本一致。

5）立杆 L1、L4、L5 和 L8 为插口式立杆，立杆 L2、L3、L6 和 L7 为扣件式立杆。由测试结果可知，两种不同形式的立杆在混凝土浇筑的整个过程中受力趋势基本一致；应力峰值也无太大变化，两种形式的立杆在受拉压时峰值均约为 20MPa。可认为该两种形式的立杆在混合搭设时既有插口式架体搭设的快捷简便，又有扣件式架体易于调整尺寸的优点，且二者受力性能良好，在本次搭设方案中能共同工作。

6）在整个浇筑过程中，架体初次受力后应力出现突变，压应力急剧增大，随着混凝土浇筑的推进，在上层混凝土浇筑之前，立杆的压应力逐渐减小，直至第二层混凝土浇筑时立杆的压应力又呈现逐渐增大之势。整个浇筑过程分层进行，则在应力图上表现出多次波动。

7）在混凝土浇筑完成，后期养护过程中混凝土不能承受自身重力之前，下部架体应力呈现持续增长的趋势；混凝土浇筑完成后的第五天，架体应力趋于稳定，由于混凝土强度逐渐稳定增长可以承受部分自身重力，所以架体的应力出现了减小的趋势。

8）在整个测试的过程中，架体立杆的受力均较小，在浇筑时应力变化幅值也不大，初步认定为在浇筑过程中型钢梁承受了大部分的混凝土重力及施工荷载。

（2）横杆的应力分析

20
15
10
5
0
−5
−10
应力(MPa)
0
200
400
600
800
1000
1200
1400
1600
采集次数
测点H1
插口式横杆

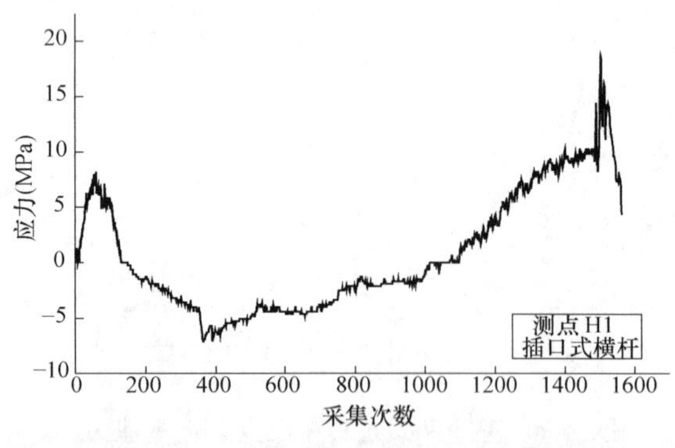

图 6-155　整个浇筑过程中测点 H1 的应力

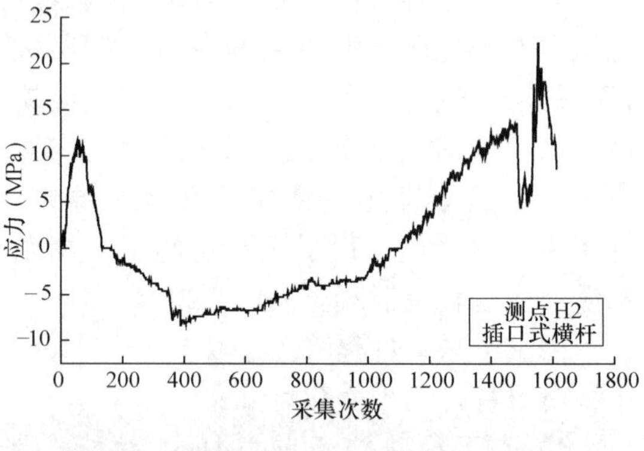

25
20
15
10
5
0
−5
−10
应力 (MPa)
0
200
400
600
800
1000
1200
1400
1600
1800
采集次数
测点H2
插口式横杆

图 6-156　整个浇筑过程中测点 H2 的应力

模板支撑架结构体系中横杆的主要作用是增强结构的整体性，防止倾覆，在越靠近混凝土浇筑面的位置处横杆受力越大，故横杆测点选取在接近混凝土浇筑面的最上一层横杆上，扣件式横杆与插口式横杆各选取三个测点。

由整个测试过程（图 6-155～图 6-160）中各阶段杆件受力变化可知：

1）浇筑混凝土时，未浇筑区域下面的横杆在浇筑临近区域时会受荷载，但浇筑过程中横杆应力值变化不大。

2）在混凝土浇筑前，横杆的应力较小，拉压应力均约为 5MPa。浇筑过程中，拉应力出现突变，峰值约为 18MPa。

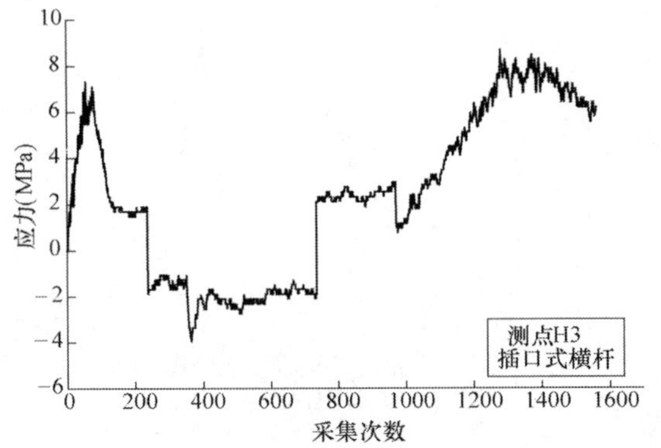

图 6-157　整个浇筑过程中测点 H3 的应力

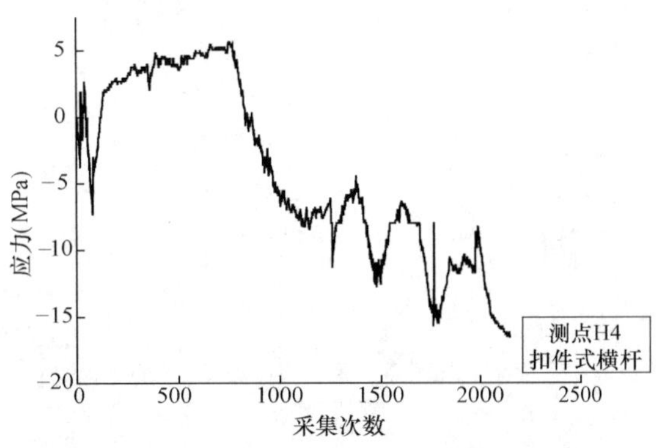

图 6-158　整个浇筑过程中测点 H4 的应力

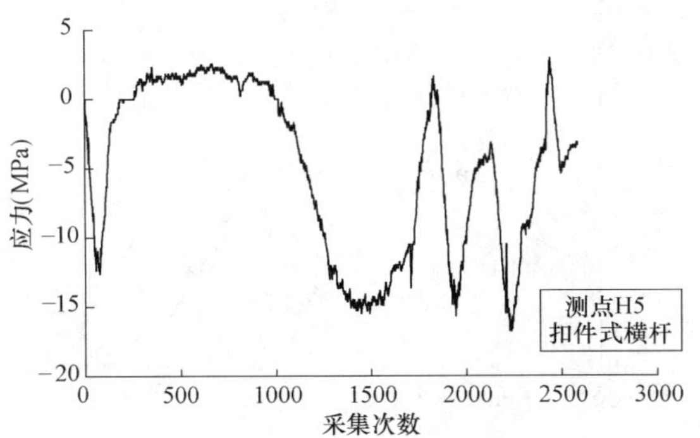

图 6-159　整个浇筑过程中测点 H5 的应力

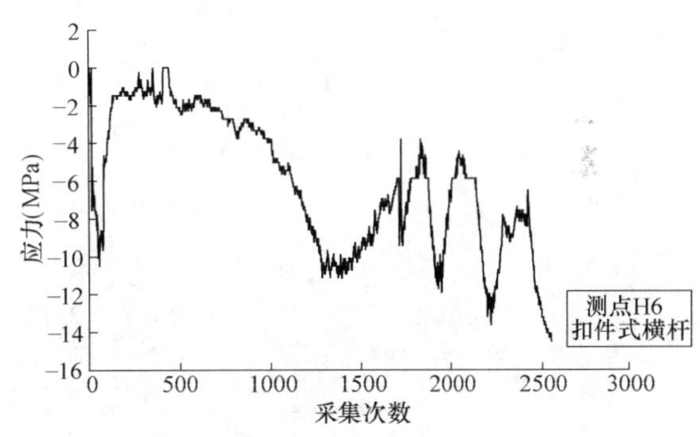

图 6-160　整个浇筑过程中测点 H6 的应力

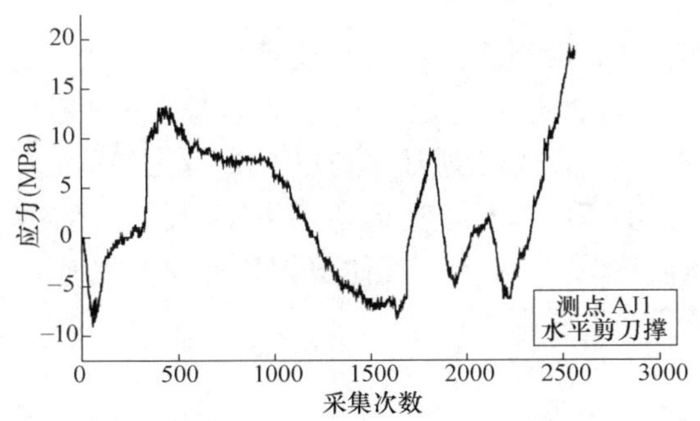

图 6-161　剪刀撑测点 AJ1 的应力

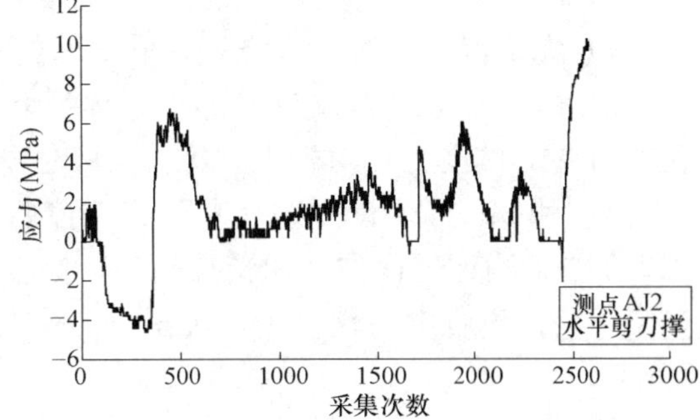

图 6-162　剪刀撑测点 AJ2 的应力

3）横杆 H1、H2 和 H3 为插口式杆件，横杆 H4、H5 和 H6 为扣件杆件，这两种接头形式的横杆在整个测试过程中应力变化趋势基本一致，横杆 H2 和 H3 在后期养护过程中拉力呈现逐渐增大的趋势，与其他四根杆件的稳定受力趋势出现偏差。

（3）剪刀撑的应力分析

在架体搭设时竖向剪刀撑按照通高搭设，但是由于 24m 大跨梁下模板支撑架体系比较狭长，在实际搭设过程中水平剪刀撑无法独立搭设，故将其与内部结构共同搭设将梁下支撑体系与内部支架结构相连。剪刀撑受力分析（图 6-161～图 6-166）如下：

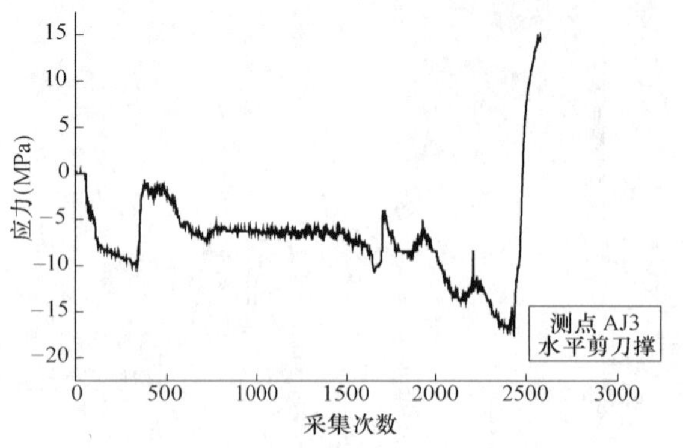

图 6-163　剪刀撑测点 AJ3 的应力

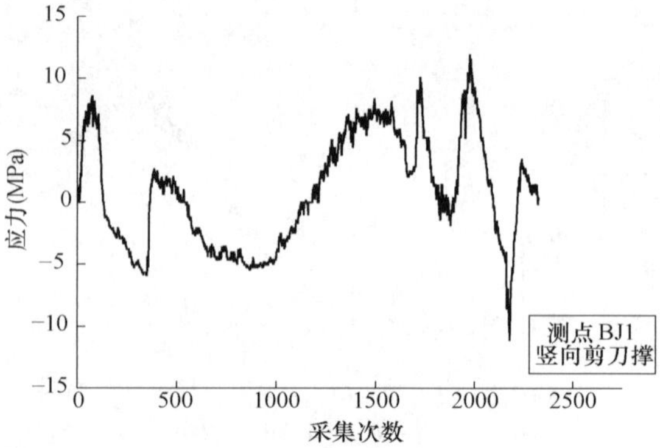

图 6-164　剪刀撑测点 BJ1 的应力

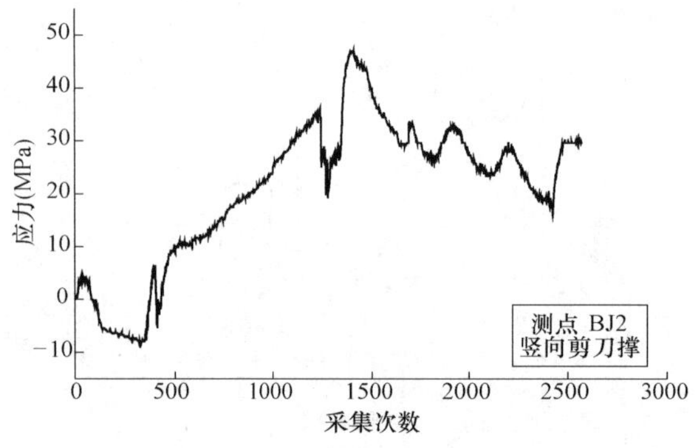

图 6-165　剪刀撑测点 BJ2 的应力

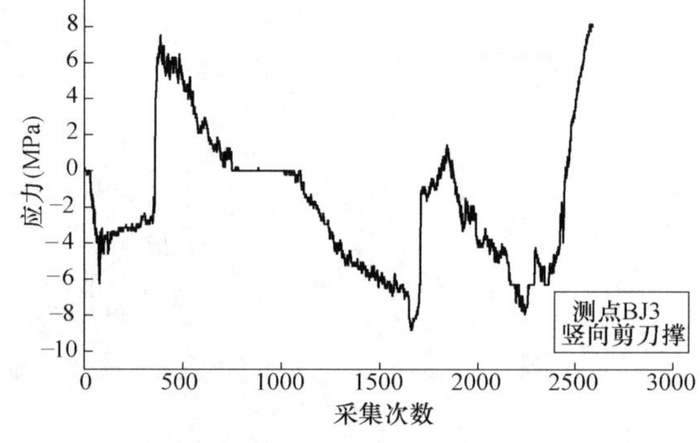

图 6-166　剪刀撑测点 BJ3 的应力

由整个测试过程中各阶段杆件受力变化可知：

1）浇筑混凝土时，未浇筑区域下面的剪刀撑在浇筑临近区域时会受荷载。

2）由于水平剪刀撑与内部支撑体系相连，在整个浇筑过程中水平剪刀撑测点 AJ1、AJ2 和 AJ3 的受力相对较大，拉应力峰值约为 20MPa，竖向剪刀撑测点 BJ2 拉力较大。

3）AJ1、AJ2 和 AJ3 为水平剪刀撑，BJ1、BJ2 和 BJ3 为竖向剪刀撑，水平剪刀撑 BJ2 在整个测试过程中呈现受拉趋势，拉应力峰值约为 48MPa，其他剪刀撑测试点的应力在整个测试过程中变化较小，拉压应力均在 20MPa 范围内。

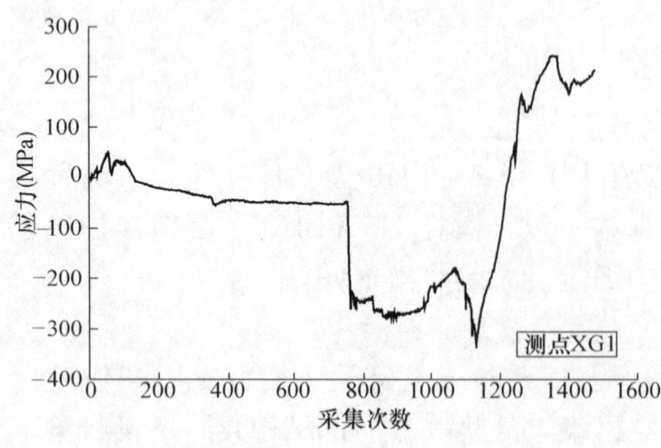

图 6-167　整个浇筑过程中测点 XG1 的应力

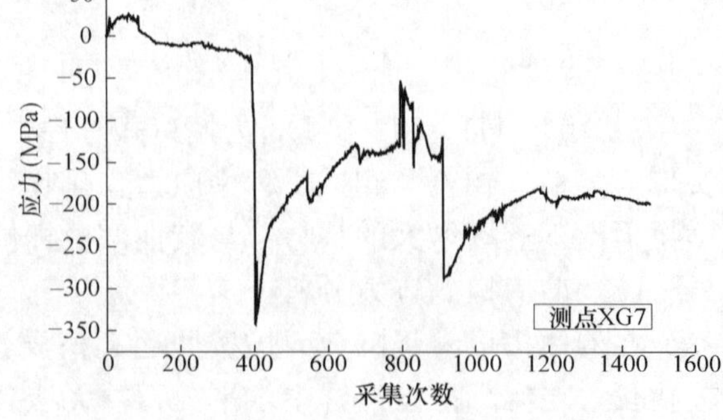

图 6-168　整个浇筑过程中测点 XG7 的应力

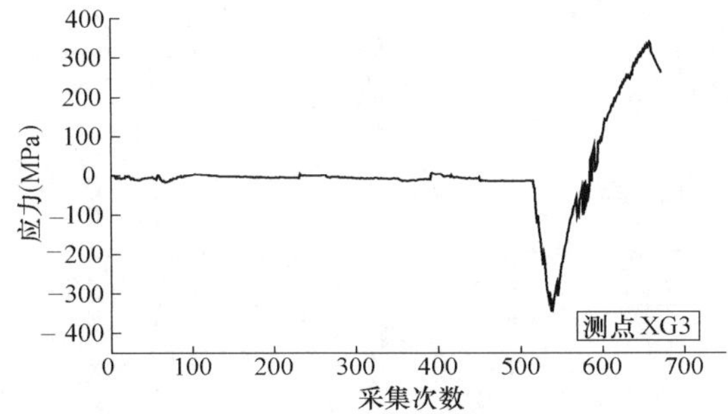

图 6-169 整个浇筑过程中测点 XG3 的应力

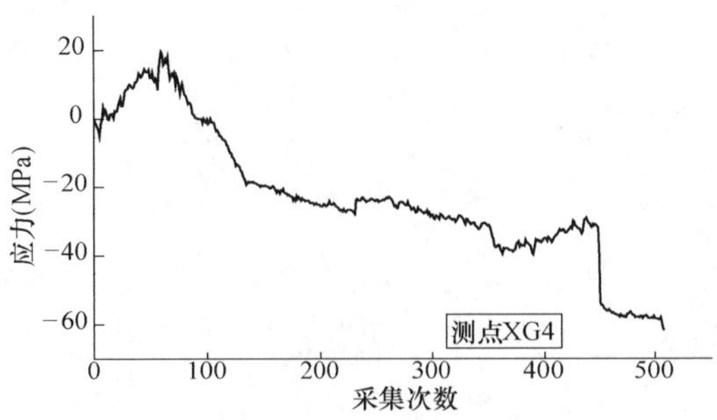

图 6-170 整个浇筑过程中测点 XG4 的应力

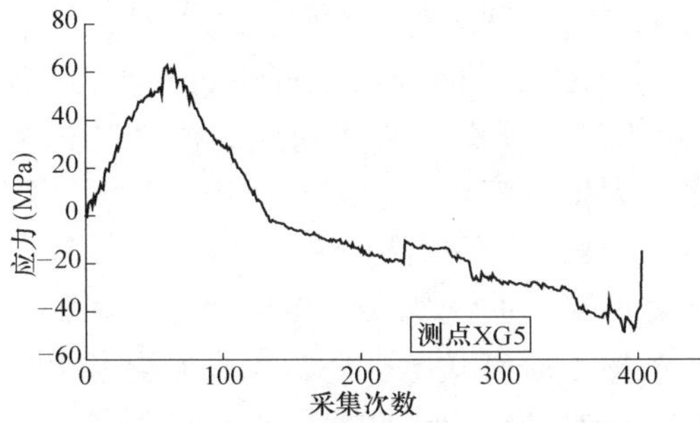

图 6-171 整个浇筑过程中测点 XG5 的应力

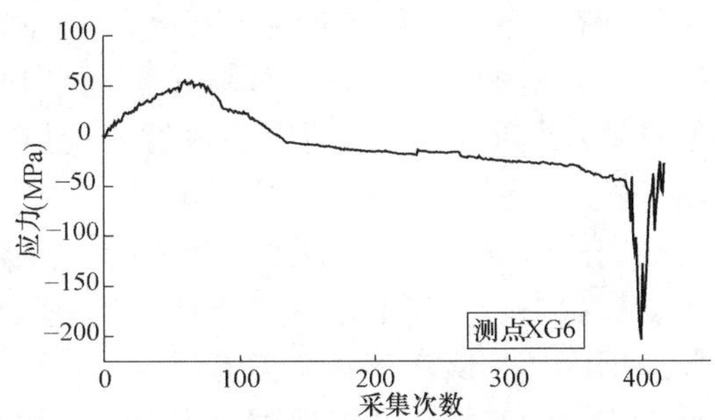

图 6-172 整个浇筑过程中测点 XG6 的应力

（4）型钢梁焊缝处的应力分析

XG1 为上翼缘焊缝处的测点，XG2-XG6 为腹板焊缝处的测点，XG7 为下翼缘焊缝处的测点，测点 XG2 在模板搭设时被破坏。由整个测试过程（图 6-167～图 6-172）中焊缝处各测点应力变化可知：

1）测点 XG7 设置在下翼缘上侧，在混凝土浇筑及后期的养护过程中一直受到压力，压应力峰值出现在开始浇筑时，约为 330MPa，几乎达到型钢的屈服强度，此测点直接受到混凝土的冲击故应变值较大。

2）型钢在焊接完成后，焊缝处的测点一直呈现受拉状态，拉应力在 20MPa 内，开始浇筑混凝土时焊缝处受到混凝土浇筑时的冲击荷载及其他施工荷载而受压，故出现应力突变。

3）混凝土浇筑完成后，焊缝处的压应力逐渐减小，随着混凝土强度的增长，混凝土与型钢之间的粘结力也逐渐增大。在浇筑完成后 3d 时腹板焊缝处测点 XG3 出现受拉状态，浇筑完成后 4d 时上翼缘焊缝处测点 XG1 也出现受拉状态，随着养护时间的延长，焊缝处的拉压应力呈现逐渐减小之势。

2. 插口式立杆与扣件式立杆内力对比

为对比插口式立杆与扣件式立杆的内力响应及两者共同工作的性能，现取型钢梁跨中底部的四根立杆（立杆 L1、L2、L3 和 L4，其中 L1、L4 为插口式杆件，L2、L3 为扣件式杆件，L1 与 L2 长度均为 8.85m，L3 与 L4 长度均为 6.45m）为分析对象，分析内容及过程如下：

大跨梁混凝土的浇筑顺序为从⑦到④，即测试区域从跨中向跨端。由图 6-173 可知，首次采集时 L1 与 L2 均处于平衡状态，随着测量次数的增加（时间的增长），跨中立杆逐

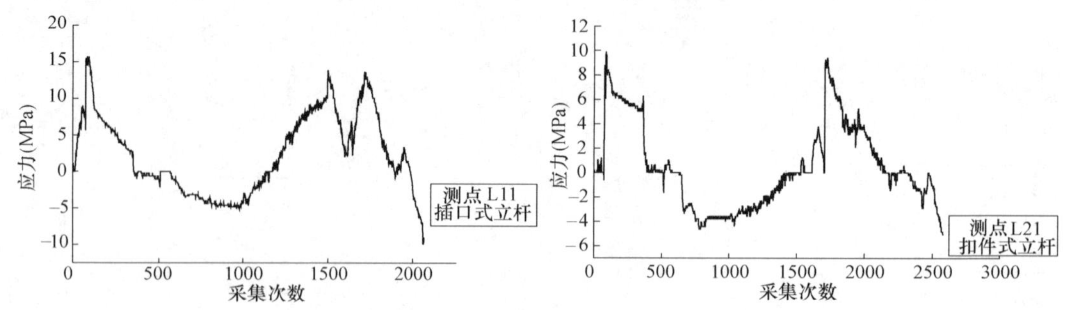

图 6-173　立杆 L1 与立杆 L2 的应力对比

渐接近浇筑面。在浇筑到立杆 L2 附近时出现短暂的受拉状态，继而浇筑到其上方时出现受压状态；而 L1 只在浇筑到其上方时出现受压状态。L2 出现短暂受拉是因为邻近区域浇筑时上方模板出现翘曲，而邻近区域下部的横杆受到拉应力，横杆与立杆通过扣件连接，使得 L2 受到拉结力从而出现短暂的受拉。而 L1 为插口式杆件，与其相连的横杆是相互断开的，不能起到整体拉结的作用，插头与承盘之间为机械咬合力，若架体搭设时未能达到规定的楔紧程度则立横杆的承插节点很难传递内力。浇筑第一层混凝土期间 L2 一直处于受压状态，当跨中第一遍浇筑完成后随着跨中西侧混凝土的浇筑立杆出现受拉状态，主要原因为相邻侧浇筑时新浇混凝土自重、冲击荷载及施工活荷载比已浇筑完成的混凝土自重大，故而底模仍会出现翘曲现象，从而 L2 会出现受拉状态。L1 在混凝土浇筑到其上方时处于受压状态，在短暂的受压之后，浇筑第二层及第三层时一直处于受拉的状态，原因可能为构件多次重复使用而存在初始缺陷，而测点位于杆件受拉位置处。由图 6-173 可知 L1 与 L2 应力变化趋势是一样的，且应力峰值都不大，插口式杆件为 15MPa，扣件式杆件为 10MPa。

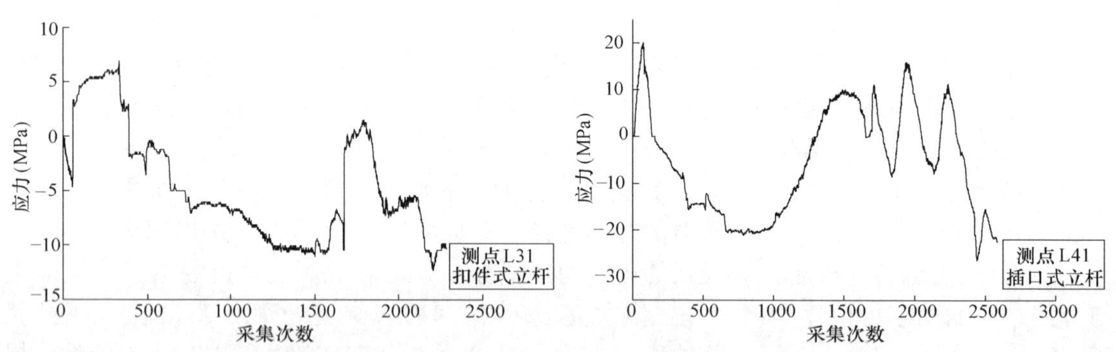

图 6-174　立杆 L3 与立杆 L4 的应力对比

图 6-174 为内侧两根立杆应力对比图，架体搭设时 L3 与 L4 所在的纵列位于室内地面上。由图 6-174 可知，立杆 L3 与 L4 在浇筑临近区域时均出现受拉现象，L4 受拉时间较短，随着混凝土的浇筑出现受压受拉的循环过程。L3 受拉时间较长，第一层混凝土浇筑时一直处于受拉状态，但拉应力非常小，最大为 7MPa，L3 在第二层混凝土浇筑时才出现受压与受拉的波动。两立杆测点的受力趋势基本一致，但立杆 L4 比 L3 测点内力大，L4 应力峰值约为 20MPa。

综上，在插口式与扣件式钢管模板支撑架混合搭设时，两种形式杆件的受力趋势一致。插口式杆件作为主要受力杆件在混凝土浇筑过程中及后期养护时，产生的应力比扣件式杆件大。原因主要为扣件式架体立杆与横杆的连接性比插口式架体强，在架体的受力过程中，扣件式立杆通过直角扣件将一部分作用力传递于横杆之上，立横杆同时受力则表现为扣件式立杆产生的应力要小于插口式立杆。

6.2.3 数值模拟结果分析

建立整架有限元模型时，通过建立关键点，连线，赋予单元属性，划分网格最终得到实体模型，如图6-175所示。运用meshing命令划分单元网格并赋予单元属性。模型中钢管外径为48mm，壁厚3.1mm，钢管弹性模量为2.1×10^{11} N/m^2，密度为7.8×10^3kg/m^3，泊松比为0.3。

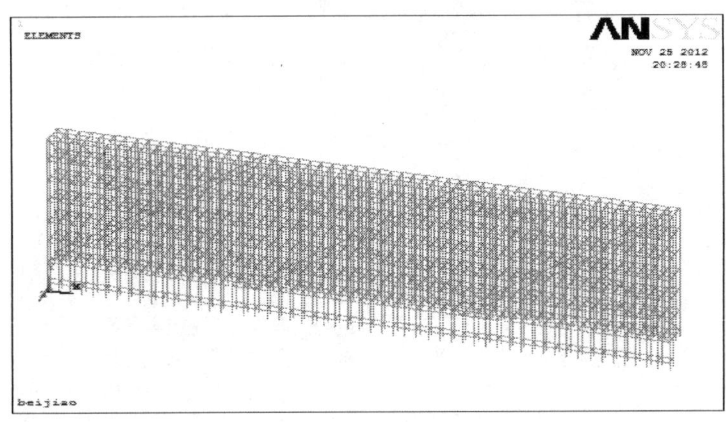

图6-175 架体模型图

1. 进行特征值屈曲分析

对有限元模型进行特征值屈曲分析，得到该架体前6阶屈曲临界荷载，见表6-3，在各阶模态下架体均沿刚度较小的横跨方向屈服，从而可参考扣件式钢管脚手架初始缺陷的研究成果来定义后期非线性分析的缺陷值。

各阶模态下立杆的屈曲临界荷载 表6-3

阶数	1	2	3	4	5	6
屈曲临界承载力(kN)	252.38	268.60	339.67	339.85	346.85	375.68

2. 添加初始缺陷

由于在施工过程中所用的模板支撑架钢管已经过多次使用，有些已经出现锈蚀及弯曲变形现象。所以在进行有限元模拟时将各杆件视为理想构件是对结构安全度的保守估计，下面将架体的初始缺陷考虑在内。计算时取一阶屈曲模态临界极限承载力的1.2%，即3.0kN为水平集中力作用在架体顶层节点，方向沿刚度较小的横跨方向。将架体上部荷载等效为竖向集中力均匀地作用在架体立杆顶部，方向向下。运行分析得到架体杆件的最大轴力为−12.212kN，发生在立杆下端；最大位移为2.131mm，发生在立杆顶端沿横跨方向。架体内力及位移图如图6-176～图6-178所示。

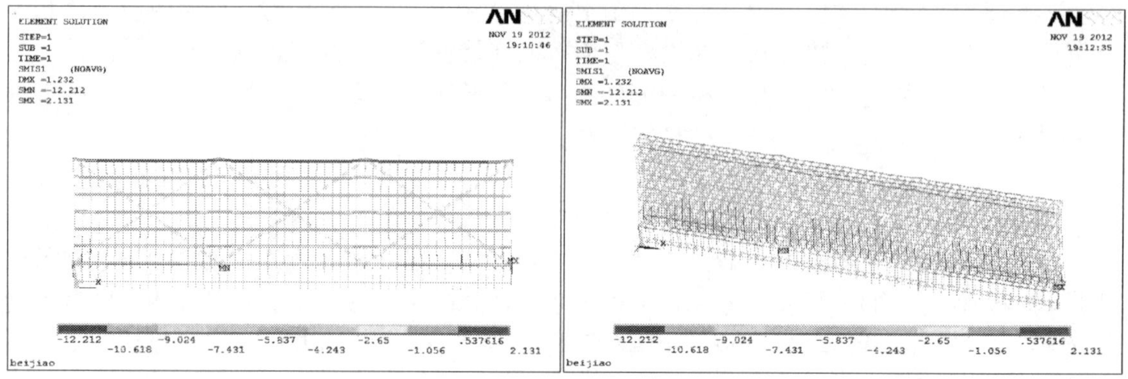

图 6-176　轴力图（最大轴力为 12.212kN）

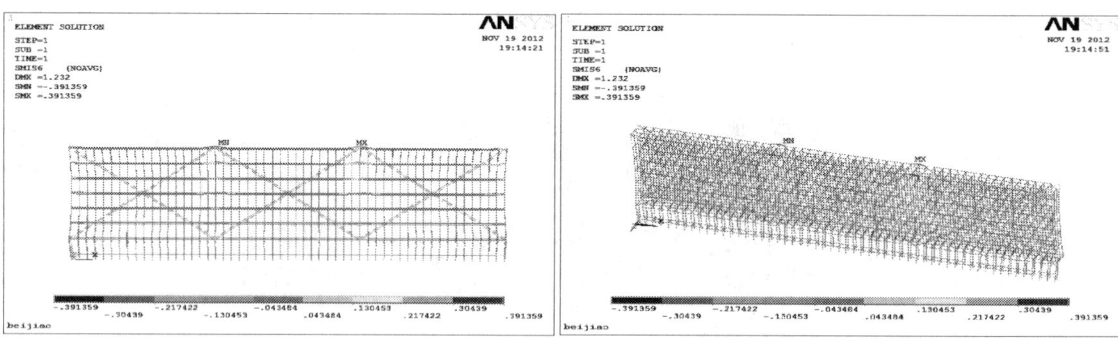

图 6-177　弯矩图（弯矩均较小）

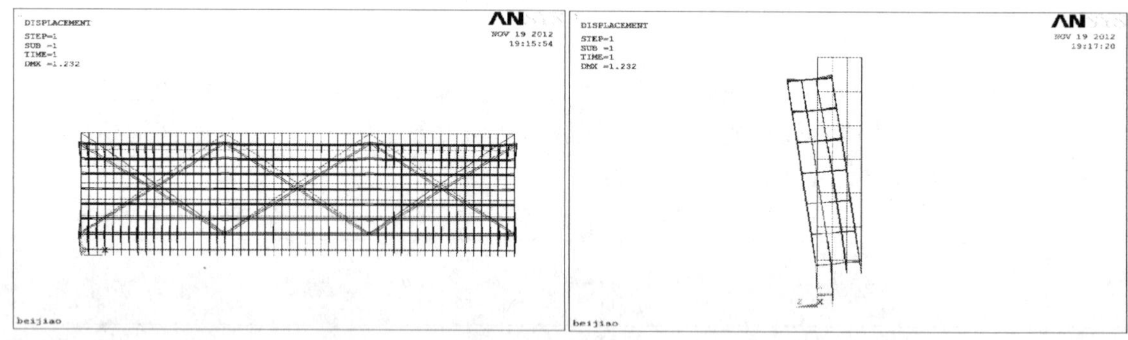

图 6-178　位移图

6.2.4　测试小结

在本次测试过程中型钢梁下部架体受力较小，只有在浇筑混凝土时产生了一定程度的波动，架体立杆、横杆及剪刀撑均受力较小，而型钢梁焊缝处的测点应力则比较大。原因为型钢梁与型钢框架柱焊接在一起可视为刚性连接，在混凝土浇筑过程中，由于上翼缘对于上部灌入浆料的阻挡使得浆体不直接作用在模板结构上，从而模板支撑体系受力较小。浇筑时混凝土浆料重力及施工冲击产生的荷载部分通过梁上型钢传递给框架柱，从而导致型钢梁上的测点应力较大。由有限元分析可知，靠近混凝土浇筑面的立杆顶端、顶层横杆及下层扫地杆处受力较大，说明立杆顶端直接承受模板传来的荷载并将其向下传递，传递过程中部分荷载通过立横杆节点传至横杆处，而扫地杆层用于约束立杆底部的变形，故造成了扫地杆处受力较大。由位移图可知该梁底部模板支撑架在刚度较弱的一侧位移较大，故在施工时采用了与内部拉设贯通水平剪刀撑减小位移的措施。建议在具体施工时运用有限元软件对模板搭设方案进行预分析，根据架体的受力情况合理安排施工，并采取必要的安全保障措施。

6.3　连续多层模板支架现场应用实测

6.3.1　工程概况及测试内容

1. 工程概况

研祥特种计算机（西安）研发中心项目是由西安研祥兴业电子科技有限公司建设的办公楼及培训中心，工程地点位于西安市高新区锦业一路。研祥特种计算机（西安）研发中心由车库，裙房，办公楼、培训楼组成，车库为地下二层，沿街设置三层裙房，办公楼为地上 22 层，培训中心楼为地上 28 层。总建筑面积 10.4351 万 m^2。建筑高度办公楼为 99.6m，培训中心楼为 97.6m。其中测试的裙房地下两层，地上三层，框架结构。地下二层层高 4300mm，板厚 120mm；地下一层层高 5250mm，板厚 180mm；一层到三层的层高为 5500mm，板厚 120mm。模板支撑体系采用钢管满堂脚手架，支架立杆纵横间距为 1000mm 左右，立杆与水平杆之间采用扣件连接。测试区域如图 6-179 所示。

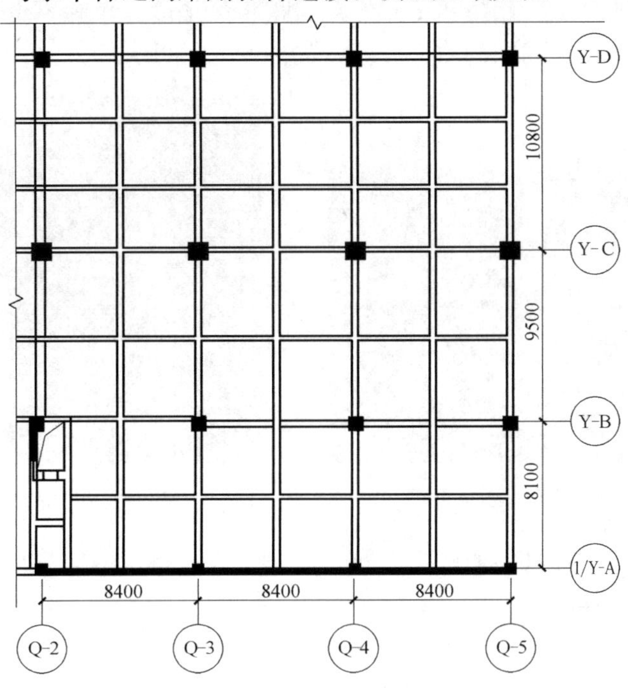

图 6-179　测试位置结构图

2. 现场实测方案

为了全面准确地对多层模板支撑体系在施工期间的性能进行测试，减少施工作业和环境对本次测试的影响，综合考虑工程实际和当前仪器的水平，提出了一个可靠的多层模板支撑体系。

（1）支撑立杆的测量：通过在支撑立杆上安装压力传感器和粘贴应变片测量支撑的轴力和应变，如图 6-180 所示。

图 6-180　压力传感器和应变片的布置

（2）钢筋混凝土楼板的测试：用小直径的钢筋计测定钢筋的应变。钢筋计作为板中钢筋的一部分，随施工一次性浇入到楼板中，如图 6-181 所示。

（3）楼板挠度的测试：用位移传感器测定楼板的挠度。单独搭设一个支撑用于连接位移传感器，使这个支撑与周围的支撑分开，如图 6-182 所示。

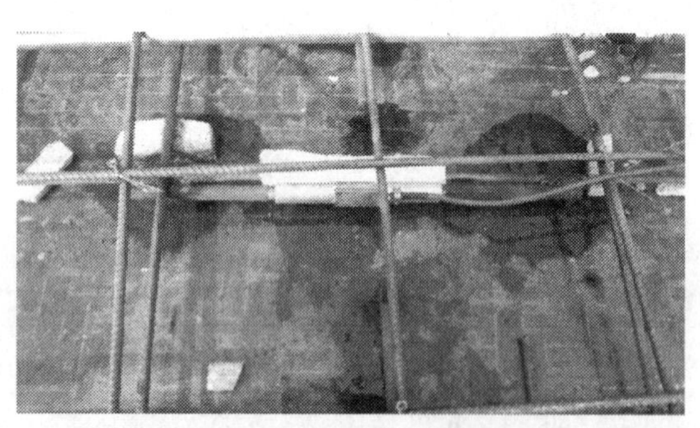

图 6-181　板内钢筋计的布置

图 6-182　位移传感器的布置

根据测试要求和工程具体的施工方案，对测点进行布置。随着结构的施工，测试了两层模板支撑的施工过程。

支撑立杆测点的布置：在楼板测试区域内选择支撑立杆进行测试，其中在主梁测试区域内有 12 个测试杆，在后浇带处的主梁和次梁处有 4 个立杆，次梁处设置 2 个立杆。测试杆选用和其他杆相同的钢管。压力传感器的布设如图 6-180 所示。

板内测点的布置：板跨中区域内按短边方向布置测点，一层布置2个钢筋计，钢筋计直接点焊在板的钢筋上，与楼板钢筋一起浇入混凝土中，钢筋计的布设如图6-181所示。

位移传感器的布置：在后浇带的主梁处布置位移传感器进行测试。单独搭设位移传感器的支架，消除其他架体对位移计的影响，使楼板挠度的测试更加准确，位移计的布设如图6-182所示。

各层的压力传感器、应变片以及钢筋计的布置测点如图6-183所示。

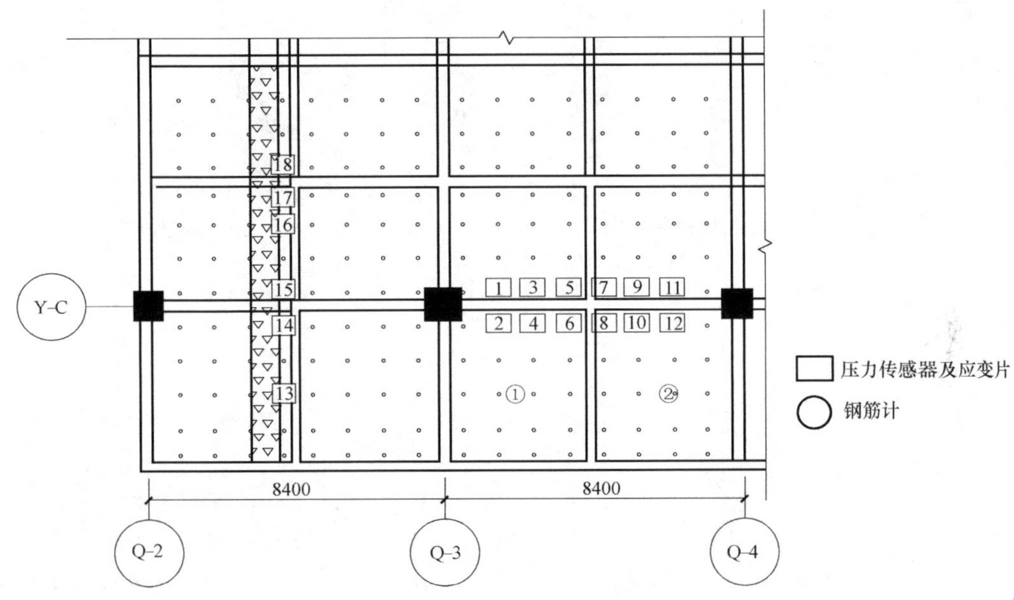

图6-183　压力传感器及钢筋计测点布置

6.3.2　测试结果分析

通过以上的测试仪器以及测试方法，获得了在施工过程中整个多层模板支撑体系的受力情况和变形情况的数据，并通过对数据进行整理分析后，得到了模板支撑立杆、板中的钢筋内力的变化规律以及楼板的挠度的变形特点。

1. 支撑立杆的受力分析

支撑立杆的稳定对模板支撑系统的安全是十分重要的，支撑立杆的轴力受到其具体工程支撑布置形式和施工工艺的影响，从实测结果我们可以发现，立杆的轴力值要小于按规范所求值。分析其原因为在实际的施工中，模板支撑和楼板是相互共同作用的，它们共同承担了混凝土自重、施工荷载等，由于楼板自身承担了部分荷载，所以测得的立杆的实际轴力值比计算的要小。虽然多层模板支撑体系把上部楼板的荷载传递给了下部楼板，但是上部楼板随着混凝土强度的增加也逐渐的承担荷载。所以，从实测数据上看，支撑立杆的轴力值随着楼层的增加大体上不再增加。由此可见楼板与支撑之间是相互作用，相互影响的。而现行的设计准则则没有把这些因素考虑进去。

经数据处理后，轴力时程曲线图如图6-184～图6-185所示，其中测试序号表示采集次数，为方便对图表的理解，现把支撑上的直接作用层楼板称为第一层楼板，把支撑上的间接作用层楼板称为第二层楼板，则0～100为浇筑第一层混凝土；100～300为第一层混凝土养护期，300～400 为第二层混凝土浇筑期，400～500 为第二层混凝土养护期，整个过程采集数据约 400 组。注：立杆标注 L1-1 表示地下二层第 1 个测点，L2-1 表示地下一层第一个测点，L3-1 表示地上一层第一个测点，其他的测点表示方法类似。

测试过程中地下二层部分立杆轴力时程曲线如图 6-184～图 6-187 所示。

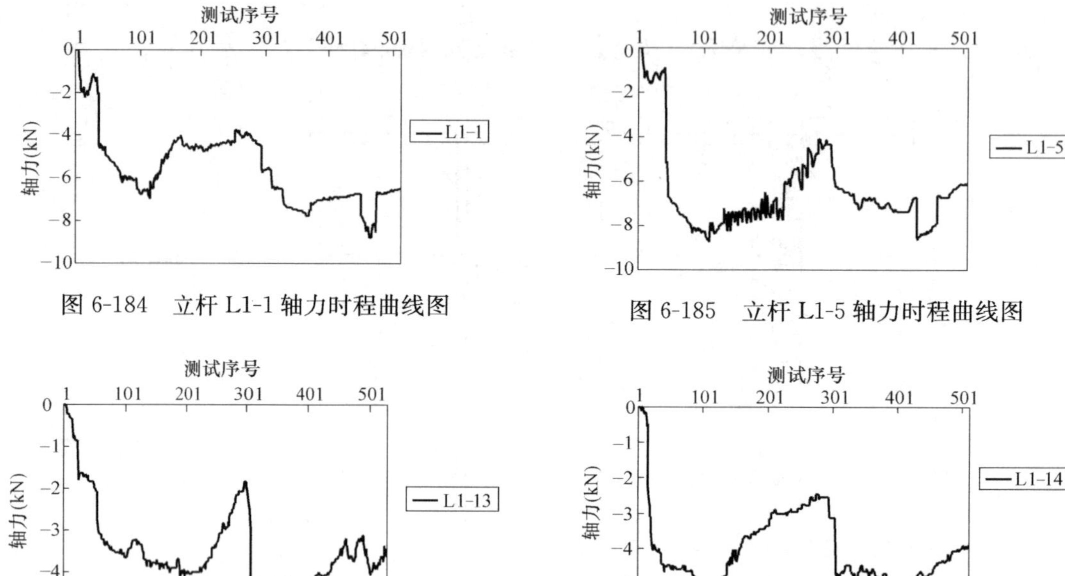

图 6-184　立杆 L1-1 轴力时程曲线图

图 6-185　立杆 L1-5 轴力时程曲线图

图 6-186　立杆 L1-13 轴力时程曲线图

图 6-187　立杆 L1-14 轴力时程曲线图

由以上四图可以看出，钢管支撑从开始测试到测试结束一共出现了两个波峰。一是在地下二层顶板混凝土浇筑之后，由于立杆轴力增加，其值不断增大达到了第一个波峰，此后轴向力不断波动，随着混凝土龄期的增加，大体上轴力值呈现出下降的趋势；二是在地下一层顶板浇筑之后，地下二层顶板由于承受地下一层支撑传来的荷载，通过本身的变形传递到地下二层的支撑上，从而使其出现第二个峰值，此后受力逐渐下降，直至支撑拆除。其各个杆的受力情况根据立杆位置的不同也有所不同。

立杆 L1-1（图 6-184）：该立杆位于大梁下，地下二层顶板混凝土浇筑时，该立杆轴力瞬间增大，达到了第一个峰值，轴力值为－6.5kN，在混凝土的养护期，立杆的轴力值不断波动，并随波减小，浇筑地下一层顶板混凝土前轴力值为－3.76kN，减小了约 42%。当浇筑地下一层顶板混凝土时，该立杆的轴力值出现了第二个峰值，轴力值为－7.76kN，在混凝土的养护期，随着强度的增加，轴力值又逐渐减小，在养护期轴力时程曲线有一处突变，其轴力值达到了－8.8kN，原因是在地下一层顶板处堆载了大量的钢管，从而产生荷载传递到本层支撑上。

立杆 L1-5（图 6-185）：该立杆位于主梁和次梁交界处，地下二层顶板混凝土浇筑时，该立杆轴力瞬间增大，达到了第一个峰值，轴力值为－8.3kN，在混凝土的养护期，立杆的轴力值不断波动，并随波减小，浇筑地下一层顶板混凝土前轴力值为－4.24kN，减小了约 49%。当浇筑地下一层顶板混凝土时，该立杆的轴力值出现了第二个峰值，轴力值为－7.2kN，在混凝土的养护期，随着强度的增加，轴力值又逐渐减小，在养护期轴力时程曲线有一处突变，其轴力值达到了－8.32kN，原因是在地下一层顶板处堆载了大量的钢管，从而产生荷载传递到本层支撑上。

立杆 L1-13（图 6-186）：该立杆位于后浇带的次梁处，地下二层顶板混凝土浇筑时，该立杆轴力瞬间增大，达到了第一个峰值，轴力值为－3.8kN，在混凝土的养护期，立杆的轴力值不断波动，并随波减小，浇筑地下一层顶板混凝土前轴力值为－1.84kN，减小了约 51%。当浇筑地下一层顶板混凝土时，该立杆的轴力值出现了第二个峰值，轴力值为－4.56kN，在混凝土的养护期，随着强度的增加，轴力值又逐波减小。

立杆 L1-14（图 6-187）：该立杆位于后浇带的主梁和次梁交界处，地下二层混凝土浇筑时，该立杆轴力瞬间增大，达到了第一个峰值，轴力值为－5.1kN，在混凝土的养护期，立杆的轴力值不断波动，并随波减小，浇筑地下一层顶板混凝土前轴力值为－2.56kN，减小了约 49%。当浇筑地下一层顶板混凝土时，该立杆的轴力值出现了第二个峰值，轴力值为－5.28kN，在混凝土的养护期，随着强度的增加，轴力值又逐波减小。

测试过程中地下一层部分立杆轴力时程曲线如图 6-188～图 6-191 所示。

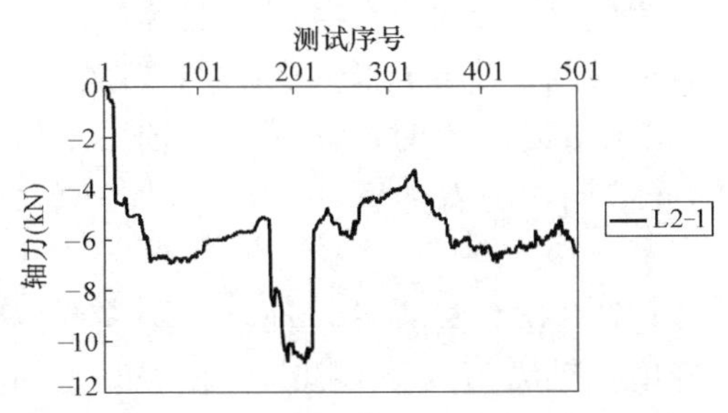

图 6-188　立杆 L2-1 轴力时程曲线图

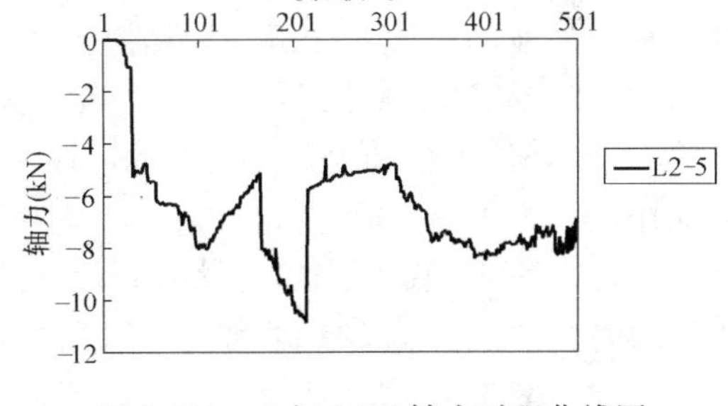

图 6-189　立杆 L2-5 轴力时程曲线图

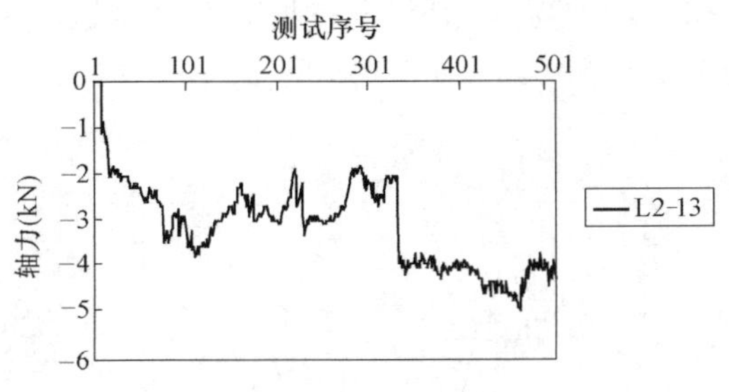

图 6-190　立杆 L2-13 轴力时程曲线图

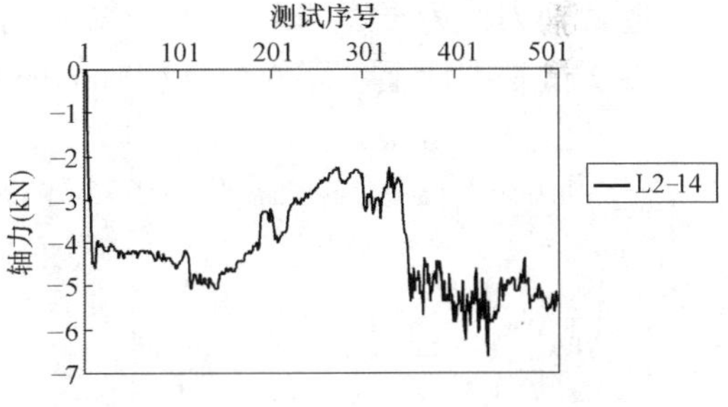

图 6-191　立杆 L2-14 轴力时程曲线图

由以上四图可以看出，钢管支撑从开始测试到测试结束一共出现了两个波峰。一是在地下一层顶板混凝土浇筑之后，由于立杆轴力增加，其值不断增大达到了第一个波峰，此后轴向力不断波动，随着混凝土龄期的增加，大体上轴力值呈现出下降的趋势；二是在地上一层顶板浇筑之后，地下一层顶板由于承受地上一层支撑传来的荷载，通过本身的变形传递到地下一层的支撑上，而此时地下二层的支撑已拆除，从而使其出现第二个峰值，此后受力逐渐下降，直至支撑拆除。其各个杆的受力情况根据立杆位置的不同也有所不同。

立杆 L2-1（图 6-188）：该立杆位于大梁下，地下一层顶板混凝土浇筑时，该立杆轴力瞬间增大，达到了第一个峰值，轴力值为－6.8kN，在混凝土的养护期，立杆的轴力值出现了突变值，且突变值较大，突变值达到－10.48kN，主要是因为混凝土浇筑三天后，地下一层的顶板开始搭设脚手架，出现了钢管的集中大量堆载。在养护期立杆的轴力值总体上是在不断波动，并随波减小，浇筑地上一层顶板混凝土前轴力值为－3.28kN，减小了约51%。当浇筑地上一层顶板混凝土时，该立杆的轴力值出现了第二个峰值，轴力值为－6.08kN，在混凝土的养护期，随着强度的增加，轴力值又逐渐减小。

立杆L2-5（图6-189）：该立杆位于主梁和次梁交界处，地下一层顶板混凝土浇筑时，该立杆轴力瞬间增大，达到了第一个峰值，轴力值为－8.08kN，在混凝土的养护期，立杆的轴力值出现了突变值，且突变值较大，突变值达到－10.88kN，主要是因为混凝土浇筑三天后，地下一层的顶板开始搭设脚手架，出现了钢管的集中大量堆载。在养护期立杆的轴力值总体上是在不断波动，并随波减小，浇筑地上一层顶板混凝土前轴力值为－4.8kN，减小了约40%。当浇筑地上一层顶板混凝土时，该立杆的轴力值出现了第二个峰值，轴力值为－8.16kN，在混凝土的养护期，随着强度的增加，轴力值又逐渐减小。

立杆L2-13（图6-190）：该立杆位于后浇带的次梁处，地下一层顶板混凝土浇筑时，该立杆轴力瞬间增大，达到了第一个峰值，轴力值为－3.76kN，在混凝土的养护期，立杆的轴力值波动较大，分析原因是楼板的可变荷载造成的，浇筑地上一层顶板混凝土前轴力值为－2.08kN，减小了约44%。当浇筑地上一层顶板混凝土时，该立杆的轴力值出现了第二个峰值，轴力值为－5.04kN，在混凝土的养护期，随着强度的增加，轴力值又逐波减小。

立杆L2-14（图6-191）：该立杆位于后浇带的主梁和次梁交界处，地下一层顶板混凝土浇筑时，该立杆轴力瞬间增大，达到了第一个峰值，轴力值为－4.8kN，在混凝土的养护期，立杆的轴力值不断波动，并随波减小，浇筑地上一层顶板混凝土前轴力值为－2.24kN，减小了约53%。当浇筑地上一层顶板混凝土时，该立杆的轴力值出现了第二个峰值，轴力值为－5.76kN，在混凝土的养护期，随着强度的增加，轴力值又逐波减小。

测试过程中地上一层部分立杆轴力时程曲线如图6-192～图6-195所示。

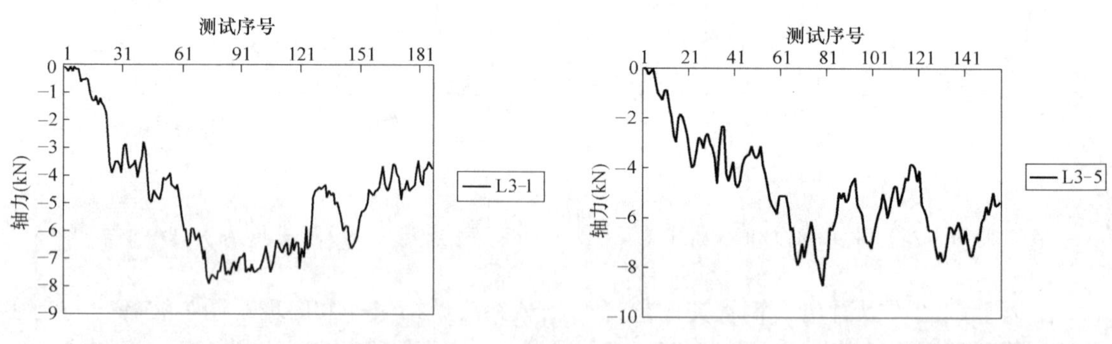

图6-192　立杆L3-1轴力时程曲线图

图6-193　立杆L3-5轴力时程曲线图

由以上四图可以看出，由于本次实验测试到地上一层的支撑，所以钢管支撑出现了一个峰值，即是在地上一层顶板浇筑之后，此时的支撑承受的轴力达到了峰值，此后轴向力不断波动，逐波下降，随着楼板混凝土强度的增长，立杆的轴力缓慢下降。

立杆L3-1（图6-192）：该立杆位于大梁下，地上一层顶板混凝土浇筑时，该立杆轴力瞬间增大，达到了第一个峰值，轴力值为－7.76kN，在混凝土的养护期，立杆的轴力值不断波动，并随波逐渐减小。

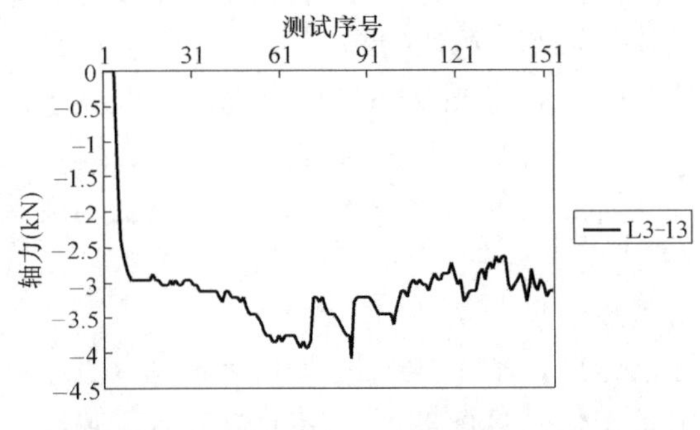

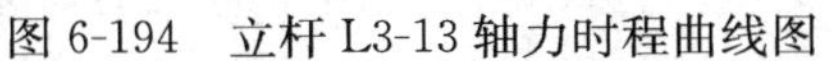
图 6-194　立杆 L3-13 轴力时程曲线图

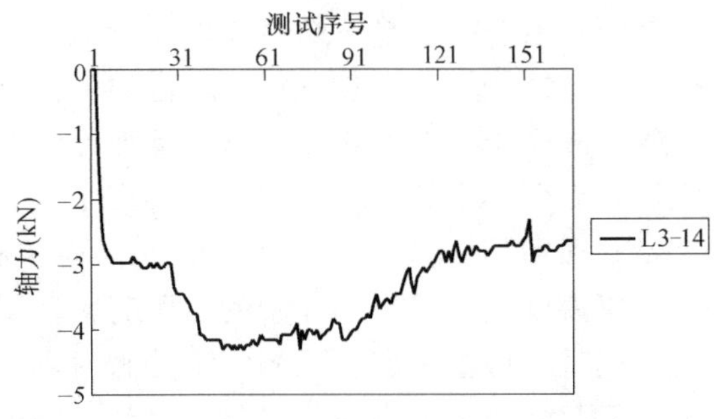

图 6-195　立杆 L3-14 轴力时程曲线图

立杆 L3-5（图 6-193）：该立杆位于主梁和次梁交界处，地上一层顶板混凝土浇筑时，该立杆轴力瞬间增大，达到了第一个峰值，轴力值为－8.72kN，在混凝土的养护期，立杆的轴力值不断波动，并随波逐渐减小。

立杆 L3-13（图 6-194）：该立杆位于后浇带的次梁处，地上一层顶板混凝土浇筑时，该立杆轴力瞬间增大，达到了第一个峰值，轴力值为－3.92kN，在混凝土的养护期，立杆的轴力值不断波动，并随波逐渐减小。

立杆 L3-14（图 6-195）：该立杆位于后浇带的主梁和次梁交界处，地上一层顶板混凝土浇筑时，该立杆轴力瞬间增大，达到了第一个峰值，轴力值为－4.16kN，在混凝土的养护期，立杆的轴力值不断波动，并随波逐渐减小。

2. 楼板钢筋的受力分析

在钢筋混凝土施工期间，对于混凝土楼板来说，其钢筋的内力随着混凝土强度的增长和支撑布置形式的变化而变化，从测试值可知，楼板确实是与支撑体系相互作用的。如果楼板之间的支撑没有拆除，那么上层楼板的荷载会通过支撑传递给下层楼板，如果楼板之间的支撑拆除，那么这种影响也就会自动消除。由此可以看出，把楼板结构排除在多层模板支撑体系的设计因素之外是不恰当的，支撑立杆与楼板共同构成了支撑体系。图 6-196 和图 6-197 为地下二层顶板钢筋计 1 和钢筋计 2 的钢筋内力时程曲线。其中测试序号表示采集次数，则 0～5 为浇筑该楼板的混凝土及该楼板的养护期，5～10 为浇筑该楼板的上部楼板以及上部楼板的养护期，10～15 为拆除该楼板的下部支撑，16～20 为浇筑该楼板上部第二层楼板混凝土及其养护期，21 为该楼板上的支撑拆除。整个过程地下二层顶板钢筋内力采集数据 21 组。

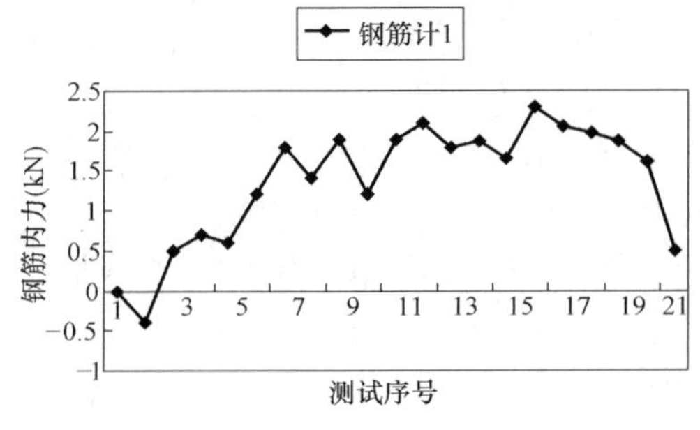

图 6-196　钢筋计 1 的受力变化图

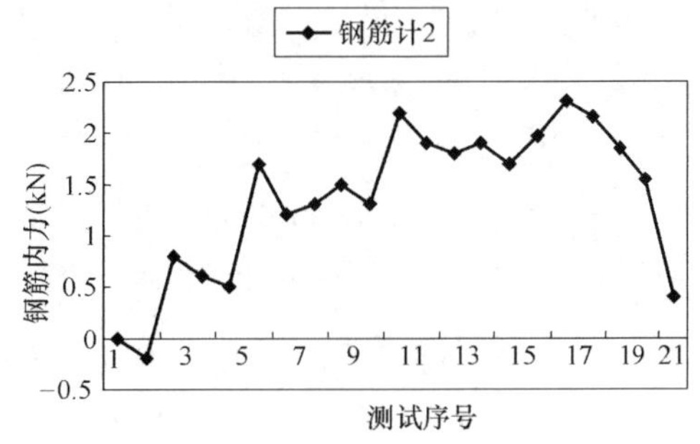

图 6-197　钢筋计 2 的受力变化图

由图 6-196 和图 6-197 分析可知，在楼板混凝土刚浇筑完的一段时间内，楼板钢筋计的测量结果有一段是不超过 1kN 的负值，也即楼板的钢筋受到的是压力，这似乎与计算分析的结果相悖，经过分析主要由以下两方面的原因：一是在结构楼板刚浇筑完混凝土的时候，混凝土会发生收缩现象，从而使钢筋受到压力，二是由于楼板之间搭设了支撑，在刚浇筑完混凝土的一段时间内，混凝土自重导致钢筋受拉的力比较小，而且混凝土刚浇筑完，它和钢筋之间还没有完全地咬合在一起，这就会导致钢筋受压。但是从图中可以看出，压力仅仅出现在刚开始的一段时间，随后又逐渐受拉。

同时从楼板中钢筋计的整个受力时程曲线可以看出，整个测试过程中钢筋内力值均不大，且其受力的大小随着施工工序和时间的变化而变化。且此期间，由于施工活荷载使试验数据出现波动，钢筋的内力从开始测试到测试结束，发现有三个施工工序对楼板的内力影响较大。一是在本层楼板的上部楼板浇筑完混凝土后，混凝土自重以及施工荷载等通过楼板之间的支撑体系从上部楼板传下来，由于本层楼板的养护时间短，钢筋受到较大的拉力，然后，随着时间的变化钢筋混凝土的强度逐渐增加，结构的整体刚度也逐渐提高，板内的钢筋内力慢慢变小；二是在本层楼板的下部支撑拆除之后，由于楼板没有了支撑体系传递荷载，只能自身承担传下来的全部荷载，故其内力增大。三是在本层楼板上面的第二层楼板浇筑完混凝土后，由于新浇筑的混凝土产生的荷载值通过支撑体系传递下来，使其内力增大。

在实际工程中，施工单位为了节省材料，加快施工速度，过早的拆除模板支撑，由于处于早龄期混凝土自身的强度和刚度都不足，会出现局部裂缝等。由本次楼板的测试可以看出，有三个施工工序对楼板的内力影响较大，而其中拆除支撑对楼板的影响最为重要，所以施工技术人员在进行此道工序时要进行相关验算后再拆除支撑，以保证工程不出现质量问题。

3. 楼板相对位移的测量

在地下二层和地下一层的支撑上分别安装两个位移计，观察在浇筑地下二层顶板和地下一层顶板期间楼板之间的相对位移。位移时间曲线如图 6-198 和图 6-199 所示。其中测试序号表示采集次数，则 0～53 为浇筑混凝土期。

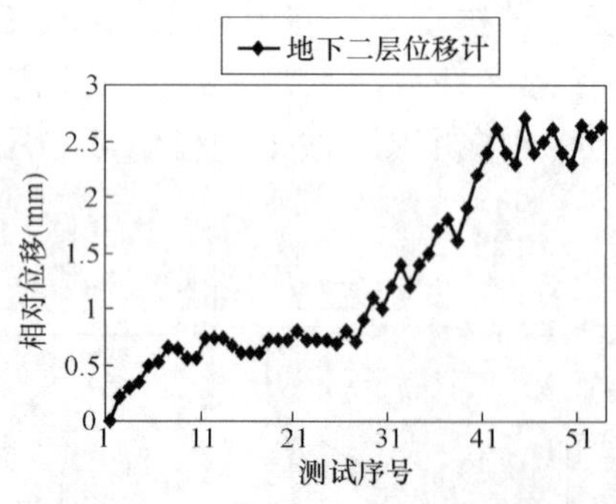

图 6-198　地下二层位移计时程曲线图

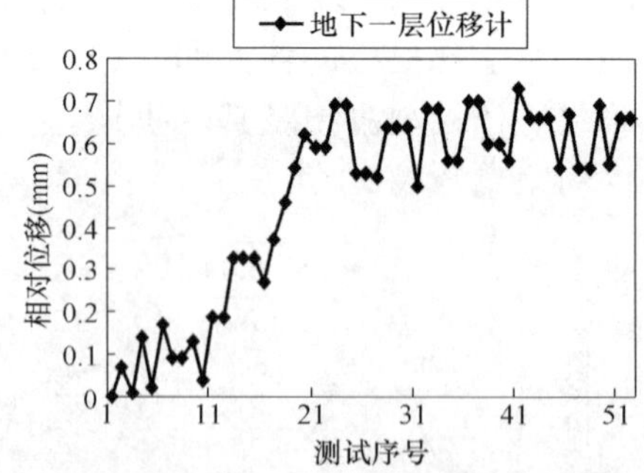

图 6-199　地下一层位移计时程曲线图

由以上两图可以看出，在混凝土开始浇筑之前，楼板之间没有位移，当混凝土逐渐浇筑到测试区域时，位移计的测试值逐渐增大，也即楼板之间的距离逐渐减小，当测试区域的混凝土浇筑完成后，位移计的测量值基本上不再变化，楼板的相对位移趋于不变，由测试结果可知，地下二层楼板与基础之间的相对位移减小量约为 2.5mm，地下二层和地下一层楼板的减小量约为 0.7mm。由此可说明楼板之间的支撑系统不是无限刚性的。

4. 多层模板支撑传力分析

根据测试数据可知，当浇筑某层楼板的混凝土的时候，不但该层楼板直接支撑层的支撑承担力，其下一层的支撑也会承担一部分力，荷载通过多层模板支撑体系把力传递下去。根据本工程的实例，经计算得出部分立杆上在浇筑完混凝土后的荷载增加值，本层混凝土浇筑完后，1 号立杆上对应单位面积混凝土产生的总荷载增加值约为 8.1kN，5 号立杆上对应单位面积混凝土产生的总荷载增加值约为 9.2kN，13 号立杆上对应单位面积混凝土产生的总荷载增加值约为 4.4kN，14 号立杆上对应单位面积混凝土产生的总荷载增加值约为 5.47kN，由每层立杆上测得的荷载的增加值见表 6-4～表 6-7。

1 号立杆支撑实测的轴力增加值　　表 6-4

浇筑地下二层顶板	浇筑地下一层顶板		浇筑地上一层顶板	
地下二层支撑	地下二层支撑	地下一层支撑	地下一层支撑	地上一层支撑
6.5kN	4kN	6.8kN	2.8kN	7.76kN

5 号立杆支撑实测的轴力增加值　　表 6-5

浇筑地下二层顶板	浇筑地下一层顶板		浇筑地上一层顶板	
地下二层支撑	地下二层支撑	地下一层支撑	地下一层支撑	地上一层支撑
8.3kN	2.96kN	8.08kN	3.36kN	8.72kN

13 号立杆支撑实测的轴力增加值　　表 6-6

浇筑地下二层顶板	浇筑地下一层顶板		浇筑地上一层顶板	
地下二层支撑	地下二层支撑	地下一层支撑	地下一层支撑	地上一层支撑
3.8kN	2.72kN	3.76kN	2.96kN	3.92kN

14 号立杆支撑实测的轴力增加值　　表 6-7

浇筑地下二层顶板	浇筑地下一层顶板		浇筑地上一层顶板	
地下二层支撑	地下二层支撑	地下一层支撑	地下一层支撑	地上一层支撑
5.1kN	2.72kN	4.8kN	3.52kN	4.16kN

经过计算分析，可以得到多层模板支撑体系荷载的传递规律，当现浇层浇筑完混凝土时，该层楼板下直接支撑层立杆测得的轴力值约占荷载总增量的 80%～95%，可见，绝大部分荷载通过现浇层下的直接支撑层传递到了下层楼板；对于以下的间接支撑层立杆，主梁测试区域其支撑荷载的增加量约占总荷载增量的 30%～45%，后浇带测试区域其支撑荷载的增加量约占总荷载增量的 50%～65%。

以上给出了立杆在浇筑混凝土时的荷载传递规律，同时我们可由立杆的轴力值求出立杆上对应楼板在承受现浇层作用时所分担的荷载。例如，对于 5 号立杆对应的单位面积楼板，当浇筑地下一层的顶板时，地下二层的楼板承受了 8.08kN 的下传荷载，占总荷载的 88%，但是通过地下二层顶板传递给地下二层底板的荷载为 2.96kN，则地下二层顶板净承载为 5.12kN，占总荷载的 63%。

由于支撑立杆是均匀连续的分布在楼板之间的，因此我们可通过以上部分立杆的受力情况来分析整个模板支撑体系的受力情况。当然，以上只是粗略计算的结果，其楼板的表面施工活荷载以及楼板自重都无法准确的确定。从而证明了多层模板支撑体系是一个涉及模板、支撑和主体结构随时间和空间变化的复杂结构体系。

6.3.3 数值模拟结果分析

由前面的章节我们可知，在施工过程中，多层模板支撑体系把荷载传递给下面已浇筑好的混凝土楼板，在施工的每个阶段，由时变结构和支撑共同来承担荷载，结构构件所承担的荷载一直在进行着重新分配。为了研究支撑和楼板之间的相互作用以及荷载的传递规律。本书通过建立 SAP2000 有限元模型，最大可能地模拟实际施工过程中多层模板支撑体系的受力变化规律，并把分析得出的结果与实测数据对比，从而对多层模板支撑系的受力性能进行进一步的分析，也能验证测试方案的合理与否。

1. 简化数值模型

本书在建立模型的过程中，为了易于分析，对模型做了以下一些处理：

（1）在工程施工过程中，我们知道支撑体系由横杆、立杆、斜杆和剪刀撑组成，根据相关资料可知，设置横杆、斜杆和剪刀撑能很大程度上提高整个支撑体系的稳定性，对整个结构起到有利作用，但是对于支撑立杆轴力和楼板内力的影响不明显。针对此问题，林璋璋[69]也做过相关研究，他分别建立了有横杆和没有横杆的两个有限元数值模型，基于对比得到的分析结果，得到了横杆对竖向轴力影响很小的结论。因此，本文在建立模型时，为了方便分析把横杆、斜杆和剪刀撑进行了简化。

（2）为了方便建立模型，在用 SAP2000 进行建模时只建立了立杆，没有建立模板。因为混凝土与模板之间的相互作用是比较难于通过模拟实现的，而且随着混凝土龄期增长到一定时候，模板就几乎没有什么作用了，所以，在本书进行分析时，在混凝土刚浇筑的一段时间内，可以通过适当增大混凝土的弹性模量和强度来实现模板的作用。

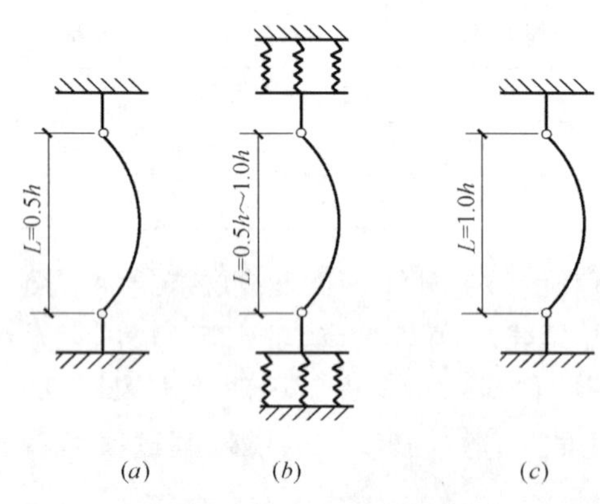

图 6-200　立杆计算简图
（a）刚性连接；（b）弹性连接；（c）铰接

（3）如果把支撑体系的整体稳定问题归结为立杆稳定性进行计算时，实际上也是一个节点为半刚性的空间框架稳定计算问题，立杆的计算简图如图 6-200 所示。

通过对上面三种情况的分析对比我们可以看出：如果按照刚接来考虑的话，那么结构就是一个超静定结构，这明显和实际情况不相同，而且按照超静定来分析计算过程也十分复杂；如果按照弹性固结来考虑，也是很难实现的，因为支撑的搭设与工程的具体施工状况有关，根据西安建筑科技大学宋方方[68]对工地上支撑扣件的拧紧力矩的调查测量，发现其大小不同，这就导致其嵌固的程度也是不一样的。如果按照铰接考虑时，这种情况下立杆的受压承载力最低，其得到的结果也是偏安全的。所以，本次在建立模型的过程中，按照铰接来考虑支撑和楼板的连接，而且由国内外该方面的文献可知，是可以进行这种简化的。

2. 数值模型的建立

根据工程的实际施工状况，本章主要研究施工周期分别为 15d、15d、21d 的三层楼板，且配置两层模板支撑体系时整个时变结构和支撑体系的受力状态以及荷载的变化规律，通过建立与之相对应的 SAP2000 有限元模型对这一结构体系进行分析，其分析模型如图 6-201～图 6-203 所示，另注：本模型中的第一层为对应实际工程中的地下二层、第二层对应的是地下一层、第三层对应的是地上一层。

在建立模型的过程中采用两种单元：用框架单元模拟梁、柱及钢管支撑；用薄壳单元模拟板结构；支撑与楼板之间的连接按照铰接考虑，最下端的柱采用 U_x、U_y、U_z、Rot_x、Rot_y、Rot_z 六个自由度来模拟固结。钢管外径为 0.048m，壁厚 0.003m，钢管弹性模量为 $2.06\times10^{11}\text{N/m}^2$，密度为 $7.8\times10^3\text{kg/m}^3$，泊松比为 0.3，混凝土为 C30，活荷载取为 1.5kN/m^2。

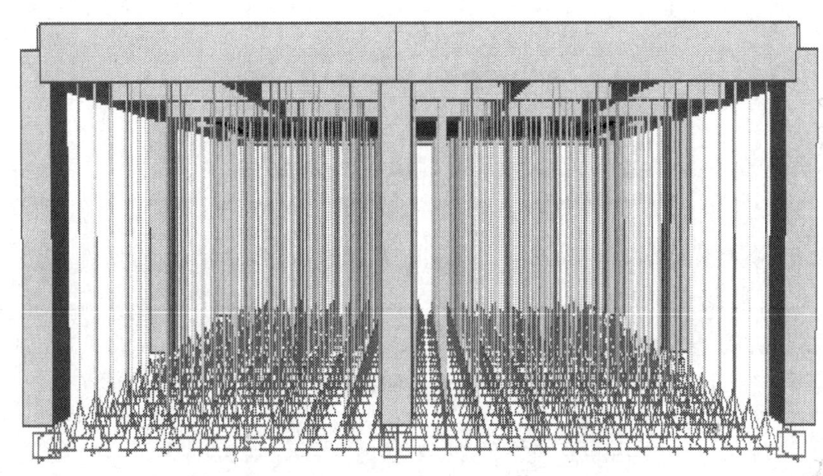

图 6-201　一层楼板支撑模型图

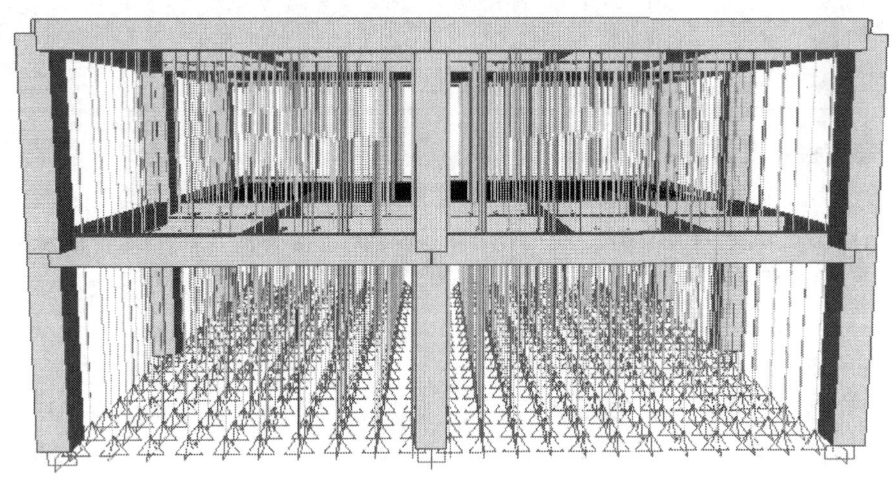

图 6-202　二层楼板支撑模型图

混凝土弹性模量的取值就是相应龄期混凝土的弹性模量，本书采用宋晓滨[70]提出的

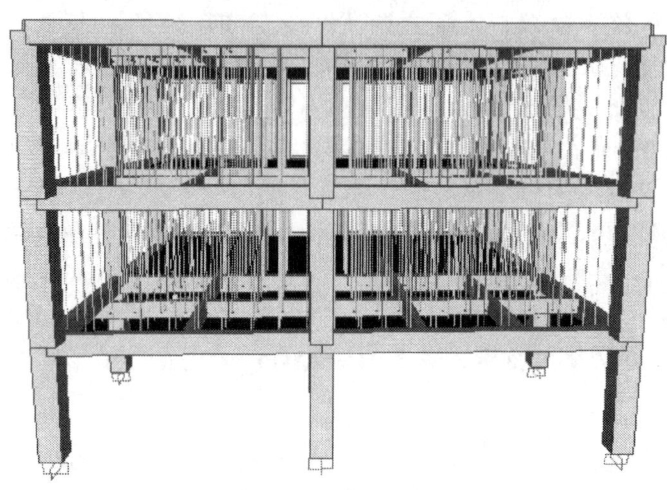

图 6-203　三层楼板支撑模型图

公式来描述低龄期混凝土弹性模量的发展规律，其公式为：

$$E(t)=E_{28}at^{b}(t\leqslant 28)$$

式中：t—混凝土龄期，单位为天；E_{28}—混凝土第 28d 龄期的弹性模量；a、b—待定系数，对于 C30 混凝土，a=0.37、b=0.3。根据以上公式经过计算后，可得 C30 混凝土在 0～28d 龄期内的瞬时弹性模量，见表 6-8。

C30 混凝土在不同龄期下的弹性模量（10^4N/mm^2）　　**表 6-8**

龄期(d)	0	1	2	3	4	5	6	7	8	9	10
弹性模量	0	1.11	1.37	1.54	1.68	1.80	1.9	1.99	2.07	2.15	2.21
龄期(d)	11	12	13	14	15	16	17	18	19	20	21
弹性模量	2.28	2.34	2.40	2.45	2.50	2.55	2.60	2.64	2.69	2.73	2.77
龄期(d)	22	23	24	25	26	27	28				
弹性模量	2.81	2.84	2.88	2.92	2.95	2.98	3.00				

3. 多层模板支撑体系的受力分析

为分析现浇层楼板浇筑混凝土后，多层模板支撑体系和楼板内力的变化情况，根据工程的实际情况，分层来研究立杆的受力情况。从本次工程中测试区域立杆的轴力值的计算结果来看，位于梁两侧立杆的受力是基本相等的，基于此以下仅分析 1、5、13、14 立杆的轴力。

（1）地下二层支撑的受力分析

为了研究地下二层立杆的轴力变化情况，现通过有限元模型分析地下二层支撑在地下二层顶板混凝土刚浇筑完，浇筑完 5d，浇筑完 10d，浇筑完 14d 和第 15d 浇筑地下一层顶板混凝土时立杆的轴力。

以混凝土龄期为自变量，以地下二层支撑的轴力值为因变量，其立杆的轴力变化规律如图 6-204 所示。

由图可知，各个杆件的变化规律基本一致，在主次梁交接处的 5 杆轴力值最大，次梁下立杆的轴力小于主梁下的立杆轴力。支撑在两种情况下出现峰值：一是在地下二层顶板混凝土刚浇筑完；二是在地下一层顶板混凝土浇筑完。从混凝土刚浇筑完到下次浇筑混凝土前，随着时间的增加，混凝土刚度和强度提高，支撑立杆的内力发生了重新分配，立杆的轴力逐渐减小，减小的幅度最大达到 41%。浇筑混凝土时该层楼板下直接支撑层立杆的轴力值约占荷载总增量的 70%～90%，对于以下的间接支撑层立杆上，其支撑荷载的增加量约占总荷载增量的 25%～40%。

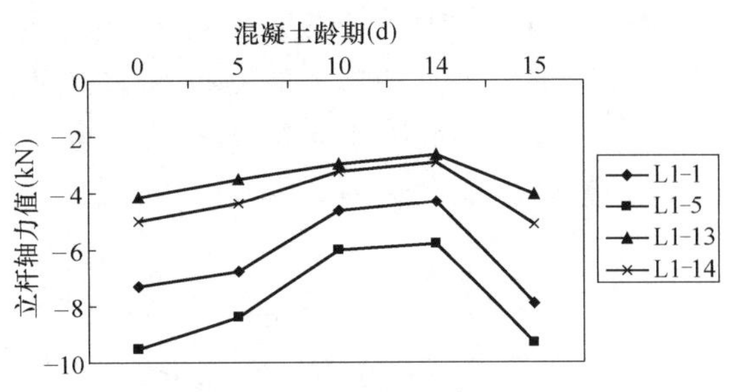

图 6-204　地下二层立杆轴力变化图

(2) 地下一层支撑的受力分析

为了研究地下一层立杆的轴力变化情况，现通过有限元模型分析地下一层支撑在地下一层顶板混凝土刚浇筑完，浇筑完 5d，浇筑完 10d，浇筑完 20d 和第 21d 浇筑地上一层顶板混凝土时立杆的轴力。

以混凝土龄期为自变量，以地下一层支撑的轴力值为因变量，则立杆轴力的变化如图 6-205 所示。

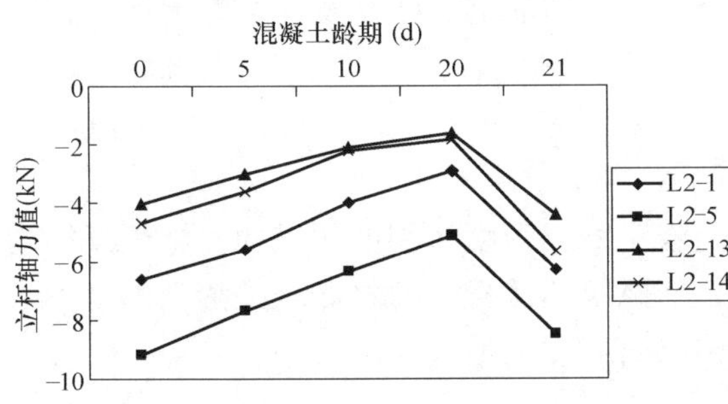

图 6-205　地下一层立杆轴力变化图

由图可知，各个杆件的变化规律基本一致，在主次梁交接处的 5 杆轴力值最大，次梁下立杆的轴力小于主梁下的立杆轴力。支撑在两种情况下出现峰值：一是在地下一层顶板混凝土刚浇筑完；二是在地上一层顶板混凝土浇筑完。从混凝土刚浇筑完到下次浇筑混凝土前，随着时间的增加，混凝土刚度和强度的提高，立杆的内力发生了重新分配，立杆的的轴力逐渐减小，减小的幅度最大达到 56%，浇筑混凝土时该层楼板下直接支撑层立杆轴力值约占荷载总增量的 65%～85%，对于以下的间接支撑层立杆上，其支撑荷载的增加量约占总荷载增量的 30%～50%。

(3) 地上一层支撑的受力分析

为了研究地上一层立杆的轴力变化情况，现通过有限元模型分析地上一层支撑在二层顶板混凝土刚浇筑完，浇筑完 1d，浇筑完 3d，浇筑完 5d 时立杆的轴力。

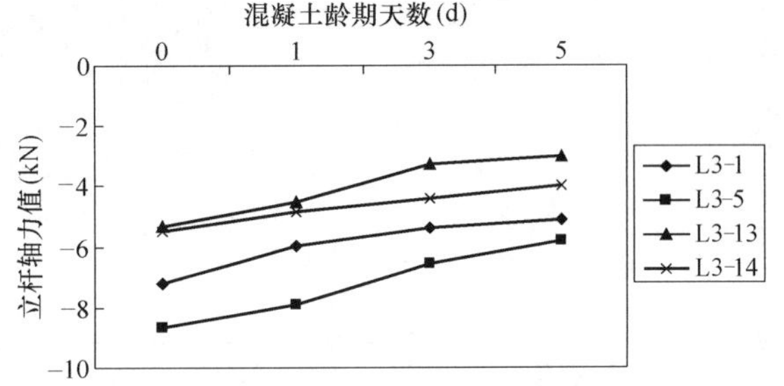

图 6-206　地上一层立杆轴力变化图

以混凝土龄期为自变量，以地上一层支撑的轴力值为因变量，则其轴力的变化规律如图 6-206 所示。

由图可知，各个杆件的变化规律基本一致，在主次梁交接处的 5 杆的轴力值最大，次梁下立杆的轴力小于主梁下的立杆轴力。从混凝土刚浇筑完到混凝土浇筑完 5d，随着混凝土龄期的增长，混凝土强度的提高，立杆的内力发生了重新分配，立杆的轴力逐渐减小，减小的幅度最大达到 32%。浇筑混凝土时该层楼板下直接支撑层立杆的轴力值约占荷载总增量的 75%～90%。

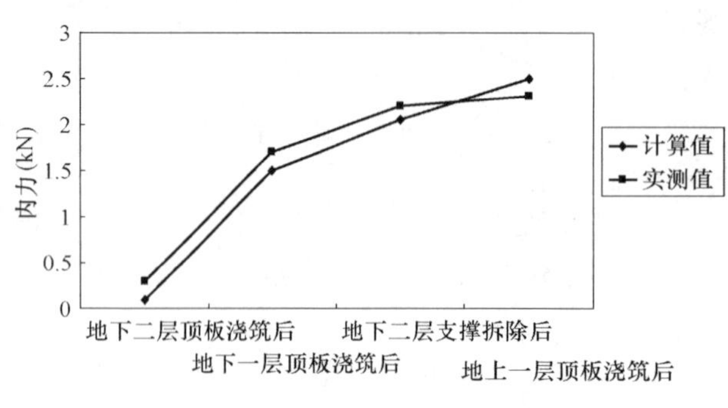

图 6-207　楼板内力计算值与实测值对比图

（4）楼板的受力分析

通过有限元分析楼板在多层模板支撑体系中的作用，得出楼板在施工过程中所受的内力，并与实测结果进行对比分析。

以新浇楼板龄期为自变量，楼板的内力为因变量，分析地下二层顶板钢筋计 2 对应楼板在该顶板浇筑混凝土后、地下一层顶板浇筑后、地下二层支撑拆除后、地上一层顶板浇筑后的受力变化情况，并和实测结果对比分析，如图 6-207 所示。

由图可知，计算值和实测值基本一致，随着混凝土强度和刚度的增加，施工期结构各构件承担的荷载一直在进行着重新分配。对于新浇筑的楼板，随着混凝土龄期的增加，从开始的不承担荷载逐渐变为承担荷载，且承担的荷载逐渐增大。

4. 支撑内力实测值与有限元值的对比

把实测结果与有限元数值计算结果进行对比，支撑内力结果对比分析见表 6-9。

立杆轴力实测值和计算值的比较　　**表 6-9**

测点	浇筑地下二层顶板			浇筑地下一层顶板			浇筑地上一层顶板		
	实测值 a_1	计算值 b_1	a_1/b_1	实测值 a_2	计算值 b_2	a_2/b_2	实测值 a_3	计算值 b_3	a_3/b_3
L1-1	−6.5	−7.3	0.89	−7.76	−7.9	0.98	—	—	—
L1-5	−8.3	−9.5	0.87	−7.2	−9.3	0.77	—	—	—
L1-13	−3.8	−4.12	0.92	−4.56	−4.01	1.14	—	—	—
L1-14	−5.1	−4.98	1.02	−5.28	−5.12	1.03	—	—	—
L2-1	—	—	—	−6.8	−6.6	1.03	−6.08	−6.3	0.96
L2-5	—	—	—	−8.08	−9.17	0.88	−8.16	−8.5	0.96
L2-13	—	—	—	−3.76	−4.04	0.93	−5.04	−4.4	1.15
L2-14	—	—	—	−4.8	−4.7	1.02	−5.76	−5.63	1.02
L3-1	—	—	—	—	—	—	−7.76	−7.21	1.08
L3-5	—	—	—	—	—	—	−8.72	−8.64	1.01
L3-13	—	—	—	—	—	—	−3.92	−5.3	0.73
L3-14	—	—	—	—	—	—	−4.16	−5.51	0.75

由表 6-9 的对比可知：通过有限元计算得到的施工过程中支撑内力的计算值与现场实测结果基本吻合，规律上具有一致性，因此，在施工过程中采用有限元软件对多层模板支撑体系进行计算，能够较准确的得出各杆件受力，从而对多层模板支架体系的荷载传递规律进行研究。

数值模拟分析与实测结果有一定的差异，经分析原因大概如下：

（1）在建立模型前，对模型做了三个方面的简化处理，虽然模型的简化有利于建立模型，方便分析，能提高计算速度，而且对计算的结果没有太大的影响，但是影响还是存在的。

（2）在建模分析时，施加的荷载都是静荷载，但是在实际的施工过程中，肯定存在着动荷载和冲击荷载，这难免使数值计算结果和实测结果不太吻合。

（3）在施工过程中，活荷载存在着很大的变异性，在每个测试阶段活荷载存在着随机性，而在建模时，活荷载考虑为 1.5kN/m^2，这也会造成一定的差异。

（4）测试环境、测试方案的不断变化也会使计算结果与实测数据产生差异，例如温度的变化会对仪器数据的采集造成影响等，而建模分析则很难把这些因素全部考虑进去。

6.3.4 测试小结

通过对西安研祥计算机研发中心进行现场实测，完成了一个钢筋混凝土框架结构施工过程中多层模板支撑体系内力、变形等特征量的测量，进而对多层模板支撑体系荷载的传递规律以及钢筋混凝土现浇楼板与模板支撑体系的相互作用关系进行了分析，得到如下结论：

（1）支撑立杆的内力可能在两种情况下出现峰值。一是在上层楼板混凝土浇筑完毕之后，这时支撑受到的轴力达到第一峰值；二是在上面第二层楼板混凝土浇筑完毕之后达到第二峰值。

（2）楼板钢筋的内力从开始测试到测试结束，有三个施工工序对其内力影响较大。一是在本层楼板的上层楼板浇筑完混凝土后；二是在本层楼板的下部支撑拆除之后；三是在本层楼板上面的第二层楼板浇筑完混凝土后。

（3）当刚浇筑完混凝土的时候，本层楼板不承担自重，随着混凝土龄期的增长，楼板刚度和强度的增加，逐渐开始承担荷载。在整个施工过程中，结构构件所承担的荷载一直在进行着重新分配。

（4）当地下二层顶板混凝土浇筑完成后，地下二层楼板与基础之间的相对位移减小量约为 2.5mm；当地下一层顶板混凝土浇筑完成后，地下一层顶板和地下二层顶板的减小量约为 0.7mm。这说明楼板之间的支撑系统不是无限刚性的。

（5）当现浇层楼板混凝土施工的时候，不但该层楼板直接支撑层的支撑承担力，其下一层的支撑也会承担一部分力，荷载通过多层模板支撑体系把力传递下去。当现浇层进行施工时，该层楼板下直接支撑层立杆测得的轴力值约占荷载总增量的 80%～95%；对于以下的间接支撑层立杆上，主梁测试区域其支撑荷载的增加量约占总荷载增量的 30%～45%，后浇带测试区域其支撑荷载的增加量约占总荷载增量的 50%～65%。

6.4 本章小结

通过三个典型案例的现场测试，对高大模板支撑体系的应用性能有了进一步的了解，对满堂支撑架体内部杆件的力学响应及施工荷载的分析，可得出以下结论：

（1）施工过程中，新浇混凝土自重及施工荷载造成模板支撑体系内部立杆应力的增加，而立杆应力的波动则主要来源于内部振捣器对新浇混凝土的振捣作用，且振捣会使立杆应力产生 10～20MPa 的波动。因此在对模板支撑体系立杆稳定性进行计算时应充分考虑内部振捣器对立杆应力的影响。

(2) 上层模板支撑体系受载时，若下层存在模板支撑体系则下层模板支撑体系内部立杆会由于上部混凝土的不均匀浇筑出现应力松弛的现象。立杆应力松弛过程中由于受到混凝土楼板刚度的影响而体现出局部立杆应力变化较为均匀的现象。

(3) 对实测数据进行反演，得到在对施工荷载进行选取时，建议施工期人员及设备荷载标准值取 $1.0kN/m^2$，对混凝土浇筑时产生的冲击及振捣荷载标准值建议取 $2.0kN/m^2$。

(4) 当混凝土楼板上下均存在模板支撑体系时，在两者的协同作用中，混凝土楼板主要起到传递荷载的作用，而非承担荷载的作用。混凝土楼板会按照自身刚度的发展情况，将上部传来的外载分配到下层模板支撑体系中。

(5) 混合模板支撑体系可满足特殊结构施工的要求，应用中能发挥不同形式支撑架的优势，且基本架体为主要承力构件，辅助架体的承载作用比基本架体弱。

(6) 多层模板支撑体系中支撑内力随时间不断变化，与楼板的混凝土强度及弹性模量的增大有关。支撑立杆内力可能在两种情况下出现峰值。一是在上层楼板浇筑完混凝土之后，这时支撑受到的轴力达到第一个峰值；二是在上面第二层楼板浇筑完混凝土之后达到第二个峰值。楼板钢筋的内力从开始测试到测试结束有三个施工工序对其内力影响较大。一是在本层楼板的上部楼板浇筑完混凝土后；二是在本层楼板的下部支撑拆除之后；三是在本层楼板上面的第二层楼板浇筑完混凝土后。同时由测试数据分析可知：当现浇层进行施工时，该层楼板下直接支撑层立杆测得的轴力值约占荷载总增量的 80%～95%；对于以下的间接支撑层立杆上，主梁测试区域其支撑荷载的增加量约占总荷载增量的 30%～45%，后浇带测试区域其支撑荷载的增加量约占总荷载增量的 50%～65%。

第 7 章　悬挑式模板支架应用性能研究

随着经济的快速发展，建筑业如火如荼，悬挑结构，异型结构越来越多，悬挑支撑体系在工程中的应用也越来越广泛。悬挑支撑体系具有操作方便，搭设灵活、省时省料等优点，在悬挑结构施工中占有主导地位。但是，由于对该体系的认识不足，尤其对支撑型钢的稳定承载力等缺乏全面的了解，使得施工中无法提出更好的方案，导致事故的发生。

为探讨悬挑支撑体系底部不均匀沉降对架体稳定性的影响，并为提出更适合悬挑支撑体系的立杆稳定性计算公式，本章进行了悬挑支撑体系理论研究，对悬挑支撑体系的节点刚性情况，以及钢丝绳位置情况进行了分别建模，得出了悬挑支撑体系的破坏形式，并得出最影响悬挑支撑体系稳定性的因素。

7.1　悬挑支架计算理论

随着脚手架事故越来越多，造成了严重的财产损失和恶劣的社会影响，因此，施工过程中脚手架的安全性越来越受到重视。而悬挑支撑体系中，其全部荷载通过悬挑结构传递给建筑结构，与一般的脚手架相比，传力过程更复杂。脚手架本身属于施工期的临时结构，其荷载的变化和取值很难精确的计算，再加上其全部荷载由底部的悬挑结构传递，给精确计算又增加了难度。本章在《建筑结构荷载规范》(GB 50009—2012)，《建筑施工临时支撑结构技术规范》(JGJ 300—2013)，《建筑施工模板安全技术规范》(JGJ 162—2008)《建筑施工扣件式钢管脚手架安全技术规范》(JGJ 130—2011)(以下简称《规范》)四个规范的基础上，讨论扣件式悬挑模板支撑体系在施工过程中可能承受的荷载作用，并给出取值建议，为扣件式悬挑模板支撑体系施工期安全分析和控制提供较可靠的依据。

对于悬挑脚手架，随着大跨度悬挑结构的出现，悬挑脚手架的长度也明显增大，在之前的计算中，通常在验算悬挑架立杆稳定性时，采用《建筑施工扣件式钢管脚手架安全技术规范》(JGJ 130—2011) 中 5.2.6 的方法进行验算。但是对于悬挑架，特别是悬挑长度较大的架体，其支撑面并非水平且固定的，与落地架、高支模有一定的区别，并没有相对应的计算方法来解决悬挑架立杆稳定性的问题，并且将公式照搬在悬挑架立杆的稳定性计算中是很难保证安全的，因此提出一种计算悬挑架立杆稳定性的方法是有必要的。另外，作为悬挑支撑体系，主要支撑架体在结构外部，受风荷载影响较大，易产生较大的倾覆力，因此对其抗倾覆力验算就显得非常重要。

7.1.1　支撑系统立杆的稳定性计算

1. 压杆稳定的概念

细长杆件在轴向力作用下，其承载力远远低于材料的屈服强度。通过试验研究欧拉发现细长杆件受压时，由于杆件中部产生“凸出”，此变形的结果使轴向力在杆件中产生弯矩。随着凸出变形的加大，弯矩进一步加大最终导致完全丧失承载能力，这就是“压杆稳定”问题。

著名的欧拉公式：

$$N_{cr}=\frac{\pi^2 EI}{L^2} \tag{7-1}$$

其中：E 为压杆的弹性模量；I 为压杆的对截面弯曲轴的惯性矩；EI 称为杆件的抗弯刚度；L 为压杆的长度。

2. 欧拉公式

欧拉公式的推导是以两端铰接时的中心受压杆为基础的。当两端固定方式不同时，边界条件不同。对其他杆端约束条件下的压杆稳定问题，人们仿照欧拉的思路，提出了一般杆端约束条件下的稳定临界荷载表达式：

$$N_{cr}=\frac{\pi^2 EI}{(\mu L)^2} \tag{7-2}$$

其中，μ 为压杆长度计算系数。

各种杆端约束情况下压杆的长度计算系数 μ 的数值见表 7-1。

长度计算系数 μ 的数值 **表 7-1**

杆端约束条件	两端简支	一端固定,一端自由	两端固定	一端固定,一端简支
长度计算系数 μ	1	2	0.5	0.7

在实际使用中通常用临界压力表示杆端的稳定承载能力，即：

$$\sigma_{cr}=\frac{N_{cr}}{A}=\frac{\pi^2 EI}{(\mu L)^2 A} \tag{7-3}$$

记：$I=i^2A$

i：称为杆件的截面回转半径；

于是

$$\sigma_{cr}=\frac{N_{cr}}{A}=\frac{\pi^2 E}{(\mu L/i)^2}=\frac{\pi^2 E}{\lambda^2} \tag{7-4}$$

其中：$\lambda=\mu L/i$，称为杆件的长细比或柔度。

为了保证压杆的稳定，其压应力应满足：$\sigma\leqslant\sigma_{cr}$，为了使用上的方便，通常将压杆的临界稳定压应力 σ_{cr} 同材料的设计强度 f 联系起来 $\sigma_{cr}=f\varphi$，其中 φ 称为压杆的稳定系数。于是压杆稳定条件变为：

$$\sigma\leqslant f\varphi \text{ 或者 } \frac{N}{\varphi A}\leqslant f \tag{7-5}$$

其中，N 为杆件所受的轴向力。

7.1.2 悬挑脚手架立杆稳定性计算公式的提出

由于悬挑脚手架（图 7-1）的特殊形式，其支撑面为悬挑型钢，且是由悬挑型钢伸出结构部分悬空支撑，当架体上部承受较大荷载时，型钢端部产生一定的位移，而当产生位移时，通过型钢支撑的立杆持力面非水平，必然对立杆的稳定性造成很大的不利影响，因此在计算悬挑脚手架立杆稳定性时需要考虑这个问题。

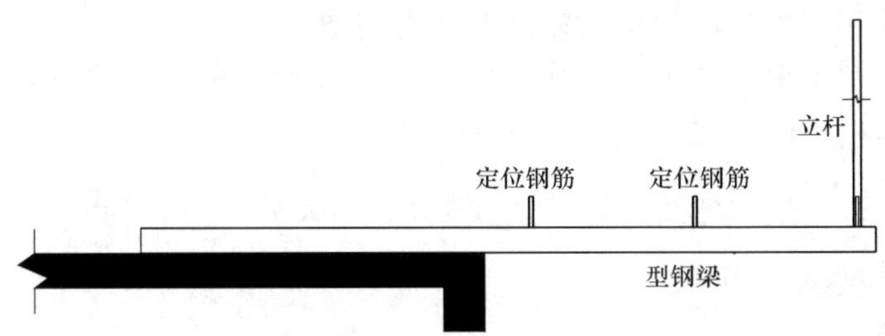

图 7-1　悬挑架简图

当型钢发生位移时，立杆产生向外倾斜的趋势，而上部荷载是直接作用在立杆上，因此此处加上立杆上部与上部荷载共同运动；且悬挑架的最外排立杆只用一侧与内部架体相连，因此其受力较复杂，此处只针对悬挑支撑架最危险立杆提出计算公式，提出几点假设：

（1）立杆与上部荷载共同运动时不发生位移错动；

（2）假设悬挑立杆上部荷载为均匀板体，最外侧立杆为最危险立杆；

（3）规范中给出了组合风荷载和不组合风荷载的情况，针对悬挑支撑架的特殊形式，只考虑组合风荷载情况。

规范中立杆稳定性计算公式为：

$$\frac{N}{\varphi A}+\frac{M_{\mathrm{w}}}{W}\leqslant f \tag{7-6}$$

其中，N——所计算立杆段范围内轴心压力；

φ——弯矩作用平面内轴心受压构件稳定系数；

A——钢管截面积；

f——钢材的抗弯强度设计值。

考虑风荷载时极限承载力计算：

$$\frac{N}{\varphi A}+\frac{M_{\mathrm{w}}}{W}\leqslant f \tag{7-7}$$

$$\Rightarrow N_{\max}\leqslant\left(f-\frac{M_{\mathrm{w}}}{W}\right)\varphi A \tag{7-8}$$

同时，在高大模板支撑体系中，把钢管和扣件的实际质量、杆件的初始缺陷（如钢管的初始弯曲、锈蚀及端面偏差等）、搭设质量（如搭设的纵、横向不垂直等）和水平杆与立杆连接节点的扣件拧紧程度以及节点的半刚性等称为高支模的广义初始缺陷。胡长明将广义初始缺陷以等效假想水平力（1%～2.5%的极限承载力）的形式作用于架体支撑上端的水平方向，来取代架体在施工中的各种缺陷[22]。

因此综合以上因素，要综合考虑各种因素的作用，结合《钢结构设计规范》（GB 50017—2014）中的 5.2.2-1 式，得出悬挑支撑架立杆稳定性计算公式：

$$\frac{N}{\varphi A}+\frac{M'_{\mathrm{w}}}{W}\leqslant f \tag{7-9}$$

其中，N——所计算立杆段范围内轴心压力 $N=1.2\sum N_{\mathrm{GK}}+1.4\sum N_{\mathrm{QK}}$；

N_{GK}——模板支撑系统永久荷载标准值产生的轴向力；

N_{QK}——模板支撑系统可变荷载标准值产生的轴向力；

N_{DK}——广义初始缺陷产生的荷载［1%～2.5%极限承载力 N_{max} 如式（7-8）］；

M'_w——弯矩组合值（$M'_w=N_{DK}\times\bar{h}+M_w$）

M_w——风荷载产生的弯矩设计值，其中 $M_w=0.9\times1.4M_{kw}=\frac{0.9\times1.4\omega_k l_a h^2}{10}$；

l_a——立杆纵距；

h——步距；

φ——弯矩作用平面内轴心受压构件稳定系数；

A——钢管截面积；

f——钢材的抗弯强度设计值。

上述公式与规范中立杆稳定性计算公式形式相同，但是公式中字母所包含的意义有不同，特别是引入了广义初始缺陷。同时由于是悬挑支撑体系，必须进行抗倾覆验算。

7.1.3 抗倾覆力矩验算

对于悬挑支撑体系，其倾覆倾向极大，必须做抗倾覆力矩分析。施炳华[71]对规整脚手架倾覆验算公式进行了进一步推导，提出了脚手架上只有自重和风荷载作用，其倾覆沿受风面大的脚手架的外沿线，倾覆力矩 M_{OV} 由风荷载产生：$M_{OV}=1.4LH^2/2$，沿单位长度上的倾覆力矩 $m_{ov}=1.4wkH^2/2$，抗倾覆力矩 M_r 由脚手架自重产生：$M_r=0.9g_kLHB/2$，沿单位长度上的抗倾覆力矩 $m_r=0.9g_kHB/2$，引入抗倾覆系数 k，倾覆力矩与抗倾覆力矩之间的关系应满足：$1.4w_kH^2/2\leqslant0.9g_kHB/2$。式中，$g_k$ 为脚手架按受风面面积平均分布的自重标准值（kN/m^2），w_k 为风荷载标准值，$w_k=\mu_z\times\mu_s\times w_o$。但是作为悬挑支撑体系，其自重会产生倾覆力矩，而无法提供抗倾覆力矩，因此笔者按照钢结构中螺栓设计方法，推导出以下公式进行悬挑支撑体系倾覆验算公式。架体形式如图 7-2 所示，可能提供抗倾覆力矩的构件是钢丝绳、连墙件和工字钢。工字钢对于整个架体提供底部支撑的作用，钢丝绳进行张拉，而钢丝绳因其柔性较大，无法提供抗倾覆力矩，因此抗倾覆力矩由连墙件提供，倾覆力矩是$M_{OV}=1.4LH^2/2$，则抗倾覆力矩计算为式（7-10）。

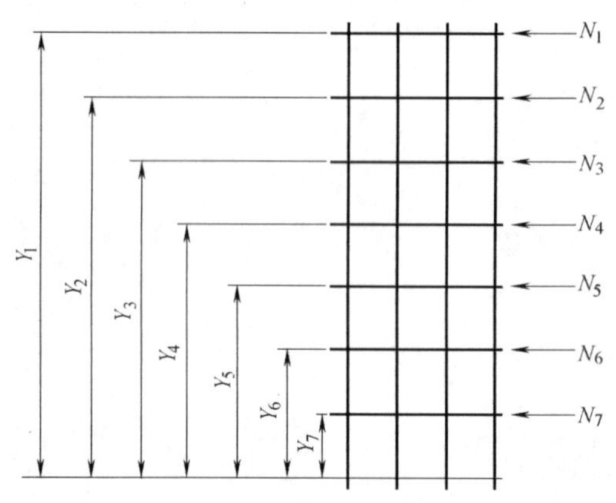

图 7-2　抗倾覆力矩计算图

$$M_r=N_1\times Y_1+N_2\times Y_2+N_3\times Y_3+N_4\times Y_4+N_5\times Y_5+N_6\times Y_6+N_7\times Y_7 \quad (7\text{-}10)$$

当每个连墙件提供的拉力相同时，则公式简化为式（7-11）：

$$\begin{aligned}M_r&=N_1\times Y_1+N_2\times Y_2+N_3\times Y_3+N_4\times Y_4+N_5\times Y_5+N_6\times Y_6+N_7\times Y_7\\&=N(Y_1+Y_2+Y_3+Y_4+Y_5+Y_6+Y_7)=N\sum Y_i\end{aligned} \quad (7\text{-}11)$$

倾覆力矩与抗倾覆力矩之间的关系应满足式（7-12）：

$$M_{OV} \leqslant M_r$$
$$\Rightarrow 1.4LH^2/2 \leqslant N(Y_1+Y_2+Y_3+Y_4+Y_5+Y_6+Y_7)$$
$$\Rightarrow \frac{1.4LH^2/2}{Y_1+Y_2+Y_3+Y_4+Y_5+Y_6+Y_7} \leqslant N \leqslant Af \tag{7-12}$$

式中：N_i——连墙件提供的拉力；

Y_i——力臂；

A——钢管截面积；

f——钢管抗拉强度。

即通过限定拉力的大小，确定抗倾覆力矩的大小。并且在结构中，拉力还必须在材料抗拉强度范围内。

7.2　二次悬挑支架现场应用实测

7.2.1　工程概况及测试内容

1. 工程概况

该工程 B、C 区地上十二层、地下一层，建筑高度 51.8m，框架剪力墙结构。B、C 区斜屋面悬挑端出外立面 3m，斜屋面板厚 100mm，斜屋面框架梁截面尺寸为 250mm×700mm，次梁截面尺寸为 250mm×600mm，悬挑末端天沟水平梁截面尺寸为 250mm×600mm。

B、C 区二层至九层采用悬挑式脚手架，此架体只作为防护性架体。现从十层开始改变外部悬挑式脚手架搭设方式，悬挑两层至斜屋面底部，悬挑高度约 8m。使得此架体既作为 B、C 区十层、十一层外防护脚手架，也是斜屋面悬挑端支撑架。悬挑部分平面图如图 7-3 所示。

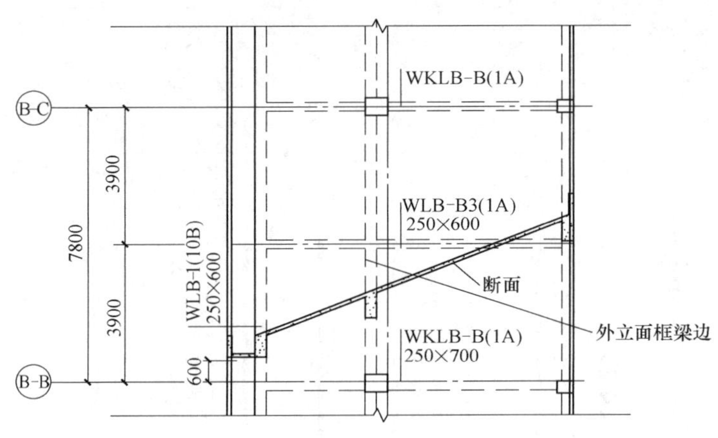

图 7-3　悬挑部分平面图

2. 测试区域的选取

对于本项目而言架体搭设高度为两层，其中 10 层为工字钢悬挑层，标高为 38.35m，

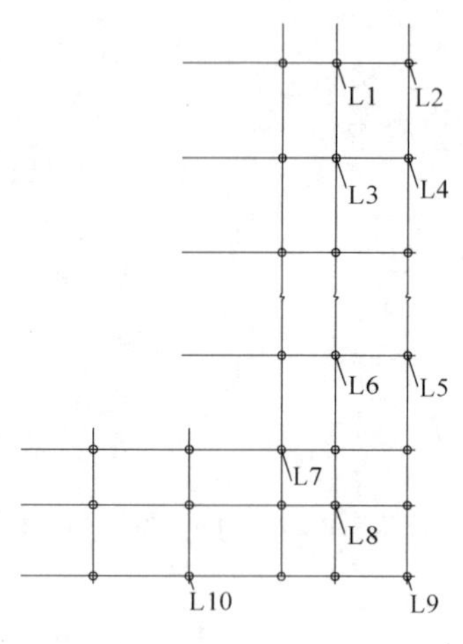

图 7-4　B、C 斜屋面测区

即标高位于 38.35～46.2m 之间，最大悬挑长度为 3.5m，且是由钢管进行的 2 次悬挑，其中斜杆的受力情况未知。对于悬挑支撑架结构，往往角部的处理是难点，因此此次测试将角部作为测试重点之一。角部工字钢的受力情况，斜杆受力情况，立杆受力情况是我们此次测试的重点，斜屋面处测试立杆下选取如图 7-4 所示。

7.2.2　测试方案

本测试方案主要分为两个测区，其中测区 1 主要是角部区域，区域标高起止范围为 38.5～46.2m（该区域为斜屋面角部悬挑支撑架体系），如图 7-5 所示；测区 2 为 B-L 轴与 B-K 轴所围成的区域，如图 7-6 所示。

在立杆、横杆、斜杆上设置应变片测点，测得它们的应力。检测内容：选择具有代表性的立杆，在立杆的竖直方向上分别设置测点，同一测点在钢管的圆周上对称的贴 2 个应变片，用静态电阻应变仪 DH3816 采集数据。测量在混凝土楼板浇筑前、混凝土楼板浇筑过程中、混凝土楼板养护过程中的应变，并推导出应力变化。L 代表立杆，C 代表最小斜杆，XL 代表悬空立杆，DX 代表大斜杆，ZX 代表中斜杆，XX 代表小斜杆，Z 代表纵杆，XH 代表小横杆，测点分布情况如图 7-7～图 7-12 所示。

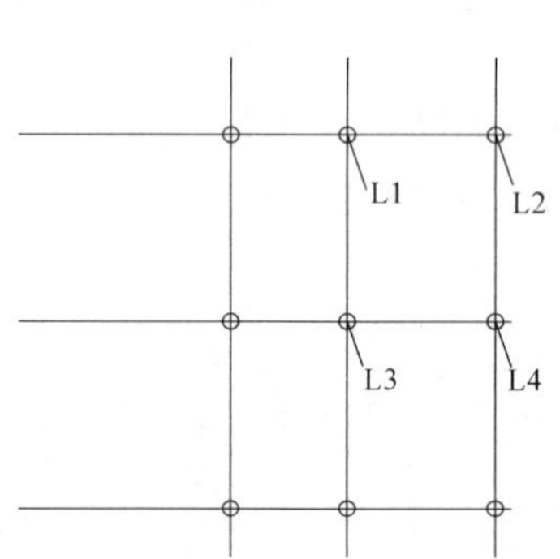

图 7-5　测区 1 内测点布置

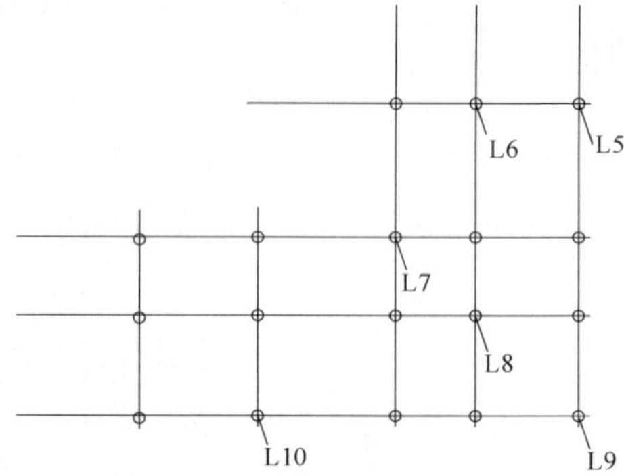

图 7-6　测区 2 内测点布置

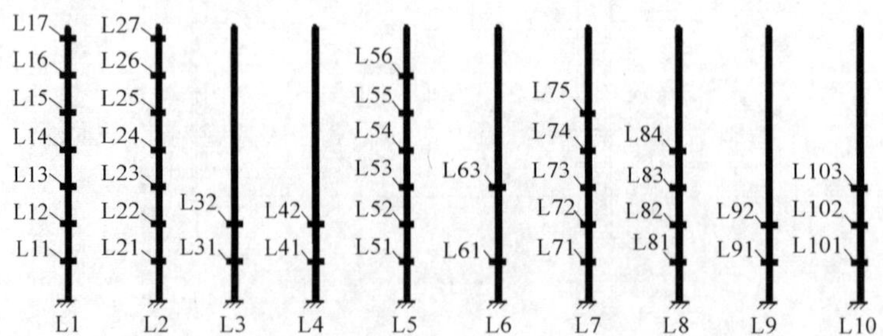

图 7-7　立杆测点布置详图

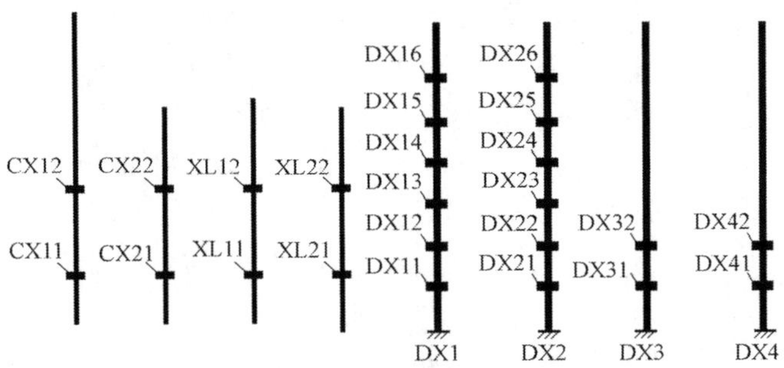

图 7-8　超小斜杆和大斜杆测点布置详图

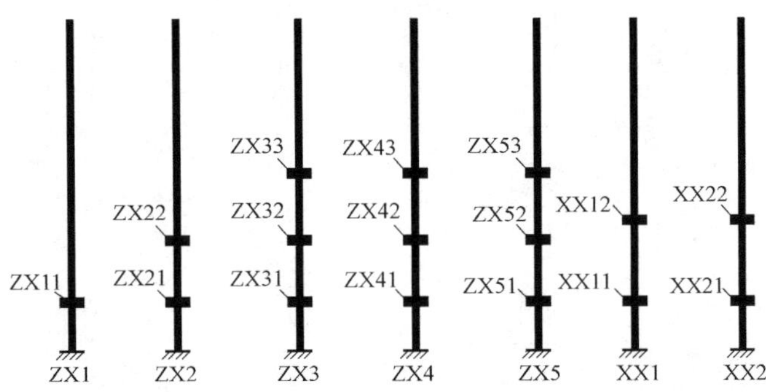

图 7-9　中斜杆和小斜杆测点布置详图

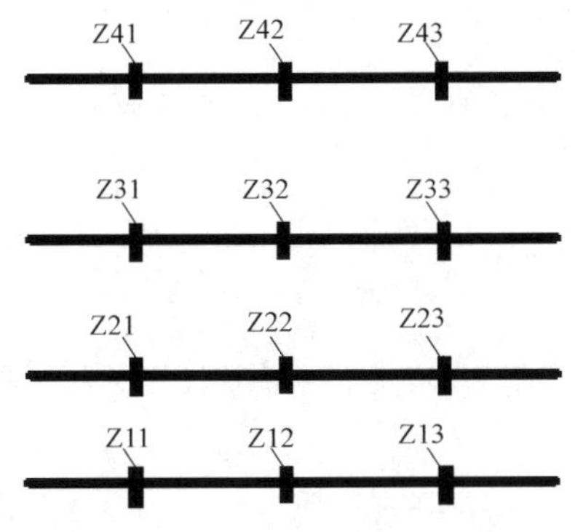

图 7-10　纵杆测点布置详图

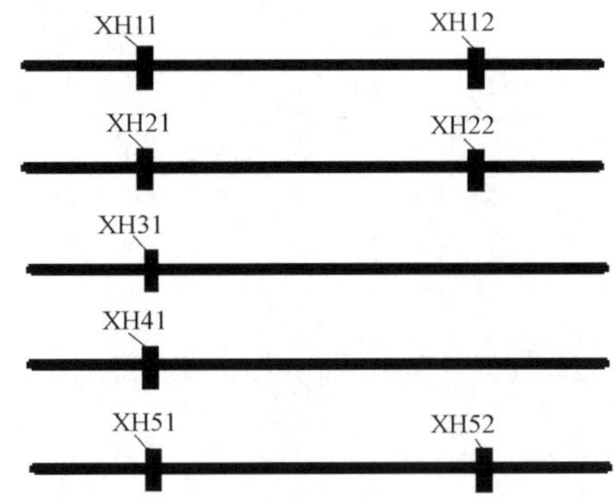

图 7-11　小横杆测点布置详图

7.2.3　混凝土浇筑期测试结果分析

1. 立杆应力监测结果

监测数据在处理过程中的基本假定：强度设计值 215N/mm²、假设钢管为弹塑性材料、钢管在受压过程中始终没有进入塑性阶段、钢管的弹性模量 2.06×10^5 N/mm²、钢管均受轴向力。另外选取的浇筑时间主要是角部浇筑时间段，时间相对较短。

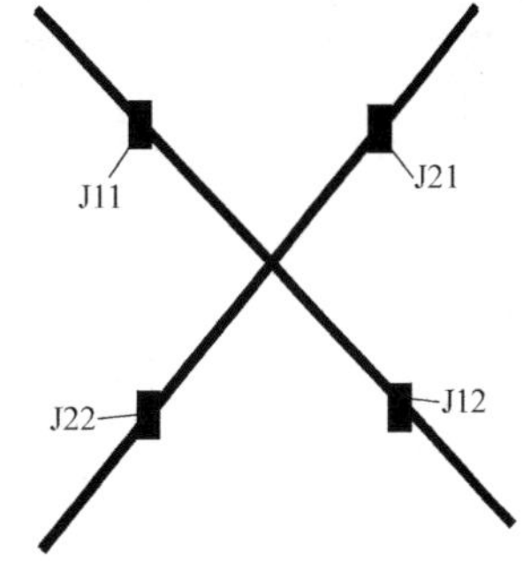

图 7-12　剪刀撑测点布置详图

L11 表示立杆 1 第一个测点，测点 L11-L17 表示从下到上，分别是立杆 1 上的测点 1，测点 2，测点 3，测点 4，测点 5，测点 6，测点 7。XL11 表示悬空立杆第一个测点，XL11- XL12 表示从下到上，分别是悬空立杆 1 上的测点 1，测点 2。依次类推，得出部分所测立杆应力图如图 7-13～图 7-21 所示。

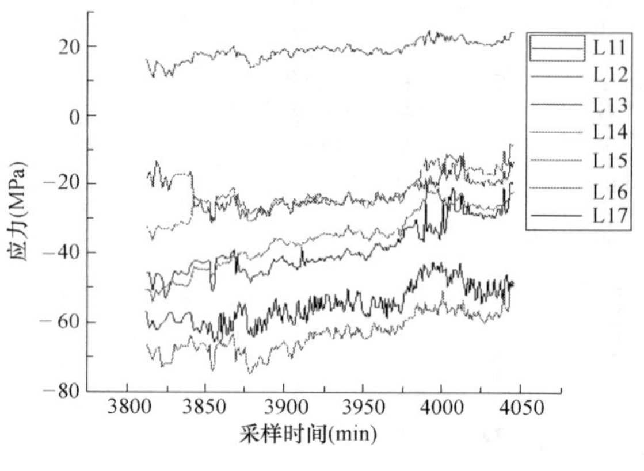

图 7-13　立杆 1 浇筑过程中应力图

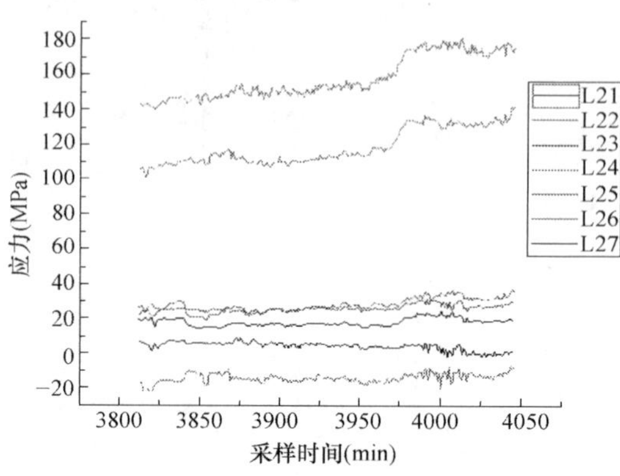

图 7-14　立杆 2 浇筑过程中应力图

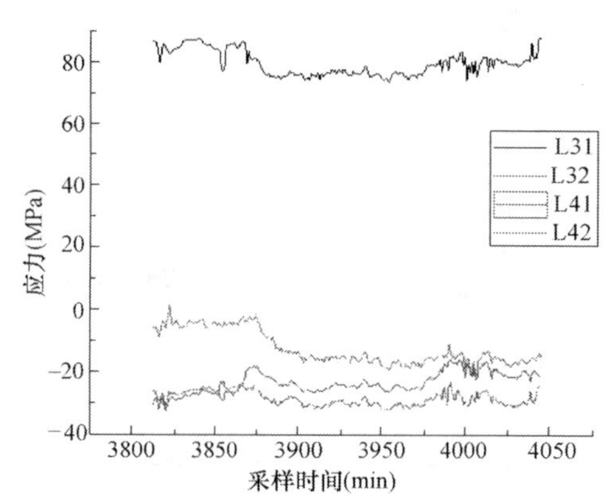

图 7-15　立杆 3、4 浇筑过程中应力图

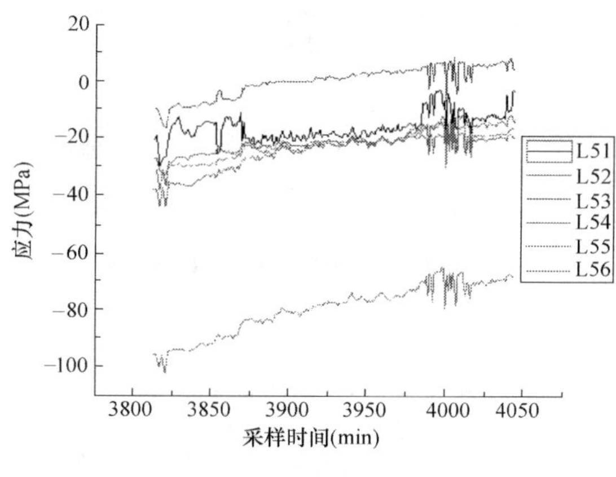

图 7-16　立杆 5 浇筑过程中应力图

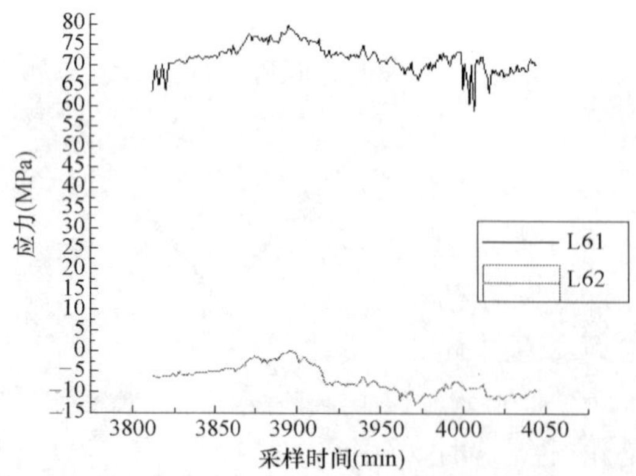

图 7-17　立杆 6 浇筑过程中应力图

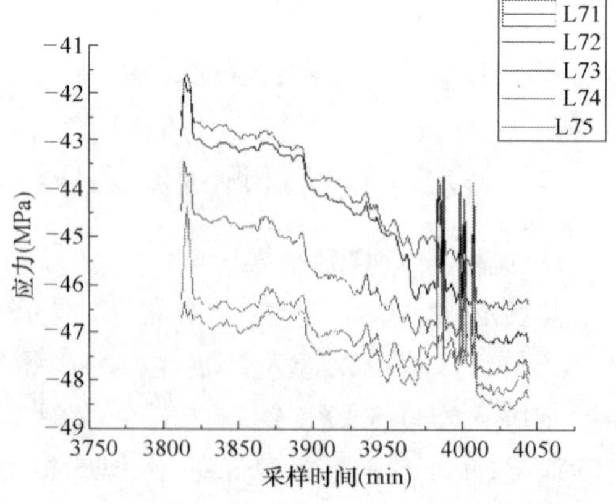

图 7-18　立杆 7 浇筑过程中应力图

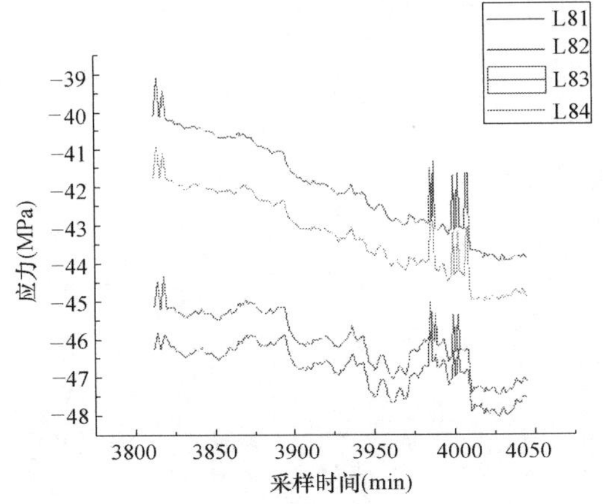

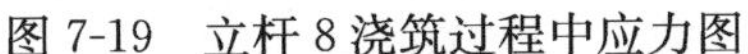

图 7-19　立杆 8 浇筑过程中应力图

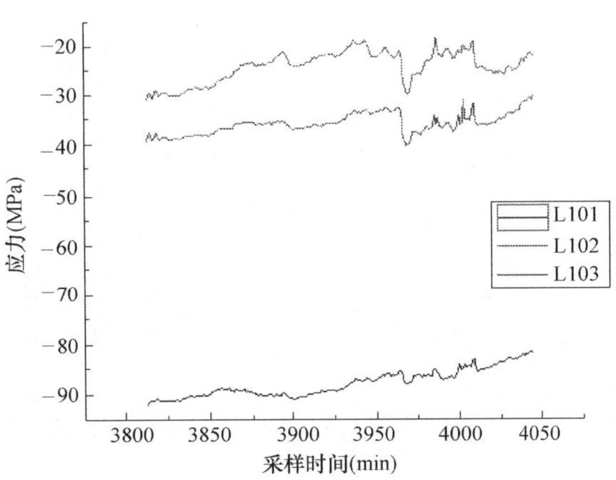

图 7-20　立杆 10 浇筑过程中应力图

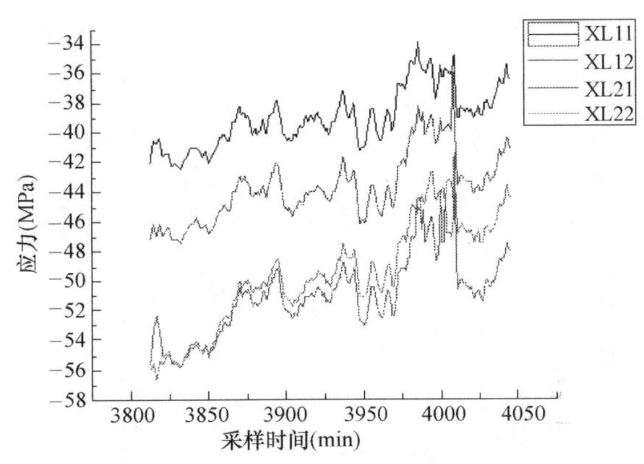

图 7-21　悬空立杆 1、2 浇筑过程中应力图

由于此处的混凝土浇筑过程主要指角部的混凝土浇筑，由于立杆 1-4 远离角部，立杆 5-6 在角部附近，立杆 7-8 大角处，因此他们体现出了不同的走势，当角部混凝土浇筑时，立杆 1-4 出现压应力变小的趋势，这是由于角部的混凝土浇筑使得角部荷载增大，立杆 1-4 附近的活荷载消失，使得立杆 1-4 部分相对于浇筑过程出现卸载现象，因此其压应力相对有减小趋势；由于立杆 5-6 处于立杆 1-4 和立杆 7-9 的中间位置，其曲线走势稍有不同，但整体走势也是压应力减小，这主要是角部相对于大面处是荷载大、浇筑范围广，使得立杆顶部的混凝土板稍有翘曲的现象，另外对于立杆 6 的两个测点分别有受拉和受压的不同，主要是因为由于架体高度较大，立杆进行了搭接，产生了不同的受力情况。立杆 7，8 是大角处，因此大角在进行浇筑时，其立杆承受的压应力逐渐增大；在第 4000min 附近，所有杆件的应力波动都较大，这是由于此时间正在进行大角最远处的混凝土浇筑，此处由于距离较远，布料杆对较远处的浇筑冲击荷载较大，因此会有特别大的波动。立杆的应力值在混凝土浇筑过程中，其整体走势之外均有小幅度波动，此波动即为混凝土浇筑过程中振动棒的振动荷载，即冲击荷载，有数据可见，悬空立杆与非悬空立杆相比，悬空立杆的数据波动更明显，由此体现了悬空立杆存在的危险性，施工现场要杜绝悬空立杆的存在。

2. 横杆应力监测结果

XH11 表示小横杆一第一个测点，测点 1-2 表示从下到上，分别是测点 1，测点 2。

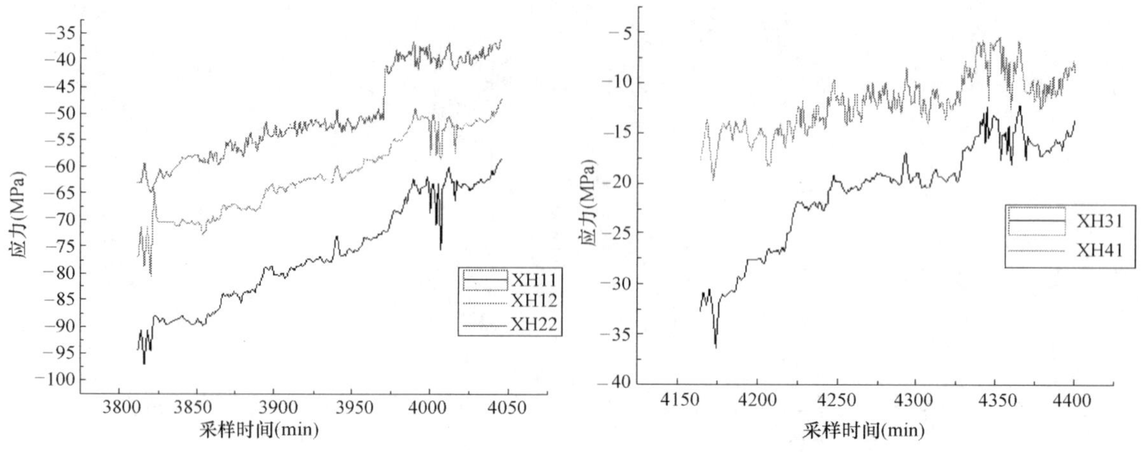

图 7-22　小横杆 1、2 浇筑过程中应力图　　　图 7-23　小横杆 3、4 浇筑过程中应力图

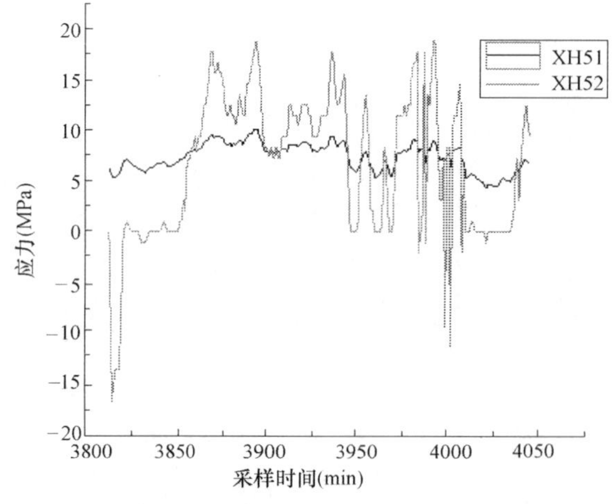

图 7-24　小横杆 5 浇筑过程中应力图

从图 7-22～图 7-24 中横杆的走势线看出，横杆对于冲击荷载的反应比立杆要明显很多，这是由于立杆有底部支撑，可以消耗一部分动载，而横杆是搭在立杆上，其波动只受立杆的约束，因此其约束较小，波动更明显。另外由于横杆 1-4 距离角部较远，因此其走势同立杆 1-4，其受力有卸荷的趋势。对于小横杆 5，其波动特别明显，这主要是由于该横杆位于悬空立杆处，而测点 1 是位于横杆边缘处，而测点 2 是内侧，测点 1 处基本属于无约束状况，而测点 2 约束较大，因此其波动较小。

3. 纵杆应力监测结果

Z11 表示纵杆第一个测点，测点 1-3 表示从下到上，分别是测点 1，测点 2，测点 3。

纵杆 1，2，3 分别是浇筑 1 区域的三个不同高度上的纵杆，杆件的受力情况虽然都较平稳，但是其整体的受力情况差异较大；纵杆 4 位置在大面处靠近角部，角部混凝土浇筑时此处的架体整体处于卸荷状态，因此其所承受的压应力在减小。

4. 斜杆应力监测结果

DX11 表示大斜杆第一个测点，测点 1-4 表示从下到上，分别是测点 1，测点 2，测点 3，测点 4。ZX11 表示中斜杆一第一个测点，测点 1-5 表示从下到上，分别是测点 1，测点 2，测点 3，测点 4，测点 5。XX11 表示小斜杆第一个测点，测点 1-2 表示从下到上，分别是测点 1，测点 2。CX11 表示超小斜杆第一个测点，测点 1-2 表示从下到上，分别是测点 1，测点 2。依次类推，得出所测斜杆应力图如图 7-25～图 7-34所示。

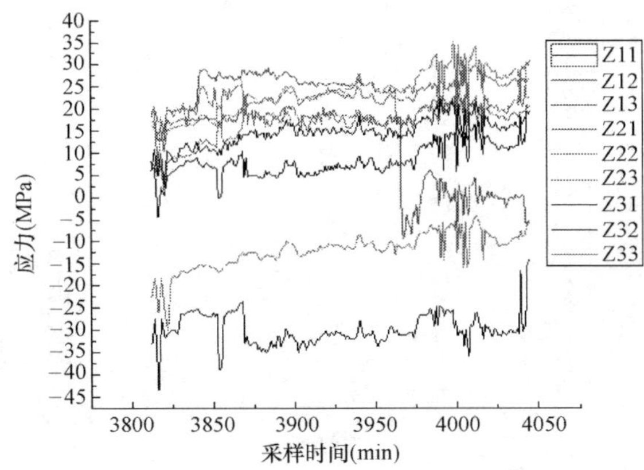

图 7-25　纵杆 1、2、3 浇筑过程中应力图

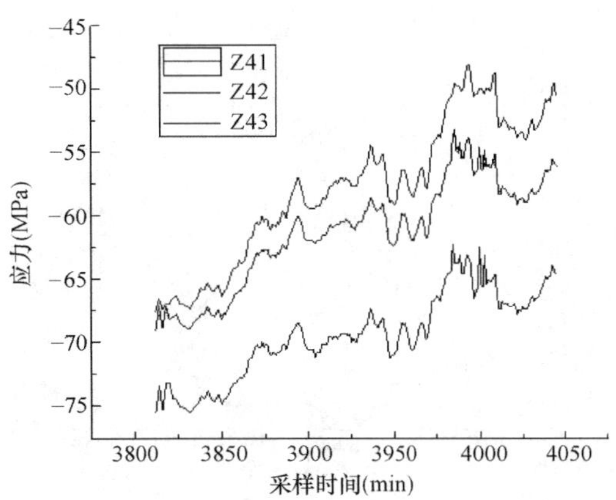

图 7-26　纵杆 4 浇筑过程中应力图

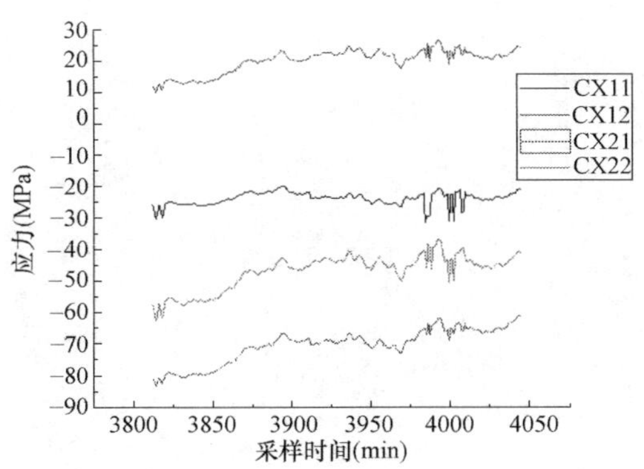

图 7-27　超小斜杆 1、2 浇筑过程中应力图

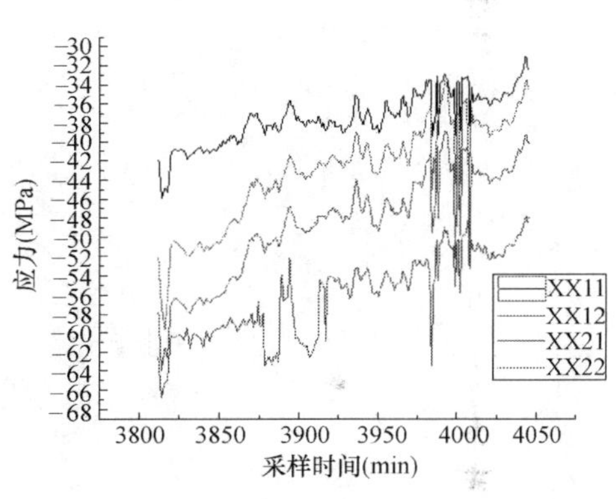

图 7-28　小斜杆 1、2 浇筑过程中应力图

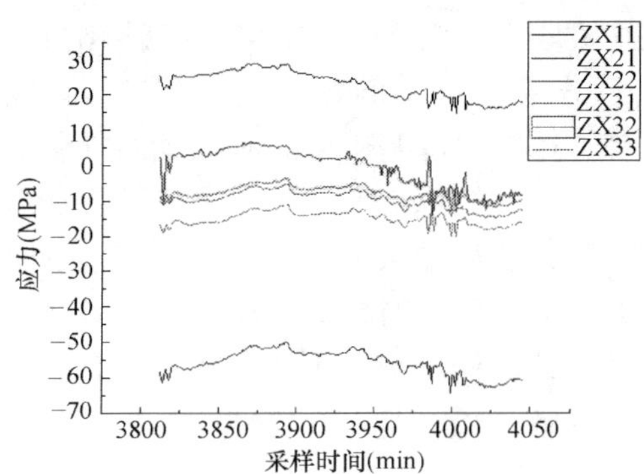

图 7-29　中斜杆 1、2、3 浇筑过程中应力图

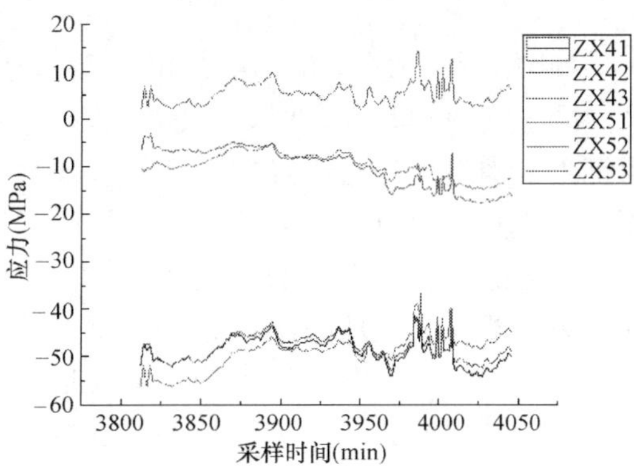

图 7-30　中斜杆 4、5 浇筑过程中应力图

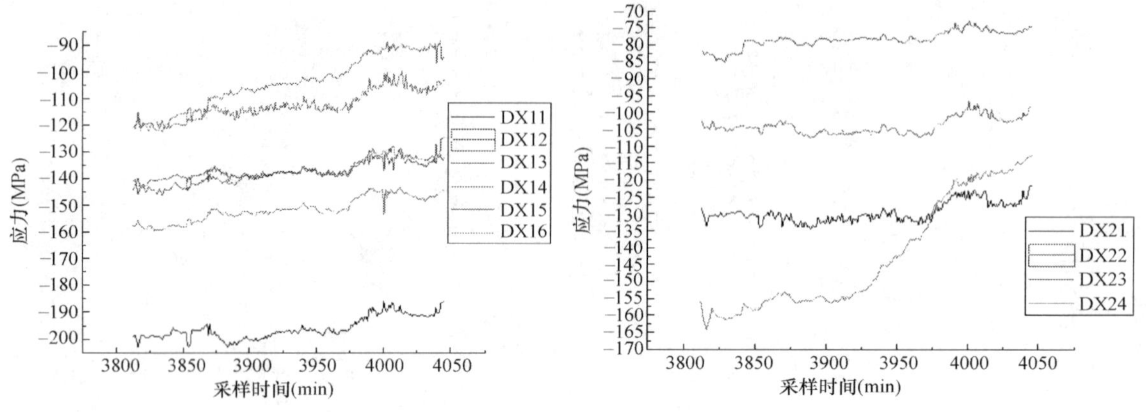

图 7-31　大斜杆 1 浇筑过程中应力图

图 7-32　大斜杆 2 浇筑过程中应力图

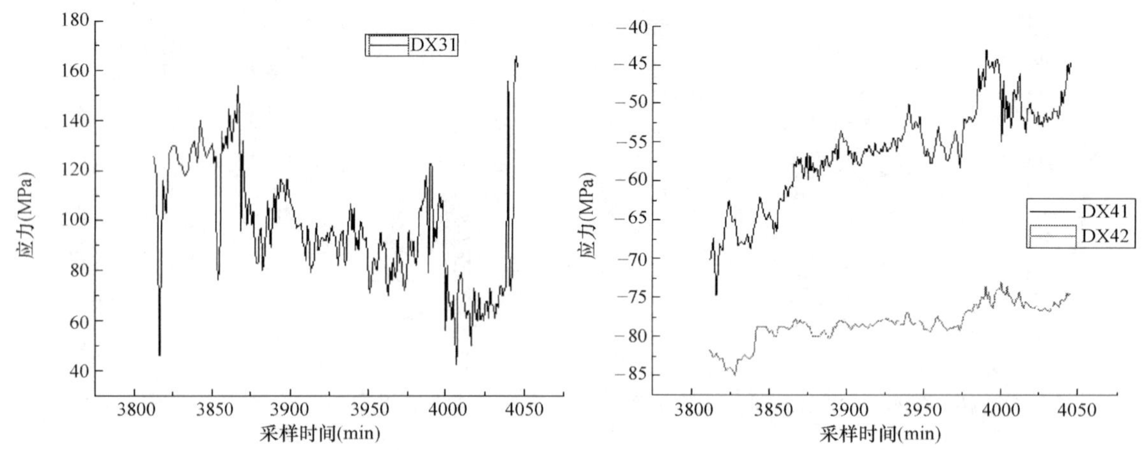

图 7-33　大斜杆 3 浇筑过程中应力图

图 7-34　大斜杆 4 浇筑过程中应力图

如图 7-27 所示，超小斜杆的位置位于挑檐边缘地方，混凝土的浇筑对其影响较小，当混凝土浇筑到其上方时，有波动发生；图 7-29～图 7-30，中斜杆的波动较平缓，这主要是由于中斜杆只是连接在立杆和横杆上，并没有支撑在底部基础上，其波动跟随整个架体，因此其变形也较小，波动不明显；对于大斜杆 1，如图 7-31 所示，整个立杆上所有测点的应力曲线，最上面的测点受力较小，而 DX15 受力明显增大，这主要是由于在测点 6 处约束较测点 5 处约束小，最上部立杆只是在传力，本身并未有较大的变形，测点 1 受力是最大的，中间的测点受力较小主要是由于立杆的搭接，使得部分力由扣件承担，因此在有搭接的情况时，务必进行扣件的抗滑移验算，另外整体趋势是压应力减小；大斜杆 4 是位于角部位置，因此其压力逐渐增大；对于大斜杆 3，部分测点被破坏，剩下一个测点波动相当大。

5. 剪刀撑应力监测结果

J11 表示剪刀撑一第一个测点，测点 1-2 表示从下到上，分别是测点 1，测点 2。

如图 7-35 所示，剪刀撑的受力趋势有所不同，有的测点压应力增加，也有的压应力减小，在之前笔者课题组的实验中发现，剪刀撑的受力呈现相反的趋势，有一根杆是受拉，一根杆是受压，此处也存在在 4000 分钟左右时候，波动较大，分析同前。

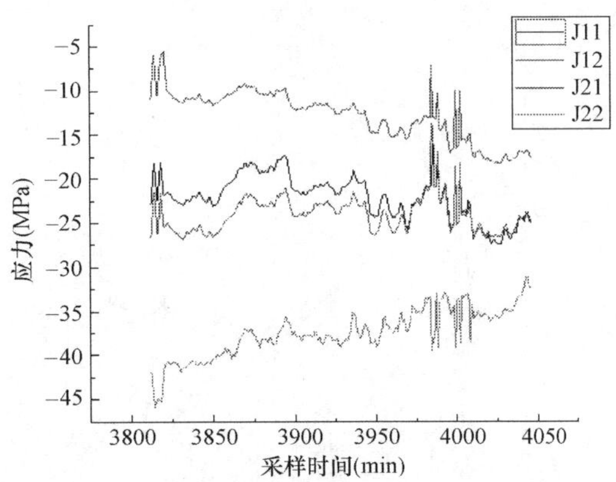

图 7-35　剪刀撑 1、2 浇筑过程中应力图

7.2.4　整个监测过程中各杆件应力影响的分析

（1）立杆应力监测结果（图 7-36～图 7-46）

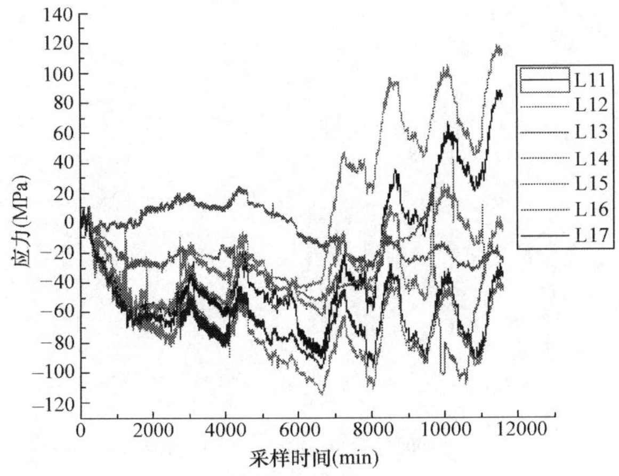

图 7-36　立杆 1 浇筑全过程应力图

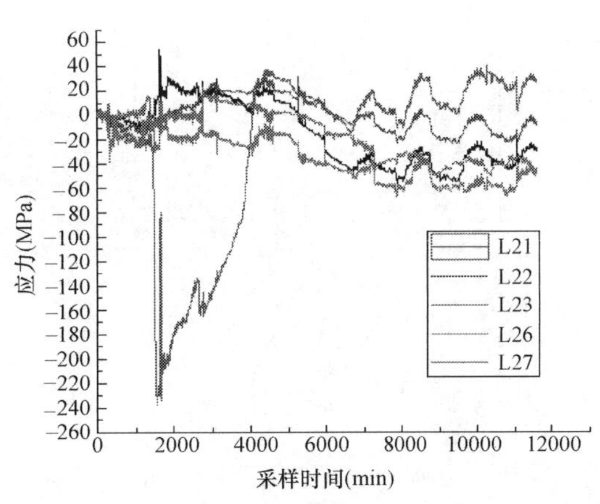

图 7-37　立杆 2 浇筑全过程应力图

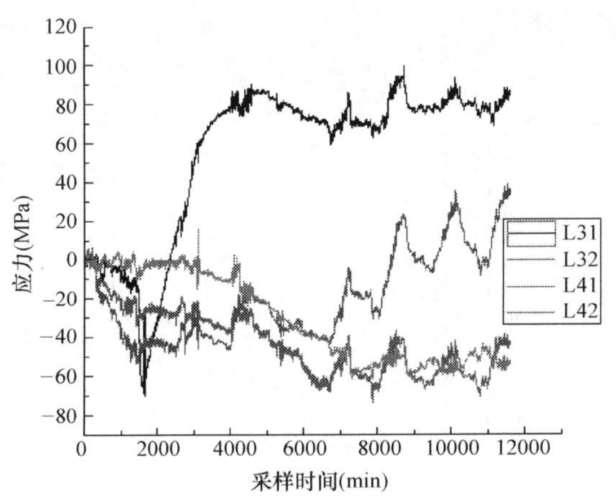

图 7-38　立杆 3、4 浇筑全过程应力图

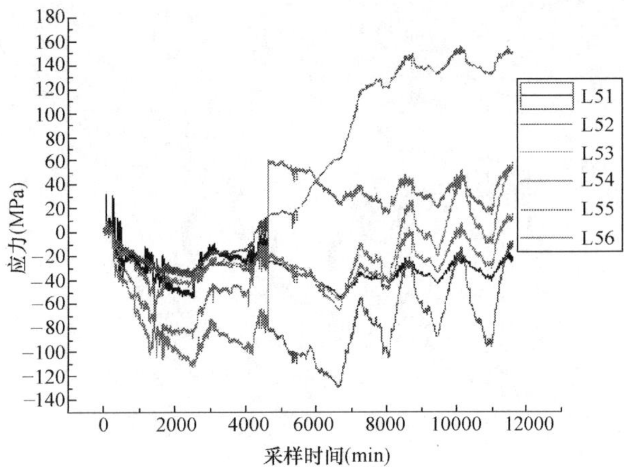

图 7-39　立杆 5 浇筑全过程应力图

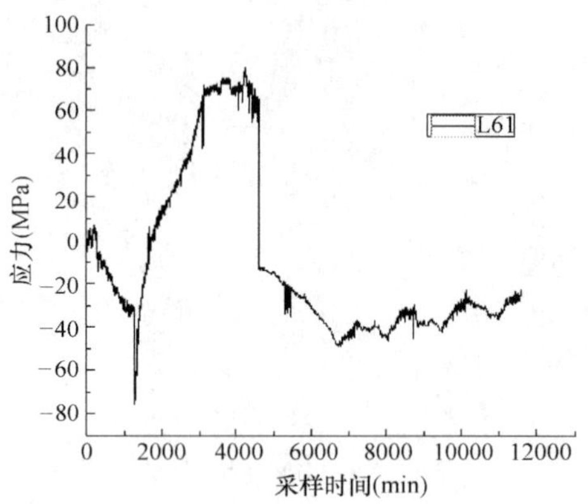

图 7-40　立杆 6 测点 1 浇筑全过程应力图

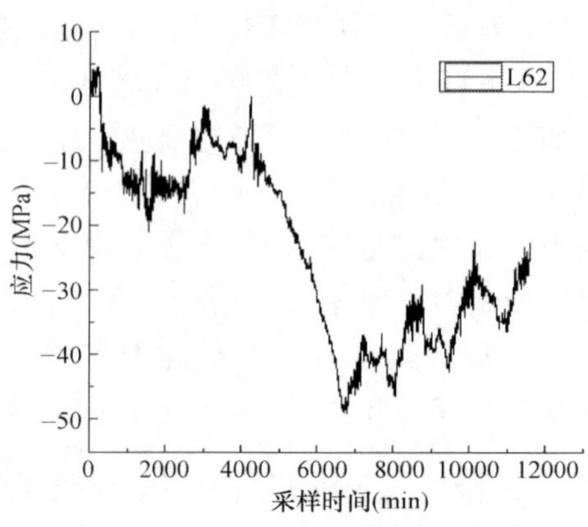

图 7-41　立杆 6 测点 2 浇筑全过程应力图

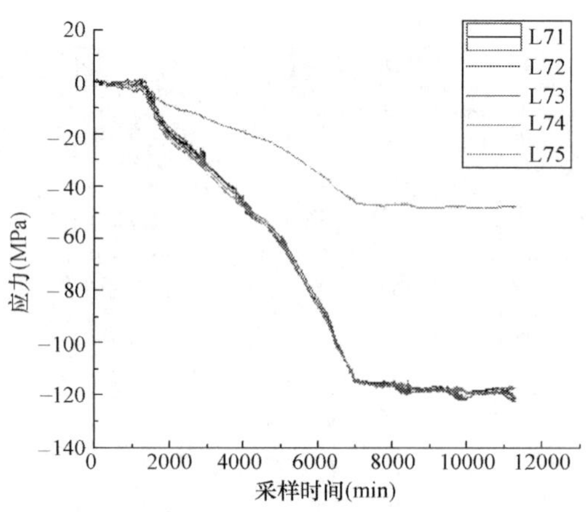

图 7-42　立杆 7 浇筑全过程应力图

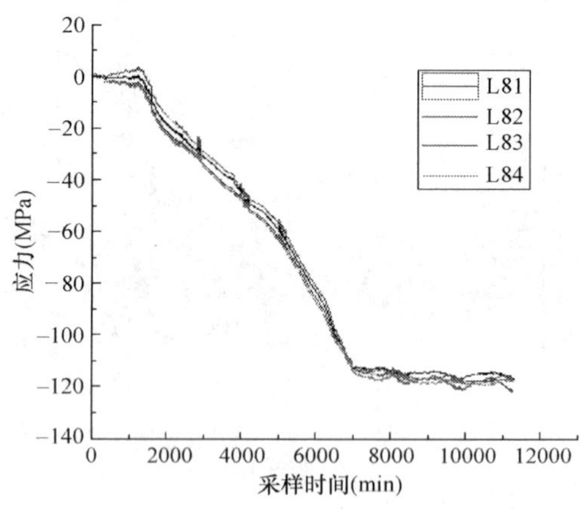

图 7-43　立杆 8 浇筑全过程应力图

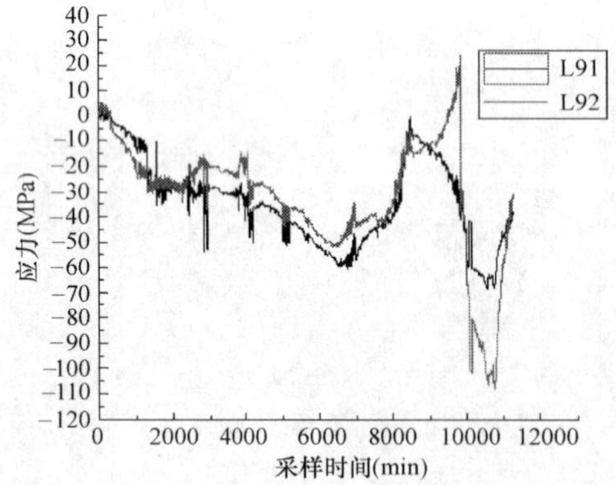

图 7-44　立杆 9 浇筑全过程应力图

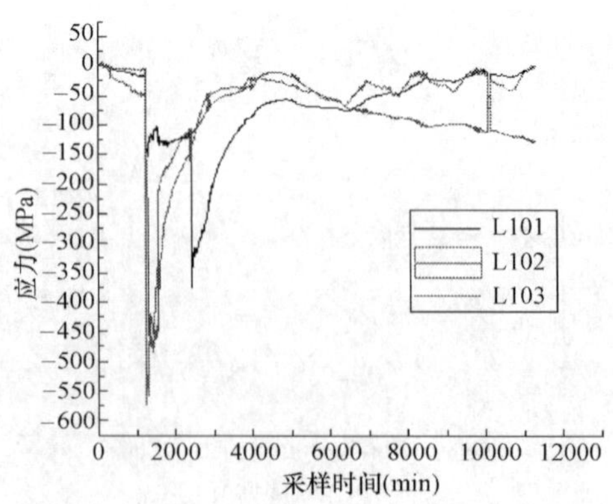

图 7-45　立杆 10 浇筑全过程应力图

（2）横杆应力监测结果（图 7-47～图 7-49）

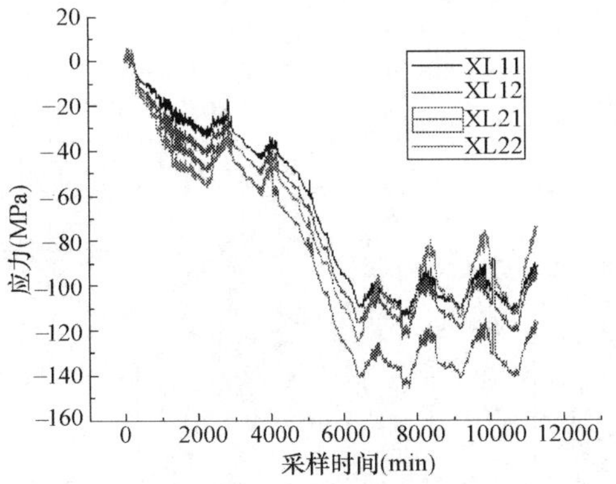

图 7-46　悬空立杆 1、2 浇筑全过程应力图

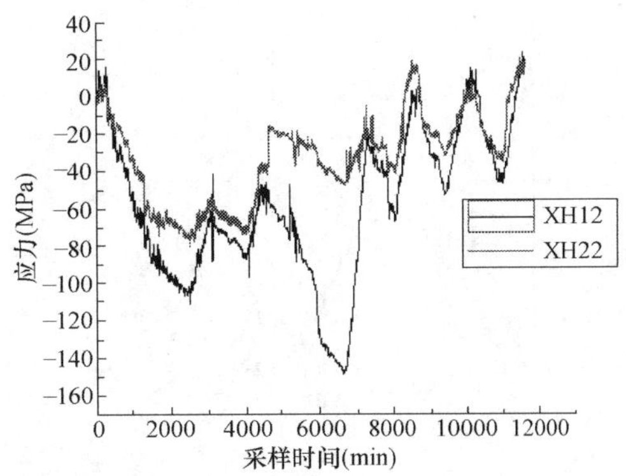

图 7-47　小横杆 1、2 浇筑全过程应力图

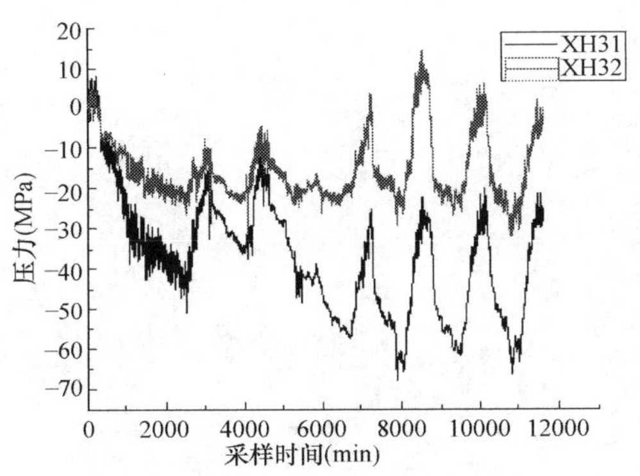

图 7-48　小横杆 3 浇筑全过程应力图

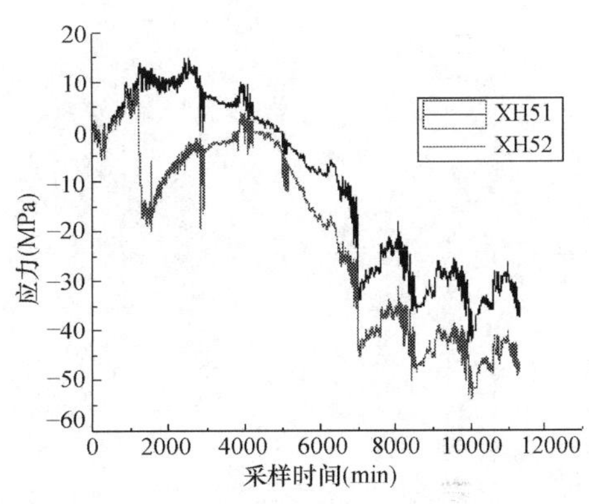

图 7-49　小横杆 5 浇筑全过程应力图

（3）纵杆应力监测结果（图 7-50～图 7-52）

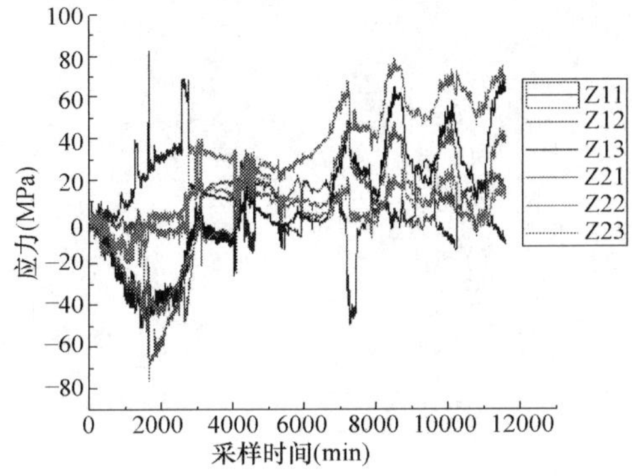

图 7-50　纵杆 1、2 浇筑全过程应力图

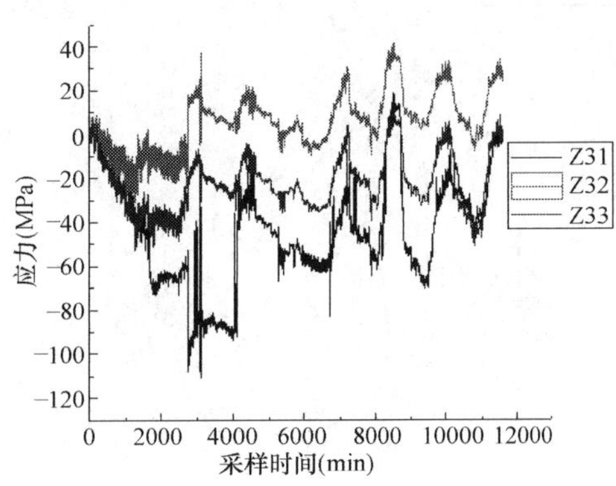

图 7-51　纵杆 3 浇筑全过程应力图

（4）斜杆应力监测结果（图 7-53～图 7-57）

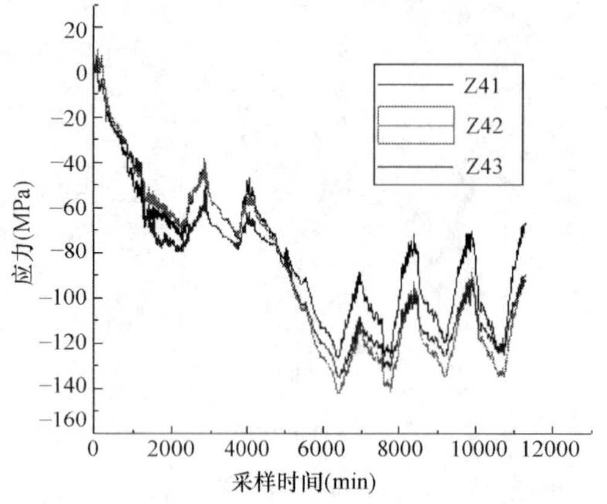

图 7-52　纵杆 4 浇筑全过程应力图

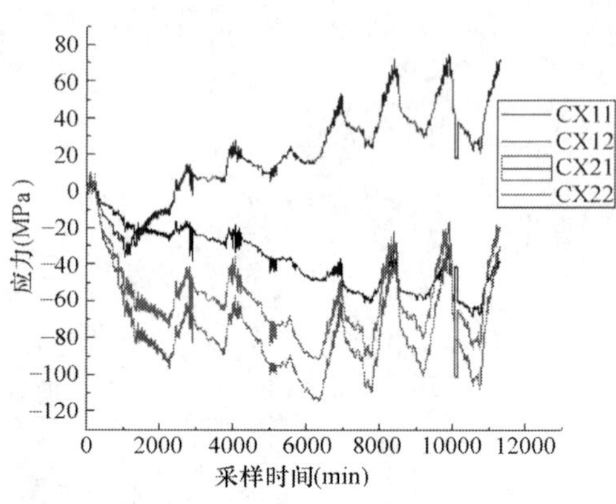

图 7-53　超小斜杆 1、2 浇筑全过程应力图

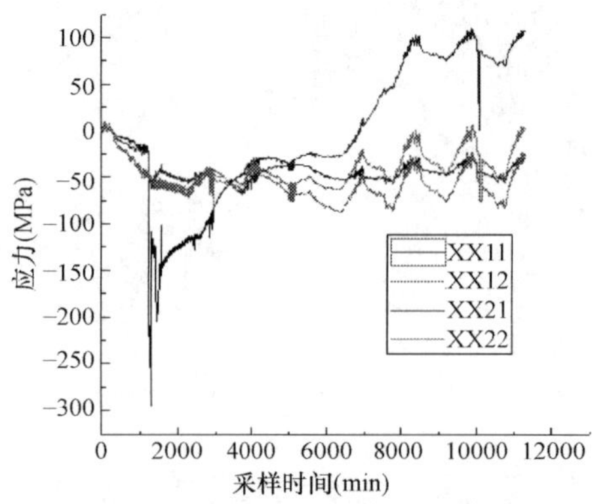

图 7-54　小斜杆 1、2 浇筑全过程应力图

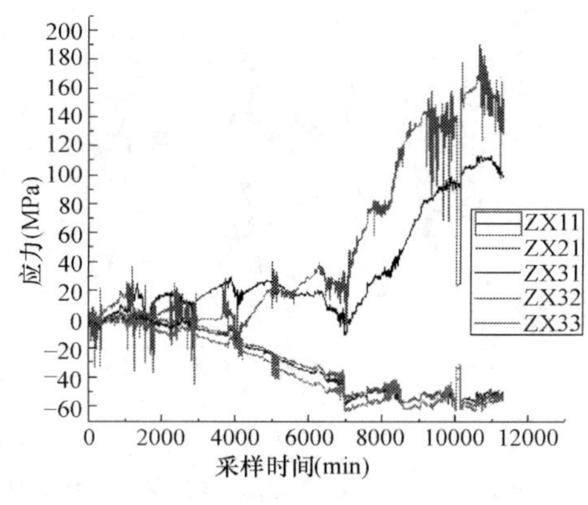

图 7-55　中斜杆 1、2、3 浇筑全过程应力图

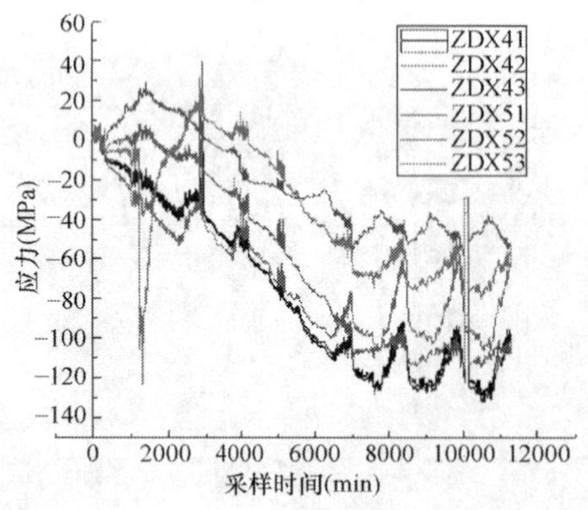

图 7-56　中斜杆 4、5 浇筑全过程应力图

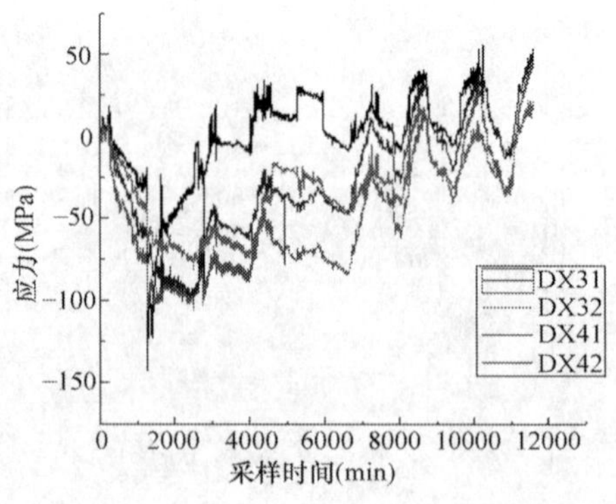

图 7-57　大斜杆 3、4 浇筑全过程应力图

（5）剪刀撑应力监测结果（图 7-58）

（6）监测结果分析

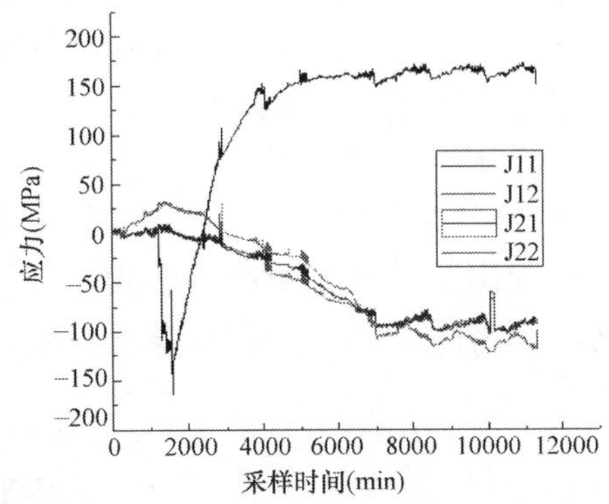

图 7-58　剪刀撑 1、2 浇筑全过程应力图

对于立杆，立杆 1-6 混凝土浇筑养护阶段，其应力曲线波动较大，这主要是由于这些立杆位于迎风面，且此次监测阶段风较大，当混凝土浇筑完成后形成坡屋面，荷载相对较小，其风荷载的作用效果更明显，出现较多的波动；而立杆7-8位于大角处，上部荷载较大，且立杆 7，8 的基础为与结构相连的工字钢，此处杆件较密集，约束较多，因此其能够准确地显示整个混凝土浇筑养护阶段的应力情况，在后期混凝土基本稳定，所以立杆的受力处于稳定状态。对于立杆 9 处于大角最外侧，其上部荷载较小，但其处于最外侧，所以波动较大，又由于经常停电，导致数据某些地方出现问题；立杆 10 处于另一个大面，其受风荷载影响较小，但刚开始阶段数据有问题，后面经过调整数据好转，但已错过了浇筑期，后期混凝土浇筑阶段基本处于水平状态。最后的悬空立杆图7-46，其受力曲线与横杆图 7-49、纵杆图 7-52 类似，基本反映了整个受力过程，但是由于没有底部约束，其波动较大、不稳定、受风荷载影响明显。

对于横杆，主要作用是对于立杆起横向的约束作用，使得立杆组成立杆群整体，有传力和连接的作用，其受力趋势较平稳，之所以图 7-52 波动较大，是由于其在附近存在悬空立杆，它的受力变化，不再是简单的连接传力，又由于此处处于架体的边缘地方，约束较少，横杆的受力较大，且与立杆的波动相一致。另外横杆的波动与立杆波动相一致，这主要是横杆测点主要布置在迎风一面，因此其波动曲线受风荷载影响较大，且与迎风面立杆波动相吻合。

对于纵杆，由于纵杆相对横杆较长，因此所受的约束也较多，所以在相同的荷载作用下纵杆的波动较小，受力较小，这也符合纵向刚度较大的特点。

对于斜杆，超小斜杆和小斜杆波动较大，是由于其无固定支点，只是连接在横杆上，因此其受动荷载影响较大，波动性较大，但其受力情况并无明显变化。中斜杆 1、2、3 所在的位置不同，其受力情况出现了明显的变化，中斜杆 3 位于角部荷载较大的地方，当所有混凝土浇筑完成后，翘曲现象消失，在混凝土重力作用下，其压应力逐渐增大，最后处于较平稳状态，再加入风荷载，有波动。中斜杆 4、5 的走势与中斜杆 3 相同，其位置类似。大斜杆 3、4 底部支撑在结构上，且其荷载主要来自挑檐边缘处，荷载较小，当混凝土浇筑完成到养护期，逐渐由卸荷的趋势，其承受的压应力逐渐减小。

对于剪刀撑，其受力有明显的相反情况，这说明一组剪刀撑的受力并不是一致的，有受拉部分也有受压部分，因此剪刀撑有协调架体受力的作用，所以结构中剪刀撑的存在是有必要的，不可图方便省事不搭设剪刀撑。

7.2.5　数值模拟结果分析

1. 模型建立的基本假定

ANSYS 计算模型的假设：

(1) 立杆下端铰接，立杆上端自由；

(2) 立杆与立杆、立杆与横杆的连接为刚接；

(3) 结构模型的抱柱件（如顶撑）约束简化为在水平面内约束平动；

(4) 杆件为理想弹性；

(5) 对于结构中间部分的混凝土板边部采用固结接触面的处理方法。由于结果边出有混凝土挡墙，与钢筋混凝土版相连接，且板内的钢筋伸入到了墙体的内部，因此在计算的过程中考虑板与混凝土挡墙相接的面为固端连接与当墙上；

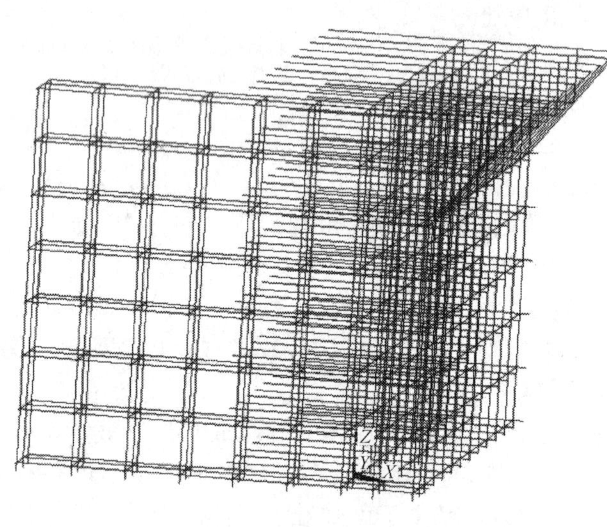

图 7-59 实体模型

(6) 不考虑风荷载的对结构整体的作用。由于该处为结构的转换层，模板支撑体系均位于板面以下，风荷载对其几乎没有影响。

2. 模型的建立

在 ANSYS 中选取 BEAM188 单元，建立实体有限元模型时，通过建立关键点，连线最终得到实体模型，如图 7-59 所示。运用 meshing 命令赋予单元属性，钢管外径为 0.048m，壁厚 0.0030m，钢管弹性模量为 $2.06\times10^{11}\,N/m^2$，密度为 $7.8\times10^3\,kg/m^3$，泊松比为 0.3。

3. 荷载的施加

由于现场混凝土的浇筑时间跨度大，且浇筑顺序较为复杂，故无法做到在数值模拟分析过程中完全的模拟混凝土具体的浇筑顺序，采用图 7-60～图 7-64 的简化加载方法对所建立的模型进行加载。

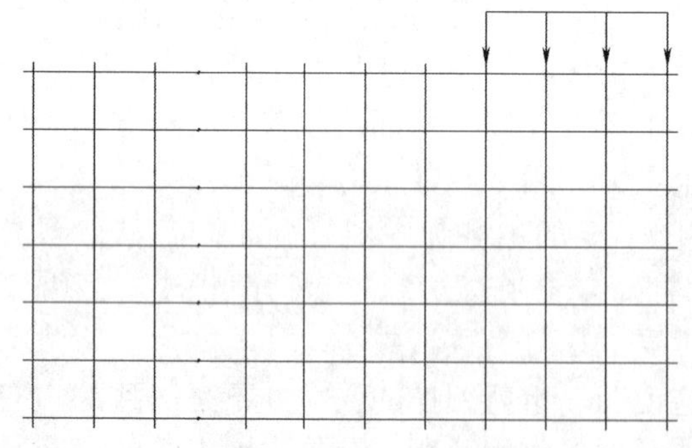

图 7-60 第一荷载步

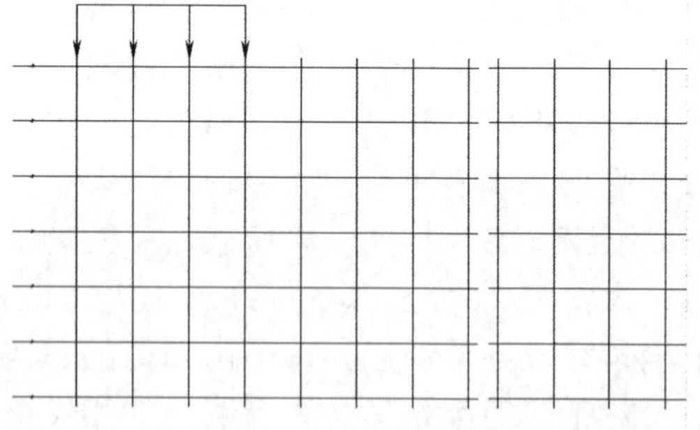

图 7-61 第二荷载步

4. 非线性分析

采用非线性分析方式对模板支撑体系进行计算，计算结果如图 7-65～图 7-72 所示。

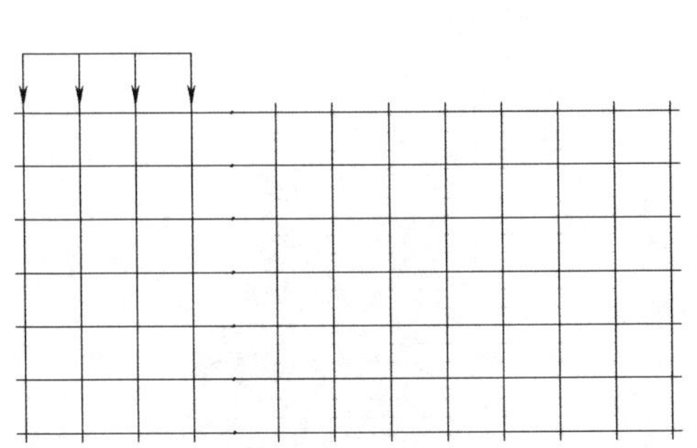

图 7-62　第三荷载步

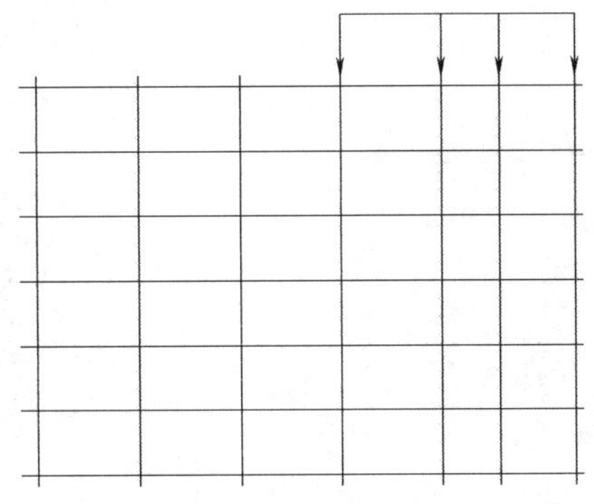

图 7-63　第四荷载步

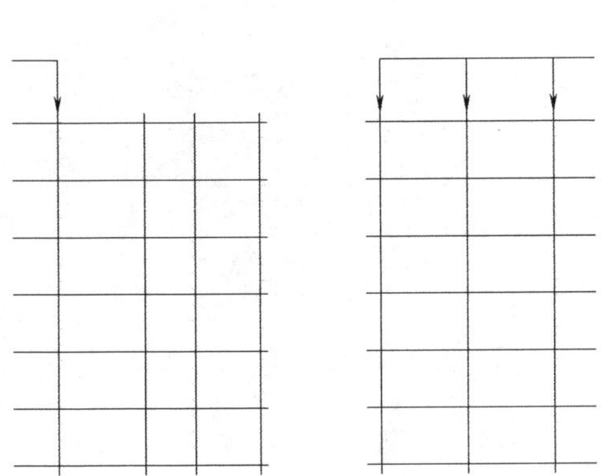

图 7-64　第五荷载步

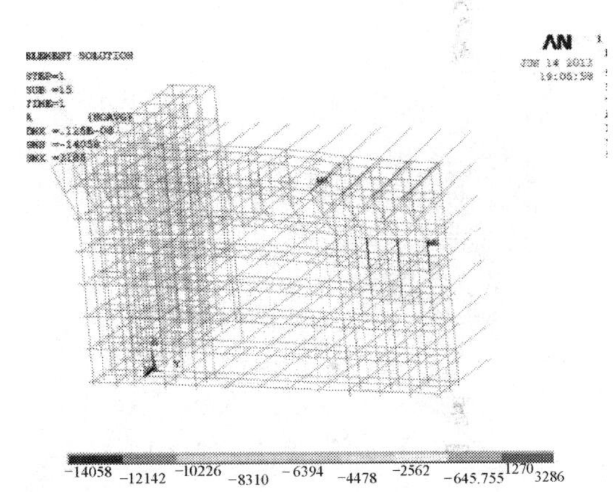

图 7-65　施加第一荷载步轴力图 1

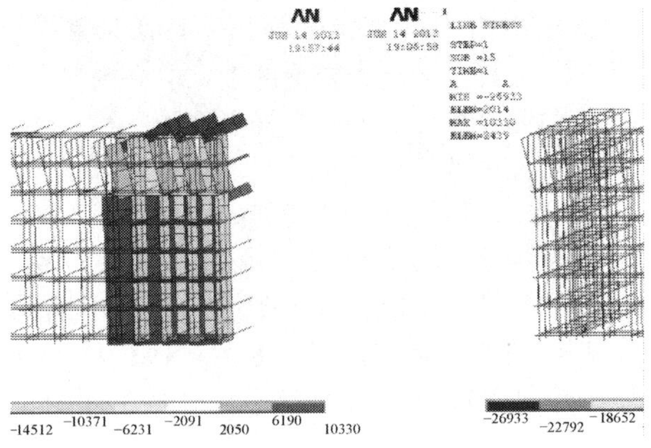

图 7-66　施加第一荷载步轴力图 2

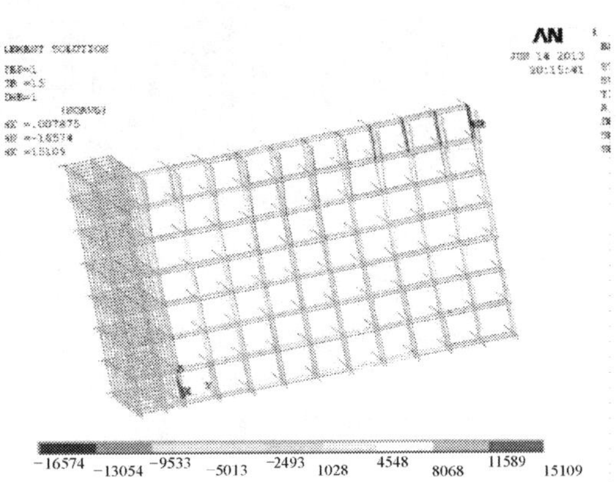

图 7-67　施加第二荷载步轴力图 1

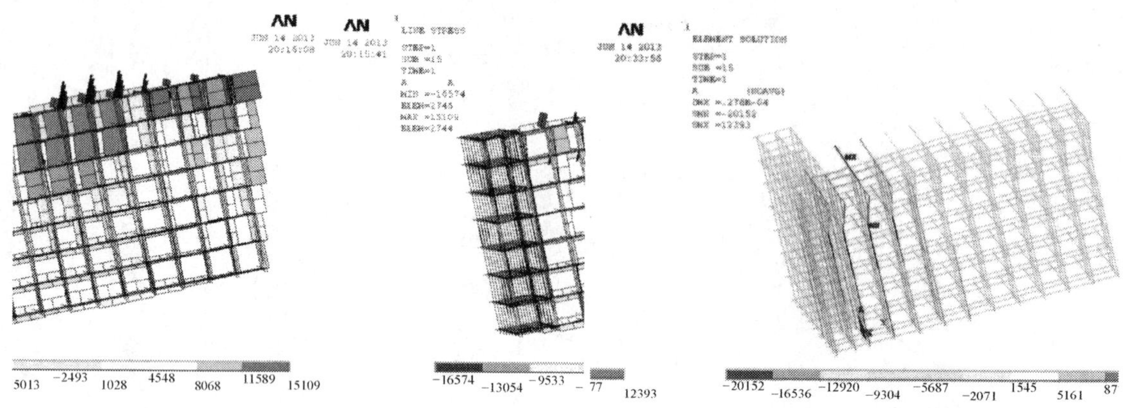

图 7-68　施加第二荷载步轴力图 2　　　图 7-69　施加第三荷载步轴力图 1

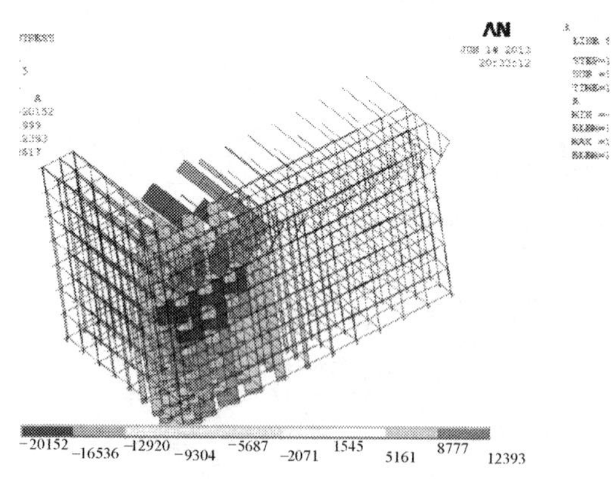

图 7-70　施加第三荷载步轴力图 2

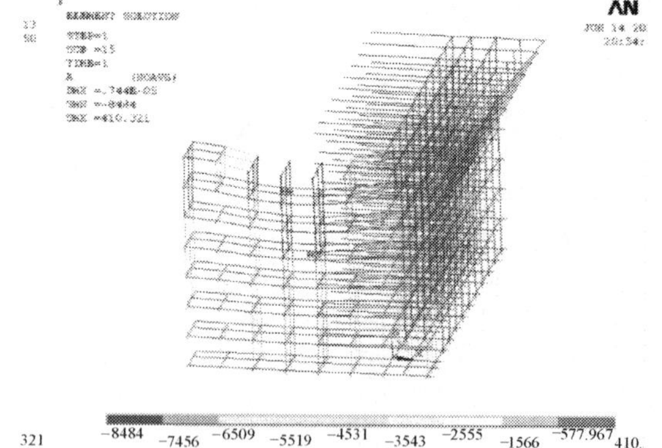

图 7-71　施加第四荷载步轴力图 1

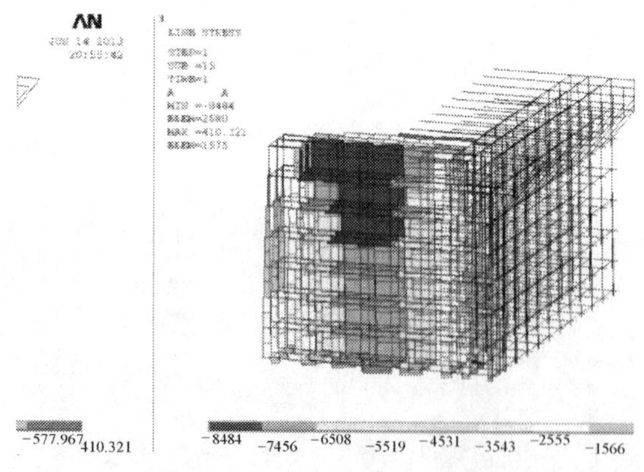

图 7-72　施加第四荷载步轴力图 2

第一荷载步的施加使得受力立杆的整体处于受压状态，对于相邻立杆也有较大的影响，产生了较明显的变形，由图 7-65 可知，横杆部分出现受拉状况，立杆部分的拉力由上到下逐渐变小，在落地式架体，立杆下部受力较上部大，但是由于此架体是悬挑支撑架，立杆底部的支撑并不是稳定的地基，因此其上部受力较大，下部相对小些。第二荷载部的施加对于周边架体的影响范围更广，由图 7-68 可以明显看出架体中应力的分布情况，分析中发现，其轴力在－20.1～12.4kN 之间（实测结果是以应力为处理目标，故所画时程曲线均针对应力，但在数值模拟过程中所采用的计算单元 Beam188，仅能显示轴力。由于本次测量过程中并内有出现钢管应力过大而压屈的现象，因此应力与轴力之间存在线性关系，将应力与钢管截面积相乘即可得到钢管轴力)，其分析结果相对准确。

7.2.6　测试小结

(1) 混凝土浇筑过程中，振动棒对新浇混凝土的震动会使得支撑模板的立杆的应力值产生较大的波动，且波动的幅值主要分布在5～15MPa之间。

(2) 上部荷载较大（即梁下或者角部）的立杆，其应力值的波动受风荷载的影响较小，且由立杆应力值发现混凝土板产生翘曲现象较少，反而当上部荷载小（大面板底），受风荷载的干扰情况越多。

(3) 混凝土楼板在混凝土的浇筑过程中，已浇筑的相邻混凝土板会出现翘曲现象（产生该现象的主要原因在于模板的整体性，当混凝土浇筑时，相邻的混凝土板突然卸载，相邻板下的立杆受力减小)，这种现象会使已浇筑部分的模板支撑体系内部立杆出现应力松弛现象。这种翘曲现象对混凝土的耐久性会产生一定的影响，因此混凝土板的翘曲现象是不可被忽视的，特别是在悬挑支撑结构中，本身是悬空支撑，如果立杆顶部出现受力不均匀，会导致底部稳定性较低，易引起整架的失稳。

(4) 斜杆在架体中有着很重要的作用，但一般是起到加强整体性的作用。当斜杆顶部直接存在荷载时，斜杆的作用不仅是加强整体性，还会对架体其他立杆以及横杆的受力产生影响，使得整个高支模体系的受力产生变化，如立杆承受斜杆传来的水平荷载，使得立杆的承力能力下降，在其正常承载能力范围内时就容易产生失稳，造成架体倒塌等情况的发生。因此当有斜杆直接承受上部荷载时，应当加强扣件抗滑移验算，加强连墙件的附着。

(5) 由试验数据知，结合位移测试结果，此种施工方案的选择是合理的，具有很大的应用推广价值。

7.3　本章小结

本章以悬挑模板支撑体系为研究对象，介绍了脚手架支撑体系的国内外研究现状，列举了悬挑支撑体系的搭设方法，就施工过程中的荷载情况，稳定性计算方法以及悬挑支撑体系的受力性能等一系列问题展开了研究和讨论，得到了以下结论：

(1) 混凝土浇筑过程中，振动棒对新浇混凝土的震动会使得支撑模板的立杆的应力值产生较大的波动，且波动的幅值主要分布在5～15MPa之间。

(2) 上部荷载较大（即梁下或者角部）的立杆，其应力值的波动受风荷载的影响较小，且由立杆应力值发现混凝土板产生翘曲现象较少，反而当上部荷载小（大面板底），受风荷载的干扰情况越多。

(3) 混凝土楼板在混凝土的浇筑过程中，已浇筑的相邻混凝土板会出现翘曲现象（产生该现象的主要原因在于模板的整体性，当混凝土浇筑时，相邻的混凝土板突然卸载，相邻板下的立杆受力减小)，这种现象会已浇筑部分的模板支撑体系内部的立杆出现应力松弛的现象。这种翘曲现象对混凝土的耐久性会产生一定的影响，因此混凝土板的翘曲现象是不可被忽视的，特别是在悬挑支撑结构中，本身是悬空支撑，如果立杆顶部出现受力不均匀，会导致底部稳定性较低，易引起整架的失稳。

（4）斜杆在架体中有着很重要的作用，但一般是起到加强整体性的作用。当斜杆顶部直接存在荷载时，斜杆的作用不仅是加强整体性，这时候会对架体其他立杆以及横杆的受力产生影响，使得整个高支模体系的受力产生变化，如立杆承受斜杆传来的水平荷载，使得立杆的承力能力下降，在其正常承载能力范围内时就容易产生失稳，造成架体倒塌等情况的发生。因此当有斜杆直接承受上部荷载时，应当加强扣件抗滑移验算，加强连墙件的附着。

参 考 文 献

[1] Tayakorn Chandrangsu, Kim J. R. Rasmussen. Investigation of geometric imperfections and joint stiffness of support scaffold systems [J]. Journal of Constructional Steel Research, 67 (2011) 576-584.

[2] 姜旭，张其林，王洪军．新型插盘式脚手架数值模型研究及节点改进设计 [J]. 施工技术，2007，36：202～206.

[3] 姜旭，张其林，顾明剑，王洪军．新型插盘式脚手架的试验和数值模拟研究 [J]. 土木工程学报，2008，41 (7)：55-60.

[4] 黄强．插销式钢管脚手架节点性能研究 [D]. 重庆：重庆大学，2006.

[5] 黄浩．插销式钢管脚手架半刚性节点及基本受力单元体试验研究 [D]. 重庆：重庆大学，2006.

[6] 陈培润，杨晓华．大跨度悬挑脚手架在某办公大楼项目中的应用 [J]. 建筑安全，2009 (2)：13-15.

[7] 董瑨．大跨度悬挑脚手架在某办公大楼项目中的应用 [J]. 工业建筑，2007，37 (10)：115-117.

[8] 杜荣军．科学规范脚手架结构施工支架的设计和计算规定 (1) [J]. 施工技术，2010，39 (1)：120-124.

[9] 杜荣军．科学规范脚手架结构施工支架的设计和计算规定 (2) [J]. 施工技术，2010，39 (2)：110-116.

[10] 杜荣军．科学规范脚手架结构施工支架的设计和计算规定 (3) [J]. 施工技术，2010，39 (3)：117-115.

[11] 杜荣军．科学规范脚手架结构施工支架的设计和计算规定 (4) [J]. 施工技术，2010，39 (4)：113-120.

[12] 杜荣军．科学规范脚手架结构施工支架的设计和计算规定 (5) [J]. 施工技术，2010，39 (5)：118-123.

[13] 杜荣军．科学规范脚手架结构施工支架的设计和计算规定 (6) [J]. 施工技术，2010，39 (6)：127-131.

[14] 陈绍蕃．钢结构稳定设计指南（第二版）[M]. 北京：中国建筑工业出版社，2004.

[15] 胡长明等．高大模板扣件式支撑体系施工技术研究报告 [R]. 西安：西安建筑科技大学，2008.

[16] 陈骥．钢结构稳定理论与设计（第三版）[M]. 科学出版社，2006.

[17] 李国强，刘玉姝等．钢结构高等分析与系统可靠度设计 [M]. 中国建筑工业出版社，2006.

[18] Eurocode3 (1992)：Design of steel structures partI [S]. European Committee for Standardization.

[19] 彭达材，关建祺，陈绍礼．香港2005钢结构规范不需要假定有效长度的二阶分析和设计法 [J]. 建筑钢结构进展，2007，9 (5)：57-62.

[20] 杜荣军．扣件式钢管模板高支撑架的设计和使用安全 [J]. 施工技术，2002，31 (3) .

[21] 胡长明，曾凡奎．广义初始缺陷对模板支架稳定性的影响 [J]. 工业建筑，2010，40 (2)：17-19.

[22] 胡长明，董攀，沈勤等．扣件式钢管高大模板支架整体稳定试验研究 [J]. 施工技术，2009，38 (4)：70-72.

[23] 胡长明．扣件联接钢结构的试验及其理论研究 [D]. 西安：西安建筑科技大学，2008.

[24] 郭仕群．半刚性框架的特点和简化设计概念 [J]. 建筑结构与设计，2006，2：9-11
[25] 徐凤枝．刚性及半刚性平面钢框架的二阶效应分析（D）．安徽：合肥工业大学，2002.
[26] 丁洁民，沈祖炎．一种半刚性节点的实用计算模型 [J]. 工业建筑，1992，11：29-32.
[27] 叶学林，周瑞忠．半刚性连接压杆的稳定计算公式 [J]. 福州建筑，2003，85：21-23.
[28] 张行，蒋沧如等．半刚性连接及二阶效应对钢框架影响分析 [J]. 国外建材科技，2003，24（5）：54-63.
[29] 刘永华，张耀春．半刚性钢框架实用非线性分析 [J]. 工程力学，2007（12）：6-13.
[30] 陶琦．半刚性节点连接的内力分析 [J]. 工业建筑，2007（37）：727-729.
[31] 宋玉宝，高毛毛等．半刚性连接侧倾钢框架的极限荷载 [J]. 福建建筑，2007（12）：49-51.
[32] 王来，王琦等．半刚性连接钢框架性能的有限元分析 [J]. 山东科技大学学报，2008（2）：39-43.
[33] 吴文军，陈军明等．节点刚度对钢框架力学性能的影响分析 [J]. 广西工学院学报，2007（12）：20-24.
[34] 方立新，宣云干．扣式连接结构的节点半刚性模型探讨 [J]. 江苏建筑，2008（1）：24-25.
[35] 尹志刚．半刚接钢框架考虑几何非线性和材料塑性的有限元分析及性能探讨 [D]. 福建：福州大学，2003.
[36] 刘清平，李国强．水平荷载作用下半刚性连接组合梁框架承载能力极限状态验算方法 [J]. 建筑钢结构进展，2007（12）：20-25.
[37] 李国强，王静峰等．竖向荷载下半刚性连接组合框架的实用设计方法（I）-梁柱节点设计 [J]. 建筑钢结构进展，2006，8（6）：27-37.
[38] Dhillon B S，O′Malley III J W. Interactive design of semirigid steel frames [J]. Journal of Structural Engineering，ASCE 1999，125（5）：556-564.
[39] Yau C Y ，Chan S L . Inelastic and stability analysis of flexibly connected steel frames by the springs-in-series model [J]. Journal of Structural Engineering，1994，10：2803-2819.
[40] FANGLX，CHANS L，WONGYL. Strength analysis of semi-rigid steel-concrete composite frames，Journal of Constructional Steel Research [J]. 1999，52：269-291.
[41] Liew J Y R，Yu C H，Ng Y H，Shanmugam N E. Testing of semi-rigid unbraced frames for calibration of second-order inelastic analysis [J]. Journal of Constructional Steel Research，1997，41（2-3）：159-195.
[42] Kim S E，Choi S H. Practical advanced analysis for semi-rigid space frames [J]. International Journal of Solids and Structures，2001，38（50-51）：9111-9131.
[43] Kishi N，Chen W F，Goto Y，Hasan R. Behavior of tall buildings with mixed use of rigid and semi-rigid connections [J]. Computers&Structures，1996，61（6）：1193-1206.
[44] Li T Q，Choo B S，Nethercot D A. Connection element method for the analysis of semi-rigid frames [J]. Journal of Constructional Steel Research，1995，32（2）：143-171.
[45] ELNASHAI A S，ELGHAZOULI A Y，DENESHASHTIANI F A. Response of semi-rigid steel frame to cyclic and earthquake loads [J]. Journal of Structural Engineering ASCE，1994，124（8）：615-634.
[46] LI T Q，MOORE D B，CHOO B S. The experimental behahavior of a full-scale semi-rigidly connected composite frame detail appraisal [J]. Journal of Constructional Steel Research，1996，39（3）：193-220.
[47] Alfredo R S，Achintya H. Nonlinear seismic response of steel structures with semi- rigid and composite connections [J]. Journal of Constructional Steel Research，1999，51：37-59.

[48] Monforton G R, Wu T S. Matrix analysis of semi-rigidly connected steel frames [J]. Journal of Structural Division, 1963, 89 (6): 13-42.

[49] Chen W F. Semi-rigid Steel Beam -To-Connections: Data Base And Modeling [J]. New York: Journal of Structure Engineering, 1989, 1: 105-119.

[50] Ammerman D J, Leon R, Unbranced frames with semi-rigid composite connections [J]. Engineering Journal, AISC, 1990, 27 (1): 1-10.

[51] Xu L, Grierson D E. Computer-automated design of semi-rigid steel framework [J]. Journal of Structural Engineering, ASCE, 1993, 119 (6): 1740-1760.

[52] Balaur S D, James W O. Interactive design of semi-rigid steel frames [J]. Journal of Structural Engineering, 1999, 125 (5): 556-564.

[53] Eric M. Lui, Column Effective Length Factor for Semi-rigid Frames. Steel Structures, Vol. 6 No. 1, JSSSS, 1995.

[54] Nathan Kotlyar, P. E. , Formulas for Beams with Semi-rigid Conections, Engineering Journal, Fourth Quarter, AISC, 1996.

[55] W. F. Chen, Yoshiaki Goto, J. Y. Richard Liew. Stability Design of Semi-Rigid Frames, John Wiley &sons, INC, New York, 1996.

[56] 王新堂．任意半刚性连接空间梁单元的显式刚度 [J]. 空间结构，2003，25 (3)：33-37.

[57] Chen W F. Stability Design of Semi-rigid Frames [M]. John Wiley & Sons, 1996.

[58] 李丽娟，车伟娴等．半刚性连接网壳结构的有限元分析 [J]. 空间结构，2008，14 (1)：43-49.

[59] 许继祥．半刚接平面钢框架柱计算长度系数 [D]. 甘肃：兰州理工大学硕士学位论文．2008.

[60] 赵挺生，方东平等．钢筋混凝土结构施工短暂状况设计分析 [J]. 工程力学，2004，21 (4)：39-44.

[61] 袁雪霞．建筑施工模板支撑体系可靠性研究 [D]. 浙江：浙江大学，2006.

[62] 郭艳．插口式钢管模板支撑架承载能力研究 [D]. 西安：西安建筑科技大学，2014.

[63] 王新敏．ANSYS 工程结构数值分析 [M]. 北京：人民交通出版社，2007.

[64] 王新敏，李义强，许宏伟．ANSYS 结构分析单元与应用 [M]. 北京：人民交通出版社，2011.

[65] 尚晓江，邱峰，赵海峰，李文颖．ANSYS 结构有限元高级分析方法与范例应用 [M]. 北京：中国水利水电出版社，2006.

[66] 汪杰．双向受载混搭模板支撑体系空间性能研究 [D]. 西安：西安建筑科技大学，2013.

[67] 付燎原．施工期多层模板支撑体系荷载传递规律分析与性能测试 [D]. 西安：西安建筑科技大学，2013.

[68] 宋方方．考虑人为失误的模板支架安全性研究 [D]. 西安：西安建筑科技大学，2012.

[69] 林璋璋．多层模板支撑体系的时空分析 [D]. 杭州：浙江工业大学，2005.

[70] 宋晓滨，顾祥林．低龄期混凝土受压应力-应变性能的实验研究 [J]. 东南大学学报，2002，32 (S1)：102-106.

[71] 施炳华. 脚手架的倾覆与稳定计算 [J]. 施工技术，2010，39 (3)：34-36.

[72] Guo Y (郭艳), Hu C M (胡长明), Lian M (连鸣). Research on bearing characteristics of socket-spigot template supporting system [J]. Steel & Composite Structures, 2016, 20 (4): 869-887.

[73] 郭艳. 模板支架承载特性及其节点半刚性研究 [D]. 西安建筑科技大学，2016.

[74] 刘凤云. 悬挑支撑体系的研究与应用 [D]. 西安建筑科技大学，2014.

[75] 张化振. 扣件式高大模板支架的节点半刚性和整体承载力研究 [D]. 西安建筑科技大学，2009.

[76] 车佳玲. 卵形结构模板体系设计和现场实测分析 [D]. 西安建筑科技大学，2011.

[77] 葛召深. 考虑初始缺陷的扣件式钢管模板支架极限承载力研究 [D]. 西安建筑科技大学，2010.

[78] 程佳佳. 高大模板支撑体系可靠度分析与研究 [D]. 西安建筑科技大学，2012.